AF286786

Thomas Kleimann
Lebensrealismus

Thomas Kleimann

LEBENSREALISMUS
Die Geschichtsphilosophie Giovanni Battista Vicos

Bibliografische Information der Deutschen Nationalbibliothek:
Die Deutsche Nationalbibliothek verzeichnet diese Publikation
in der Deutschen Nationalbibliografie; detaillierte bibliografische Daten sind im Internet über http://dnb.dnb.de abrufbar.

Verlag: BoD • Books on Demand GmbH, In de Tarpen 42, 22848 Norderstedt
Druck: Libri Plureos GmbH, Friedensallee 273, 22763 Hamburg

ISBN: 978-3-7597-7076-9

INHALT

VORWORT

In dieser Schrift interpretiere ich die Geschichtsphilosophie des neapolitanischen Philosophen Giambattista Vico, wie sie vor allem in dessen Hauptwerk „Neue Wissenschaft" (1744) dargelegt ist. Ich entwickle eine naturalistische Lesart von Vicos Geschichtsdenken, die den vorherrschenden idealistischen bzw. theologischen Sichtweisen entgegensteht. Mittels ihrer mythenschaffenden, körperlichen Phantasie, so Vicos Geschichtsbild, stabilisieren die Menschen naturwüchsig stets aufs Neue soziale Institutionen (Familie, Eigentum, Klassenherrschaft), die dem Überleben der menschlichen Gattung dienen. Da Vicos Ansatz im Text oft mit anderen geschichtsphilosophischen Klassikern verglichen wird, kann die vorliegende Arbeit auch als Einführung in die klassische Geschichtsphilosophie im Ganzen gelesen werden. Besonderer Wert wurde bei der Darstellung auf Verständlichkeit, Widerspruchsfreiheit und Kohärenz gelegt.

Die vorliegende Schrift hat einen langen Entstehungsprozess. Der Anstoß für mein Vico-Interesse kam von meinem Doktorvater, dem inzwischen verstorbenen Philosophen Ferdinand Fellmann (1939 – 2019), der Vicos Denken stets wie ein noch nicht restlos enthülltes Geheimnis behandelte und mich bereits ab 2002 auf „Vico-Mission" schickte. Es dauerte jedoch Jahre bis diese intellektuelle Auseinandersetzung entsprechende Früchte trug. Dabei unterstützen mich vor allem meine Freunde Ronny Becker und Thomas Rolf, mit denen ich ein Gesprächstrio bildete, das sich über einen längeren Zeitraum hinweg selbstlos und selbstvergessen der Diskussion philosophischer Probleme widmete. Meiner Familie, insbesondere meinem Vater und meinem Sohn Moritz gilt ebenfalls mein Dank für Unterstützung und Zuspruch bei diesem herausfordernden Projekt.

Im Jahr 2009 war meine Arbeit schließlich fertig und wurde als Dissertationsschrift an der TU Chemnitz eingereicht. Im Jahr 2010 wurde die Dissertation mit dem Universitätspreis meiner Hochschule prämiert. Für diese Druckfassung wurde die ursprüngliche Textversion erheblich verbessert und gekürzt, wobei ich meinen Freunden Thomas Tetzner und besonders Thomas Rolf für ihre Hilfe zu Dank verpflichtet bin. Daneben gilt mein Dank auch meiner jetzigen Frau Annika und unseren Kindern Lias und Lenia, die mich täglich lehren, dass unsere menschliche Geschichte auch ohne ihre philosophische Aufarbeitung weitergeht.

Marburg, August 2024

‚*Es kommt stets anders als man denkt'*: So lautet eine bekannte Volks-weisheit. Wie so viele Sprichwörter ist auch diese Feststellung vieldeutig. Man kann sie als Verweis auf den Zufall verstehen, der die Lebenspläne der Menschen durchkreuzt; man kann ihr aber auch eine religiöse Bedeutung abgewinnen und mit ihr die Über-zeugung verbinden, dass ein höheres Wesen das Lebensschicksal eines Menschen entgegen seiner eigenen Absichten und Pläne vorherbestimmt. Drittens passt das Sprichwort auch auf Situatio-nen, in denen Menschen durch ihr Handeln selbst dafür sorgen, dass es für sie anders kommt als sie denken oder geplant haben. Dies ist der Fall, wenn die Ergebnisse ihres Tuns sich merklich von den Absichten unterscheiden, die dem Handeln vorausgingen. Die Erfahrung einer solchen Diskrepanz zwischen dem Ergebnis und der Absicht einer Handlung ist allzumenschlich. Ein klassi-sches Beispiel dafür ist die ungewollte Schwangerschaft, zu der es gekommen ist, obwohl die Partner nichts anderes als die Befriedi-gung ihrer Begierden im Sinn hatten. In der modernen Gesell-schaft hat die Erfahrung, dass es anders kommt als man denkt, eine neue Qualität und ein neues Ausmaß gewonnen. Aufgrund der Eigendynamik und Komplexität ökonomischer, technischer und sozialer Prozesse stellt sie inzwischen eine kollektive Norma-lerfahrung dar, im Vergleich zu der die völlige Übereinstimmung zwischen Absichten und Ergebnissen des sozialen Handelns eher eine Ausnahme darstellt. Wie schon das Beispiel der unerwarteten Empfängnis zeigt, muss das nicht unbedingt etwas Negatives be-deuten. Denn oft kommt es für die Menschen auch besser als sie denken.

Gerade dieser letzte Fall einer schöpferisch-sinnvollen Dis-krepanz zwischen subjektiven Handlungsmotiven und objektiven Handlungsresultaten hat innerhalb der Philosophie paradigmati-sche Bedeutung erlangt. Denn die Alltagsweisheit: ‚Es kommt stets anders als man denkt' geriet dort zur impliziten Leitmaxime, wo sich das philosophische Nachdenken über Mensch und Welt unter den Vorzeichen des Eintritts in die bürgerliche Moderne zur Geschichte hin zu öffnen begann. Das war in der Zeit vom frühen 18. Jahrhundert bis ins späte 19. Jahrhundert der Fall, in der dem Sprichwort mit Blick auf die Menschheitsgeschichte eine steile, wenn auch nur relative kurze philosophische Karriere beschieden war. Das philosophische Projekt, in dessen Rahmen sich diese Anwendungskarriere ereignet hat, war (im Gegensatz zum ‚formalen' Geschichtsdenken) die ‚materiale' Geschichtsphilosophie, welche mit Namen wie Turgot, Condorcet, Comte, Ferguson, Iselin, Kant, Hegel oder Marx verbunden ist.[1]

Stehen in der formalen Geschichtsphilosophie methodologische und erkenntnistheoretische Fragen bezüglich der historischen Erkenntnis im Mittelpunkt, so geht es den Vertretern der materialen Geschichtsphilosophie um die Entwicklung von Theorien zum Gesamtverlauf der menschlichen Geschichte.[2] Inzwischen steckt die materiale Geschichtsphilosophie seit längerem in einer Legitimitätskrise, für die sich unterschiedliche Gründe ausmachen lassen. Einer dieser Gründe liegt in der ideenpolitischen Dimension materialer Geschichtsphilosophien: So ist die neuere Geschichtsphilosophie nicht nur ein Kind der Moderne und der für sie typischen Unverfügbarkeitserfahrungen (‚Es kommt stets anders als man denkt'), sondern auch deren vielleicht wichtigste Legitimations- oder Delegitimationsinstanz. In den Entwürfen zur materialen Geschichtsphilosophie geht es nämlich nicht nur darum, den Verlauf der Menschheitsgeschichte zweckfrei nachzu-

---

[1] Vgl. Lembeck, K.-H. (Hg.), *Geschichtsphilosophie*, Freiburg/München, 2000, 9ff. sowie Gardiner, P. (Hg.), *Theories of history*, Glencoe 1959).

[2] Positionen der (vor allem) materialen Geschichtsphilosophie werden dargestellt in Schaeffler, R., *Einführung in die Geschichtsphilosophie*, Darmstadt 1973, Angehrn, E., *Geschichtsphilosophie*, Stuttgart u.a. 1991 sowie Rohbeck, J., *Geschichtsphilosophie zur Einführung*, Hamburg 2004. Einen Überblick über sämtliche Spielarten historischen Denkens geben Oelmüller, W., Dölle-Oelmüller, R., Piepmeier, R., *Diskurs Geschichte*, Philosophische Arbeitsbücher Bd. 4, Paderborn ³1995, Gross, M., *Von der Antike bis zur Postmoderne. Die zeitgenössische Geschichtsschreibung und ihre Wurzeln*, Wien u.a. 1998; Scholtz, G., Artikel ‚Geschichte', in: Ritter, J. u.a. (Hg.), *Historisches Wörterbuch der Philosophie*, Bd. 3, Basel/Stuttgart 1971ff., 344-398).

zeichnen. Die Theorien zielen vielmehr auf eine historiographi-
sche Kontextualisierung der bürgerlichen Moderne ab, welche die
Aufklärung ihrer Herkunft sowie die Beurteilung ihrer Zukunfts-
perspektiven ermöglicht.[3] Da der gesellschaftliche Bedarf an umfassenden Legitimierungs- oder Delegitimierungserzählungen in
der jüngeren Vergangenheit abgenommen hat, ist auch das Interesse an der Geschichtsphilosophie nahezu verschwunden.

Ein weiterer Grund für das derzeitige Schattendasein der Geschichtsphilosophie liegt in der für sie charakteristischen Weise
der Aneignung des Geschichtsverlaufs. Rohbeck etwa spricht mit
Blick auf die Geschichtsphilosophie treffend vom „Problemkind
der Moderne"[4]. Ein solches Problemkind ist sie geworden, weil
ihre Protagonisten einen eher einseitigen Umgang mit der Spruchweisheit ‚Es kommt stets anders als man denkt' gepflegt haben.
Bei der Mehrzahl der geschichtsphilosophischen Entwürfe handelt es sich nämlich um Fortschrittstheorien,[5] die auf die historische Legitimation der bürgerlichen Moderne abzielen. In dieser
Absicht greifen die namhaftesten Repräsentanten der Geschichtsphilosophie das Sprichwort in seiner fortschrittsmodalen Sinnva-

---

[3] Vgl. Fetscher, I., Art. ‚Geschichtsphilosophie', in: Das Fischer Lexikon Philosophie,
hg. v. A. Diemler u. I. Frenzel, Frankfurt/M. 1958, 107-126, 111f.; Kittsteiner,
H. D., Naturabsicht und unsichtbare Hand. Zur Kritik des geschichtsphilosophischen
Denkens, Frankfurt/M. u.a. 1980, 153-221.

[4] Rohbeck, J., Technik – Kultur – Geschichte. Eine Rehabilitierung der Geschichtsphilosophie, Frankfurt/M. 2000, 10.

[5] Ausnahmen hierzu bilden u.a. die Geschichtsphilosophien von Rousseau
und Herder. Während Rousseau jedoch eine Deutung der Menschheitsent-
wicklung als Verfallsprozess entwickelt (vgl. Rousseau, J.-J., Abhandlung über
den Ursprung und die Grundlagen der Ungleichheit unter den Menschen, Stuttgart
1998), lehnt Herder die Idee des Fortschritts aus geschichtstheologischem
Blickwinkel ab und spricht (statt vom ‚Fortschritt') lediglich vom ‚Fortgang'
der Geschichte (vgl. Herder, J. G., Auch eine Philosophie der Geschichte zur Bildung der Menschheit, Stuttgart 1990). Allerdings interpretiert auch Herder die
Menschheitsgeschichte als menschlich bestimmten, kontinuierlichen und zielgerichteten Prozess, der schließlich schicksalhaft ins bürgerliche Zeitalter ein-
mündet. Wegen seiner These von der Gleichunmittelbarkeit aller Epochen zu
Gott ist es Herder freilich verwehrt, den Übergang in die Moderne als Rück-
schritt zu begreifen.

riante auf, die am Beispiel der ungewollten Schwangerschaft bereits grob umrissen wurde.

Im Kern behaupten sie, dass es in der menschlichen Geschichte nicht nur oftmals anders kommt als es die historischen Protagonisten denken, sondern in aller Regel besser. Innerhalb der materialen Geschichtsphilosophie herrscht ein historiographisches Rekonstruktionsschema vor, das die Sinn- oder Vernunftüberlegenheit der objektiven geschichtlichen Resultate im Vergleich zu den subjektiven Handlungsintentionen oder -plänen der einzelnen Menschen hervorhebt. Das optimistische Credo der meisten klassischen Geschichtsphilosophien: ‚Es kommt in der Geschichte stets besser als die Menschen denken' ist in seiner Allgemeinheit sicherlich fragwürdig. Bevor man jedoch das Kind mit dem Bade ausschüttet und die materialen Geschichtsphilosophien aufgrund ihres Optimismus pauschal der Irrationalität bezichtigt, ist es sinnvoll, die einschlägigen historiographischen Argumentationsmuster genauer zu analysieren.

Das Ziel dieser Studie besteht darin, eine solche geschichtsphilosophische Begründungsform des Fortschritts herauszuarbeiten: und zwar am Beispiel der Geschichtsphilosophie von Giovanni Battista Vico (1668-1744). Vico kann ohne Zweifel als Gründervater der neuzeitlichen Geschichtsphilosophie angesehen werden; und dennoch ist sein Geschichtsdenken bislang noch nicht auf die sie tragende Rekonstruktionsform hin untersucht worden. Vor allem aber verkennt die Mehrheit der Vico-Interpreten dessen genuin geschichtsphilosophisches Profil, das sich in dem Bestreben manifestiert, die Geschichte am Leitfaden des Gedankens: ‚Es kommt stets besser als man denkt' zu verfassen.

Der Aufbau der ‚Scienza Nuova'

Vicos Gründungsschrift zur modernen Geschichtsphilosophie trägt den programmatischen Titel *Principi di una scienza nuova d'intorno alla communa natura delle nazioni* (dt.: *Prinzipien einer neuen*

Wissenschaft über die gemeinsame Natur der Völker[6]). Die Erstauflage des umfangreichen Werkes erscheint bereits im Jahre 1725 und damit etwa drei Jahrzehnte bevor Voltaire den Ausdruck ,Philosophie der Geschichte' prägen wird.[7] Wegen der mangelnden Resonanz auf die Erstauflage nimmt Vico in den folgenden Jahren bis hin zu seinem Tod im Jahre 1744 umfangreiche Veränderungen an seinem Hauptwerk vor.[8] So erscheint im Jahre 1730 eine zweite Fassung der Schrift, und kurz vor Vicos Tod wird eine dritte Auflage der *Neuen Wissenschaft* publiziert, die sich von der Erstfassung erheblich unterscheidet und in der Forschungsliteratur seither als maßgeblicher Referenztext fungiert.

Die Endfassung der *Scienza Nuova* (1744) gliedert sich in fünf Hauptteile: *Von der Grundlegung der Prinzipien* (Erstes Buch), *Von der poetischen Weisheit* (Zweites Buch), *Von der Entdeckung des wahren Homer* (Drittes Buch), *Vom Lauf, den die Völker nehmen* (Viertes Buch) sowie *Von der Wiederkehr der menschlichen Dinge beim Wiedererstehen der Völker* (Fünftes Buch). Im ersten Buch stellt Vico Stoff, Prinzip und Methode seiner Theorie der Geschichte vor; er legt hier gleichsam die wissenschaftstheoretischen Grundlagen dar.

---

[6] Arbeitsgrundlage der vorliegenden Studie ist die vollständige deutsche Ausgabe der *Scienza Nuova* von 1744 (Vico, G., *Prinzipien einer neuen Wissenschaft über die gemeinsame Natur der Völker,* übers. u. eingel. v. V. Hösle u. Chr. Jermann, 2 Bde., Hamburg 1990). Die älteren Übersetzungen der *Neuen Wissenschaft* von Weber (1822), Auerbach (1924) und Fellmann (1981), die mit Ausnahme der heute fast unzugänglichen Weber-Übersetzung stark gekürzte Textwiedergaben bieten, finden im Folgenden keine Berücksichtigung. Um die Vergleichbarkeit der Stellenangaben dennoch zu gewährleisten, wird nachfolgend, wie in der Vico-Literatur üblich, unter Angabe der von Nicolini eingeführten Abschnittsnummern zitiert (vgl. Nicolini, F., *Commento storico alla seconda Scienza nuova,* 2 Bde., Roma 1949-1950).

[7] So der Titel des Einleitungskapitels des von Voltaire im Jahre 1756 erstmals publizierten *Essay sur l'histoire générale et sur les mœurs et l'esprit des nations* (Dt.: *Über den Geist und die Sitten der Nationen,* hg. v. O. Wiegand u. übers. v. K. F. Wachsmuth, 3 Bde., Leipzig 1867, 1).

[8] Die von der Letztfassung erheblich abweichende Erstauflage der *Neuen Wissenschaft* ist bis heute nicht ins Deutsche übertragen worden. Neben dem italienischen Original existiert jedoch eine englischsprachige Ausgabe: *The first new science,* ed. and transl. by Leon Pompa, Cambridge 2002.

Auf das zweite Buch entfällt der materiale Hauptteil der Vico'schen Geschichtsbetrachtung: Es nimmt etwa die Hälfte des gesamten Textes ein und ist in eine irritierend große Anzahl von Unterabschnitten gegliedert. Das dritte Buch ist am Beispiel Homers der Theorie der frühgeschichtlichen Denkweise gewidmet. Im vierten Buch der *Scienza Nuova* steht die Rekapitulation der entworfenen Geschichtstheorie aus sozialanthropologischer Perspektive im Zentrum, und im abschließenden fünften Buch untermauert Vico schließlich sein zyklisches Bild der Geschichte.

Überblick über die Rezeptionsgeschichte

Trotz der Anstrengungen Vicos, seinem Werk eine rezeptionsförderliche Gestalt zu verleihen, fiel das Echo auch auf die zweite und dritte Auflage der *Neuen Wissenschaft* anfangs relativ schwach aus. Schon die Buch- und Kapitelüberschriften der *Scienza Nuova* mussten den Zeitgenossen fremdartig anmuten. Rezeptionshinderlich hat sicher auch Vicos Hang zu einer anschaulichen, oft aber auch unnötig komplizierten Ausdrucksweise gewirkt. Beide Aspekte erschweren noch heute den Zugang zu seiner Schrift. Hösle beispielsweise meint: „Nur wenige Werke der Philosophiegeschichte sind so schwer zugänglich, so rätselhaft und so geheimnisvoll wie Giambattista Vicos ›Neue Wissenschaft von der gemeinsamen Natur der Völker‹."[9] Und Haddock gelangt zu einem noch entmutigenderen Urteil: „His work is richly suggestive rather than systematic, a chaotic mixture of insight and archaism which leaves to the reader the task of finding some sort of coherence"[10].

---

[9] Hösle, V., *,Einleitung. Vico und die Idee der Kulturwissenschaft. Genese, Themen und Wirkungsgeschichte der ,Scienza Nuova'*, in: Vico, G. B. (1990), Bd. 1, XXXI-CCXCIII, XXXI.

[10] Haddock, B. A., *'Vico: The Problem of Interpretation'*, in: Tagliacozzo, G., Mooney, M., Verene D. Ph. (Hg.), *Vico and Contemporary Thought*, Atlantic Highlands 1979, 145-162, 145.

Die Aura des Dunklen und Geheimnisvollen, die die *Scienza Nuova* damals wie heute umgibt, dürfte ein wesentliches Hemmnis für die Rezeption gewesen sein. Umgekehrt ist sie aber auch mitverantwortlich für die Entstehung von Vicos Ruf als einem verkannten Genie der Geistesgeschichte. Sogar von einem regelrechten „Vico-Mythos"[11] wird in diesem Zusammenhang gesprochen. Das Bild vom einsamen Genius gehört zwar ins Reich der Fabel; nichtsdestotrotz jedoch lässt sich feststellen, dass das Interesse für Vicos *Neue Wissenschaft* etwa ein Jahrhundert lang fast ausschließlich auf dessen Heimatland begrenzt blieb.[12] Aus dieser Situation wurde der Text erst durch die Wiederentdeckung Vicos seitens renommierter ausländischer Wissenschaftler im frühen 19. Jahrhundert befreit.[13] Die Revitalisierung des Interesses ereignete sich bezeichnenderweise in der Formierungsphase des Historismus, die im Ergebnis zur Abspaltung der Geistes- von den Naturwissenschaften führte. So waren es neben Vertretern der Theologie vor allem die Denker des Hegelianismus und des Historismus

---

[11] Burke, Peter, Vico. Philosoph, Historiker, Denker einer neuen Wissenschaft, Berlin 2001, 7.

[12] Zur Rezeptionsgeschichte der *Neuen Wissenschaft* im deutschen Sprachraum vgl. Trabant, J., ,*Vico in Germanien 1750-1850'*, in: Hausmann, F.-R., Knoche, M., Stammerjohann, H. (Hg.), *„Italien in Germanien". Deutsche Italien-Rezeption von 1750-1850*, Tübingen 1996, 232-251. In diesem Zusammenhang verdient das Urteil Goethes besondere Beachtung, den ein Ritter Filangieri während seiner italienischen Reise auf Vico und die *Neue Wissenschaft* aufmerksam gemacht hatte: „Gar bald machte er mich mit einem alten Schriftsteller bekannt […], er heißt Johann Baptista Vico […]. Bei einem flüchtigen Überblick des Buches, das sie mir als ein Heiligtum mitteilen, wollte mir scheinen, hier seien sibyllinische Vorahnungen des Guten und Rechten, das einst kommen soll oder sollte, gegründet auf ernste Betrachtungen des Überlieferten und des Lebens. Es ist gar schön, wenn ein Volk solch einen Ältervater besitzt; den Deutschen wird einst Hamann ein ähnlicher Kodex werden" (Goethe, J. W. von, *Italienische Reise*, in: *Werke in zehn Bänden*, Bd. 4, hg. v. R. Buchwald, Weimar 1958, 87).

[13] Vom einer Art Erweckungserlebnis, das ihn bei der Lektüre Vicos ereilte, berichtet Michelet, Übersetzer der ersten französischen Ausgabe der *Scienza Nuova*: „1824. Vico. Anstrengung. Höllische Schatten, Größe, ein goldener Zweig" (zitiert nach: Wilson, E., *Auf dem Weg zum Finnischen Bahnhof. Über Geschichte und Geschichtsschreibung*, Frankfurt/M. 1974, 18).

(J. Michelet, W. Dilthey, B. Croce, G. Gentile usw.), die der Rezeption der *Neuen Wissenschaft* neuen Auftrieb gaben.

Ihren eigentlichen Höhepunkt erreicht die Rezeption von Vicos *Neuer Wissenschaft* nach dem Zweiten Weltkrieg.[14] Das Interesse an Vico wird nun auch jenseits des Atlantiks lebendig, und Vico ist bis heute in Nordamerika ein stark beachteter Autor geblieben. Nach 1945 erscheinen mehrere Periodika, und in Vicos neapolitanischer Heimat wird ihm zu Ehren ein Forschungsinstitut gegründet.[15] Mit Blick auf die jüngere Rezeptionsgeschichte lässt sich also eine zunehmende Internationalisierung der Vico-Forschung feststellen, welche sowohl mit einer Spezialisierung der Forschungsbeiträge[16] als auch mit einer Pluralisierung der Interpretationsrichtungen einhergegangen ist. Vor allem die Pluralisierungstendenz innerhalb der Vico-Forschung verdient hervorgehoben zu werden: Hatten historistische und geschichtstheologische Interpretationsansätze lange Zeit ein Deutungsmonopol inne, so hat sich dieser enge Interpretationsrahmen mittlerweile derart erweitert, dass kaum mehr sinnvoll von der Existenz einer bestimmten Deutungsperspektive gesprochen werden kann. So stellt etwa Haddock fest: „Interpretations of Vico read like a compendium of European philosophy at the last three hundred

---

[14] Einen Überblick über neuere Forschungstendenzen in der Vico-Forschung geben: Battistini, A., *'Contemporary Trends in Vichian Studies'*, in: Tagliacozzo, G. (Hg.), *Vico: Past and Present*, Atlantic Highlands 1981, 1-42 und Tagliacozzo, G., *'The Study of Vico Worldwide and the Future of Vico Studies'*, in: Danesi, M. (Hg.), *Giambattista Vico and Anglo-American Science. Philosophy and Writing*, Berlin/New York 1994, 171-188.

[15] Vgl. den von P. König gegebenen Überblick zu den Vicos Werk gewidmeten Zeitschriften, Tagungsbänden und Bibliographien (König, P., *Giambattista Vico*, München 2005, 141f.). Gemeint ist hier das *Centro di Studi Vichiani* in Neapel.

[16] Wie in Folge des *linguistic turn* in der Philosophie des 20. Jahrhunderts nicht anders zu erwarten, bildet die Auslegung der in Vicos *Neuer Wissenschaft* entwickelten genetischen Sprachtheorie einen Interessenschwerpunkt der gegenwärtigen Vico-Rezeption. Zu nennen sind hier vor allem die Arbeiten von K.-O. Apel, J. Trabant, S. Marienberg, E. Coseriu und D. di Cesare.

years"[17]. In der Tat scheint es unter den Interpreten noch nicht einmal einen Minimalkonsens bezüglich der Leitideen der *Neuen Wissenschaft* zu geben. Die heute vorhandenen Interpretationsansätze decken daher nahezu das gesamte Spektrum an philosophischen Denkrichtungen ab, angefangen bei Geschichtstheologie und Platonismus über Historismus, Hermeneutik, Kulturalismus und Existenzialismus bis hin zu Strukturalismus, Naturalismus und Materialismus. Diese Deutungsinflation ist kaum weniger unbefriedigend als die ehemalige Vorherrschaft theologischer und geistidealistischer Lesarten.

Vor diesem Hintergrund erscheint es sinnvoll, nach einem Kriterium zu suchen, welches über die Aussagekraft und den Wert der unterschiedlichen Interpretationsansätze entscheiden kann. In diesem Buch wird vorgeschlagen, die Sinnkohärenz und -konsistenz der verschiedenen Ansätze als einen solchen Gradmesser zu betrachten. An diesem Kriterium gemessen, schneiden, so lautet die zu entfaltende These, theologische und idealistische Lesarten der *Neuen Wissenschaft* durchweg schlecht ab. Es gelingt ihnen nämlich nicht, Vicos Werk als einen systematischen und nahezu widerspruchsfreien Theorieentwurf zu würdigen. Zu einem stimmigen Gesamtbild fügen sich die Einzelaussagen der *Neuen Wissenschaft* erst dann, wenn diese als säkulare Philosophie der Geschichte mit naturalistischem Profil verstanden wird. Das erfordert zwar die Verabschiedung einer ganzen Reihe rezeptionsgeschichtlich eingeschliffener Vorurteile. Im Gegenzug verliert Vicos *Neue Wissenschaft* jedoch die Momente der Dunkelheit, Vagheit und Widersprüchlichkeit, die ihr oft und sehr zu Unrecht nachgesagt worden sind. In der hier vorgeschlagenen Lesart gibt sich der Text als wohldurchdachter Theorieentwurf zu erkennen, der hinsichtlich seiner gedanklichen Kohärenz und Konsistenz den Vergleich mit anderen bedeutenden Werken der neuzeitlichen Philosophie – etwa mit der *Ethik* Spinozas, dem *Leviathan* von

---

[17] Haddock, B. A., '*Vico: The Problem of Interpretation*', in: Tagliacozzo, G., Mooney, M., Verene D. Ph. (Hg.), *Vico and Contemporary Thought*, Atlantic Highlands 1979, 145-162, 145.

Hobbes oder mit Newtons *Philosophiae naturalis principia mathematica* – in keiner Weise zu scheuen braucht.

Vicos Leitidee: Geschichtlicher Fortschritt
zwischen Heteronomie und Autonomie

Nohl hat in seiner Abhandlung zum historischen Bewusstsein zu Recht unterstrichen, dass Vico als erster neuzeitlicher Denker „Philosophie und Geschichte in eine tiefere Beziehung brachte."[18] Das genuin Neue an Vicos *Neuer Wissenschaft* darf jedoch nicht ausschließlich an ihrem Inhalt festgemacht werden. Richtig ist zwar, dass Vico mit der naturwissenschaftlichen Fixierung der neuzeitlichen Philosophie gebrochen und die Geschichte wieder zu einem legitimen Gegenstand philosophischer Erkenntnis aufgewertet hat. Im eigentlichen Sinne kreativ ist jedoch vor allem die theoretische Rekonstruktionsform, auf die sich Vico dabei stützt. Es geht ihm primär darum, eine Verlaufstheorie der Geschichte zu entwickeln, bei der die Ideen der Unverfügbarkeit, der Menschlichkeit, der Kontinuität, der Progressivität sowie der Zielgerichtetheit der Geschichte als Formbestimmungen ineinandergreifen. Insbesondere im Versuch, Zielgerichtetheit, Menschlichkeit und Unverfügbarkeit gesellschaftlicher Prozesse herauszustellen, erweist sich Vico als Ahnherr systemtheoretischer Analyseformen, wie sie in den Sozial- und Wirtschaftswissenschaften der Gegenwart inzwischen tonangebend sind.

Dass Vico die Geschichte als ein rein menschliches Geschehen auffasst, manifestiert sich in einer zentralen Aussage der *Neuen Wissenschaft*, auf die vor allem sich Vicos wirkungsgeschichtlicher Ruhm gründet. Es handelt sich um das sogenannte „Vico-Axiom" – ein Ausdruck, der auf die gleichnamige Studie von Fellmann zurückgeht.[19] Das Axiom besagt schlicht dies: Der

---

[18] Nohl, H., *Das historische Bewusstsein*, Göttingen 1979, 53.

[19] Fellmann, F., Das Vico-Axiom: Der Mensch macht die Geschichte, Freiburg/München 1976.

Mensch macht die Geschichte. Im Abschnitt *Von den Prinzipien* heißt es etwa, dass die „politische Welt sicherlich von den Menschen gemacht worden ist; deswegen können [...]ihre Prinzipien innerhalb der Modifikationen unseres eigenen menschlichen Geistes gefunden werden" (SN 330). Das Vico-Axiom schließt die Einflussnahme einer suprahumanen Macht auf den Gang der menschlichen Geschichte kategorisch aus. Damit zieht Vico einen Schlussstrich unter die in Europa für ein Jahrtausend lang herrschende Tradition des christlichen Geschichtsdenkens, die von Augustinus' *Civitate Dei* (ca. 426 n. Chr.) bis hin zu Bossuets *Discours sur l'histoire universelle* (1681) reicht. Ist für die christliche Geschichtstheologie der Glaube an ein göttliches Subjekt der Geschichte charakteristisch, so tritt mit Vicos *Neuer Wissenschaft* erstmals seit der Spätantike wieder eine rein säkulare Geschichtsbetrachtung auf den Plan, die sich in Bezug auf die universalgeschichtliche Ausrichtung zwar auf Augenhöhe mit der christlichen Geschichtstheologie bewegt, die aber mit deren zentraler Prämisse von Gott als allmächtigem Planungs- und Handlungssubjekt der Geschichte kompromisslos bricht.

Einen weiteren Beleg für den rein säkularen Charakter der Geschichtsdeutung Vicos liefert sein Eintreten für ein zyklisches Geschichtsbild; schließlich hatte Augustinus, der wichtigste Ahnherr der christlichen Geschichtstheologie, das christliche Geschichtsbild gerade in expliziter Abgrenzung zum zyklischen Natur- und Geschichtsverständnis der Antike entwickelt.[20] Vicos Werk ist frei von jedweder Eschatologie und ihren säkularen Surrogaten und erfüllt somit die von Siegfried Kracauer kritisch gegen Theologien und Philosophien der Geschichte gerichtete Forderung nach einer „Geschichte vor den letzten Dingen"[21].

Auf der anderen Seite darf das Vico-Axiom jedoch weder als Diagnose noch als Forderung einer geschichtlichen oder politischen Autonomie des Menschen verstanden werden. Der Ge-

---

[20] Vgl. Augustinus, *Vom Gottesstaat (De civitate dei)*, 2 Bde., Bd. 2, Kap. 14 („Der Irrwahn der steten Wiederkehr des Gleichen"), München ⁴1997, 79ff.

[21] Kracauer, S., *Geschichte – Vor den letzten Dingen*, in: *Schriften*, Bd. 4, Frankfurt/M. 1971.

schichtsprozess ist nach Vico vielmehr gerade zwischen menschlicher Autonomie und göttlicher Heteronomie angesiedelt. Das heißt, ihm fehlt ein Subjekt, das die Geschichte steuert: „Daher muß diese Wissenschaft sozusagen ein Beweis der Vorsehung als geschichtlicher Tatsache sein, denn sie muß eine Geschichte der Ordnungen sein, die jene, ohne menschliche Absicht oder Vorkehrung, ja häufig gegen deren eigene Pläne, dieser großen Gemeinde des Menschengeschlechts gegeben hat" (SN 342). Die ‚göttliche Vorsehung', so behauptet Vico weiter, sei „ausgerichtet […] auf ein Gut, das stets demjenigen überlegen ist, das die Menschen sich vorgesetzt haben" (SN 343). Bevor zur Diskussion stehen soll, welchen Sinn Vico mit dem Ausdruck ‚göttliche Vorsehung' verbindet, lässt sich zunächst feststellen, dass Vico unter dem ‚Machen' von Geschichte offenkundig gerade nicht die ‚Machbarkeit' der Geschichte mit Wille und Bewusstsein verstanden wissen möchte.[22]

Neben der Widerlegung der christlichen Geschichtstheologie zielt die Geschichtsphilosophie Vicos auch auf die Zurückweisung der neuzeitlichen Autonomiethese ab, die Hobbes im Rahmen seiner Sozial- und Staatsphilosophie als erster moderner Autor vertreten hatte – und zwar in der Form, dass er die Menschen als autonome Gestaltungssubjekte der politischen Institution des Staates begreift.[23] Nach Vicos Auffassung ‚machen' die Menschen ihre Geschichte zwar, die historische Entwicklung soll sich aber zugleich ihrer Verfügungsgewalt insoweit entziehen, als die objektiven Gesamtresultate von ihnen weder geplant noch vorhergesehen werden können. Um Vicos Ansicht auch terminologisch gerecht zu werden, ist es sinnvoll, eine begriffliche Differenzierung zwischen den Ausdrücken ‚Urheber' und ‚Schöpfer' einerseits sowie ‚Subjekt' und ‚Autor' andererseits vorzunehmen. Ver-

---

[22] Vgl. Fellmann, F., *Das Vico-Axiom: Der Mensch macht die Geschichte*, Freiburg/München 1976, 7f.

[23] Es läge in der „Kunstfertigkeit des Menschen", so Hobbes, einen „große[n] *Leviathan*, Gemeinwesen oder Staat genannt (lateinisch *civitas*) [zu] erschaffen, der nur ein künstlicher Mensch ist" (Hobbes, Th., *Leviathan*, übers. v. J. Schlösser, hg. v. H. Klenner, Darmstadt 1996, 5).

steht man unter geschichtlicher ‚Subjektivität‘ oder ‚Autorschaft‘ soviel wie eine intendierte, praxisverankerte Verlaufskontrolle über bestimmte Phasen der politischen Entwicklung oder sogar über die Kulturgeschichte im Ganzen, so stellt Vico die Existenz solcher Instanzen eindeutig in Abrede. Vico schreibt den Menschen lediglich den Stellenwert von exklusiven ‚Urhebern‘ oder ‚Schöpfern‘ der geschichtlichen Wirklichkeit zu, wodurch die geschichts- und kulturschöpferische Potenz des Menschen unterstrichen wird, ohne damit die Vorstellung einer geschichtlichen Selbstbestimmung des Menschen zu verbinden.

Für erhebliche Irritationen sorgt nun der Umstand, dass sich Vico bei der Explikation seiner Geschichtsphilosophie ausgiebig im überlieferten Vokabular der christlichen Geschichtstheologie bedient. Die *Neue Wissenschaft* wird dem Leser sogar als neuartige „rationale politische Theologie der göttlichen Vorsehung“ (SN 342) präsentiert. Äußerungen wie diese sind dafür verantwortlich, dass Vicos Ansatz oft mit der christlichen Geschichtstheologie in Verbindung gebracht worden ist.[24] Theologische Lesarten von Vicos Werk führen aber nichtsdestotrotz in die Irre. Denn ein Blick in die kurze Geschichte der materialen Geschichtsphilosophie zeigt, dass Vico eine Rekonstruktionsstrategie anwendet, auf die nach ihm etwa auch Turgot, Kant und Hegel im Rahmen ihrer Geschichtsphilosophien rekurrieren. Wenn auch in unterschiedlicher Gestalt – nämlich in Form der „Naturabsicht“ (Kant), der „Vorsehung“ (Turgot) oder aber des „Weltgeistes“ (Hegel) – haben die genannten Denker, ähnlich wie Vico, bestimmte metaphysische ‚Subjekte‘ zu unvordenklichen Planungsinstanzen des geschichtlichen Fortschritts erklärt.

Man mag das zwar als nicht unproblematische Versöhnungsgeste in Richtung der christlichen Geschichtstheologie ansehen. Von einem Rückfall in die oder gar einem Festhalten an der Geschichtstheologie kann indes keine Rede sein. Die entscheiden-

---

[24] Eine enge Verbindung zwischen Vicos *Neuer Wissenschaft* und der christlichen Geschichtstheologie unterstellen etwa N. Erny, S. Otto, K. Löwith, K. Werner, R. Peters, V. Rüfener, J. Luginbühl, E. Voegelin, P. G. Pandimakil, N. Jong-Seok und M. Lilla.

de Differenz besteht darin, dass weder Vico noch die genannten Autoren den von ihnen postulierten Geschichtssubjekten eine reale Planungs- und Handlungskompetenz bescheinigen. Vielmehr soll der rein menschliche Geschichtsverlauf im Nachhinein so betrachtet werden, *als ob* er von einem übermenschlichen Subjekt vorausgeplant worden sei. Wozu die ‚Als-ob'-Götter der Geschichtsphilosophen eigentlich dienen, wird klar, sobald man sich die theoretische Zielstellung Vicos und anderer Geschichtsphilosophen in Erinnerung ruft: Es geht darum, die menschliche Geschichte als progressiven Prozess ohne steuerndes Subjekt zu rekonstruieren. Da dieser Standpunkt es ausschließt, dass die behauptete Realisierung historischen Sinns auf die Intentionen der menschlichen Geschichtsakteure zurückgeführt werden kann, erfolgt in Gestalt der Implementierung solcher virtuellen Metasubjekte in die eigene Theorie der Versuch, den ins Zentrum gerückten Hiatus zwischen subjektiven Intentionen und objektiven Ergebnissen in der Geschichte handlungstheoretisch zu überbrücken. Auf diese Weise wird den Menschen ein Interpretationsangebot für die Geschichte unterbreitet, das die historische Kränkung kompensiert, die ihnen durch die Behauptungen der Unverfügbarkeit der Geschichte sowie ihrer fehlenden Motivation zur Arbeit am historischen Fortschritt zugefügt wird. Bei Vico werden die ungewollten menschlichen Fortschrittsleistungen also symbolisch zur göttlichen Fremdleistung umgedeutet. Ganz generell schreiben die Geschichtsphilosophen den von ihnen fingierten Großsubjekten der Geschichte *ex post* die Rolle von maßgeblichen Planungsinstanzen des historischen Fortschritts auf den virtuellen Leib und lassen so mit Blick auf das behauptete Fortschrittsergebnis der Geschichte das aus der Vordertür der Historie herausgeworfene Handlungsvokabular durch eine Hintertür wieder herein.[25]

---

[25] Eine ähnliche Auffassung vertreten auch Rohbeck, J., *Geschichtsphilosophie zur Einführung*, Hamburg 2004, 35ff., 50ff., 58ff. und Lübbe, H., *Geschichtsphilosophie und politische Praxis*, in: Koselleck, R., Stempel, W.-D. (Hg.), *Geschichte – Ereignis und Erzählung*, München 1973, 223-240, 231-237.

In der Tat verbirgt sich hinter der Vico'schen Vorsehungsmetapher ein rationales Modell zur Selbstregulation des menschlichen Geschichtsverlaufs, auf dem letztlich die gesamte Beweislast für Vicos These vom Fortschritt ohne Fortschrittssubjekt ruht. Damit sind zugleich die Kernfragen der vorliegenden Studie vorgezeichnet: Wie begründet Vico seine Ansicht, dass sich die menschliche Geschichte autopoietisch zu einer sinnvollen Verlaufseinheit zusammenschließt? Welche immanenten Prozessmechanismen sollen garantieren, dass die Unverfügbarkeit der Geschichte nicht zum Nachteil für ihre Sinnhaftigkeit ausschlagen kann?

Durch die Klärung dieser Fragen soll vor allem eine Leerstelle innerhalb der Vico-Forschung geschlossen werden; denn bis heute fehlt es an Versuchen, das Hauptwerk Vicos am Leitfaden dieser Fragen systematisch zu untersuchen. Dabei basiert die Originalität von Vicos Geschichtsphilosophie gerade auf der Idee einer geschichtlichen Autopoiesis, auf deren Grundlage die Verwirklichungsnotwendigkeit eines höheren Vernunftziels der Geschichte begründet werden soll. Hinsichtlich beider Aspekte erweist sich Vicos Denken als unvereinbar mit idealistischen Geschichts- und Menschenbildern. Vico ist kein Idealist; und idealistische Lesarten der *Neuen Wissenschaft* sind letztlich ebenso defizitär wie theologische.[26] In Wahrheit dürfte es kaum je einen

---

[26] Unter Verweis auf das Literaturverzeichnis seien hier nur die wichtigsten idealistischen Interpretationsrichtungen sowie einige ihrer Vertreter genannt: Als völkerpsychologischen Ansatz interpretiert O. Klemm Vicos Denkansatz; als Beitrag zum objektiven Idealismus deuten A. R. Caponigri sowie V. Hösle Vicos Schrift; Parallelen zwischen Vicos und Hegels Geschichtsphilosophie rücken B. Croce sowie R. W. Schmidt in den Vordergrund; G. Gentile und F. di Sanctis sehen in Vico einen Wegbereiter des ‚aktualen Idealismus'; O. Stephan und H. Viechtbauer machen sich für eine transzendentalphilosophische Lesart des Hauptwerks von Vico stark; D. Ph. Verene, F. Kittler und D. Strassberg favorisieren einen kulturalistischen Interpretationsansatz; E. Auerbach, A. P. Zeoli, G. Cacciatore, P. Piovani und F. Tessitore siedeln Vicos *Neue Wissenschaft* zwischen klassischer Metaphysik und philosophischer Hermeneutik an, wobei Tessitore, Piovani und Cacciatore, die sich um die Bewahrung des ‚Vico-Erbes' im Rahmen des *Centro di Studi Vichiani* in Neapel besonders

radikaleren Versuch zur Naturalisierung der kulturellen Evolution des Menschen gegeben haben als denjenigen Vicos. Die theoretischen Säulen zur Grundlegung einer naturalistischen Geschichtsphilosophie sollen durch folgende sechs Thesen umrissen werden:

(1) *Das Vico-Axiom' zielt vorrangig auf vorintentionale Prozesse der Generierung symbolischer Formen, die den epistemischen Status von Fiktionen oder Mythen besitzen.* – In der *Neuen Wissenschaft* werden die im Alltagsleben der Völker zirkulierenden Mythen, Sagen und Spruchweisheiten zu kulturkonstitutiven Potenzen aufgewertet, wodurch Vico eine geschichtsphilosophische Rehabilitierung der im neuzeitlichen Rationalismus unter Legitimationsdruck geratenden lebensweltlichen Überzeugungen der Menschen anvisiert. In formaler Hinsicht hält Vico dabei jedoch Anschluss an rationalistische Philosophien (Descartes, Spinoza), da er die hier anzutreffende Vorstellung vom Primat des ersten Wahren auf die Geschichte überträgt, wo sie als Idee der Ableitbarkeit der menschlichen Geschichte aus einem ersten humanen Symbol wiederkehrt. Die *Neue Wissenschaft* repräsentiert also eine rationale Theorie der vorrationalen Anfänge der Kulturgeschichte, die auf einer produktionistischen sowie semiotisch profilierten Theorie des menschlichen Geistes basiert.

(2) *Das symbolschöpferische Erkennen ist nach Vico eine natürliche Funktion der „ganz körperlichen Phantasie" (SN 376) des Menschen.* – Vico führt die progressive Struktur des geschichtlichen Geschehens auf die symbolerzeugende Potenz der menschlichen Einbildungskraft zurück. Die Denkfigur, die dabei zur Anwendung gelangt, ist die der kollektiven Selbsttäuschung zum kollektiven Vorteil. Vicos Begriff der Phantasie ist insofern ungewöhnlich, als er deren symbolische Kernfunktion in der unbewussten Normierung des Faktischen *qua* personifizierender Überhöhung sinnlicher Wahrnehmungsobjekte erblickt. Laut Vico ist es gerade die Intransparenz dieser Phantasiefunktion, welche garantiert, dass die Menschen gleichsam vor ihren Augen und zu-

---

verdient gemacht haben, die Profilierung eines neuen von Vico ausgehenden ‚Kritischen Historismus' anstreben.

gleich hinter ihrem Rücken den historischen Fortschritt bewerkstelligen.

(3) *In der Konstitution und Stabilisierung sozialer Institutionen erkennt Vico die zentrale kulturelle Funktion phantasiegeschaffener Mythen.* – In Anlehnung an Hobbes und Spinoza rückt Vico die Frage nach den kognitiven Bedingungen der Institutionalisierung gesellschaftlicher Kooperationspraktiken in den Fokus seiner Geschichtsphilosophie. Er deutet die archaischen Symboliken und Sagen der Völker als politische Mythen, welche die Institutionalisierung gesellschaftlicher Herrschaftsverhältnisse und Verkehrsformen bewirken. Indem Vico die menschliche Geschichte als Prozess der Ausdifferenzierung gesellschaftlicher Institutionen (Ehe, Familie, Klassengesellschaft, Staat) und der für sie jeweils konstitutiven politischen Symboliken begreift, gelangt er zu einem integralen Begriff von Kulturgeschichte als Einheit von Symbol- und Sozialgeschichte.

(4) *Vico bindet die symbolischen und politischen Produkte der Phantasie in genetischer wie teleologischer Hinsicht an den materiellen Lebensprozess der Menschen zurück. Phantasie wird als schöpferische, sinnlichkeitsverstärkende Körperfunktion aufgefasst, welche die symbolische Stabilisierung innovativer Krisenlösungspraktiken naturwüchsig herbeiführt und die Realisierung des Ziels der Geschichte – nämlich die „Selbsterhaltung des Menschengeschlechts" (SN 343) – sicherstellt.* – Die *Neue Wissenschaft* ist bereits insofern anti-idealistisch und anti-theologisch, als sie den Ursprung und das Ziel der Geschichte mit der Verwirklichung des körperlichen menschlichen Lebens gleichsetzt. Vicos Geschichtsphilosophie ist eine Philosophie des Körpers, die zugleich die Selbstkultivierungsgeschichte des Körperlichen zum Inhalt hat. Allerdings steht Vicos lebensmaterialistischer Denkansatz in direkter Opposition zu einem irrationalen Kulturbiomorphismus (Spengler, Huntington) sowie zu einem unmittelbaren naturwissenschaftlichen Biologismus. Sein historischer Naturalismus ist vielmehr an der körperlichen Erfahrung des Alltagsmenschen ausgerichtet, dem an der Verwirklichung seiner Lebensinteressen gelegen ist.

(5) *Vico ist der Begründer der historischen Anthropologie: Wie die Menschen die Geschichte machen, so macht auch die Geschichte die Menschen.* – Als historischer Anthropologe verknüpft Vico eine übergeschichtliche Anthropologie der physischen Selbsterhaltung mit einer holistisch angelegten Theorie der Selbstvervollkommnung der menschlichen Natur. Der Kultivierungsprozess des menschlichen Körpers wird dabei als gesetzmäßiger Vorgang verstanden, so dass es Vico gelingt, die Zyklen der menschlichen Kulturgeschichte als integrale Momente des materiellen Naturgeschehens in seiner Gesamtheit zu begreifen.

(6) *Auf Grundlage seiner naturalistischen Teleologie konzipiert Vico eine Zyklentheorie des Fortschritts, die einen modernisierungsskeptischen Gegenstandpunkt zu den linearen Fortschrittstheorien in der bürgerlichen Geschichtsphilosophie einnimmt.* – Vicos Identifizierung des Ziels der Geschichte mit dem Überleben der menschlichen Gattung gestattet die Zusammenführung von moderner Fortschrittsidee und antiker Kulturzyklentheorie. Das ist der Fall, weil Vico das Leben und nicht die Kulturprodukte der Menschen als historischen Zweck an sich auffasst. Obwohl er an der prinzipiellen Überlebensdienlichkeit der symbolischen und institutionellen Produkte der Menschen keinen Zweifel hegt, bewertet er deren Zerstörung dennoch dann als Fortschritt, wenn auf diese Weise die physische Selbstvernichtung der Menschheit verhindert wird. Vico reflektiert lebensrettende Kulturkatastrophen dieser Art unter dem Titel ‚Barbarei der Reflexion', worunter er solche irreversiblen Modernisierungstendenzen in Praxis und Theorie versteht, die zur Zerstörung gesellschaftlicher Institutionen und des sie tragenden mythischen Unterbaus führen. Die Diagnose des Kulturverfalls appliziert Vico vor allem auf seine eigene Epoche, worin sich eine massive Skepsis gegenüber den Verheißungen der bürgerlichen Moderne artikuliert.

Gliederung und Buches und Rechtfertigung des Titels

Die soeben präsentierten sechs Thesen stellen den Interpretationsrahmen der vorliegenden Untersuchung dar. Das Ziel der nachfolgenden Kapitel besteht darin, ihre Stichhaltigkeit und ihren Zusammenhang anhand von Vicos Hauptwerk zu belegen. Das erste Kapitel legt zunächst einige zentrale erkenntnistheoretische, metaphysische und methodologische Voraussetzungen der *Neuen Wissenschaft* frei. Vicos Theorie der Ideengeschichte (Thesen 1 und 2) steht im Zentrum des zweiten Kapitels; der Zusammenhang zwischen Ideen- und Sozialgeschichte (These 3) wird im dritten Kapitel herausgestellt; die für Vicos Geschichtsphilosophie charakteristische Rückbindung der Geschichte an das materielle Leben der Menschen und dessen intrinsische Notwendigkeiten (These 4) bildet den Kern des vierten Kapitels. Im fünften Kapitel wird Vicos Verständnis von geschichtlicher Selbstregulierung mit anderen Ansätzen zur materialen Geschichtsphilosophie (Kant, Hegel) verglichen, und im sechsten Kapitel rückt Vicos historische Anthropologie ins Zentrum der Untersuchung (These 5). Der Plausibilisierung der sechsten These dienen die Kapitel 7 und 8: Dabei liegt der Akzent im siebten Kapitel auf der Architektur von Vicos Theorie des kognitiven Fortschritts, während im achten Kapitel die gesellschaftstheoretischen Implikationen von Vicos Kulturverfallstheorie im Mittelpunkt stehen. Die Studie schließt mit einem Vorschlag zur ideengeschichtlichen Einordnung der *Neuen Wissenschaft* sowie mit einer Einschätzung der Aktualität der Vico'schen Geschichtsphilosophie.

Für Abhandlungen zur Ideengeschichte empfiehlt sich die Suche nach einprägsamen Kurzformeln, die das Theorieprofil der behandelten Position auf einen prägnanten Begriff bringen. Im Hinblick auf Vicos Geschichtsphilosophie stellt der titelgebende Ausdruck ‚Lebensrealismus' einen derart sinnpräzisen Begriff dar. Denn der materielle Lebenszusammenhang der Menschen gilt Vico letztlich als das einzige *factum brutum* der Geschichte. Freilich bescheinigt Vico dem lebendigen Körper in diesem Zusammenhang ein kulturproduktives Potential, das über die üblichen materialistischen Anthropologien und Geschichtsbilder in einem wesentlichen Punkt hinausgeht. Dieser Punkt betrifft die These von der Symbolproduktivität humanen Lebens, dessen Überlebensbedeutsamkeit Vico ins Zentrum seiner Geschichts-

philosophie rückt. Lässt sich dieser Aspekt der Vico'schen Ge-
schichtslehre freilich noch als Steigerungsform der sich schon bei
Spinoza artikulierenden Bewunderung für die zwecksetzungs-
freie Kulturschöpfungsmacht des Körpers in Malerei und Architektur verstehen, so gewinnt Vicos historischer Naturalismus sein
spezifisches Profil erst aus der Behauptung einer schöpferischen
historischen Dialektik zwischen der geschichtlichen Produktivität
des menschlichen Körpers und seiner Selbsterkenntnis als ge-
schichtsschöpferischer Instanz. Gemäß Vicos geschichtsanthropo-
logischer Leitthese basiert die Überlebenssicherung der Menschheit gerade auf der Selbstverbergungstendenz des menschlichen
Körpers hinter einem Schleier ebenso fiktionaler wie realwirksa-
mer Symbole. Aus diesem Grund rechnet Vico Idealismus und Religion zu den wichtigsten Erhaltungsmedien von Gesellschaft und
Leben. Die *Neue Wissenschaft* schließt also eine historische Rechtfertigung religiöser und idealistischer Fiktionen vom Vernunft-
standpunkt des Lebensrealismus ein. Anders als für Marx ist die
Religion für Vico kein „Opium des Volks"[27], sondern ein gesellschaftliches Stimulationsmittel, kraft dessen sich menschliches Leben ‚hinter seinem Rücken' machtvoll gegen die omnipräsente
Gefahr seiner stummen Zerstörung stemmt.

---

[27] Marx, K., *Zur Kritik der Hegelschen Rechtsphilosophie*, MEW Bd. 1, Berlin [4]1956,
378.

1. Das Leitbild historischer Erkenntnis: Subtexterweiterte Textreproduktion

1.1 Das *VERUM-FACTUM*-Prinzip

Zu den Haupteinwänden, die gegen die klassischen Entwürfe der materialen Geschichtsphilosophie gerichtet werden, zählt der Vorwurf erkenntnistheoretischer Naivität. Nach Auffassung zahlreicher Kritiker der Geschichtsphilosophie haben ihre führenden Repräsentanten die Reflexion der Methoden, Bedingungen und Grenzen der historischen Erkenntnis sträflich vernachlässigt.[28] Auch wenn dieser Vorwurf sicherlich nicht ganz von der Hand zu weisen ist, so trifft er doch keineswegs auf alle Beiträge der neuzeitlichen Geschichtsphilosophie zu. In Bezug auf Vicos *Neue Wissenschaft* ist er definitiv nicht gerechtfertigt; spielen doch für dessen Denkansatz geschichtstheoretische Grundlagenreflexionen eine herausragende Rolle. Das gilt zumindest hinsichtlich der Endfassung der *Scienza Nuova* (1744), deren gesamtes erstes Buch (*Von der Grundlegung der Prinzipien*) der Klärung ontologischer, erkenntnistheoretischer und methodologischer Grundsatzfragen gewidmet ist. In der ersten und zweiten Fassung von Vicos Schrift finden sich dagegen noch keine vergleichbar umfangreichen geschichtstheoretischen Vorüberlegungen.[29]

Dass Vicos *Neue Wissenschaft* überhaupt ein derart elaboriertes geschichtstheoretisches Begründungsprogramm beinhaltet, ist vor allem auf zwei Gründe zurückzuführen: *Erstens* war Vico gezwungen, sein Projekt einer neuen Philosophie der Geschichte gegen den in seinem Zeitalter vorherrschenden wissenschaftlichen Zeitgeist durchzusetzen. In der Philosophie sowie in den Wissenschaften der Neuzeit gilt die Geschichte gemeinhin als eine nichtwissenschaftsfähige Dimension der Wirklichkeit. Dementspre-

---

[28] Vgl. Lembeck, K.-H. (Hg.), *Geschichtsphilosophie*, Freiburg/München 2000, 9ff.

[29] Vgl. Vico, *The first new science*, ed. and transl. by Leon Pompa, Cambridge 2002.

chend wird der Historie, wenn nicht der Status einer Wissenschaft schlechthin, so doch der einer strengen Wissenschaft abgesprochen.[30] Das Paradigma einer exakten Wissenschaft ist die Physik, insbesondere in jener nomothetischen Gestalt, die Newton ihr verliehen hat. Vicos geschichtstheoretische Reflexionen dienen daher nicht zuletzt dem Ziel, die Vorbehalte der Gelehrten seines Zeitalters gegenüber der Wissenschaftsfähigkeit der Historie zu entkräften. Das erfordert nicht nur den Nachweis der Möglichkeit wissenschaftlicher Historie, sondern auch den damit verknüpften Beweis der gesetzmäßigen Strukturiertheit ihres Erkenntnisgegenstandes, also des realgeschichtlichen Prozesses. *Zweitens* ist der hohe Stellenwert der formalen Geschichtsphilosophie für Vicos Denken auf das Bestreben zurückzuführen, Realgeschichte und philosophische Historie auf ein und denselben philosophischen Grundsatz zu stellen. Anders gesagt: Vico zielt auf eine philosophische Grundlegung des historischen Wissens und seines Erkenntnisgegenstandes ab.

Im Zentrum dieses Grundlegungsversuchs steht eine spezifische Metaphysik des menschlichen Geistes, welche nicht nur für Vicos Begriff historischer Erkenntnis, sondern ebenso für sein Verständnis von geschichtlicher Wirklichkeit eine tragende Rolle spielt.[31] Zur Rekonstruktion dieser Theorie des Geistes und der

---

[30] Dies lässt sich vortrefflich am ‚Stammbaum der Wissenschaften‘ zeigen, den D'Alembert in der *Einleitung zur Enzyklopädie* entworfen hat. D' Alembert unterscheidet dort zwischen Gedächtnis (*mémoire*), Vernunft (*raison*) und Einbildungskraft (*imagination*), und er ordnet diesen Vermögen verschiedene Wissenschaften und Künste zu. Der Einbildungskraft werden dabei lediglich bestimmte Künste (Dichtkunst, Musik, Malerei) subordiniert. Die Geschichte wird von D'Alembert dem Gedächtnis zugeordnet und steht damit immerhin höher als die Künste. Sie wird jedoch nicht als Wissenschaft angesehen. Den Ausdruck ‚Wissenschaft‘ bezieht D'Alembert ausschließlich auf Ontologie, Theologie, Natur- und Geisteswissenschaft, deren Ursprung in der Vernunft liegt (vgl. D'Alembert, J. L. R., *Einleitung zur Enzyklopädie*, hg. v. G. Mensching, Hamburg 1997, 112f.).

[31] Zum Ursprung der Geschichtsphilosophie Vicos aus seiner Metaphysik des Geistes vgl. Fellmann, F., ‚*Der Ursprung der Geschichtsphilosophie aus der Metaphysik in Vicos ›Neuer Wissenschaft‹*‘, in: Zeitschrift für philosophische Forschung 41 (1987), 43-60, 44.

aus ihr resultierenden Auffassungen von Geschichte und Historie ist es sinnvoll, genau an jener Stelle anzusetzen, an der auch Vico selbst metaphysische und erkenntnistheoretische Überlegungen zur menschlichen Geschichte miteinander verschränkt. Diese Scharnierstelle bildet das ‚Vico-Axiom‘, demzufolge der Mensch die Geschichte macht. Von dieser geschichtsmetaphysischen Grundthese leitet Vico nämlich auch die Erkennbarkeit der Geschichte durch den Menschen ab: Gerade weil die Menschen die Geschichte hervorbringen, so lautet das Argument, soll die Geschichte vom Menschen erkannt werden können. In der Forschung bezeichnet man dieses Argument als ‚*verum-factum*-Prinzip‘ oder ‚*verum-factum*-Theorem‘. Gemäß einer gängigen Paraphrase zielt Vicos Prinzip auf die Konvertibilität oder Vertauschbarkeit der Pole des ‚Wahren‘ und des ‚Gemachten‘: *verum factum convertuntur*.[32]

Vicos *verum-factum*-Prinzip verfügt zweifelsohne über eine gewisse Plausibilität. Denn es scheint intuitiv einzuleuchten, dass der Mensch die Geschichte erkennen kann, weil er sie geschaffen hat. Diese Plausibilität verflüchtigt sich freilich wieder, sobald der Kollektivsingular ‚der Mensch‘ in ein geschichtliches Gattungskontinuum (‚die Menschen‘) aufgelöst wird. Dann nämlich stellt sich die Frage, inwieweit das *verum-factum*-Argument überhaupt eine tragfähige Basis für die Erkenntnis der Geschichte bilden kann – schließlich enthält die Gewissheit, dass die Menschen die Geschichte machen, für sich genommen noch keine Auskunft darüber, welche Menschen was, wann, wo und wie in der Geschichte getan haben. Warum also begreift Vico den *verum-factum*-Satz als tragfähiges Prinzip der Geschichte? Um diese Frage zu beantworten, ist eine Präzisierung des *verum-factum*-Prinzips erforderlich. Schon ein Blick in die Forschungsliteratur zeigt freilich, dass gerade die Aufgabe der Konkretisierung des *verum-factum*-Satzes mit erheblichen Schwierigkeiten verbunden ist; denn die Meinun-

---

[32] Vgl. Cacciatore, G., Metaphysik, Poesie und Geschichte. Über die Philosophie von Giambattista Vico, Berlin 2002, 46ff.

gen über Bedeutung und Stellenwert des Vico'schen Prinzips gehen deutlich auseinander.[33]

In erster Annäherung kann man sich auf einen Hinweis stüt-
zen, den Vico selbst in Form der Feststellung gibt, dass die Prinzipien der geschichtlichen Welt „innerhalb der Modifikationen unseres eigenen menschlichen Geistes" (SN 331) aufgefunden werden könnten. Oft ist in dieses Diktum ein psychologischer Sinn
hineingelesen worden. Insbesondere hat man es als Beleg dafür
gewertet, dass das *verum-factum*-Prinzip den Historiker dazu er-
muntert, sich introspektiv – also durch die Untersuchung des eigenen Seelenlebens – einen Zugang zur menschlichen Geschichte
zu verschaffen.[34] Das ist freilich eine grobe Fehldeutung, denn der
hier von Vico gebrauchte Ausdruck ‚innerhalb' bezieht sich ersichtlich nicht auf den Begriff ‚Geist', sondern auf den Begriff ‚Modifikationen' (des Geistes). Tatsächlich wird er in einem metaphysisch neutralen Sinn verwendet, da er allein auf den zeitlichen
Wandel des Denkens (‚Modifikationen') Bezug nimmt. Dennoch
lässt sich aus Vicos Verweis auf die ‚Modifikationen des Geistes'
als Quelle der gesuchten Geschichtsprinzipien ein wichtiger An-
haltspunkt dafür entnehmen, wie die Präzisierung des *verum-factum*-Satzes zu erfolgen hat. Denn Verständnisprobleme bereitet
dieser Satz gerade wegen der eigentümlichen Vieldeutigkeit des
lateinischen *facere*. Mit dem ‚Machen' von Geschichte lassen sich
nämlich durchaus unterschiedliche produktive Vollzüge assoziie-
ren: Unbewusste und bewusste; geistige und körperliche; symbolische, technische oder auch soziale Produktionsvorgänge. Vicos

---

[33] Heterogene Lesarten des *verum-factum*-Satzes stammen etwa von Löwith,
K., *Vicos Grundsatz: verum et factum convertuntur*, in: Ders., *Aufsätze und Vorträge 1930 - 1970*, Stuttgart u.a. 1971, 157-188; Cacciatore, G., *Metaphysik, Poesie
und Geschichte. Über die Philosophie von Giambattista Vico*, Berlin 2002, 43-65;
Otto, S., *Einleitung*, in: Vico, G., *Liber metaphysicus*, übers. v. S. Otto u. H.
Viechtbauer, München 1979, 7-20; Otto, S., ‚*Vico als Transzendentalphilosoph*',
in: Archiv für Geschichte der Philosophie 62 (1980), 67-79.

[34] Koselleck zum Beispiel fasst das *verum-factum*-Prinzip in diesem verkehrten
Sinn auf. Vgl. Koselleck, R., *Art. ‚Geschichte'*, in: O. Brunner, W. Conze, R. Koselleck (Hg.), *Geschichtliche Grundbegriffe. Historisches Lexikon zur politisch-sozialen Sprache in Deutschland*, 8 Bde., Bd. 2, Stuttgart 2004, 593-717, 640.

Rekurs auf die ‚Modifikationen unseres menschlichen Geistes' gibt jedoch einen entscheidenden Hinweis darauf, dass der Terminus *facere* innerhalb der *verum-factum*-Relation eine höchst spezifische, da allein auf die Produktivität des ‚Geistes' zugeschnittene Bedeutung besitzt.

Es greift daher zu kurz, die beiden Relationsglieder des *verum-factum*-Prinzips ohne präzisierende Folgebestimmungen mit den Polen der realen Geschichte (*factum*) und der historischen Erkenntnis (*verum*) zu identifizieren. Diese Standardinterpretation des *verum-factum*-Theorems ist zwar nicht falsch, es fehlt ihr jedoch die nötige Schärfe, um Sinn und Stellenwert des *verum-factum*-Prinzips befriedigend aufzuklären. Insbesondere droht die Gefahr einer übermäßigen Pluralisierung des von Vico mit dem Ausdruck *facere* verbundenen Sinns.[35] Diese Problematik lässt sich am Beispiel von Marx und dessen Umgang mit Vicos *verum-factum*-Prinzip aufzeigen. Marx kommt in einer Fußnote im ersten Band des *Kapitals* auf Vicos Grundsatz zu sprechen; in einem Kapitel mit dem Titel *,Maschinerie und große Industrie'*. Er diskutiert die Bedeutung des *verum-factum*-Prinzips im Kontext der von ihm entworfenen Theorie der Produktivkraftentwicklung im kapitalistischen Wirtschaftssystem und beruft sich in diesem Zusammenhang auf Vico als Gewährsmann für die Möglichkeit einer „kritische[n] Geschichte der Technologie", die als „Bildungsgeschichte der produktiven Organe des Gesellschaftsmenschen"[36] das „aktive Verhalten des Menschen zur Natur"[37] und dessen geschichtlichen Formenwandel reflektieren soll. An einer solchen ‚Bildungsgeschichte' fehlt es laut Marx in seinem Zeitalter noch – und dass obwohl, wie er unter Berufung auf Vicos *verum-factum*-Prin-

---

[35] Vgl. beispielhaft Seifert, J., Versteht der Mensch das von ihm selbst Gemachte besser als das nicht von ihm Geschaffene? Kritische Reflexionen über Giambattista Vicos ‚Verum-Factum-Prinzip', in: Cotteri, R. (Hg.), Studi Italo-Tedeschi / Deutsch-Italienische Studien, Bd. XVII: Giambattista Vico, Meran 1995, 53-93.

[36] Marx, K., Das Kapital. Kritik der politischen Ökonomie, Bd. 1, MEW Bd. 23, Berlin [15]1984, 392.

[37] Ebd., 393.

zip hervorhebt, eine solche Geschichte eigentlich weitaus „leichter zu liefern"[38] wäre als Darstellungen zur Naturgeschichte des Menschen (eben weil die ‚Geschichte der Technologie' im Unterschied zur Naturgeschichte von den Menschen selber gemacht worden sei). Marx setzt den Ausdruck *facere* ganz offensichtlich mit der bewussten Herstellung technischer Artefakte gleich, mit der vom Menschen planmäßig vollzogenen Produktion von Produktionsmitteln. Er verleiht ihm damit jedoch eine Bedeutung, die mit Vicos Vorstellung zum geschichtsschöpferischen *facere* der Menschen ganz unvereinbar ist. Das Herstellen von Konsum- oder Produktionsgütern stellt nämlich einen sozialen Handlungstyp dar, der bei Vico weitgehend ausgeblendet bleibt (vgl. 3.3).

Das *verum-factum*-Theorem bezieht sich nicht vorrangig auf die (materiellen) Lebensbereiche Arbeit und Technik, sondern es bringt die Kernaussage einer spezifischen Theorie des menschlichen Geistes zum Ausdruck. Der Satz expliziert in erster Linie den für Vicos Theorie der Kognition einschlägigen Strukturbegriff geistiger Produktivität. Im Kern besagt das *verum-factum*-Prinzip, dass die menschliche Geistestätigkeit als produktiver Vollzug begriffen werden muss, für den charakteristisch ist, dass das Hervorbringen des Erkannten (*factum*) und die Wahrheitserkenntnis des Hervorgebrachten (*verum*) identisch sind. Daraus folgt ganz unmittelbar, dass Vicos Konvertibilitätsthese von *verum* und *factum* beide ontologische Dimensionen der Geschichte berührt, also sowohl für die reale Geschichte (*factum* als *verum-factum*) als auch für die wissenschaftliche Erkenntnis dieser Geschichte (*verum* als *verum-factum*) gelten soll. Das lässt erkennen, dass Vicos Grundlegung der Geschichtsphilosophie im *verum-factum*-Prinzip eine weitaus voraussetzungs- und auch folgenreichere Form annimmt als es der bloße Wortlaut des *verum-factum*-Satzes zunächst vermuten lässt.

Zur weiteren Präzisierung des *verum-factum*-Prinzips ist ein Rekurs auf Vicos frühe philosophische Schrift *Liber metaphysicus*

---

[38] Ebd.

(1710) sinnvoll.[39] In diesem metaphysischen Entwurf „neuplatonischer Prägung"[40] taucht das *verum-factum*-Argument zwar nicht zum ersten Mal auf, da Vico es schon in seiner studienmethodischen Schrift *De nostri temporis studiorum ratione* (1709) erstmals expliziert hatte; erst hier jedoch erlangt es die Bedeutung eines metaphysisch-erkenntnistheoretischen Grundprinzips.[41] Im *Liber metaphysicus* verfolgt Vico das Ziel, am Leitfaden des *verum-factum*-Theorems das Verhältnis zwischen Mensch und Gott in ontologischer wie in gnoseologischer Hinsicht zu erhellen. Die gesamte Argumentation baut dabei auf der theologischen Annahme der Gottesebenbildlichkeit des Menschen auf. Dementsprechend wird das Verhältnis von Gott und Mensch, von göttlichem und menschlichem Wissen, als asymmetrische Abbildrelation verstanden. Vico setzt voraus, dass Gott das „erste Wahre" (LM 35) sei, dem die „äußersten wie die innersten Elemente der Dinge gegenwärtig" (LM 37) sind. Mit Hilfe des *verum-factum*-Prinzips sollen ausgehend davon Einheit und Differenz von göttlichem und menschlichem Geist aufgezeigt werden. Vico zufolge erschafft Gott die Natur im Akt ihrer Erkenntnis und erkennt sie im Vollzug ihrer Schöpfung. Das *verum-factum*-Prinzip zielt somit auf die „Identität von Wahrheitserkenntnis und geistigem Hervorbringen" (DNT 149) ab: „Denn Gott ‚liest zusammen' alle Elemente der Dinge [...], weil er sie in sich begreift und in eine Anordnung bringt." (DNT 37) Daraus zieht Vico den Schluss, dass – da der Mensch die Natur nicht erschaffen kann – die menschliche Naturerkenntnis auf „hypothetisches Wahres" (DNT 151) beschränkt bleiben muss und nur die „göttliche Vernunft" über ein „absolut [w]ahres" Naturwissen verfügt. Gott soll jedoch auch dem Menschen die Befähigung zu schöpferischer Erkenntnis verliehen haben – eine kreative Anlage, die sich in Mathematik und Geometrie

---

[39] Vico, G., *Liber metaphysicus (De antiquissima Italorum sapienta liber primus)*, übers. u. hg. v. S. Otto und H. Viechtbauer, München 1979 (= LM).

[40] Cacciatore, G., Metaphysik, Poesie und Geschichte. Über die Philosophie von Giambattista Vico, Berlin 2002, 43.

[41] Vico, G. B., Vom Wesen und Weg der geistigen Bildung (De Nostri Temporis Studiorum Ratione), übers. u. hg. v. W. F. Otto, ²1974, 41.

Geltung verschafft und die Vico als ‚*ingenium*‘ bezeichnet. (DNT 127ff.) Den „Mangel seines Geistes" (DNT 43) verstehe der Mensch in der Geometrie sowie der Arithmetik wettzumachen, da er der originäre Schöpfer der Basiselemente dieser Wissensfelder, dem „Punkt" (DNT 43) und der Zahl Eins, sei. Die Operationen, welche der menschliche Geist mit diesen Elementen vollzieht, liefern nach Vico wahre Erkenntnisse, da sie bewusst und planvoll vorgenommen werden. Und nach dem „Vorbild Gottes" (DNT 43) soll sich der Geist hierbei ebenfalls eines synthetischen Erkenntnisverfahrens bedienen: „Indem wir diese Wahrheitselemente zusammensetzen, bringen wir das Wahre auf dem Wege der zusammensetzenden Erkenntnis hervor." (DNT 55) Um eine Brücke zwischen göttlicher Realwissenschaft (Natur) und menschlicher Idealwissenschaft (Geometrie, Arithmetik) zu bauen, entwirft Vico im *Liber metaphysicus* eine Naturphilosophie, in deren Zentrum die Annahme metaphysischer Punkte (*conatus*) steht. Diese werden als gottgeschaffene, ausdehnungslose, jedoch naturimmanente Kraft- oder Energiezentren begriffen, von denen sich Existenz und Dynamik aller materiellen Naturvorgänge herleiten. Als rein expressive Kraftintensität soll der *conatus* eine zwischen Gott und Natur „vermittelnde Wirklichkeit" (DNT 55) darstellen, welche zugleich das reale Vorbild für den Punkt in der Geometrie sowie die Zahl Eins in der Mathematik bildet. (DNT 75ff.) Diese Auffassung relativiert freilich die schöpferischen Leistungen des menschlichen Geistes in der Mathematik, da die Grundelemente beider Wissenschaften nun bloß noch als in Analogie zur göttlichen Naturwirklichkeit geschaffene Größen erscheinen.

Vicos *Liber metaphysicus* wirkt bereits zum Zeitpunkt der Erstveröffentlichung hoffnungslos veraltet. Es gelingt Vico nämlich nicht, Bezüge zwischen Naturwirklichkeit und Mathematik herzustellen, welche über das nunmehr bereits obsolete Denken in Analogieverhältnissen hinausgehen.[42] Besteht der für die neu-

---

[42] Dieses Urteil teilt auch Apel: „Jedenfalls fehlt ihm nahezu jedes tiefere Verständnis für jene technisch-mathematische ‚interpretatio naturae', welche zu Beginn der Neuzeit genau in der Linie seines erkenntnistheoretischen Grundbegriffs die Spekulationen eines mystischen Neupythagoräismus bzw. Plato-

zeitliche Erneuerung der Wissenschaften maßgebliche Leitgedanke gerade darin, dass Naturvorgänge mit Hilfe mathematischer Formeln und Funktionsgleichungen adäquat erfasst werden können, so erklärt Vico im scharfen Kontrast dazu Geometrie und Mathematik zu naturfernen Wissenschaften, deren Objekte eine virtuelle Sonderwelt bilden. Insofern besteht der Preis für die Wahrheitsfähigkeit, die Vico der menschlichen Erkenntnis zuspricht, in der Entwirklichung ihrer intentionalen Bezugsgrößen: Die Erkenntnisse in Mathematik und Geometrie, so behauptet Vico, verhalten sich zur göttlichen Naturwissenschaft bloß wie ein „flächenhafte[s] Bild" zur „plastische[n] Figur" (LM 37).

Zwischen der Veröffentlichung des *Liber metaphysicus* (1710) und der ersten Auflage der *Scienza Nuova* (1725) vergehen einige Jahre, in denen sich Vicos Forschungsschwerpunkt verschoben hat: weg von Metaphysik und Erkenntnistheorie, hin zu Rechtsphilosophie und Rechtsgeschichte.[43] In der *Neuen Wissenschaft* laufen beide Forschungslinien schließlich wieder zusammen: In materialer Hinsicht kreist die *Scienza Nuova Seconda* um die Frage nach Genese und Entwicklung von Recht und Sittlichkeit; in formaler Hinsicht greift Vico zur Klärung dieser Frage die Theorie des schöpferischen Geistes aus seiner Frühschrift wieder auf.

In der Forschung ist umstritten, ob zwischen Vicos früher und seiner späten Erkenntnistheorie ein Bruch liegt.[44] Stellungnahmen hierzu helfen freilich in der Sache kaum weiter; weshalb

---

nismus in exakte Naturwissenschaft verwandelt" (Apel, K.-O., *Die Idee der Sprache: in der Tradition des Humanismus von Dante bis Vico*, Bonn ³1980, 326).

[43] In den Jahren 1720/21 veröffentlicht Vico sein rechtsphilosophisches Hauptwerk *Diritto universale*, das im Zeichen des Versuchs steht, Rechtsphilosophie und Rechtsgeschichte, die Idee des universalen Rechts und das Faktum der historischen Rechtsentwicklung, systematisch miteinander zu verknüpfen. Der erste Teil dieser umfangreichen Schrift liegt in deutscher Übersetzung vor. Vgl. Vico, G., *Von dem einen Ursprung und Ziel allen Rechts* (*Diritto universale*), übers. u. hg. v. M. Glaner, Wien 1950.

[44] Auf Croces einflussreiche Vico-Studie geht die Diskontinuitätsthese von ‚zwei Formen' der Erkenntnistheorie bei Vico zurück, die zahlreiche Stellungnahmen für und wider provoziert hat (vgl. Croce, B., *Die Philosophie Giambattista Vicos*, übers. v. E. Auerbach und Th. Lücke, Tübingen 1927, 1ff., 17ff.).

es sinnvoller erscheint, die Übereinstimmungen und Differenzen zwischen Früh- und Spätwerk im Einzelnen konkret zu benennen. Nach der hier vertretenen Auffassung bestehen zwischen *Liber metaphysicus* (1710) und *Neuer Wissenschaft* (1744) sowohl Gemeinsamkeiten als auch Unterschiede. Im Einklang befinden sich Früh- und Spätwerk hinsichtlich des Stellenwerts des *verum-factum*-Prinzips als allgemeinem Strukturkonzept schöpferischer Erkenntnistätigkeit. Zudem hält Vico auch im Spätwerk noch am synthetischen Erkenntnisbegriff seiner Frühschrift fest. Ebenso erhalten bleibt die skeptische Haltung bezüglich der Erkennbarkeit der Natur durch den Menschen. Zuletzt fließt auch die Theorie des *conatus* in modifizierter Form mit in Vicos Geschichtsphilosophie ein.

Umgekehrt sind jedoch auch entscheidende Differenzen zwischen *Liber metaphysicus* und *Neuer Wissenschaft* (1744) festzustellen. Der zentrale Unterschied zwischen Früh- und Spätwerk betrifft den metaphysischen Rahmen, in dem die Theorie des schöpferischen Geistes jeweils angesiedelt wird. Von dieser Differenz, die dem Übergang von Theologie und Metaphysik zu Naturalismus und Lebensrealismus entspricht, kann an dieser Stelle jedoch abgesehen werden, da sie Vicos Theorie der historischen Erkenntnis nicht unmittelbar berührt. Ganz anders verhält es sich mit Vicos Ansichten bezüglich Form und Inhalt der dem Menschen in der Früh- wie in der Spätphilosophie bescheinigten geistigen Produktivität. Gerade in diesen beiden Hinsichten ist ein merklicher Sinneswandel festzustellen, der für ein adäquates Verständnis der Vico'schen Geschichtsphilosophie berücksichtigt werden muss: *Erstens* wird in der *Neuen Wissenschaft* der rationalistische Argumentationsrahmen aufgesprengt, in den die frühe Geistmetaphysik noch eingelassen ist. Gelten im *Liber metaphysicus* allein Mathematik und Geometrie als Wissensfelder, in denen sich eine durch die Konvertibilitätslogik von *verum* und *factum* charakterisierbare Produktivität des menschlichen Geistes niederschlägt, so rückt in der *Neuen Wissenschaft* gerade ein solcher Typus der schöpferisch-humanen Geistestätigkeit in den Fokus der Untersuchung, der weder bewusst noch planmäßig vollzogen wird und sich daher auch nicht mehr sinnvoll unter den Begriff des „Zeichenhandelns"[45] subsumieren oder sich in die Kategorie „Handlungsstruktur von Geist überhaupt"[46] einordnen lässt. Quelle dieser vorrationalen Produktivität des Geistes ist laut Vico die menschliche Phantasie; so dass es nicht überrascht, wenn die *Neue Wissenschaft* auch unter dem Titel einer „Metaphysik der Phantasie" (SN 405) firmiert. *Zweitens* verabschiedet sich Vico in seiner Geschichtsphilosophie von der bewusstseinsphilosophischen Ausrichtung seiner frühen Theorie des Geistes. Ist im *Liber metaphysicus* noch von vom menschlichen Geist geschaffenen „Gedankengebilde[n]" (LM 151) die Rede, so vollzieht Vico im Spätwerk am Leitfaden der neuen Einsicht, dass sich „Ideen und Sprachen [...] Hand in Hand entwickelten" (SN 234), den konsequenten Schritt von der Bewusstseinsphilosophie zur Semiotik (Zeichen- und Symboltheorie) und Sprachphilosophie. Die Konvertibilitätslogik von *verum* und *factum* wird nun nicht mehr auf das Feld subjektiver Ideen angewendet, sondern auf weltöffentliche Zeichen, denen ein konstitutiver Bezug zur gesellschaftlichen Wirklichkeit bescheinigt wird.[47] Ausgehend von einem realistischen Standpunkt entwirft Vico einen *„historical constructivism"*[48], dessen Kern die Thesen von der Konstruktivität und Geschichtlichkeit jedwedes symbolisch verfassten Wissens der Menschen bilden. Trabant ist daher Recht zu geben, wenn er Vicos *Scienza Nuova* als „Neue Wissenschaft von alten Zeichen"[49] begreift.

---

[45] Marienberg, S., Zeichenhandeln. Sprachdenken bei Giambattista Vico und Johann Georg Hamann, Tübingen 2006.

[46] Otto, S., *Einleitung*, in: Vico, G., *Liber metaphysicus*, übers. u. hg. v. S. Otto u. H. Viechtbauer, München 1979, 7-20, 16.

[47] Für eine semiotische Lesart des *verum-factum*-Prinzips votiert auch Hawkes, T., *Structuralism and Semiotics*, Berkeley/Los Angeles 1977.

[48] Vgl. Rockmore, T., *'Vico and Constructivism'*, in: Ratto, F. (Hg.), *Il mondo di Vico/Vico nel Mondo*, Napoli 1993, 361-368, 361.

[49] Trabant, J., Neue Wissenschaft von alten Zeichen. Vicos Sematologie, Frankfurt/M. 1994.

Angesichts dieser Verschiebungen ergibt sich als Zwischenfazit, dass dem *verum-factum*-Prinzip bei Vico eine doppelte Begründungsfunktion zufällt: Es fungiert zum einen als Realprinzip der geschichtlichen Realität, das ein spezifisches Verständnis von geschichtlicher Wirklichkeit (Zeichen, Symbole) und der für deren Erschaffung maßgeblichen Schöpfungsinstanz (menschlicher Geist bzw. menschliche Phantasie) präjudiziert. Laut Vico ‚machen' die Menschen ihre Geschichte, indem sie kraft ihrer Phantasie Zeichen oder Symbole gemäß der Konvertibilitätslogik von *verum* und *factum* erschaffen. Zum anderen fungiert das *verum-factum*-Prinzip aber auch als Erkenntnisschema der philosophischen Historie, woraus folgt, dass die *Neue Wissenschaft* den Status einer „konstruierte[n] und konstruierende[n] Wissenschaft"[50] besitzt. Wie Koselleck gezeigt hat, ist der Terminus ‚Geschichte' erst seit Beginn der Neuzeit ein zweideutiger Ausdruck, der von nun an gleichermaßen auf das realgeschichtliche Geschehen (*res gestae*) wie auf die davon handelnden historischen Zeugnisse und Erzählungen (*historia rerum gestarum*) bezogen wird, für welche der Ausdruck ‚Geschichte' zuvor reserviert war.[51] Die für den Geschichtsbegriff seither konstitutive Zweideutigkeit von „Geschichte als Prozess und Aussage"[52] tritt bereits in Vicos *Neuer Wissenschaft* klar hervor – und zwar weniger in Hinblick auf den Gebrauch des Geschichtsbegriffs selbst, als vielmehr in Gestalt des *verum-factum*-Prinzips, das für reale Geschichte und philosophische Historie nun gleichermaßen ein tragfähiges Fundament liefern soll. Im Text tritt diese Ambivalenz dort deutlich hervor, wo Vico im Zuge der Erläuterung seiner Ausgangsprämisse (‚Der Mensch macht die Geschichte') die geschichtlichen Akteure als Schöpfer des historischen Wissens anspricht. So behauptet er et-

---

[50] Otto, S., *Einleitung*, in: Vico, G., *Liber metaphysicus*, übers. u. hg. v. S. Otto u. H. Viechtbauer, München 1979, 7-20, 8.

[51] Koselleck, R., *Artikel ‚Geschichte'*, in: *Geschichtliche Grundbegriffe*, Bd. 2, hg. v. O. Brunner, W. Conze und R. Koselleck, Stuttgart 2004, 593-717, 593f.

[52] Rothermund, D., Geschichte als Prozeß und Aussage. Eine Einführung in Theorien des historischen Wandels und der Geschichtsschreibung, München 1995.

wa, dass jene Menschen, die die politische Welt geschaffen haben, von ihr „auch Wissen erlangen konnten" (SN 331).

Hinter diesem am Leitfaden des *verum-factum*-Prinzips erfolgenden Zusammenschluss von realer Geschichte und philosophischer Historie steht die Vorstellung eines historischen Kontinuums symbolgenerierender Akte des menschlichen Denkens. Ausgehend von primitiven Anfängen soll der Erzeugungszusammenhang sprachlicher Zeichen schließlich ins Stadium seiner schöpferisch-rationalen Reflexion im Rahmen einer *Neuen Wissenschaft* einmünden. Die philosophische Historie bildet dabei zugleich den Bereich einer intendierten und insofern freien Symbolproduktion, bei der, ähnlich wie in Mathematik und Geometrie, die Konvertibilität von *verum* und *factum* mit Wille und Bewusstsein hergestellt werden muss. Die (spinozistische) Idee, die hier bei Vico zum Tragen kommt, impliziert, dass die freie Einsicht in die Notwendigkeit alles realen Geschehens den exklusiven Verwirklichungsakt humaner Freiheit darstellt. Die von Vico intendierte Freiheit zur Erkenntnis des Geschichtsverlaufs darf daher nicht mit einem Akt der Befreiung von der Geschichte verwechselt werden.[53] Denn der Historiker bleibt nicht nur nach wie vor in das realgeschichtliche Geschehen eingebunden, sondern er hat zugleich anzuerkennen, dass alle wissenschaftlichen Bestimmungen einer Philosophie der Geschichte aus diesem realgeschichtlichen Geschehen selbst entspringen. Das gilt auch für das *verum-factum*-Prinzip als wissenschaftlichem Theorem selbst, das einerseits als theoretische Voraussetzung der rationalen Geschichtsphilosophie Vicos fungiert, andererseits aber auch als historisches Produkt der kognitiven Entwicklung der Menschheit aufzufassen ist.

---

[53] Aus Vicos Sicht erscheint somit die geschichtsphilosophische Position des Neukantianers Georg Simmel unhaltbar, der auf Basis der kantischen Unterscheidung zwischen empirischem und transzendentalem Subjekt eine Befreiung des Menschen von der Geschichte im Akt der historischen Erkenntnis in Aussicht stellt: „Den Menschen, der erkannt wird, machen Natur und Geschichte: aber der Mensch, der erkennt, macht Natur und Geschichte" (vgl. Simmel, G., *Die Probleme der Geschichtsphilosophie*, in: *Gesamtausgabe*, Bd. 9, Frankfurt/M. 1997, 230).

Das Verhältnis von realer Geschichte und philosophischer Historie muss vor diesem Hintergrund also sowohl als theoretisches Reflexionsverhältnis wie auch als realgeschichtliche Entwicklungsbeziehung bestimmt werden. Es wäre daher verfehlt, den *verum-factum*-Satz als transzendentalphilosophisches Prinzip zu interpretieren: denn dies würde zu einer illegitimen Verschiebung des von Vico anvisierten Bedeutungsgleichgewichts zwischen Erkenntnissubjekt und -objekt zugunsten des ersteren bzw. zugunsten der wissenschaftlichen Historie führen.[54] Laut Vico ist die Abhängigkeitsbeziehung zwischen Subjekt und Objekt der historischen Erkenntnis dagegen eine doppelte: Die Generierung einer rationalen Geschichtsphilosophie wird als schöpferische symbolische Leistung des erkennenden Subjekts angesehen, welches sich gemäß der Konvertibilitätslogik von *verum* und *factum* den Gegenstand seiner Erkenntnis, d.h. die historische Erzählung, zu allererst erschafft. Umgekehrt sieht Vico das Subjekt der historischen Erkenntnis aber auch im realgeschichtlichen Geschehen situiert, von welchem ihm die kognitiven Voraussetzungen (Medien, Instrumente, Methoden) seiner historischen Erkenntnis zuwachsen würden. Bestätigt wird diese Sichtweise gerade durch Vicos Verweis auf die Modifikationen „unseres eigenen menschlichen Geistes" (SN 331) als der Quellen rationaler Historie, denn der Ausdruck ‚unser Geist' ist eindeutig realgeschichtlich indiziert. Er bezieht sich auf die in Vicos Epoche vorherrschende

---

[54] Für eine transzendentalphilosophische Lesart des *verum-factum*-Prinzips haben insbesondere Otto und Viechtbauer votiert. Ein klar vernehmliches Veto gegen diese Deutung hat vor allem Fellmann angemeldet. Der Disput zwischen Otto und Fellmann hat allerdings zu keinem greifbaren Resultat geführt, was u.a. darauf zurückzuführen ist, dass Ottos Begriff von ‚Transzendentalphilosophie' zu vage ausfällt, um eine begründete Entscheidung in dieser Streitfrage herbeiführen zu können (vgl. Otto, S., ‚*Die transzendentalphilosophische Relevanz des Axioms „verum et factum convertuntur"'*, in: Philosophisches Jahrbuch 84, 1. Hb. (1977), 32-54; Otto, S., ‚*Vico als Transzendentalphilosoph'*, in: Archiv für Geschichte der Philosophie 62 (1980), 67-79; Viechtbauer, H., *Transzendentale Einsicht und Theorie der Geschichte*, München 1977; Fellmann, F., ‚*Ist Vicos Neue Wissenschaft Transzendentalphilosophie?'*, in: Archiv für Geschichte der Philosophie 61 (1979), 68-76).

Verfassung des Geistes, der er die erforderliche Reife zur wissenschaftlichen Aneignung der Menschheitsgeschichte bescheinigt. Daraus wird zugleich ersichtlich, dass die Erkenntnis des Geschichtsverlaufs bei Vico unauflöslich sowohl mit der Selbsterkenntnis des Menschen als auch mit einer Diagnose zur Genese des geistigen Zustands der eigenen Gegenwartskultur verbunden ist.

Vicos semiotische Neuprofilierung des *verum-factum*-Prinzips in der *Neuen Wissenschaft* bedeutet einen radikalen Bruch mit dem Repräsentationsparadigma der Erkenntnis, das in der neuzeitlichen Philosophie sowohl für Empiristen (Bacon, Locke, Hume) als auch für Rationalisten (Descartes, Spinoza, Leibniz) verbindlich ist.[55] Das innovative Moment von Vicos später Theorie des Geistes besteht insofern weniger darin, dass er den Geist als schöpferische Instanz auffasst. Denn das ist etwa auch bei Spinoza und Leibniz der Fall, obschon deren Erkenntnistheorien am Repräsentationsparadigma orientiert bleiben. Innovativ ist Vico vielmehr insofern, als er die Produkte des Geistes als Zeichen oder Symbole begreift und sie aus der Binnensphäre des cartesischen *cogito* befreit, in der sie bei Spinoza und Leibniz noch gefangen bleiben. Aus der semiotischen Neufassung der *verum-factum*-Relation ergibt sich zugleich eine neuartige Akzentuierung des Begriffs der geschichtlichen Wirklichkeit sowie ein ebenso ungewöhnliches wie originelles Leitbild historischer Erkenntnis. Da Vico die Erschaffung der geschichtlichen Welt am Leitfaden des *verum-factum*-Prinzips primär mit den symbolgenerierenden Aktivitäten des menschlichen Geistes gleichsetzt, ist die von Lyotard in kritischer Absicht geprägte Formulierung von der „großen Erzählung" (J.-F. Lyotard) vortrefflich zur Charakterisierung gerade des Vico'schen Geschichtsverständnisses geeignet. Denn sie lässt sich nicht nur auf Vicos historiographischen Beitrag anwenden, sondern zudem auf den Begriff der geschichtlichen Wirklichkeit, der in der *Neuen Wissenschaft* entfaltet wird. Es gehört zu den Be-

---

[55] Eine umfassende Analyse des Repräsentationskonzepts aus Sicht der Philosophischen Anthropologie liefert Rolf, Th., *Erlebnis und Repräsentation. Eine anthropologische Untersuchung*, Berlin 2006.

sonderheiten der Vico'schen Geschichtsphilosophie, dass schon die realgeschichtliche Entwicklung selbst nach Maßgabe des semiotisch profilierten *verum-factum*-Prinzips als generationenübergreifender Prozess der Produktion eines symbolischen Zusammenhangs verstanden wird, der über die Qualitäten einer ‚großen Erzählung' verfügt. Fellmann ist daher Recht zu geben, wenn er Vico einen Begriff von „Geschichte als Text"[56] zuschreibt – wobei zu betonen ist, dass die Rede vom ‚Text der Geschichte' in Vicos Fall gerade keine Metapher ist, sondern exakt auf den Begriff bringt, was Vico tatsächlich unter ‚realer Geschichte' versteht.

Dieser spezifische Begriff von geschichtlicher Wirklichkeit beeinflusst nun auch Vicos wissenschaftliches Selbstverständnis nachhaltig. Wenn der Geschichtsprozess mit der Produktion eines Textes identisch sein soll, so muss das Erkenntnisziel der *Neuen Wissenschaft* folgerichtig in der schöpferischen Reproduktion dieses Textes bestehen. Eine solche Reproduktion ist keine Repräsentation, sondern die Wiederholung eines schon einmal abgelaufenen Vorgangs in einem homologen Medium. Bei diesem Medium handelt es sich nicht um das menschliche Bewusstsein, sondern um die symbolische Form der Erzählung. Leitbild des historischen Wissens ist für Vico somit die Nacherzählung einer ‚großen Erzählung', die mittlerweile nur noch in Bruchstücken und Fragmenten überliefert ist und daher im Rahmen einer *Neuen Wissenschaft* neu zusammengesetzt werden muss. Der innovative Charakter dieses Paradigmas der Geschichtsschreibung lässt sich mit Blick auf die spätere Geschichte der Historiographie vor allem daran ermessen, dass sich Vicos historiographisches Leitbild der Nacherzählung einer Erzählung als unvereinbar mit der Verinnerlichungsprogrammatik der Geschichtsschreibung im Historismus des 19. Jahrhunderts erweist. Nach Vico geht es in der Geschichtsschreibung nicht um die Bildung eines ‚historischen Bewusstseins' (etwa durch innerliche Aneignung vergangener und insofern ‚äußerer' Ereignisse), sondern um das Erzählen einer Ge-

---

[56] Fellmann, F., *Geschichte als Text. Plädoyer für die Geschichtsphilosophie'*, in: Information Philosophie 3 (1991), 5-14, 5ff.

schichte über das symbolisch beeinflusste Schicksal der Menschen; und zwar einer Geschichte, die einen hohen Identifikationswert besitzt. Vicos Aufwertung der Erzählung zum exklusiven Medium der historischen Erkenntnis nimmt den narratologischen Standpunkt vorweg, der im 20. Jahrhundert u.a. durch die Arbeiten von Ricœur und White an Bedeutung gewonnen hat.[57]

Es käme allerdings einer illegitimen Verkürzung gleich, wenn man Vicos Zielsetzung als Historiograph in der bloßen Reproduktion eines *a priori* als symbolisches Produktionskontinuum begriffenen Geschichtsprozesses erschöpft sähe. Vico tritt nämlich darüber hinaus mit dem wissenschaftlichen Anspruch auf, die Reproduktion dieser großen Erzählung um einen entscheidenden Aspekt zu erweitern. Bei diesem Aspekt handelt es sich um den asymbolischen Subtext des historischen Prozesses der Phantasiezeichenschöpfung, für den die geschichtlichen Akteure der Vergangenheit in seinen Augen blind gewesen sein müssen. Mit Blick auf diesen symbolfreien Subtext der Geschichte spricht Vico bezeichnenderweise vom „wahren Hintergrund" der „gewöhnlichen Überlieferungen" (SN 149f.). Diesen stumm gebliebenen ‚wahren Hintergrund' gilt es laut Vico im Rahmen der geschichtsphilosophischen Nacherzählung der Geschichte zur Sprache zu bringen, um so die Genese des geschichtlichen Textes aufzuklären. Das dadurch gewonnene Wissen markiert zugleich jenen Punkt, der bei Vico den geistigen Überlegenheitsanspruch des rationalen Historikers gegenüber seinen zeichenproduktiven Vorfahren begründet. Nach Vicos Auffassung ist die Erhellung des Subtextes der Geschichte gerade deshalb erforderlich, weil die geschichtlich-symbolschöpferische Tätigkeit der Menschen dessen Verdunklung herbeiführt. Insofern ist der rationale Historiker für Vico der einzige Urheber historischen Wissens, welcher Text und Subtext der Geschichte gleichzeitig ins Auge fassen kann. Vicos auf Grundlage des *verum-factum*-Prinzips entwickeltes Paradigma

---

[57] Vgl. Ricœur, P., *Zeit und Erzählung*, 3 Bde., München 1991; White, H., *Die Bedeutung der Form. Erzählstrukturen in der Geschichtsschreibung*, übers. v. M. Smuda, Frankfurt/M. 1990.

historischer Erkenntnis lautet somit kurz und bündig: subtexterweiterte Textreproduktion.

Dieses Paradigma bildet den Hintergrund der von Vico formulierten Kritik an den Erkenntnisansprüchen der (neuzeitlichen) Naturwissenschaften. Diese haben ihre Erkenntnisanstrengungen einseitig auf die „Welt der Natur" fixiert, von der jedoch, „weil Gott sie schuf, er allein Wissen" (SN 331) erlangen kann. Im Kern richtet sich Vicos Kritik gegen die Möglichkeit einer Letztbegründung der Naturwissenschaften im metaphysischen Sinn; denn dazu wäre es erforderlich, dass die Naturwissenschaftler die realen Erzeugungsgrößen der Natur zu einem Bestandteil ihrer Naturerkenntnis machen könnten. Wegen der asymbolischen Natur der materiellen Welt ist dies laut Vico jedoch unmöglich. Im Hinblick auf die Geschichte dagegen gibt es einen vergleichbaren Hiatus zwischen Form und Inhalt der Erkenntnis nicht, so dass sich der Geschichtsphilosoph im Vergleich zum Naturwissenschaftler in einer günstigeren epistemischen Position befindet. Als Erzähler der Geschichte, so Vicos Argument, bewegt sich der Geschichtsphilosoph im selben symbolischen Medium wie der realgeschichtliche Zusammenhang, den er nacherzählt. Allein der Historiograph soll also in der Lage sein, die symbolischen Erzeugungsgrößen seines Erkenntnisgegenstandes wirklich zu reproduzieren und sie so in reale Elemente seiner Gegenstandserkenntnis zu verwandeln.

Vicos *verum-factum*-Argument richtet sich somit nicht nur gegen die Erkenntnisansprüche der Naturwissenschaften, sondern auch gegen jene der christlichen Geschichtstheologie. Wenn nämlich nicht Gott, sondern der Mensch die geschichtliche Welt hervorbringt, so folgt daraus für Vico, dass Gott, sofern er denn existiert, keine Erkenntnis der menschlichen Geschichte erlangen kann; denn er ist außerstande, die Erzeugungszeichen der geschichtlichen Welt schöpferisch zu realisieren. Pointiert formuliert, fehlt es Gott laut Vico an einer „ganz körperlichen Phantasie" (SN 376), wie sie zum Schreiben von Geschichte notwendig sei. In Vicos Augen ist es folglich gerade die Gott von der christlichen

Theologie zugeschriebene Vernunft, die ihn als Schöpfungs- und Erkenntnissubjekt der geschichtlichen Welt disqualifiziert.

Vico war davon überzeugt, in Form des *verum-factum*-Prinzips über eine theoretische ‚Allzweckwaffe' zu verfügen, die gegen die dominanten Naturwissenschaften seiner Zeit ebenso richten lässt wie gegen die inzwischen unglaubwürdig gewordene Geschichtstheologie. Indem Vico ‚Gott' zum Schöpfer der Natur erklärt, drängt er einerseits die Theologie aus der menschlichen Geschichte hinaus, und er konfrontiert andererseits die modernen Naturwissenschaften mit einem Wissensmaßstab, dem diese unmöglich gerecht werden können. Letzteres geschieht in der Absicht, die etablierte Hierarchie der Disziplinen des neuzeitlichen Wissenschaftskanons auf den Kopf zu stellen. Physik oder Astronomie können nun nicht mehr begründet Anspruch auf den Thron im neuzeitlichen Disziplinenkanon erheben; dieser gebührt vielmehr einer *Neuen Wissenschaft* der Geschichte, welche die Reproduktion der Erzeugungsgrößen ihres Erkenntnisgegenstandes in subtexterweiterter Form bewerkstelligt.

1.2 GESCHICHTSPHILOSOPHIE MORE GEOMETRICO

Auch wenn das Vico'sche *verum-factum*-Prinzip *a priori* den Charakter einer konstruierenden und konstruierten Wissenschaft verleiht, so impliziert die Konvertibilität von *verum* und *factum* noch keine bestimmte methodologische Orientierung. So schließt das Prinzip eine empiristische Forschungsstrategie keineswegs von vornherein aus. Es wäre somit durchaus denkbar gewesen, dass sich Vico über akribische Quellenstudien einen Weg zu seinem Ziel einer subtexterweiterten Reproduktion des Textes der Geschichte gebahnt hätte. Diese Auffassung ist insofern vertretbar, als auch der Prozess des Lesens (historischer Quellen) als schöpferisch-konstruktiver Erkenntnisvorgang bestimmt werden muss, durch den die Gegenstände, auf die er sich bezieht, gleichsam erzeugt werden. Unvereinbar ist Vicos *verum-factum*-Prinzip folglich allein mit der positivistischen Idee einer Selbstaussage- oder

Selbstauslegungskraft der historischen Quellen, woraus jedoch keine weiterführenden methodologischen Schlussfolgerungen gezogen werden können.

Das Lesen und das Schreiben von Texten stellen für den stark humanistisch geprägten Denker Vico kardinale Paradigmen menschlichen Wissenserwerbs dar. Umso mehr überrascht es daher zunächst, dass Vico das Verhältnis zwischen der realgeschichtlichen Produktion und der sich daran anschließenden geschichtsphilosophischen Reproduktion des historischen Textes gerade nicht nach Maßgabe des relationalen Musters zwischen dem vorlaufenden Schreiben (Geschichte) und dem sich anschließenden Lesen eines Textes (Historie) begriffen hat. Vielmehr tritt Vico mit dem Anspruch auf, die Geschichte zu schreiben – und zwar ohne den Geschichtstext zuvor rezipiert zu haben. In Vicos *Neuer Wissenschaft* geht es folglich um das paradoxe Unternehmen einer Textreproduktion ohne vorausgehende Texteinsicht. Anders formuliert: Vico lässt sich auf das riskante Projekt einer Geschichtsphilosophie *a priori* ein. Dies hat zur Konsequenz, dass er den behaupteten Reproduktionsstatus seiner Geschichtsphilosophie nicht durch den Vergleich zwischen Original und Kopie belegen kann, sondern zu dessen Untermauerung andere Kriterien heranziehen muss.

Dieses innovative Vorgehen ist Vicos radikaler Überlieferungskritik geschuldet. Mit einer Schärfe, die ihresgleichen sucht, stellt er den Aussagewert sämtlicher historischer Zeugnisse in Frage. Er treibt die Kritik an der Überlieferung sogar auf die Spitze, indem er fordert, man müsse für „diese Untersuchung so tun, als ob es keine Bücher auf der Welt gebe" (SN 330). Dieser radikale Zweifel an Geltung und Aussagekraft historischen Wissens stellt ein Analogon zum cartesischen Zweifel und dessen darauf aufbauender Kritik am überlieferten Wissen dar.[58] Hier bleibt Descartes Vicos großes Vorbild, auch wenn seine Geschichtsphilosophie dem Inhalt nach eine Gegenposition zur cartesischen

---

[58] Vgl. Trabant, J., Neue Wissenschaft von alten Zeichen. Vicos Sematologie, Frankfurt/M. 1994, 16f.

Philosophie darstellt. In Vicos Projekt einer Geschichtsphilosophie *a priori* manifestiert sich ein konstruktiver Wille zum wissenschaftlichen Neuanfang, der einem Grundgestus neuzeitlichen
Philosophierens entspricht. Um Vicos eigene Terminologie zu verwenden, soll in der *Neuen Wissenschaft* der ‚Philosophie' (rationale
Verlaufskonstruktion) ein Vorrang vor der ‚Philologie' (Quellen-
studium) der Geschichte eingeräumt werden. Diese Vorrangstellung der Konstruktion ist laut Vico freilich nur eine intellektuelle
Notgeburt: ‚Vico-Axiom' und ‚*verum-factum*-Satz' besitzen *expres-
sis verbis* den Status von theoretischen Notlösungen, auf die wegen des Scheiterns aller bisherigen Historie an der Erhellung der
geschichtlichen Anfänge zurückgegriffen werden muss: „Doch in
solcher Nacht voller Finsternis, mit der die erste von uns so weit
entfernte Urzeit bedeckt ist, erscheint dieses ewige Licht, das nicht
untergeht, folgender Wahrheit, die auf keine Weise in Zweifel gezogen werden kann: daß diese politische Welt sicherlich von den
Menschen gemacht worden ist" (SN 331).

Die Unglaubwürdigkeit der überlieferten Geschichtsschreibung und Quelleninterpretation führt Vico auf deren Vorurteilsbefangenheit zurück. Bei den beiden Vorurteilen, die den rationalen Blick auf die archaische Frühgeschichte der Menschheit ver-
bauten, handelt es sich laut Vico um die „Anmaßung der Völker"
(SN 125) sowie die „Anmaßung der Gelehrten" (SN 127). Unter
der ‚Anmaßung der Völker' versteht er das ethnozentrische Vorurteil von der historischen Pionier- oder Sonderrolle des eigenen
Volkes. Dem von einer nationalistisch eingetrübten Geschichtsschreibung geförderten Vorurteil, das eigene Volk habe „als
erste[s] vor allen anderen die Bequemlichkeiten des menschlichen
Lebens erfunden" (SN 125), hält Vico die Idee der Universalgeschichte entgegen, welche bereits im Titel seines Hauptwerks an-
klingt, wo von der „gemeinsamen Natur der Völker" die Rede ist.
Unter der „Anmaßung der Gelehrten" (SN 127) dagegen versteht
Vico das rationalistische Vorurteil, dass die Denk- und Lebensweisen aufgeklärt-zivilisierter Völker als Leitfaden zur Aufklärung archaischer Denk- und Vergesellschaftungsmuster dienen
könnten. Als einer der ersten Autoren der Philosophie- und Wis-

senschaftsgeschichte erhebt Vico Einspruch gegen die rationalistische Unterstellung der historischen Omnipräsenz der menschlichen Vernunft und betont stattdessen die Geschichtlichkeit des rationalen Denkens sowie – komplementär dazu – die Eigenart archaischer Wissens- und Lebensformen.

Aufgrund seiner Quellenkritik behandelt Vico die aus der Frühgeschichte überlieferten Schriftdokumente zunächst wie gegenständliche Fundstücke, deren Sinn und Entstehungszusammenhang unklar ist. Diese Vorgehensweise erinnert stark an jenen sinnentlastet-distanzierten Umgang mit den Quellen, zu der Foucault den Historiker in der *Archäologie des Wissens* auffordert.[59] Im ersten Abschnitt des ersten Buches der *Neuen Wissenschaft* listet Vico in diesem Sinne die historisch überkommenen Textfragmente der Geschichte zunächst nur auf, bevor er im nächsten Schritt, dem der zweite Abschnitt des ersten Buchs (*Von den Elementen*) entspricht, nicht weniger als einhundertvierzehn „Axiome oder Grundsätze" (SN 119) aufstellt, durch die der chronologisch, geographisch und sinnlogisch noch formlose Zeichenstoff vergangener Epochen wieder in eine narrative „Form" (SN 119) gebracht werden soll. Daraus geht hervor, wie der klaffende Hiatus zwischen dem ambitionierten Erkenntnisziel (subtexterweiterte Textreproduktion) und dem im Vergleich dazu recht schmalen erkenntnistheoretischen Fundament (*verum-factum*-Prinzip) seiner Geschichtsphilosophie überbrückt werden soll. Vicos einfache Antwort auf dieses epistemische Distanzproblem lautet: durch Methode.

Konkret greift Vico auf ein geometrisches Erkenntnisverfahren zurück, welches den philosophischen Historiker vor die Aufgabe stellt, selbstevidente Grundsätze der Geschichtsbetrachtung zu formulieren, aus denen eine konsistente Erzählung der Menschheitsgeschichte konstruiert werden kann. In diesem Bestreben, eine Geschichtsphilosophie *more geometrico* zu begründen, tritt ein rationaler Gestaltungswille zum Vorschein, der zeigt, dass Vico keineswegs nur als Gegner von Aufklärungsdenken

---

59 Vgl. Foucault, M., *Archäologie des Wissens*, Frankfurt/M. 1981, 41f.

und moderner wissenschaftlicher Rationalität angesehen werden darf. Durch den Rekurs auf ein gleichsam geometrisches Erkenntnisverfahren verleiht Vico seiner Geschichtsphilosophie eine methodische Strenge, kraft derer sie den als exakt geltenden Wissenschaften in methodologischer Hinsicht auf Augenhöhe begegnen kann: „Somit verfährt diese Wissenschaft ebenso wie die Geometrie, die sich selbst die Welt der Größen schafft, während sie sie nach ihren Elementen konstruiert oder betrachtet" (SN 349).

Natürlich hat die Entscheidung für eine apriorische Geschichtskonstruktion zur Folge, dass die Beweislast für Vicos Geschichtsbild hauptsächlich auf den vorausgesetzten Axiomen ruht. Zu diesen Axiomen zählen insbesondere solche, welche Vicos Rede von den ‚Modifikationen des menschlichen Geistes' als den eigentlichen Quellen der Geschichte konkretisieren. Freilich ist Vicos Behauptung der Selbstevidenz der von ihm gesetzten Axiome streng genommen kaum haltbar; sie kontrastiert nämlich scharf mit Vicos wissenschaftlichem Innovationsanspruch, der impliziert, dass wenigstens einige dieser Vorannahmen mit dem (wissenschaftlichen) Zeitgeist in Widerspruch stehen. Es ist daher irreführend, wenn Vico die konzeptionelle Bedeutung seiner Axiomatik durch die Bemerkung herunterzuspielen versucht, dass nur „einige wenige vernünftige und nicht starke Voraussetzungen" (SN 119) getroffen worden sind.

Zum tieferen Verständnis der Geschichtsphilosophie Vicos ist eine Analyse des geometrischen Erkenntnisverfahrens nötig; zumal eine Reihe von Formbestimmungen seiner materialen Geschichtsphilosophie auf die Anwendung dieser Methode zurückzuführen sind: Auch für die *Neue Wissenschaft* gilt ja der Grundsatz der Untrennbarkeit von Inhalt und Methode. Insbesondere lohnt es sich, nach den Quellen von Vicos Methode zu suchen, um Aufschluss über die Theoriearchitektur der *Scienza nuova seconda* zu erhalten. Zwar gehört Descartes aufgrund der analytischen Ausrichtung seiner Methodologie nicht zu den direkten Impulsgebern Vicos; mit Hobbes und Spinoza haben jedoch zwei neuzeitliche Autoren ihre Methodologien in kritischer Auseinandersetzung mit Descartes entwickelt; und eben an diesen Methodologien orientiert sich Vicos eigene Methodenlehre. Im Unterschied zu Descartes plädieren Hobbes und Spinoza für den Vorrang der Synthese vor der Analyse und damit für ein Methodenverständnis, an das Vico nahtlos anschließen kann; entspricht es doch in formaler Hinsicht dem synthetischen Erkenntnisbegriff, den er bereits im *Liber metaphysicus* vertreten hatte.

Die historischen Wurzeln des geometrischen Erkenntnisverfahrens liegen in der Mathematik Euklids. Euklid hat die Geometrie als erster auf axiomatische Grundlagen gestellt und ihr damit die Gestalt einer streng demonstrativ verfahrenden Beweis- bzw. Konstruktionswissenschaft verliehen.[60] Dass Vico von Euklid beeinflusst worden ist, lässt sich seiner *Autobiographie* entnehmen[61]. Euklids Begriff der geometrischen Erkenntnis als einer Zusammensetzung axiomatisch definierter einfacher Elemente zu komplexen Einheiten hat in Vicos Werk insofern signifikante Spuren hinterlassen, als Vico seinerseits die Geschichte als synthetischen Schöpfungsprozess versteht, in dessen Verlauf komplexe Formen aus ursprünglichen Elementen entstehen. Eine solche Idee von Synthesis kommt in der *Neuen Wissenschaft* sowohl im Hinblick auf die Ideen- als auch auf die Sozialgeschichte zum Tragen. Insofern ist der Titel der Vico-Studie von Peters, der mit Blick auf Vicos Geschichtsbegriff vom „Aufbau der Weltgeschichte"[62] spricht, sehr treffend.

Von Hobbes wiederum, der ebenfalls stark von Euklid beeinflusst worden ist, entlehnt Vico die Lehre von den genetischen Definitionen, mit deren Hilfe Hobbes das geometrische Erkenntnisverfahren Euklids aus dem Bereich unwandelbar-statischer geometrischer Elemente herausgelöst und auf die Erkenntnis von Natur, Mensch und Gesellschaft überträgt. Die Hobbes'sche Lehre der genetischen Definitionen besagt, dass der Begriff eines Erkenntnisgegenstandes durch den Begriff seiner kausalen Entste-

---

[60] Vgl. Euklid, *Die Elemente. Buch I-XIII*, übers. u. hg. v. C. Thaer, Darmstadt [7]1973, 3ff.

[61] Vgl. Vico, G. B., *Autobiographie*, hg. v. V. Rüfner, Zürich 1948, 26ff.

[62] Peters, R., Der Aufbau der Weltgeschichte bei Giambattista Vico, Stuttgart/Berlin 1929.

hungsursachen gewonnen wird.[63] Hobbes verknüpft den synthetischen Erkenntnisbegriff Euklids also mit der ontologischen Kategorie der Kausalität, um dem geometrischen Erkenntnisverfahren neue Anwendungsfelder zu erschließen.[64] In Anlehnung an Hobbes rekonstruiert Vico den Aufbau der geschichtlichen Wirklichkeit am Leitfaden der Formgesetzlichkeit der Kausalität. Wegen der semiotischen Profilierung seines Begriffs geschichtlicher Wirklichkeit mag das auf den ersten Blick überraschen. Allerdings begreift Vico nicht die Beziehung zwischen den symbolischen Elementen des geschichtlichen Textes kausaltheoretisch, sondern das Verhältnis zwischen dem asymbolischen Subtext und den Sinnbausteinen des geschichtlichen Textes. Vico geht folglich davon aus, dass sich die menschlichen Symbolprodukte und -produktionen aus ihrem asymbolischen Entstehungskontext kausal ableiten lassen. Das ist ein dezidiert antihermeneutischer Standpunkt, welcher für sich betrachtet Zweifel an der Einordnung von Vicos *Neuer Wissenschaft* in die Geistes- und Kulturwissenschaften aufkommen lässt. „Die Natur der Dinge", so erklärt Vico, „ist nichts anderes als ihre Entstehung zu bestimmten Zeiten auf bestimmte Weise" (SN 147). Und die Entstehung eines geschichtlichen Phänomens setzt Vico ausdrücklich mit dessen kausalgesetzlich geregelter Erzeugung gleich: Aus dem „Lauf, den die Völker nehmen, wird [man] sehen, dass sich die Völker […] in einer beständigen und nie unterbrochenen Ordnung von Ursachen und Wirkungen […] entwickeln" (SN 915).

Spinoza schließlich hat in seinem Hauptwerk, der *Ethik* (*Ethica ordine geometrica demonstrata*[65]), die Hobbes'sche Lehre von den genetischen Definitionen ebenfalls aufgegriffen, dieser jedoch zugleich ein neues, stark logifiziertes Profil verliehen. Spinoza setzt nur wenige allgemeine Axiome voraus, um daraus auf

---

[63] Vgl. Hobbes, Th., *Elemente der Philosophie. Erste Abteilung: Der Körper*, übers. u. eingel. v. K. Schuhmann, Hamburg 1997, 75.

[64] Vgl. Kersting, W., *Thomas Hobbes zur Einführung*, Hamburg [2]2002, 49ff.

[65] Vgl. Spinoza, B. de, Die Ethik mit geometrischer Methode begründet (Ethica ordine geometrica demonstrata), in: Werke (Opera), 2 Bde., Bd. 2, hg. v. K. Blumenstock, Darmstadt [4]1989.

logisch-deduktivem Wege ein metaphysisches Weltbild zu entwickeln.[66] Die Logifizierung der geometrischen Methode glückt Spinoza, da er an die Stelle des erfahrungsnahen Materialismus von Hobbes einen abstrakten Substanzmonismus setzt. Dessen Kern bildet die Auffassung, dass die Erkenntnis der komplexen Wirklichkeit aus dem einfachen Begriff ihres kreativen Ursprungs (Gott = *natura naturans* = Schöpfungsenergie) gewonnen werden muss. Wie schon die Zahl der von Vico postulierten Axiome anzeigt, ist Vico zwar Spinozas Logifizierung der geometrischen Methode nicht gefolgt. Er schließt sich jedoch Spinozas Monismus des schöpferischen Ursprungs an, welcher aufgrund der genuin geschichtlichen Ausrichtung des Vico'schen Denkansatzes, die mit Spinozas ungeschichtlicher Metaphysik kontrastiert, gleichzeitig eine wesentliche Formmodifikation erfährt. Ähnlich wie Spinoza erklärt zwar auch Vico ‚Gott' zum schöpferischen Ursprung aller Dinge, nur geschieht das unter den Vorzeichen einer Wende zur Anthropologie, so dass ‚Gott' nur noch als die historisch erste Idee des Menschengeschlechts erscheint, aus deren kreativen Anfangsimpulsen die Totalität des Geschichtsverlaufs abzuleiten sei: „Aus diesen Gründen müssen wir mit irgendeiner Erkenntnis von Gott beginnen, der die Menschen nicht ermangeln können, wie wild […] und schrecklich sie auch immer sein mögen" (SN 339).

1.3 Philosophie und Philologie der Geschichte

Die Untersuchung der Quellen des Vico'schen Methodenverständnisses hat gezeigt, dass zentrale Formbestimmungen des in der *Neuen Wissenschaft* entwickelten Geschichtsbildes auf die geometrische Erkenntnismethode zurückzuführen sind, die Vico in Anlehnung an Euklid, Hobbes und Spinoza verwendet. Dass Vico die menschliche Geschichte als einen von einem Anfangsimpuls initiierten, kausalgesetzlich bestimmten und Ordnungszusam-

---

[66] Vgl. ebd., 89.

menhänge stiftenden Prozess versteht, verdankt sich dabei nicht geduldiger Quellenstudien, sondern den Konstruktionsanweisungen des von ihm fruchtbar gemachten rationalen Erkenntnisverfahrens. Vicos geometrische Methode schließt nun noch zwei weitere Bausteine ein: nämlich Philologie und Topik, die Vico in das geometrische Erkenntnisverfahren integriert. Auf diese Weise generiert er eine eigenständige Form geometrischer Methodik, welche auf die Vermittlung von apriorischer Geschichtskonstruktion und empirischer Geschichtsforschung, von Rationalität und Einbildungskraft abzielt. Dies erklärt auch den breiten Raum, den detaillierte Quellenstudien in Vicos *Neuer Wissenschaft* einnehmen.

Dass Vico die Vermittlung von Philosophie und Philologie schon im Rahmen der geometrisch-konstruktiven Methode anvisiert, geht daraus hervor, dass im axiomatischen Teil der *Neuen Wissenschaft* (*Von den Elementen*) die „philologischen Axiome" gleichberechtigt neben den „philosophischen" (SN 119) Grundsätzen stehen.[67] Otto scheint den Stellenwert der Philologie für Vicos *mos geometricus* dennoch zu überschätzen; denn er weist nicht ausdrücklich darauf hin, dass Vico trotz der Implementierung der Philologie in sein rationales Konstruktionsverfahren strikt zwischen „philosophischen Beweise[n]" (SN 351) und „philologischen Beweise[n]" (SN 359) unterscheidet. Daraus wird ersichtlich, dass Vico der Philologie bzw. der historischen Quellenforschung keine grundlegende Rolle bei der Geltungsbegründung seiner Geschichtsphilosophie zuerkennt. Während die „philoso-

---

[67] Zum Verhältnis zwischen Philosophie und Philologie bzw. zwischen rational konstruierter und faktischer Geschichte in Vicos *Neuer Wissenschaft* liegen eine Reihe von Spezialuntersuchungen vor: Vgl. Badaloni, N., *'Ideality and Factuality in Vico's Thought'*, in: Tagliacozzo, G., White, H. V. (Hg.), *Vico. An International Symposium*, Baltimore 1969, 391-400; Cacciatore, G., *'Die Hermeneutik Vicos zwischen Philosophie und Philologie'*, in: Beetz, M., Cacciatore, G. (Hg.), *Hermeneutik im Zeitalter der Aufklärung*, Köln u.a. 2000, 311-330; Erny, N., *Theorie und System der Neuen Wissenschaft von Giambattista Vico. Eine Untersuchung zu Konzeption und Begründung*, Würzburg 1994; Hoffmann, S., *Die Dialektik von Philosophie und Geschichte in Giambattista Vicos Scienza Nuova von 1744*, Marburg 1978.

phischen Beweise", die aus der konsequenten Anwendung des rational-apriorischen Konstruktionsverfahrens erwachsen sollen, von Vico für „unbedingt notwendig" erachtet werden, finden sich die ‚philologischen Beweise' im Kontrast dazu ausdrücklich auf die „letzte Stelle" (SN 351) verwiesen. Ihnen wird lediglich die Aufgabe zugeteilt, „uns in der Wirklichkeit sehen zu lassen, was wir über diese Welt der Völker in der Idee betrachtet haben" (SN 359). Die Funktion der Philologie besteht also in der Verifikation der entwickelten Geschichtskonstruktion anhand des überlieferten Quellenmaterials.

Durch Integration der ‚philologischen Beweise' in seine Geschichtsphilosophie versucht Vico, der empiristischen Methodologie Bacons gerecht zu werden, auf dessen Maxime „›cogitare videre‹ ›denken und sehen‹" (SN 359) er sich in diesem Zusammenhang ausdrücklich beruft. Wie sich unschwer erkennen lässt, handelt es sich bei Vicos Berufung auf Bacon jedoch um ein Selbstmissverständnis; denn schließlich basiert Vicos Geschichtsdenken gerade nicht auf dem Studium der Quellen, sondern die Quellenexegese bildet eher den Schlusspunkt der Untersuchung.[68] Die eigentliche Differenz zwischen Vicos und Bacons Erkenntnislehre liegt indes in den unterschiedlichen Auffassungen zur Rolle der Einbildungskraft im Erkenntnisprozess. Während Vico die topischen Qualitäten der Phantasie unterstreicht und ihr aus diesem Grund eine vermittelnde Funktion zwischen dem philosophisch-allgemeinen Verlaufsmodell der Geschichte und den quellenmäßig bezeugten historischen Fakten zuweist, beurteilt Bacon die Einbildungskraft rein negativ und begreift sie als Hindernis für die wissenschaftliche Forschung: „Ich verlange, dass man jene törichten und gleichsam nachgeäfften Modelle der Welt, die von der Phantasie in den Philosophen gebildet worden sind, gänzlich verjage."[69] In Bacons Diskreditierung der Phantasie manifestiert sich

---

[68] Es bleibt also kurz gesagt „fraglich, inwieweit Vico die Besonderheit der methodischen Induktion Bacons erkannt hat" (Fellmann, F., *Das Vico-Axiom: Der Mensch macht die Geschichte*, Freiburg/München 1976, 65).

[69] Bacon, F., *Das Neue Organon*, übers. v. R. Hoffmann, hg. v. M. Buhr, Berlin 1962, 130.

eine für das neuzeitliche Philosophieren generell maßgebliche Einstellung, deren Kehrseite in der Verabsolutierung von Sinnlichkeit (Empirismus) oder aber Verstand (Rationalismus) zur alleinigen Quelle der Erkenntnis besteht. Vicos Ansatz zielt dagegen auf eine Aufwertung der menschlichen Phantasie zum schöpferischen Erkenntnisvermögen, wobei diese Aufwertung die reale Geschichte und die philosophische Historie, wenn auch in unterschiedlicher Gewichtung, gleichermaßen betrifft: Erblickt Vico in der Einbildungskraft einerseits die kognitive Hauptquelle des Aufbaus der Weltgeschichte, so spricht er ihr andererseits zumindest eine subsidiäre Funktion für die rationale Geschichtserkenntnis zu. Dem konstruierenden Verstand untergeordnet, soll die Phantasie die Übereinstimmung zwischen Allgemeinem und Singulärem, zwischen philosophischem Konstrukt und philologischen Einzeltatsachen zur Anschauung bringen. Als topischem Organ ist es ihre Aufgabe, strukturelle Ähnlichkeiten und Entsprechungsverhältnisse zwischen den aus verschiedenen Kulturkreisen stammenden Quellen, aber auch zwischen den Einzelgeschichten der Völker und dem universalgeschichtlich angelegten Verlaufsmodell aufzudecken.

Über den konzeptionellen Wert der Philologie in Vicos *Neuer Wissenschaft* sollte man sich freilich nicht täuschen: Eine geltungsbegründende Rolle bescheinigt Vico der Philologie nur deshalb, weil er ihr zuvor die Selbständigkeit nimmt. Von einer Unabhängigkeit der Philologie von der Philosophie kann bei Vico deshalb keine Rede sein, weil er die Philologie bzw. die zu ihr gehörenden Disziplinen (Etymologie, Mythologie, Sprachforschung, Rechtsgeschichte) auf Basis eigener philosophischer Prämissen (,philologische Axiome') selbst neu ausarbeitet. Wenn in der *Neuen Wissenschaft* zu den Philologen „alle Grammatiker, Geschichtsschreiber, Kritiker [gezählt werden], die sich mit der Erkenntnis der Sprachen und der Taten der Völker befassen" (SN 139), so sind damit all jene akademischen Rollen benannt, die Vico neben der des Philosophen gleichfalls ausfüllt, um die philologische Verifikation seiner Geschichtsphilosophie möglichst reibungslos zu bewerkstelligen. Die neuen Techniken und Maximen der Quelleninterpretation, die Vico bei dieser Gelegenheit entwickelt, sind gewiss originell. Das gilt insbesondere für seine neue „historische Mythologie" (SN 223), die auch unter dem alternativen Titel einer „neuen kritischen Kunst" (*ars critica*) (SN 7) firmiert.

Mit der Philologie erlangt auch die Hermeneutik für Vico eine gewisse Bedeutung. Da allerdings das Sinnverstehen der Quellen von vornherein am Leitfaden von zuvor aus der Philosophie in die Philologie transferierten Leseanweisungen erfolgen soll, begrenzt Vico den Spielraum der Quellenexegese *a priori* auf ein enges, der philosophischen Konstruktion zuträgliches Maß. Das führt im Ergebnis zur hermetischen Abschottung seiner Geschichtstheorie, denn Falsifikationsspielräume lässt die *Neue Wissenschaft* nicht zu. Vielmehr schafft Vico durch die Neukonzipierung der Philologie selbst jenen empirischen Überbau, der die philologische Verifikation seiner rationalen Geschichtskonstruktion *a priori* sicherstellt.[70] Gemessen an Poppers Falsifizierbarkeitskriterium stellt die *Neue Wissenschaft* daher keine empirische Wissenschaft dar, sondern einen Beitrag zur Metaphysik.[71] Ob man die Qualifizierung eines Denkens als ‚metaphysisches Denken' eher als Verdikt oder als Ehrentitel auffasst, ist eine Sache. Unabhängig davon bleibt festzuhalten, dass Vico durch die Vereinnahmung der Philologie durch die Philosophie die Chance verspielt, die Quellenforschung zu einer kritischen Prüfinstanz geschichtsphilosophischer Hypothesen aufzuwerten. Wenn Horkheimer daher behauptet: „[Vicos] Größe liegt freilich nicht in der Konstruktion, sondern in den empirischen Untersuchungen, die er bei dieser Gelegenheit angebahnt hat"[72], so entspricht dieses Urteil gerade

---

[70] Das erklärt zudem Vicos ausgesprochen libertären Umgang mit den Quellen, zu dem Momigliani festhält: „Vico hatte […] eine fast unbegrenzte Fähigkeit zum falschen Zitieren" (Momigliani, A., ‚*Römische Hünen und Helden in Vicos Scienza Nuova*', in: Ders., *Ausgewählte Schriften zur Geschichte und Geschichtsschreibung, Bd. 2: Spätantike bis Spätaufklärung*, hg. v. G. W. Most, Stuttgart/Weimar 1999, 195-219, 202).

[71] Vgl. Popper, K., *Logik der Forschung*, Tübingen [10]2002, 14f.

[72] Horkheimer, M., Anfänge der bürgerlichen Geschichtsphilosophie, Stuttgart 1930, 95.

nicht dem wirklichen Gewichtungsverhältnis von Konstruktion und Empirie bei Vico. Horkheimer verkennt zudem, dass die Bahnen, auf denen sich Vicos empirische Untersuchungen bewegen, von der philosophischen Konstruktion vorgezeichnet sind.

Neben der Rolle als Bestätigungsinstanz des *more geometrico* gewonnenen Verlaufsmodells der menschlichen Geschichte spricht Vico der Philologie jedoch noch eine weitere wichtige Funktion zu, die direkt mit ihrer Verankerung in der Einbildungskraft zusammenhängt. Dabei handelt es sich um die Aufgabe der Explikation der philosophischen Verlaufskonstruktion anhand exemplarischer philologischer Fälle. Während es in den modernen Sozialwissenschaften üblich geworden ist, bei der Darstellung einer Theorie ein ‚Zwei-Schritt-Verfahren' anzuwenden, d.h. zuerst ein allgemeines Erklärungsmodell für bestimmte soziale Phänomene zu präsentieren und dann im zweiten Darstellungsschritt empirische Beispiele für die Erklärungskraft des Modells darzulegen, fasst Vico diese beide Schritte in einem einzigen zusammen: Die allgemeinen Verlaufsstrukturen der Geschichte werden am besonderen philologischen Stoff dargestellt. In der Entscheidung für diese Präsentationsform spiegelt sich Vicos Überzeugung, dass sich vom Verlaufsallgemeinen der Geschichte als solchem keine Geschichte erzählen lässt, da das Erzählen der menschlichen Geschichte die Hinwendung zum besonderen geschichtlichen Stoff erfordert. Wichtigste Konsequenz dieser Sichtweise ist die narrative Begrenzung der Geschichtsdarstellung Vicos auf bestimmte, durch philologisches Quellenmaterial bezeugte Epochen. Diese Beschränkung ist freilich nicht im Sinne einer geographischen oder chronologischen Reichweitenbeschränkung der entworfenen Verlaufskonstruktion zu verstehen; sie bedeutet lediglich, dass für Vico weder die Geschichte der Zukunft noch die der quellenmäßig unbezeugten Vergangenheit erzählt bzw. geschrieben werden kann. Erkennbar ist die Geschichte laut Vico zwar in ihrer ewigen Totalität, erzählbar aber nur in Auszügen. So erklärt sich auch sein Diktum, dass die Methode „dort einsetzen muss, wo ihr Stoff entstand" (SN 338).

Aufgrund ihrer Doppelrolle als Explikations- und Beweisinstanz betrachtet Vico die Philologie als ebenbürtige Teilhaberin am Projekt der philosophischen Geschichtserkenntnis: „Die Philosophie betrachtet die Vernunft, aus der die Wissenschaft des Wahren hervorgeht; die Philologie beobachtet die Autorität des menschlichen Willens, aus der das Bewußtsein des Gewissen hervorgeht. […] Eben dieser Grundsatz beweist auch, daß jeweils auf halbem Wege stehen geblieben sind sowohl die Philosophen, die ihre Vernunftschlüsse nicht mit der Autorität der Philologen beglaubigten, als auch die Philologen, die sich nicht darum kümmerten, die Autorität ihrer Zeugnisse durch die Vernunft der Philosophen zu bewähren" (SN 138, 140). Philosophie und Philologie sollen sich also in der Balance befinden. Die Überordnung der Philosophie über die Philologie der Geschichte in Geltungsfragen wird in Vicos Augen durch die Überordnung der Philologie über die Philosophie der Geschichte in Präsentationsfragen ausgeglichen.

Bezüglich der narrativen Explikation der Universalgeschichte spielt bei Vico die römische Geschichte, vor allem die römische Religions-, Rechts- und Sittengeschichte, eine besondere Rolle. Ähnlich wie Machiavelli ist auch Vico davon überzeugt, dass sich an der Geschichte des römischen Volkes die allgemeine Verlaufsstruktur der menschlichen Geschichte paradigmatisch exemplifizieren lässt.[73] Croce bemerkt daher treffend, dass die Geschichte der Römer für Vico die „normale Geschichte"[74] darstellt, welche sich in vielfältigen Variationsformen bei allen Völkern der Erde wiederentdecken lässt. Diese Vorzugsstellung der Geschichte Roms führt jedoch zu keiner allzu starken Einengung des historischen Gesichtskreises, denn Vico stellt zahlreiche philologische Bezüge her, die nicht nur über den römischen, sondern auch über den europäischen Kulturraum hinausgehen. Insofern er-

---

[73] Vgl. Machiavelli, N., Discorsi. Gedanken über Politik und Staatsführung, Stuttgart ²1977.

[74] Croce, B., *Die Philosophie Giambattista Vicos*, Tübingen 1927, 105.

scheint es legitim, Vicos Schrift als eines der Gründungsdokumente der vergleichenden Kulturanthropologie anzusehen.[75]

1.4 EWIGE IDEALE GESCHICHTE

Das neue Paradigma der erweiterten Reproduktion, das Vicos Begriff von historischer Erkenntnis charakterisiert, ist mit erkenntnistheoretischen Positionen, die strikt zwischen der *ars inveniendi* und der *ars iucandi* wissenschaftlicher Erkenntnisse unterscheiden, unvereinbar. Denn Vico macht die Geltung seiner Geschichtsphilosophie von der Form ihrer Erzeugung sowie ihren sich daraus ergebenden Leistungsmerkmalen abhängig. Einige dieser Leistungsmerkmale wurden bereits thematisiert: Das *a priori* konstruierte Verlaufsmodell der Geschichte hat sich laut Vico zum einen am philologischen Quellenmaterial zu bewähren ('philologische Beweise'), und es soll außerdem über zeitdiagnostische und bildungsbiographische Qualitäten verfügen. Damit ein begründeter Anspruch auf Wahrheit mit ihm verknüpft werden kann, muss das Verlaufsmodell laut Vico jedoch noch weiteren Gütekriterien genügen. Zu den „philosophischen Beweise[n]" (SN 351) im engeren Sinne rechnet Vico insbesondere die Demonstration der Alternativlosigkeit seiner auf Basis bestimmter Axiome entwickelten Geschichtstheorie: „Daher wird der eigentliche, immer gleiche Beweis, der hier geführt werden wird, im Anstellen von Überlegungen und im Reflektieren darüber bestehen, ob unser menschlicher Geist in der Reihe von Möglichkeiten, die uns zu fassen vergönnt ist […], mehr oder weniger oder andere Ursachen sich denken könne als die, aus denen die Erscheinungen dieser politischen Welt hervorgehen" (SN 345).

Es scheint zunächst, als würde sich Vico an dieser Stelle implizit auf ein Kohärenzkriterium der Wahrheit berufen. Dieser Eindruck täuscht jedoch, da sich Wahrheit und Alternativlosigkeit

---

[75] Vgl. Kittler, F., *Eine Kulturgeschichte der Kulturwissenschaft*, München ²2001, Kap. 1.

eines Aussagezusammenhangs nach Vicos Dafürhalten niemals allein aus dessen intrinsischen Qualitäten, also etwa aus seiner Widerspruchsfreiheit ergeben können. Der Ausschluss alternativer Möglichkeiten der Geschichtsschreibung resultiert für Vico erst aus dem Maß der von der historischen Erzählung vermittelten Anschaulichkeit der geschichtlichen Geschehnisse: Denkmöglich sind laut Vico viele Geschichtsverläufe, wirklich vorstellbar soll aber nur der von ihm erzählte sein! Sofern es der *a priori* konstruierten Erzählung gelingt, die Einbildungskraft ihrer Leser derart zu affizieren, dass ihnen die untergegangenen Kulturwelten wieder sinnlich vor Augen treten und sie die Notwendigkeit des Ablaufs der Ereignisse gleichsam wie Zeitzeugen anschaulich erfassen können, soll an der Alternativlosigkeit dieser Erzählung, und damit an ihrer Wahrheit, nicht mehr begründet gezweifelt werden können. Auch in dieser Veranschaulichung sieht Vico eine zentrale Funktion der Einbildungskraft im Zusammenhang der Generierung historischen Wissens. Dies rückt Vicos Philosophie der Geschichte zugleich in eine gewisse Nähe zur Kunst; und nicht zufällig hat später Croce Vicos Vorstellung einer Verwandtschaft zwischen Kunst und Geschichtsschreibung weiterentwickelt.[76] Freilich verlangt die von Vico geforderte Anschaulichkeit der Historie nach einer Sprache, die mit den konkreten Lebensvollzügen der Menschen in Kontakt bleibt. In der Tat unterscheidet sich Vicos ‚große Erzählung' bereits in stilistischer Hinsicht von allen nachfolgenden Geschichtsphilosophien dadurch, dass sie zugunsten einer alltagsnahen Sprache auf ein elaboriertes Theorievokabular verzichtet.

Es entspricht dem für die Philosophie der Neuzeit typischen Erkenntnisoptimismus, dass Vico die *Neue Wissenschaft* mit einem Letztbegründungsanspruch verbindet. Dass Vico diesem Anspruch gerecht werden konnte, darf indes bezweifelt werden. Das Hauptdefizit seines Beweisgangs besteht in der zweideutigen Rolle, die Vico der Einbildungskraft zuschreibt. Diese soll einer-

---

[76] Vgl. Croce, B., *Die Geschichte auf den allgemeinen Begriff der Kunst gebracht*, übers. u. hg. v. F. Fellmann, Hamburg 1984.

seits anhand der Quellen die philosophische Verlaufskonstruktion bestätigende Ähnlichkeiten zwischen den empirischen Geschichten der Völker zum Vorschein bringen (,philologische Beweise'); sie soll aber andererseits auch die Veranschaulichung der historischen Erzählung leisten und so zum begründeten Ausschluss denkbarer Alternativen der Geschichtsschreibung beitragen. Es ist nicht zu sehen, dass Vico mit der erforderlichen Klarheit zwischen beiden Funktionen der Phantasie unterschieden hat; vielmehr scheint er sich bezüglich beider Funktionen unterschiedslos auf Bacons Forderung nach Einheit von Denken und Anschauung berufen zu haben (*„›cogitare videre‹ ›denken und sehen‹"* [SN 359]). Dadurch jedoch drohen Anschaulichkeit und empirische Verifikation in illegitimer Weise miteinander verquickt zu werden – denn pure Anschaulichkeit liefert an sich noch kein Wahrheitskriterium, und sie steht auch mit der empirischen Verifizierung der erzählten Geschichte in keinem direkten Zusammenhang.

Damit ist ein kritischer Punkt benannt, der Kant später dazu bewegen wird, die philosophische „Idee der Weltgeschichte" als bloße Hypothese der praktischen Vernunft zu begreifen, und eben nicht mehr als apodiktische Wahrheit im Sinne Vicos. Dass die Vernunft in der Geschichte herrscht, insofern die Natur in ihr „nicht ohne Plan und Endabsicht verfahre"[77], lässt sich laut Kant niemals *a priori* beweisen; es handelt sich bei dieser These lediglich um eine rational vertretbare Annahme, um einen vernünftigen Leitfaden für die Geschichtsschreibung. Die Notwendigkeit zur Bescheidung der Erkenntnisansprüche einer Geschichtsphilosophie *a priori* ergibt sich nach Kant aus dem angedeuteten Problem, das bei Vico offenbar eher kaschiert als gelöst wird: Was verbürgt, dass die erdachte Geschichtsphilosophie *a priori* mehr ist als „nur ein Roman"[78]?

---

[77] Kant, I., Ideen zu einer allgemeinen Geschichte in weltbürgerlicher Absicht, in: Werke, Bd. 11, Frankfurt/M. [10]1993, 31-50, 48.

[78] Ebd.

Während Kant mit Blick auf den Verlauf der Weltgeschichte vor überzogenen Erkenntnisansprüchen warnt, geht Vico sogar noch einen entscheidenden argumentativen Schritt über sein Postulat von der Beweisbarkeit seines narrativen Verlaufsmodells der Geschichte hinaus. Vico zufolge verwandelt die philosophisch wie philologisch hinreichend bewiesene historische Erzählung nämlich geradezu ihren metaphysischen Aggregatzustand. Auf Basis seines Reproduktionsparadigmas der historischen Erkenntnis behauptet Vico, dass sich die bewiesene historische Erzählung in eine „ewige, ideale Geschichte" (SN 349) verwandelt: Denn ihr Geltungsbeweis soll verbürgen, dass sie sich zu ihrem Erkenntnisgegenstand nicht wie das Bild zur Sache (Repräsentationsparadigma), sondern wie eine erweiterte Kopie zum Original verhält. Damit behauptet Vico letztlich nichts Geringeres als die Identität der Zeichensubstanz der realen Geschichte mit jener der historischen Erzählung. Er tritt also mit dem Anspruch auf, die Erzeugungszeichen der Geschichte im Rahmen der *Neuen Wissenschaft* von neuem zu erschaffen.[79] Es ist insofern konsequent, wenn er nach der Darstellung der verschiedenen Beweisformen das Konzept der ewigen, idealen Geschichte in sein Werk einführt: „Daher gelangt diese Wissenschaft dazu, eine ewige ideale Geschichte zu beschreiben, nach der die Geschichte aller Völker in der Zeit abläuft in ihrem Entstehen, ihrem Fortschritt, Höhepunkt, Niedergang und Ende" (SN 349).

Anhand des epistemischen Leitbildes der erweiterten Textreproduktion erschließt sich so auch der Sinn einer der dunkelsten Passagen der Vico'schen Schrift. Da Vico die Ansicht vertritt, im Rahmen seiner *Neuen Wissenschaft* werde die ewige, ideale Geschichte nicht bloß beschrieben, sondern deren symbolische Substanz reproduziert, erklärt er das Erkenntnissubjekt der Geschichte gemäß der Konvertibilitätslogik von *verum* und *factum* zum Schöpfer der geschichtlichen Welt: „Ja, wir wagen zu behaupten, dass derjenige, der über diese Wissenschaft nachdenkt,

---

[79] Es ist somit verfehlt, Vicos Theorie der ‚ewigen, idealen Geschichte' lediglich als eine "hypothetical predictive theory" zu bezeichnen (Pompa, L., *A Study of the 'New Science'*, London 1975, 103).

sich selbst diese ewige ideale Geschichte insofern erzählt, als er in jenem Beweis ›es mußte, muß und wird müssen‹ sich diese Welt selbst schafft […] –; denn wenn derjenige, der die Dinge schafft, sie selbst erzählt, dann kann es keine größere Gewißheit für die Geschichte geben" (SN 349). Diese Passage lässt sich nur allzu leicht missverstehen; suggeriert sie doch, dass Vico die ontologische Differenz zwischen Geschichte und Historie aufhebt und den Historiker zum autonomen Subjekt der Geschichte erklärt. Allerdings hat Vico weder das eine noch das andere im Sinn. Er ist sich des Unterschieds zwischen dem Verfassen eines Buches zur Geschichte und der praktischen Erschaffung politischer Institutionen – oder allgemeiner: der metaphysischen Differenz zwischen Symbol und Leben – durchaus bewusst.[80] Im zitierten Passus kommt es ihm daher allein auf die Hervorhebung des reflexiv-reproduk-

---

[80] Die Realismusdebatte in der neueren Geschichtswissenschaft und Geschichtsphilosophie ist zu weit verzweigt, als dass sie hier auch nur in groben Umrissen rekapituliert werden könnte. Freilich gibt es in der formalen Geschichtstheorie unverkennbar die Tendenz zu einer immer stärkeren Entwirklichung des Geschichtsbegriffs. Vor allem konstruktivistische und kulturalistische Ansätze tendieren dabei zur Auflösung der Differenz zwischen Geschichte und Historie. Eine häufig anzutreffende Argumentationsstrategie besteht darin, das geschichtliche Geschehen aus dem Geschichtsbegriff auszuschließen und die konstitutive Formgebungsmacht der Historie für die Geschichte zu unterstreichen: An sich gibt es keine Geschichte, diese entsteht vielmehr erst im Akt der Interpretation des (formlosen) Quellenstoffes. Mit Vicos Auffassung ist ein solcher Standpunkt unvereinbar, da nach ihm der materielle Lebenszusammenhang der Gattung jenen Fels bildet, an dem sich der Spaten historischen Erkennens immer schon zurückbiegen muss. Konstruktivistische Schöpfungsfiktionen in der Geschichtstheorie lassen sich von Vico her als Versuche einer Kompensation der realgeschichtlich erfahrbaren Unverfügbarkeit der Geschichte werten. Die aufklärerische Idee vom Menschen als dem Subjekt der Geschichte kann auf diese Weise dadurch gerettet werden, dass dem Geschichtsschreiber gleichsam demiurgische Kompetenzen bescheinigt werden: Dieser erzeugt die Geschichte, indem er sie schreibt. Zur neueren Kritik am konstruktivistischen Geschichtsverständnis vgl. Evans, R. J., *Fakten und Fiktionen. Über die Grundlagen historischer Erkenntnis*, Frankfurt/M./New York 1999; Ricœur, P., *Geschichtsschreibung und Repräsentation der Vergangenheit*, Münster u.a. 2002; Fellmann, F., ,Grenzen der Sprachanalyse', in: Koselleck, R., Stempel, W.-D. (Hg.), *Geschichte – Ereignis und Erzählung*, München 1973, 528-530.

tiven Status historischer Erkenntnis an. Zum Subjekt der Geschichte wird der Historiker dadurch aber nur im virtuellen Sinn der distanzierten und praxisentlasteten Reproduktion von Geschichtszeichen, deren Entstehungsweisen, Sinngehalte und (politische) Wirkungen er sich klar vor Augen führen kann. Dem entspricht Vicos Ansicht zum historischen Wandel der Phantasie von einem politischen zu einem ästhetischen Organ, der mit dem Unterschied zwischen Praxis und Theorie zusammenfällt.

Da Vicos Reproduktionsparadigma der historischen Erkenntnis von Seiten der Vico-Forschung bislang kaum registriert wurde, hat das darauf basierende Konzept der *storia ideale eterna* zahlreiche Deutungen erfahren, die ihm allesamt nicht gerecht werden. Das trifft vor allem auf Interpretationsansätze zu, welche den Sinn des Konzepts nach Maßgabe der substanzmetaphysischen Positionen von Platon oder Aristoteles auslegen.[81] Freilich schreibt Vico der *storia ideale eterna* nirgends den Stellenwert einer platonischen Idee zu, also den eines transzendenten Verlaufsmusters der Geschichte, an dem alle empirischen Geschichten ‚teilhaben'. Ebenso wenig stellt die *storia ideale eterna* bei Vico eine Form- oder Finalursache im aristotelischen Sinne dar; wird sie doch keineswegs als geheimnisvolle innere Kraft angesehen, welche die einzelnen Geschichten der Völker in eine gleichartige und sinnvolle Verlaufsbahn lenkt. In Anlehnung an Hobbes und Spinoza lässt Vico keine aristotelischen Form- und Finalursachen mehr gelten, sondern erkennt lediglich den Rekurs auf Wirkursachen als wissenschaftlich legitime Form der Erklärung geschichtlichen Wandels an.

Wenn Vicos Geschichtsphilosophie der Philosophie des Aristoteles dennoch näher steht als derjenigen Platons, so nicht aufgrund gemeinsamer metaphysischer Grundannahmen, sondern aufgrund der Übereinstimmung in Bezug auf der Ziele von Wissenschaft. So beruft sich Vico explizit auf Aristoteles, wenn er

---

[81] Vgl. etwa Caponigri, A. R., *Time & Idea. The Theory of History in Giambattista Vico*, New Brunswick/London ²2004, 109ff sowie Hösle, V., *Einleitung. Vico und die Idee der Kulturwissenschaft. Genese, Themen und Wirkungsgeschichte der ‚Scienza Nuova'*, in: Vico, G. B. (1990), Bd. 1, XXXI-CCXCIII.

behauptet, dass die „›Wissenschaft vom Ewigen und Allgemeinen‹" (SN 163) handelt. Im Unterschied zu Aristoteles fasst Vico dieses Allgemeine nicht substanzialistisch, sondern semiotisch auf. Zugleich vertritt Vico aber keinen Nominalismus: Denn die ‚ewige ideale Geschichte' ist für ihn mehr als nur ein Name für das Allgemeine der Geschichte. Vico begreift die *storia ideale eterna* vielmehr als Realität *sui generis*, steht sie doch für die Idee einer einheitlichen symbolischen Substanz der Geschichte, welche sich kulturübergreifend nachweisen lässt. Eine solche Auffassung impliziert die Idee der Übersetzbarkeit aller Sprachen, die Vico in Form der Annahme eines „geistige[n] Wörterbuch[s] […], das all den verschiedenen artikulierten Sprachen ihre Ursprünge gibt" (SN 145) in der Tat mit seinem Konzept der ‚ewigen idealen Geschichte' verknüpft. In einem solchen ‚geistigen Wörterbuch', so Vico, sei die „ewige ideale Geschichte abgefasst" (SN 145).

Für Vicos Rede vom ‚geistigen Wörterbuch' gilt dasselbe wie für die Idee der ewigen, idealen Geschichte: Sie darf weder mentalistisch noch metaphysisch verstanden werden. Ihr liegt weder die Behauptung einer stummen und inneren Universalsprache des Geistes zugrunde, noch steht sie für den Glauben an die Partizipation des göttlichen am menschlichen Geist. Der säkulare Kern dieses Konzepts besteht in der Überzeugung, dass Ausdrücke verschiedener Sprachen dann die gleiche ‚Bedeutung' aufweisen, wenn ihr sozialer Entstehungs- und Gebrauchs- bzw. Wirkungskontext derselbe ist. Es ist also erneut Vicos Verweis auf den ‚wahren Hintergrund' der ‚gewöhnlichen Überlieferung' (SN 150) zu berücksichtigen, wenn man den Sinn dieses zentralen Theoriebausteins der *Neuen Wissenschaft* verstehen will. Als Übersetzbarkeitskriterium von sich in Wortlaut oder Schriftbild unterscheidenden Zeichen fungiert bei Vico somit die Homologie ihres sozialen Entstehungs- und Wirkungszusammenhangs. Zum Beispiel fände sich der Begriff ‚Ackerbau' als Entstehungs- und Wirkungskategorie in Vicos ‚geistigem Wörterbuch' wieder. Dieser fungiert als übergeordnete Bedeutungskategorie, welcher die unterschiedlichen sprachlichen Ausdrücke aus verschiedenen Kulturkreisen zugeordnet werden müssten, die mit Entstehung und Tradierung der Sitte des Ackerbaus in einem konstitutiven Zusammenhang stehen. (Nach Vico gehört zum Beispiel das Zeichen ‚Herkules' hierher.) Bei der Zusammenstellung eines derartigen Wörterbuchs kommt es nach Vico vor allem auf die chronologische Richtigkeit und die Vollständigkeit sowohl der Einträge wie auch der ihnen jeweils zugeordneten einzelsprachigen Symbole und Ausdrücke an.

Über einen metaphysischen Aspekt im engeren Sinn verfügt Vicos ‚ewige, ideale Geschichte' dennoch; doch betrifft dieser nicht deren behauptete Allgemeinheit, sondern das mit ihr verbundene Ewigkeitspostulat. Laut Vico weist die Geschichte eine Verlaufsstruktur auf, der, ähnlich wie dem menschlichen Gattungsleben, kein bestimmter Anfang und kein bestimmtes Ende zugeschrieben werden kann. Um auf dem Hintergrund dieser metaphysischen Prämisse die Erkennbarkeit des Geschichtsverlaufs in seiner Totalität behaupten zu können, ist Vico gezwungen, eine zyklische Verlaufsgestalt der Geschichte anzunehmen. Dabei ist Vico um den Nachweis bemüht, dass das philologische Quellenmaterial, das ihm zur Explikation des Geschichtsverlaufs zur Verfügung steht, mehr als einen ganzen geschichtlichen Zyklus umfasst; denn nur so lässt sich der Anspruch auf eine vollständige Darstellung der ewigen, idealen Geschichte legitimieren. Diesem Nachweis sind das vierte (*Von dem Lauf, den die Völker nehmen*) und das fünfte Buch (*Von der Wiederkehr der menschlichen Dinge beim Wiedererstehen der Völker*) der *Neuen Wissenschaft* gewidmet.

Sieht man einmal von Vicos problematischem Ewigkeitspostulat ab, so lässt sich der *storia ideale eterna* ein recht modern anmutender Sinn abgewinnen. Sie kann als Versuch eines Perspektivenwechsels in der Geschichtsschreibung gewertet werden, durch den die relativ konstanten Strukturen des Denkens und der Gesellschaft in den Fokus der Geschichtsbetrachtung rücken. Weder die antike noch die mittelalterliche Historiographie hat dieser strukturellen Dimension der geschichtlichen Wirklichkeit besondere Aufmerksamkeit geschenkt. Insofern gehört Vico zu den ersten Historiographen, welche die ereignisgeschichtliche Orientierung der überlieferten Historie hinter eine strukturgeschichtliche

Betrachtungsweise zurückstellen. Das *verum-factum*-Prinzip ist mit einem Strukturobjektivismus der geistigen und sozialen Welt zwar unvereinbar, da es die Auffassung impliziert, dass sich die Strukturen der geschichtlichen Wirklichkeit stets nur durch einzelne, vom Menschen bewirkte Tatsachen realisieren können. Im Konzept der *storia ideale eterna* bricht jedoch die Idee durch, dass sich bestimmte symbolische und politische Praktiken in der Geschichte fortlaufend wiederholen. Insofern umfasst die Geschichte für Vico immer auch kulturelle Prozeduren, die die Lebensspannen Einzelner transzendieren und in denen Ewigkeit und Endlichkeit sowie Stillstand und Wandel koinzidieren. Da es freilich nach Vico keine ‚perfekte' Wiederholung gibt, fließen in die sich reproduzierenden Kulturpraktiken immer auch unmerkliche Modifikationen ein, welche langfristig zu erheblichen Abweichungseffekten führen. In solchen Fällen greifen Tradition und Innovation naturwüchsig ineinander: Alles wiederholt sich, und doch wird ständig Neues geschaffen. Als „Meister der entwickelnden Geschichtsforschung"[82] hat Vico auf jene geschichtlichen Prozesse, bei denen sich Bewahrung und Wandel im Gleichgewicht befinden, sein Hauptaugenmerk gerichtet.

Von Vicos historiographischem Perspektivenwechsel von der Ereignis- zur Strukturgeschichte legt vielleicht nichts deutlicher Zeugnis ab, als sein unfrommer Umgang mit dem Leben Jesu. Besitzt dieses für die christliche Geschichtstheologie noch einen herausragenden singulären Stellenwert, so misst ihm Vico kaum mehr eine historische Bedeutung bei. Jene wenigen Textstellen, in denen Vico überhaupt auf das Leben Jesu zu sprechen kommt (vgl. SN 816, 948), sind auffallend neutral gehalten und stehen im Zeichen des Versuches, Parallelen zwischen ältester und „jüngste[r] barbarische[r] Geschichte" (SN 1047) aufzuzeigen. Verfechtern einer geschichtstheologischen Lesart der *Neuen Wissenschaft* muss eine solche Behandlung wie ein unverzeihlicher *Fauxpas* erscheinen; hier dagegen soll sie nicht nur als Beleg für

---

[82] Vgl. Breysig, K., Die Meister der entwickelnden Geschichtsforschung, Berlin 1936, II/1.

den säkularen Charakter der Vico'schen Geschichtsphilosophie gewertet werden, sondern auch als Beleg für das Bestreben, eine strukturorientierte Geschichtsschreibung zu begründen, welche dem Singulären und Individuellen kaum einen produktiven Spielraum lässt.

Trotz ihres säkularen Charakters verfügt jedoch auch Vicos *storia ideale eterna* über eine quasi-religiöse Dimension, die sich aus Inhalt wie Form ihres Realitätsbeweises speist. Ihrem Gehalt nach ist Vicos ‚ewige ideale Geschichte' als Versuch zu betrachten, die ehemals Gott zugeschriebenen Attribute auf die Geschichte selbst zu übertragen. Eigenschaften wie höchste Güte, Ewigkeit, Allmacht und Allwissenheit werden von Vico auf die menschliche Gattungsgeschichte und deren Verlaufsstruktur bezogen, so dass Vicos Denkansatz gewissermaßen auf die Begründung einer Geschichtstheologie ohne Gott abzielt. Dafür spricht auch, dass Vico den Lesern seines Werks spirituelle Erbauung in Aussicht stellt, sofern es ihnen gelinge, die Idee der ewigen idealen Geschichte in ihrer substantiellen Wahrheit schöpferisch nachzuvollziehen: „Und das ist auch ein Argument dafür, daß derartige Beweise von göttlicher Art sind und daß sie Dir, Leser, eine göttliche Freude bereiten müssen; denn in Gott sind Erkennen und Tun eins und dasselbe" (SN 349). Derjenige, der die Geschichte in ihrer Gottähnlichkeit erkennt, hat somit in gewisser Weise selbst eine göttliche Tat vollbracht: Muss es ihm doch geglückt sein, die gottähnliche Zeichensubstanz der Geschichte aus eigener Kraft zu reproduzieren – *verum factum convertuntur*.

Auch die Form des Existenzbeweises, die Vico für die *storia ideale eterna* liefert, scheint der rationalen Theologie entlehnt zu sein. Es bestehen diesbezüglich auffällige Parallelen zwischen Vicos Argumentation und dem (ontologischen) Gottesbeweis, den Descartes in der den *Meditationen* vorlegt. Der argumentative Kern des cartesischen Gottesbeweises besteht in der zirkulären Zusammenführung der Existenz und der Erkenntnis Gottes. Unter Gott versteht Descartes die Vorstellung einer „Substanz, die unendlich, unabhängig, allwissend und allmächtig ist."[83] Eine solche Idee Gottes stellt laut Descartes ein Faktum des menschlichen Bewusstseins dar, das weder aus der Erfahrung noch aus der Einbildungskraft stammen kann. Daraus zieht Descartes den Schluss, dass Gott selbst der Ursprung seiner im menschlichen Geist präsenten Idee sein und daher notwendig existieren muss: „Es ist auch gar nicht zu verwundern, dass Gott mir, als er mich schuf, diese Vorstellung eingepflanzt hat, damit sie gleichsam das Zeichen sei, mit dem der Künstler sein Werk signiert."[84]

Vicos Realitätsbeweis für die *ewige ideale Geschichte* erfolgt in analoger Weise: Der Geschichtsphilosoph erschafft im Medium der Erzählung ein Verlaufsmodell der Geschichte, das die Vorstellungen der Ewigkeit, Güte, Notwendigkeit und Allwissenheit einschließt. Aus dem Wahrheitsbeweis für die erzählte Geschichte zieht er zugleich den Schluss auf deren erzählungsunabhängige Existenz. Ähnlich wie Descartes im Zuge seines Gottesbeweises erkennt also auch Vico, dass die Existenz der ‚ewigen, idealen Geschichte‘ zugleich die Voraussetzung ihrer wissenschaftlichen Erkenntnis darstellt, da die Medien, Prinzipien, Methoden sowie der soziale Kontext, auf die sich diese Erkenntnis stützt, der ewigen, idealen Geschichte selbst entsprungen sind. Der klare und deutliche Begriff der Sache liefert ihren Realitätsbeweis, die Sache selbst aber soll die Genese ihres Begriffs erklären.

Zur Begründung der immanenten Vollkommenheit und Güte der ewigen idealen Geschichte bedient sich Vico eines für insgesamt einschlägigen Argumentationsmusters. Die *Neue Wissenschaft* tritt mit dem Anspruch auf, eine „rationale politische Theologie der göttlichen Vorsehung" (SN 342) zu sein, in der ein „Beweis der Vorsehung als geschichtlicher Tatsache" (SN 342) geliefert wird. Vico spricht in diesem Zusammenhang sogar von „gewisse[n] göttliche[n] Beweisen" (SN 343) für die Geltung seiner Geschichtsphilosophie. Wie in der Einleitung ebenfalls schon

---

[83] Descartes, R., Meditationen über die Grundlagen der Philosophie (Meditationes de prima philosophia), Hamburg 1993, 41.

[84] Ebd., 47.

unterstrichen wurde, verbirgt sich hinter diesem theologischen Vokabular der Versuch, die Geschichte als rein menschlichen Prozess zu rekonstruieren, bei dem die objektiven Resultate fortlaufend sinnvoller ausfallen als die subjektiven Absichten der historischen Akteure. Das Ziel der nachfolgenden Kapitel besteht nun darin, die verschiedenen Aspekte der von Vico entwickelten Rekonstruktionsform der Geschichte zu analysieren, um auf diesem Wege die Eckpunkte seines Geschichtsbildes zu erschließen.

2. Die Geschichte der Ideen: Fingunt simul creduntque

2.1 Primat der Anfänge

Wie im ersten Kapitel gezeigt wurde, legt sich Vico mit dem *verum-factum*-Prinzip auf eine geistesgeschichtlich orientierte Sichtweise des Geschichtlichen fest. Die *Neue Wissenschaft* stellt im Kern eine „Geschichte der menschlichen Ideen" (SN 347) dar. Wie schon die Titel der einschlägigen Publikationen zeigen, ist eine solche Fokussierung auf die Produkte und die Entwicklung des menschlichen Geistes durchaus typisch für die moderne Geschichtsphilosophie.[85] Die Eigentümlichkeit der von Vico konzipierten Ideen- und Geistesgeschichte besteht jedoch in der Akzentuierung der Anfänge menschlichen Denkens. Das unterscheidet die *Neue Wissenschaft* eindeutig von anderen ideengeschichtlich akzentuierten Geschichtsphilosophien der Neuzeit, die in der Regel gegenwarts- und zukunftsorientiert sind. Werden frühgeschichtliche Denkweisen etwa bei Voltaire, Turgot oder Condorcet eher als Durchgangsstationen der geistigen Entwicklung auf dem Weg zur Herausbildung wissenschaftlicher Rationalität wahrgenommen, auf deren Fortschritte zugleich das Hauptaugenmerk der Darstellung gerichtet wird, so spielen umgekehrt die Fortschritte der Wissenschaften bei Vico nur eine Nebenrolle – der Darstellungsschwerpunkt liegt eindeutig auf der Entwicklungsgeschichte des archaischen Denkens. So steht das vorwissenschaftliche Denken im Zentrum des gesamten materia-

---

[85] Vgl. Turgot, A. R. J., Über die Fortschritte des menschlichen Geistes, hg. v. J. Rohbeck u. L. Steinbrügge, Frankfurt/M. 1990; Voltaire, Über den Geist und die Sitten der Nationen (Essay sur l'histoire générale et sur les mœurs et l'esprit des nations), übers. v. K. F. Wachsmuth u. hg. v. O. Wiegand, 3 Bde., Leipzig 1867; Condorcet, M. J. A. N. C. de, Entwurf einer historischen Darstellung der Fortschritte des menschlichen Geistes, übers. v. W. Alff u. H. Schweppenhäuser, Frankfurt/M. 1976.

len Hauptteils der *Neuen Wissenschaft* (Zweites Buch: *Von der poetischen Weisheit*).

Deshalb ist mit Blick auf Vicos Theorie der Ideengeschichte zu Recht von der „Macht der Anfänge"[86] bzw. der „Wissenschaft des Anfänglichen"[87] gesprochen worden. Für Vicos ausgeprägtes Interesse an der archaischen *forma mentis* gibt es mehrere Gründe. Zu verweisen ist in diesem Zusammenhang auf Vicos kritische Einstellung gegenüber allen bisherigen Versuchen der Aufklärung frühgeschichtlicher Denkweisen (‚Anmaßung der Gelehrten'; ‚Anmaßung der Völker'). Vico ist davon überzeugt, dass das frühe Denken noch immer einen weißen Fleck auf der historiographischen Landkarte bildet, den es auszufüllen gilt. Zu dieser Überzeugung passt Vicos Wertschätzung des geometrischen Erkenntnisverfahrens, durch welches das historische Erkenntnisproblem sich als ein Problem des Wissens um den Anfangsimpuls der Geschichte darstellt. Wenn für die *Neue Wissenschaft* in der Tat ein ‚Alle Macht dem Anfang' gilt, so vor allem aufgrund von Vicos Überzeugung, dass jede kulturgeschichtliche Errungenschaft auf die schöpferischen Anfänge verweist und in einer bleibenden Abhängigkeitsbeziehung zu diesem Ursprung steht. Der Verlust der Anfänge bedeutet für Vico daher zugleich den Verlust von Geschichte und Kultur insgesamt.

Die Erforschung des „dunklen Abgrundes der verflossenen Zeit"[88] ist für Vico deshalb eine Aufgabe von besonderer Dringlichkeit, sind die Anfänge der Kultur in seinen Augen doch gleichzeitig deren Grundlagen. Insofern kann Vicos *Neue Wissenschaft* als säkulare Variante des christlichen Ursprungsdenkens betrachtet werden. Im Gegensatz zu den christlichen Denkern setzt Vico freilich ein menschliches Produkt an den Beginn der Geschichte: Es soll das erste vom Geist erschaffene Symbol sein, das die ge-

---

[86] Fellmann, F., ‚*Vico und die Macht der Anfänge*', in: Vico, G. (1981), 1ff.

[87] Otto, S., ‚Sprachzeichen, geometrische Zeichen, Metaphysik. Vicos neue Wissenschaft des Anfänglichen', in: Trabant, J. (Hg.), Vico und die Zeichen, Tübingen 1995, 3-15.

[88] Rossi, P., The Dark Abyss of Time. The History of the Earth and the History of Nations from Hooke to Vico, Chicago 1984.

schichtliche Welt in ihrer Totalität zusammenhält. Diese Auffassung führt zu einer nochmaligen Zuspitzung des Problems der Erkenntnis der historischen Anfänge; denn nach Vico geht es nicht nur darum, die Mentalität der frühen Menschheit zu ergründen, sondern die Entstehung und Bedeutung des ersten vom Menschen hervorgebrachten Zeichen zu entdecken.

Aus heutiger Perspektive wirkt dieses Vorhaben sehr ambitioniert; begreifbar wird es freilich, wenn man den ideengeschichtlichen Kontext, in dem die *Neue Wissenschaft* entstanden ist, berücksichtigt. In nahezu allen ‚klassischen' Positionen der Philosophie der Neuzeit stellt sich das Anfangsproblem des Wissens mit Nachdruck. Und so stellt Vicos Projekt einer Ableitung des menschlichen Geschichtsverlaufs aus einer anfänglichen Idee ein Analogon zum Versuch Descartes' dar, das gesamte wissenschaftliche Wissen auf eine erste unerschütterliche Gewissheit zu bauen (*cogito ergo sum*). Gleichzeitig ist Vico jedoch bestrebt, ein Gegengewicht zum cartesischen Rationalismus zu schaffen. An die Stelle einer rationalen ersten Gewissheit tritt bei ihm eine vorrationale und geschichtlich erste Gewissheit, die das cartesische *cogito* als Wissensfundament ersetzen soll.

Der Vorrang der Anfänge führt indes zu der paradoxen Konsequenz, dass sich Darstellungs- und Quellendichte bei Vico umgekehrt proportional zueinander verhalten. Je breiter die Quellenbasis einer Epoche, desto kürzer gestaltet Vico deren Darstellung; und je schmaler die Quellengrundlage eines Zeitalters, desto differenzierter fällt seine Beschreibung aus. Gerade die Anfänge der Kulturgeschichte schildert Vico in einer plastischen Detailgenauigkeit, die im Kontrast zu dem steht, was auf Basis von Quellen über diese Ursprungsphase eigentlich gesagt werden kann. Diese Darstellungsstrategie entspricht zwar Vicos Überzeugung von der kreativen Überlegenheit der frühen gegenüber den späten Epochen, sie liefert allerdings auch dem Zweifel an der Wissenschaftlichkeit der Vico'schen Geschichtsphilosophie neue Nahrung.

Auch wenn Vico die Geschichte auf das *verum-factum*-Prinzip gründet, so gibt diese für sich genommen noch keine Auskunft über dessen Vorstellung zu den Produkten der archaischen *forma mentis*. Diesbezüglich trifft Vico Vorannahmen, die den Charakter von Axiomen haben, wobei er sich eines recht einfachen psychologischen Analogieschlusses bedient. Er behauptet nämlich, dass die Urzeitbewohner so gedacht haben müssten wie die Kinder sämtlicher historischer Epochen. So wird zugleich der Sinn seines Diktums, dass die Prinzipien der Geistesgeschichte „innerhalb der Modifikationen unseres eigenen menschlichen Geistes" (SN 331) gefunden werden könnten, konkretisierbar –dem Gedanken liegt, kurz gesagt, die Vorstellung einer Homologie von Onto- und Phylogenese zugrunde. Diese Idee ist schon im antiken Denken geläufig, wo sie freilich stets in biomorpher Form auftritt.[89]

Erst in der frühen Neuzeit wird die Idee der Gleichartigkeit der beiden Genesen auch auf die kognitive Entwicklung der Menschen übertragen. Dies geschieht etwa bei Pascal. In dessen *Fragment eines Vorwortes zur Abhandlung über den leeren Raum* heißt es, dass „nicht nur jeder einzelne Mensch von Tag zu Tag Fortschritte in den Wissenschaften macht, sondern auch die Gesamtheit der Menschen."[90] Aus diesem Grund könne man „die Gesamtheit der Menschen im Verlaufe so vieler Jahrhunderte wie einen einzigen Menschen betrachten, der immer noch da ist und ohne Unterlaß lernt."[91] Diese Parallelisierung der kognitiven Entwicklung der Gattung mit der des einzelnen Menschen steht im Zusammenhang mit der neuzeitlichen *querelle des anciens et des modernes*. Sie dient Pascal dazu, Partei für die ,Modernen' und damit für das Fortschrittsdenken zu ergreifen. Pascals Idee lebenslangen Lernens, von dem Individuum und Gattung gleichermaßen betroffen sind, schließt die Überzeugung ein, dass im Verlauf der Ideengeschichte alte Ansichten und Theorien fortlaufend durch bessere ersetzt werden, so dass die Entwicklungsgeschichte des menschlichen Denkens im Ganzen einen Progress darstellt.

---

[89] Vgl. Spranger, E., Die Kulturzyklentheorie und das Problem des Kulturverfalls, in: Ders., Kulturfragen der Gegenwart, Heidelberg ³1961, 11-41, 14.

[90] Pascal, B., Über die Methode und über die Psychologie des Gelehrten, in: Ders., Vermächtnis eines grossen Herzens. Die kleineren Schriften, Leipzig 1938, 1-54, 7.

[91] Ebd.

Die Analogisierung von Onto- und Phylogenese führt bei Pascal also zur Übertragung der Perfektibilitätsidee vom Individuum auf die Gattung, und dadurch wird zugleich die Idee unbegrenzten wissenschaftlichen Fortschritts begründet. Vico, für dessen Ansatz die *querelle des anciens et des modernes* schon keine entscheidende Rolle mehr spielt, teilt mit Pascal zwar die Auffassung einer Homologie von Individual- und Gattungsgeschichte. Anders als Pascal identifiziert er die Entwicklungsgeschichte des Geistes aber nicht mit der Akkumulation und Erweiterung von Wissen, sondern deutet diese vielmehr als einen Prozess, der in erster Linie Form und Qualität des Denkens berührt. So löst sich Vico auch vom substitutionalen Deutungsschema Pascals und setzt an dessen Stelle ein organisches Interpretationsmuster der kognitiven Entwicklung, das als Übertragung der biomorphen Fassung der Gleichförmigkeitsidee von Individual- und Gattungsentwicklung aus der Antike auf die menschliche Geistesgeschichte gedeutet werden kann. Dementsprechend hängt es für Vico vor allem vom jeweiligen Denktypus ab, ob ein Einzelner oder ein ganzes Volk jung und lebendig, erwachsen und reif oder aber greisenhaft und unschöpferisch ist. Nach Vico macht sich Pascal genau jener falschen Rationalitätsunterstellung schuldig, die als ‚Anmaßung der Gelehrten' zurückgewiesen werden müsse. Nicht der archaische Mensch steht am Anfang einer Reihe wissenschaftlicher Fortschritte, sondern umgekehrt: die Wissenschaften bilden laut Vico den vorläufigen Abschluss einer Entwicklungsgeschichte des Geistes mit dezidiert vorwissenschaftlichen Wurzeln.

Eine der Kernthesen der *Neuen Wissenschaft* lautet, dass sich die schöpferischen Momente der kognitiven Entwicklung in den geschichtlichen Anfängen konzentrieren. Das ist laut Vico darauf zurückzuführen, dass das Denken der Völkergründer, genau wie das von Kindern, weder allein durch die Sinnlichkeit noch durch den Verstand bestimmt worden ist, sondern durch die Phantasie, die bei Vico das geschichtsschöpferische Mittelglied zwischen Sinnlichkeit und Verstand bildet: „Bei den Kindern ist das Gedächtnis äußerst kräftig, folglich bis zum Übermaß lebhaft die

Phantasie, die nichts anderes ist als erweitertes oder zusammengesetztes Gedächtnis" (SN 211). In der „Macht der Phantasie" (Ernesto Grassi) liegt nach Vico das Geheimnis der archaischen Frühgeschichte begründet; und bedenkt man Vicos These vom Primat der Anfänge, so liegt hierin auch das Geheimnis der Geschichte im Ganzen. In der Forschung ist dieser Aspekt immer wieder betont worden, so etwa durch Jamme: „In der Betonung der kulturschöpferischen Kraft der Phantasie […] liegt die eigentliche Leistung Vicos."[92]

Ein Verweis auf die Macht der Phantasie allein gibt natürlich noch keinen Aufschluss über den Gehalt jenes geistigen Ursprungsproduktes, das laut Vico die Einheit und den Zusammenhang der Ideengeschichte stiftet. Um die Frage nach der Beschaffenheit des ersten Geschichtszeichens zu klären, ist eine Bezugnahme auf Vicos Kulturentstehungstheorie erforderlich, die zu Beginn des *Zweiten Buches* entfaltet wird. Dass Vicos Darstellung der Menschheitsgeschichte überhaupt mit einer Kulturentstehungstheorie ansetzt, macht die Zweideutigkeit von Vicos Begriff des geschichtlichen Anfangs deutlich. Im Grunde wird Vico dadurch seiner methodischen Maxime, die „Forschungen mit dem Zeitpunkt beginnen zu lassen, in dem [die Menschen] menschlich zu denken begannen" (SN 338), untreu. Denn genau wie jede andere Kulturentstehungstheorie schließt auch diejenige Vicos eine Naturzustandskonstruktion als Kontrapunkt ein, die darauf abzielt, die vorgeschichtliche Natur des Menschen zu modellieren.

Der konzeptionelle Stellenwert dieser Naturzustandstheorie kann gar nicht hoch genug veranschlagt werden; geht es in ihr doch darum, die wahre Verfassung der menschlichen Natur vorzustellen, welche den latenten Bezugspunkt aller Reflexionen Vicos zu Geschichte und Kultur bildet. Dass die Menschen überhaupt die Geschichte ‚machen' bzw. eine Geschichte ‚haben', hält Vico keineswegs für selbstverständlich. Wie seine Naturzustandsschilderung klarstellt, ist gerade die Geschichtlichkeit des Men-

---

[92] Jamme, Chr., Einführung in die Philosophie des Mythos, Bd. 2: Neuzeit und Gegenwart, Darmstadt 1991, 13.

schen das eigentlich erklärungsbedürftige Phänomen – und nicht etwa umgekehrt dessen denkbare Geschichtslosigkeit. Diese Ansicht geht klar daraus hervor, dass Vico den Naturzustand des Menschengeschlechts als die einzige in sich stabile Lebensform begreift, die über keine immanente Entwicklungsdynamik verfügt. Im Einklang mit der Idee der Gleichförmigkeit von Individual- und Gattungsentwicklung beschreibt Vico das menschliche Dasein im Naturzustand als ein solches der ungetrübten Sinnlichkeit, wie es dem Entwicklungsstadium eines Säuglings entspricht. Das Leben der Menschen erschöpft sich hier in Taten, die unmittelbar ihrer körperlichen Selbsterhaltung und Triebbefriedigung dienen.

Der Naturzustand kennt zudem laut Vico weder Sprache noch stabile gesellschaftliche Verbindungen. Dennoch setzt Vico ihn nicht mit einem Versunkensein des Menschen im Chaos sinnlicher Eindrücke gleich. Eine derartige Lesart der Vico'schen Naturzustandslehre, wie sie sich etwa im Radikalen Konstruktivismus[93] bewegt, ist jedoch abwegig. Denn nach Vico ist das vermeintliche Chaos sinnlicher Eindrücke eine rationalistische Illusion, die schlicht an ihrer Irrealität scheitert; bleibt so doch ganz im Unklaren, wie unter dieser Voraussetzung Überleben und Fortpflanzung des Menschen überhaupt dauerhaft hätten glücken können. Auch das symbolisch und sozial entlastete Leben im Naturzustand kennt nach Vico bereits Lebens- und Wahrnehmungsregeln. Und vor allem ist es der Zyklus von Trieb und Triebbefriedigung, welcher das Leben im Naturzustand kennzeichne (vgl. SN 369). Vor dem Eintritt in die Kultur fristen die Menschen laut Vico ein von hoffnungsloser Agilität bestimmtes Nomadendasein in schändlicher „Güter- und Weibergemeinschaft" (SN 553). Im „Urwaldzustand" (SN 333), den Vico mit dem Ausdruck „Barbarei der Sinne" (SN 1106) etikettiert, unterscheiden sich die Menschen daher kaum von wilden Tieren. Von solchen „blöden, stumpfsinnigen und schrecklichen Bestien" (SN 374) von gigan-

---

[93] Vgl. etwa Glasersfeld, E. v., ‚Konstruktion der Wirklichkeit und des Begriffs der Objektivität', in: Einführung in den Konstruktivismus, München [7]2003, 9-40, 29ff.

tischem Wuchs und „riesige[n] Körperkräften" (SN 377) hat laut Vico die Geschichtsschreibung auszugehen. Dass sie dies bislang nicht getan hat, habe ihr den Blick für die wahren Anfänge der menschlichen Geschichte verstellt.

Obwohl sich Vico zur Legitimierung seiner Konstruktion des Naturzustandes unterschiedslos auf Hobbes, Grotius und Pufendorf beruft (vgl. SN 338), ist deren eigentliche Quelle eine andere. Es ist jedenfalls kein Zufall, dass Vicos Theorie des Naturzustandes Parallelen zu einem Modell aufweist, das kurze Zeit später Rousseau in seinem *Diskurs über die Ungleichheit* entwickelt[94]. Beide Autoren nehmen Bezug auf die antike Kulturentstehungstheorie von Lukrez, die im fünften Gesang seines Lehrgedichts *De rerum natura* zu finden ist.[95] Das wesentliche Unterscheidungsmerkmal zwischen beiden Theorien liegt vor allem in der bei Vico stärker ausgeprägten Systematik des Erklärungsansatzes, die wiederum darauf zurückzuführen ist, dass Vico, anders als Lukrez, in der menschlichen Einbildungskraft die alleinige kognitive Quelle der Kultur erblickt.

Gemäß Vicos Darstellung besitzt die *fantasia* im Naturzustand zunächst nur den Status einer natürlichen geistigen Disposition des Menschen. Aktiviert werde dieses Vermögen erst unter dem Eindruck einer gewaltigen Naturerscheinung: nämlich unter dem Eindruck von Gewitter. Da die archaischen Menschen „alle kräftige Sinne hatten und von äußerst starker Phantasie waren" (SN 375), sollen sie dieses Naturereignis in einer Weise verarbeitet haben, die den maßgeblichen Anfangsimpuls der Geistes- und Kulturgeschichte auslöst. Die Selbstverwandlung des Menschen von einem Natur- in ein Kulturwesen interpretiert Vico als Resultat einer metaphysischen Verwandlung des ansichtig gewordenen

---

[94] Vgl. Rousseau, J.-J., Abhandlung über den Ursprung und die Grundlagen der Ungleichheit unter den Menschen, Stuttgart 1998, 35ff.

[95] Vgl. Lukrez, *Vom Wesen des Weltalls*, übers. v. D. Ebener, Berlin/Weimar 1994. Besonders einschlägig sind die Verse 920-1010. Diese Übereinstimmung zwischen Lukrez, Vico und Rousseau hat auch Fellmann, F., *Das Vico-Axiom: Der Mensch macht die Geschichte*, Freiburg/München 1976, 106-109 herausgestellt.

Himmels kraft Phantasie: Als der „Himmel endlich mit höchst furchteinflößenden Blitzen und Donnern blitzte und donnerte" (SN 377), sollen die Sinnesorgane der Urmenschen von ihrer Einbildungskraft gleichsam dermaßen affiziert worden sein, dass sie den Himmel über ihnen plötzlich auf neue Weise wahrzunehmen begannen. Diese neue Form der Wahrnehmung ist die des Lebens. Die sinnfällige Mächtigkeit von Blitz und Donner hat laut Vico die Urmenschen glauben lassen, der Himmel sei (so wie sie selbst) ein belebtes Wesen. Die durch die Phantasie modifizierte Wahrnehmung lässt erstmals eine höhere Lebensmacht im Augenblick ihrer ersten Kontaktaufnahme mit den Menschen erkennen. So sollen die „theologischen Dichter den ersten göttlichen Mythos, großartiger als alle, die später je erdacht wurden", ersonnen haben, „nämlich Jupiter, König und Vater der Götter und der Menschen, und zwar im Akt, Blitze zu schleudern" (SN 379).

Die Wurzeln der menschlichen Kultur liegen für Vico somit in Religion und Gottesglaube, die auf das Konto der Phantasie gehen. ‚Jupiter' gilt hierbei als exemplarischer Fall eines phantasiegeschaffenen Urwesens oder Symbols, das den Prozess der Kulturgeschichte anstößt. Das Beispiel ‚Jupiter' zeigt, dass Vico die Kernfunktion der Phantasie in einer Verstärkung der Wahrnehmung erblickt, so dass mehr Leben perzipiert wird als die Natur von sich aus entstehen lässt. Insofern kann die Phantasie, so wie Vico sie versteht, als naturwüchsiges Verstärkungsorgan der Lebenswahrnehmung definiert werden, das über die Eigenschaft der Selbstverdunklung verfügt, da es seine Funktionen unterhalb der Bewusstseinsschwelle ausübt. Die Fiktion Gottes bilde sich ganz konkret durch die Übertragung der sinnlich verbürgten Lebensgewissheit des Wahrnehmenden auf das von ihm Wahrgenommene. Damit ist es eine Selbstprojektion oder Selbsttranszendenz des Lebens hin zur perzipierten materiellen Umgebung, welche laut Vico am Anfang der Kultur steht.

Diese Funktion der Einbildungskraft entspricht exakt der Rolle, die Vico der Phantasie auch im Kontext der historischen Erkenntnis zuspricht (vgl. 1.2). In beiden Fällen fungiert die Phantasie als Vermögen einer kreativen Synthese, die das räumlich oder zeitlich Disparate miteinander zusammenschließt. Ist es in einem Fall das heterogene philologische Material, aus dem die Einbildungskraft eine homogene Verlaufsstruktur der Geschichte abliest (historische Erkenntnis), so sind es im anderen Fall der unbelebte Himmel und der lebendige Mensch, die von der menschlichen Phantasie zu einer Einheit verbunden werden (reale Geschichte). Hinzu kommt, dass die eigentliche Leistung der Phantasie in beiden Fällen in der Erzeugung weltimmanenter Gottheiten besteht. Vicos ‚Jupiter' der Anfänge entpuppt sich als Ursprungsform einer immanenten Gottesidee, die sich bis hin zur Vergöttlichung der *storia ideale eterna* am Ende der Geschichte perpetuiert.

2.2 Poetische Charaktere

Die erste, phantasiebewirkte Transformation des Himmels in das Symbol einer höchsten Himmelsgottheit (‚Jupiter') bildet laut Vico lediglich den Auftakt zu einer lang andauernden Verwandlungsgeschichte der Naturwirklichkeit, in deren Verlauf eine Vielzahl von Symbolen und sprachlichen Ausdrucksweisen entstehen, die sich sukzessive zu einem narrativen Bestimmungsganzen formieren. Vico versucht nun, die „natürliche Theogonie, das heißt Erzeugung der Götter, wie sie sich auf natürliche Weise im Geiste jener ersten Menschen vollzog" (SN 7), minutiös nachzuzeichnen. Im Hintergrund dieser Theogonie steht die Behauptung, dass die Völker zu Urzeiten „ganz aus theologischen Dichtern" (SN 7) bestanden hätten. Sie bildet zugleich die Kernthese jener „neuen kritischen Kunst" (SN 7) oder *ars critica*, die Licht ins Dunkel der Frühepochen der Geistesgeschichte bringen soll.

Wie zu Recht betont wird, ist Vicos *ars critica* vor allem ein neuer Ansatz im Rahme der Mythendeutung.[96] Das besondere Verdienst der „historischen Mythologie" (SN 223) Vicos besteht in

---

[96] Vgl. exemplarisch die Darstellung von Burke, P., *Vico. Philosoph, Historiker, Denker einer neuen Wissenschaft*, Berlin 2001, 56ff.

dem Versuch, die Schöpfungslogik und Schöpfungsabfolge mythischen Denkens systematisch zu erhellen. Davon verspricht sich
Vico zum einen den Gewinn einer „rationale[n] Chronologie" des
Prozesses der Ideengeschichte sowie zum anderen eine Aufklärung des „wahren Hintergrundes" (SN 150) der poetischen Sagen-
welten. Letzteres erfordert nach Vico die Aufdeckung jener realen
Akteure und Vorgänge, die sich hinter den göttlichen und heroischen Subjektfiktionen des Mythos verbergen. Die Vico'sche *ars
critica* ist somit ganz auf die rationale Auflösung des Rätsels der
wirklichen Referenzgrößen der in den Mythen dargestellten Ereignisse zugeschnitten. Die maßgebliche Annahme Vicos lautet in
diesem Zusammenhang, dass „die ersten Völker des Heidentums
nach einer erwiesenen natürlichen Notwendigkeit Dichter waren,
die in poetischen Charakteren sprachen" (SN 34). Dass die *drama-
tis personae* der Mythen den Status von poetischen Charakteren
(*carrateri poetici*) besitzen bzw. den von „phantastische[n] Gat-
tungs- oder Allgemeinbegriffe[n]" (*universali fantastici*) (SN 209),
wie es alternativ heißt, erklärt Vico sogar zu einer Erkenntnis, welcher der „Hauptschlüssel dieser Wissenschaft" (SN 34) sei, deren
Gewinn „uns die hartnäckige Forscherarbeit fast unseres ganzen
Gelehrtenlebens gekostet hat" (SN 34).[97]

Vico lässt keinen Zweifel daran, dass es für ein adäquates
Verständnis der Mythen bzw. der archaischen *forma mentis* nicht
auf das Nacherleben der seelischen Zustände der Mythenurheber
ankommt. Einer naiven Einfühlungshermeneutik widerspricht er
durch die Feststellung, dass es „für unsere zivilisierte Natur völlig
unmöglich ist, sich die poetische Natur dieser ersten Menschen
vorzustellen" (SN 34). Vielmehr kommt es für Vico darauf an, die

---

[97] Vicos Theorie der phantastischen Allgemeinbegriffe hat daher nicht zufällig
im Mittelpunkt zahlreicher Interpretationen gestanden. Exemplarisch sei hier
der Beitrag von Coseriu genannt, dessen Verdienst darin besteht, die Theorie
der poetischen Universalien schon frühzeitig als Kern von Vicos genetischer
Sprachtheorie herausgestellt zu haben. Vgl. Coseriu, E., *Geschichte der Sprachphilosophie. Von den Anfängen bis Rousseau*, Tübingen/Basel 2003 (zu Vico: Kap.
XVI, 273-316); Ders., ,*Von den universali fantastici'*, in: Trabant, J. (Hg.), *Vico und
die Zeichen*, Tübingen 1995, 73-79.

Bildungsregeln und -prinzipien mythischer Ausdrucksformen zu begreifen, zu denen er auch den asymbolischen Entstehungskontext der Mythen zählt. Insbesondere stellt er in diesem Zusammenhang heraus, dass das den Mythen zugrundeliegende Denken nicht regellos bzw. chaotisch ist, sondern eine spezifische Logik aufweist – und zwar gemäß einer „poetischen Logik" (SN 400ff.), welche sich von der des Verstandesdenkens signifikant unterscheidet.

Die Theorie der poetischen Logik besitzt zwei Stoßrichtungen. Zum einen geht es in ihr um die Aufklärung der Genese der symbolischen Elementarformen (‚poetische Charaktere') mythischer Erzählungen (Produktionslogik), zum anderen zielt sie auf die Erhellung der von diesen Symbolen geprägten mythischen Wirklichkeitserfahrung (Rezeptionslogik). Das *verum-factum*-Prinzip impliziert dabei, dass Produktions- und Rezeptionslogik des mythischen Denkens nicht voneinander getrennt werden können, da die von der Phantasie geschaffenen Symbole als Produkt und Gegenstand des mythischen Denkens zugleich gedacht werden müssten.

Für die Frühgeschichte geht Vico von einer schöpferischen Form der Begriffsbildung aus, für die aus seiner Sicht der Rationalismus und der Empirismus gleichermaßen blind sind. Bildet für den Empirismus die sinnliche Erfahrung die einzige Quelle der Erkenntnis, und stellen Begriffe gemäß der empiristischen Lehre nichts anderes dar als Bündel sinnlicher Eindrücke, die durch Synthese atomarer Erfahrungsqualitäten entstünden, so vertreten die Rationalisten im Gegensatz dazu die Auffassung, dass wenigstens zentrale Begriffe und Kategorien des menschlichen Denkens unabhängig von aller Erfahrung im Verstand gegeben sind bzw. vom Verstand permanent geschaffen werden. Die in der *Neuen Wissenschaft* entfaltete genetische Theorie des Wissens steht dem Empirismus näher als dem Rationalismus. So hebt Vico im Einklang mit den Empiristen hervor, dass die „fünf Sinne des Körpers" (SN 705) die Ausgangsbasis menschlicher Erkenntnis bilden und der „menschliche Geist nichts begreift, wovon er nicht vorher von den Sinnen ein Motiv [...] empfangen habe" (SN 363).

Trotz dieser Parallele jedoch weicht Vicos Erklärungsansatz deutlich von der empiristischen Sichtweise auf die Genese der Erkenntnis ab, da die Phantasie in seinen Augen ein zwischen Sinnlichkeit und Verstand situiertes Erkenntnisvermögen darstellt, das Begriffe bzw. Symbole gerade durch eine das sinnlich Gegebene transzendierende Form der Synthese verschiedener Erfahrungsinhalte erzeugt. Das wird durch Vicos eigenwillige Definition des Verstandesbegriffs belegt, gemäß der sich der „Geist [...] des Verstandes dann bedient, wenn er dem sinnlich Empfundenen etwas entnimmt, was nicht den Sinnen zugänglich ist; das [ist] bei den Lateinern die eigentliche Bedeutung von ›intelligere‹ ›begreifen‹" (SN 363). Die menschliche Kunst, mehr zu erfahren als sinnlich erfahrbar ist, bildet somit das Herzstück jener „sinnliche[n] Topik" (SN 495), derer sich die Menschen vor dem Aufkommen der philosophischen Kritik in der Geschichte zu bedienen gewusst haben.

Wie das Beispiel ‚Jupiter' zeigt, vollzieht sich die Formung ‚phantastischer Allgemeinbegriffe' nach Vico auf dem Wege der Assoziation gänzlich heterogener Erfahrungsgehalte. Anders als nach empiristischer Vorstellung, laut der Begriffe durch die Synthesis sinnlicher Daten entstehen, welche in der Erfahrung räumlich wie zeitlich eng zusammengehören, schließt die Phantasie nach Vico gerade räumlich wie zeitlich weit voneinander entfernte Erfahrungsinhalte zu einer symbolischen Einheit zusammen. Nach Vicos Darstellung sind die Dichtergiganten der Anfänge noch nicht in der Lage, räumliche oder zeitliche Distanzen adäquat zu erfassen. Kraft der synthetischen Funktion der Phantasie werden diese Distanzen vielmehr tendenziell aufgehoben. Zudem deutet Vico die ursprüngliche Funktion der Topik im Sinne der Synthesis des Heterogenen, wie sie sich in einer Beseelung des Unbeseelten nach Maßgabe des Körpergefühls der Dichtergiganten manifestiert (‚Jupiter'). Ein derart anthropomorphes Denken, so Vico, verwandelt die unbelebte und dem Menschen daher unverständliche Natur in einen sinnhaften Kosmos, der sich

in den Anfängen der Geschichte zunächst aus lauter menschenähnlichen Gottheiten und deren Taten zusammengesetzt haben
soll: „Die erhabenste Aufgabe der Dichtung ist es, den empfin-
dungslosen Dingen Empfindung und Leidenschaft zu geben" (SN
186). Insofern leistet die Phantasie bereits in kognitiver Hinsicht
einen zweckmäßigen Lebensbeitrag, indem sie der Natur ein
menschliches Antlitz verleiht, das den Sinnerwartungen der primitiven Menschen gerecht wird.

Freilich wäre es unangemessen, Vicos Theorie der archaischen *forma mentis* hermeneutisch zu begreifen. Nach Vicos Dafürhalten deuten bzw. interpretieren die frühen Dichtergiganten ihre
Welt nicht, sondern sie nehmen sie schlicht nach Maßgabe der
schöpferischen Perzeptionsregeln ihrer Phantasie wahr. „Nicht allein, dass es dem mythischen Denken an einem Auslegungsspiel-
raum der Wirklichkeit mangelt, wie er für Interpretationen wesentlich ist; ebenso wenig erschafft es seine Begriffe am Leitfaden
der genuin hermeneutischen Verstehensstruktur der Deutung
von etwas *als* etwas.[98] Vico vertritt also keineswegs die Ansicht,
die Dichtergiganten hätten den blitzenden und donnernden Himmel plötzlich als Jupitergottheit interpretiert. Statt durch die her-
meneutische ‚Als-Struktur' sieht Vico das mythische Denken
durch die ästhetische Perzeptionsregel des ‚Aussehens…wie' beherrscht. So wird der Himmel laut Vico zu ‚Jupiter', weil er für die
archaischen Menschen aussieht wie ein gigantisches wildes Tier;
also genau so, wie sie im Naturzustand selber in Erscheinung ge-
treten sind. Es ist somit der sinnliche Gleichschein heterogener
Dinge, der je nach Wahrnehmungshinsicht immer und zwischen
allen Gegenständen gegeben ist, von dem sich die Mythenschöpfer zur Erschaffung von Fiktionen oder Zeichen verführt haben
lassen sollen.

Gemäß Vicos *ars critica* gehorcht das mythische Denken folglich einer Logik der Ähnlichkeit, die von einer hermeneutischen
Verstehenslogik genauso scharf abgegrenzt werden muss wie von
einer rationalen Subsumtionslogik. Der operative Kern mythi-

---

[98] Vgl. Jung, M., *Hermeneutik zur Einführung*, Hamburg 2001, 10ff.

schen Denkens soll in rezeptiver Hinsicht in der symbolischen Identifikation des sinnlich Ähnlichen liegen, die zu einer Aufhebung insbesondere der numerischen Differenz zwischen den Einzeldingen und -ereignissen führt. Das ähnlich Scheinende ist, so Vico, in den poetischen Frühphasen der Geschichte sowohl wahrnehmungsmäßig als auch sprachlich miteinander identifiziert worden. Das macht ein Abzählen der Dinge unmöglich, weshalb Vico Mathematik und Geometrie als postmythische Spätprodukte der Geistesgeschichte begreift (vgl. SN 378). Laut Vico verschluckt das poetische Denken gleichsam die gewaltige Masse singulärer Einzelerscheinungen und fasst diese zu relativ wenigen poetischen Charakteren oder Allgemeinbegriffen zusammen.[99] Das lässt sich als These eines sinnlichen Reduktionismus der Einbildungskraft durch Typisierung verstehen, der nach Vico am Anfang der Kulturgeschichte in maximaler Ausprägungsform präsent gewesen sein soll: „*Iovis omnia plena ›Alles ist von Jupiter erfüllt‹*" (SN 379).

Dass Vico das Wesensmerkmal mythischen Denkens in der Identifizierung des Ähnlichen erblickt, zeigt sich besonders deutlich in der Feststellung, dass die archaischen Dichtergiganten „die Formen und Eigenschaften nicht von den Subjekten zu abstrahieren vermochten" (SN 410). Das sprachphilosophische Pendant zu dieser Ansicht bildet die Überzeugung, dass das mythische Denken die semiotische Differenz von Name und Begriff noch nicht vollzieht. Treffenderweise spricht Vico daher in Hinblick auf die phantasiegeschaffenen Allgemeinbegriffe auch von poetischen *Charakteren* und „gewisse[n] Modellen oder ideale[n] Porträts" (SN 209) – womit er die Eigenschaft der archaischen *forma mentis* hervorhebt (vgl. SN 403), ausschließlich das sinnlich evidente Gestalt- oder Typähnliche an den Erfahrungsgegenständen symbolisch erfassen zu können. Das verleiht dem mythischen Denken

---

[99] Insofern ist der Titel der Vico-Studie von Strassberg (*Das poietische Subjekt. Giambattista Vicos Wissenschaft vom Singulären*, München 2007) unglücklich gewählt. Strassberg verkennt, dass laut Vico die schöpferische Leistung des Subjekts gerade in der symbolischen wie praktischen Aufhebung seiner Individualität liegt.

laut Vico trotz seiner reduktiven Potenzen eine Präzisionskraft, die der des rationalen Denkens überlegen sei. Im Unterschied zu den poetischen Allgemeinbegriffen der Phantasie mangelt es den ‚abstrakten' oder „intelligible[n] Allgemeinbegriffen" (SN 209) an unmittelbarem Anschauungsbezug, wie er zur exakten Bestimmung von Sinn und Bedeutung sprachlicher Symbole erforderlich ist. Die Auflösung der mythischen Einheit von Name und Begriff führt dazu, dass die Namen ihren Sinn und die Begriffe umgekehrt ihre exakten Bedeutungen verlieren. Im rationalen Denken steht der Name für den singulären Gegenstand, ohne etwas über dessen Charakter auszusagen. Die abstrakten Begriffe wiederum fungieren als Prädikatoren, durch die den einzelnen Dingen zwar allgemeine Eigenschaften zugeschrieben werden, welche aber den singulären Gegenstand nicht mehr in seiner Mustergültigkeit sprachlich zu erfassen vermögen. So steigt mit wachsendem Allgemeinheitsgrad der Begriffe auch deren Auslegungs- bzw. Bezugsspielraum: und das mit, wie Vico meint, tendenziell unheilvollen Folgen für die Kultur. Während also das rationale Denken die Namenszeichen der verschiedensten Dinge einheitlichen Allgemeinbegriffen subsumiert, versieht das poetische Denken die sich nach Typ und Charakter ähnelnden Dinge mit identischen Begriffsnamen.

Die eigentliche Bedeutung dieser Funktionslogik mythischen Denkens tritt insbesondere dann hervor, wenn über die außermenschliche Natur hinaus auch der Mensch und seine Taten berücsichtigt werden. Zu den poetischen Charakteren zählt Vico auch bekannte Gestalten antiker Mythen wie etwa ‚Achill' oder ‚Odysseus'. Diese werden als Volkscharaktere gedeutet, hinter deren symbolischen Einheitsmasken die typischen Verhaltensweisen und Charakterzüge ganzer Volksstämme verborgen liegen.

Ein exemplarischer Anwendungsfall der Theorie der ‚poetischen Charaktere' stellt die „Entdeckung des wahren Homer" (SN 780) dar, der das gesamte dritte Buch der *Neuen Wissenschaft* gewidmet wird. Auch ‚Homer', so behauptet Vico dort, sei ein poetischer Charakter der alten griechischen Stämme gewesen. Im Einklang mit seiner Mythentheorie deutet Vico ‚Homer' als Volkscharakter oder sozialen Typus, wobei die Kehrseite dieser Interpretation in der Negierung der geläufigen Auffassungen besteht, ‚Homer' sei ein singulärer Schriftsteller aus Fleisch und Blut gewesen oder ein bloß nachträglich erfundener Autorenname für den oder die unbekannten Urheber von *Ilias* und *Odyssee*. Entsprechend seiner These von der Namenlosigkeit frühgeschichtlicher Epochen bestimmt Vico ‚Homer' als sinnlich-konkreten Begriff, hinter dessen symbolischer Maske sich eine ungeheure Menge gleichartig agierender Individuen verborgen halten. Den Ausdruck ‚Homer' führt Vico dabei auf das italienische *omèro* zurück, das im Griechischen ursprünglich ‚blind' bedeutet. ‚Homer' wird im Ausgang davon als Sammelname für alle Rhapsoden begriffen, die „als Blinde […] und als Arme ihr Leben dadurch fristen, daß sie in Griechenland von Stadt zu Stadt zogen, um die Dichtungen Homers vorzutragen, deren Verfasser sie selbst waren" (SN 878).

Vicos Interesse an Homer ist aber nicht nur philologischer Natur. Dass er ausgerechnet dem poetischen Charakter ‚Homer' ein eigenes Buch widmet, ist vielmehr auf seinen semiotischen Begriff von geschichtlicher Wirklichkeit zurückzuführen; also darauf, dass er die Geschichte als Text verstanden und den Prozess der Ideengeschichte mit der allmählichen Erzeugung einer ‚großen Erzählung' identifiziert hat. Die Epen Homers, die *Ilias* und die *Odyssee*, stellen in Vicos Augen nichts anderes als eben solche ‚großen Erzählungen' dar, welche die symbolische Substanz der Geistes- und Kulturgeschichte eines Volkes bilden. In solchen gigantischen Mythenkompendien konzentriert sich laut Vico das kulturelle Wissen und Selbstverständnis eines Volkes. Sie bilden das narrativ verdichtete Gewebe der mittels Phantasie ins Fiktionale übersetzten Lebenserfahrungen der Gesamtheit seiner Angehörigen. Über Jahrhunderte und verschiedene Epochen hinweg erschaffen und fortgeschrieben, stellen großangelegte Erzählungen wie jene Homers laut Vico das symbolische Gesamtprodukt der Geschichte eines Volkes dar, dessen Produktionszusammenhang vom Historiker rational aufzuklären ist (im Sinne von subtexterweiterter Textreproduktion). Nach Vicos Überzeugung verfügt jede Kultur am Ende ihrer poetischen (schöpferischen)

Geschichte über ein den homerischen Epen der Form sowie dem Inhalt nach vergleichbares narratives Konzentrat ihres Entwicklungsschicksals. Ob diese große Erzählung schriftlich fixiert oder, sprichwörtlich, in aller Munde ist, spielt dabei keine zentrale Rolle. Worauf es ankommt, ist der Leit- und Identifikationswert der Erzählung für die Kulturmitglieder selbst. Es kann kaum ein Zweifel daran bestehen, dass Vico die das Alte und das Neue Testament in diesem Kontext ebenfalls für eine den Epen Homers vergleichbare ‚große Erzählung' hält, in der unzählige Mythen und poetische Charaktere ganzer Völker und Kulturkreise zu einer narrativen Einheit zusammengefügt worden sind.

Zur Aufklärung der formalen Erzeugungsstruktur phantastischer Allgemeinbegriffe greift Vico explizit auf das *verum-factum*-Prinzip zurück, das dadurch in seiner konzeptionellen Doppelrolle als Real- und Erkenntnisprinzip der Geschichte bestätigt wird. Um es auf die frühgeschichtliche *forma mentis* applizieren zu können, spezifiziert Vico das *verum-factum*-Prinzip nochmals: „Und von dieser Natur der menschlichen Dinge blieb eine ewige Eigentümlichkeit, die von Tacitus mit dem edlen Ausdruck bezeichnet wird, daß zu Unrecht die erschrockenen Menschen ›fingunt simul creduntque‹ ›zugleich erfinden und daran glauben‹" (SN 376). Von I. Berlin stammt der Hinweis, dass Vico Tacitus an dieser Stelle falsch zitiert, und zwar nicht nur dem Wortlaut, sondern auch dem Sinn nach.[100] Die Bezugnahme auf Tacitus ist daher eher als Versuch Vicos zu werten, die eigene Theorie des Mythos durch Verweis auf eine mehr erfunden denn reale antike Denktradition zu autorisieren; wobei der Grund hierfür in Vicos Zyklentheorie der Geistesgeschichte liegt, derzufolge es für jede moderne Denkweise ein antikes Vorbild geben soll.

Der Historiker Tacitus, den Vico bereits in seiner *Autobiographie* neben Platon, Bacon und Grotius zu jenen vier Autoren zählt, die sein Denken am stärksten geprägt haben[101], gilt ihm in erster

[100] Vgl. Berlin, I., ‚Vico und das Ideal der Aufklärung', in: Ders., Wider das Geläufige. Aufsätze zur Ideengeschichte, Frankfurt/M. 1994, 207-218, 212.

[101] Vgl. Vico, G., *Autobiographie*, hg. v. V. Rüfner, Zürich 1948, 54f., 81f. Vicos Autobiographie ist eine Auftragsarbeit, die schon 1725, also rund zwanzig

Linie als Gewährsmann für eine rationale und realistische Form von Geschichtsschreibung, wie er sie auch in der *Neuen Wissenschaft* anstrebt. So manifestiert sich in der Formel *fingunt simul creduntque* eine distanziert-rationale Einstellung gegenüber dem mythischen Denken, die nicht auf eine Parteinahme mit ihm aus ist, sondern auf die rationale Aufklärung jener dafür charakteristischen Schöpfungslogik, die den archaischen Dichterpoeten selber gerade verborgen bleiben musste. Damit ist zugleich der Punkt benannt, in dem Vico über die positivistische Geschichtsschreibung des Tacitus hinausgeht. Denn im Unterschied zu Tacitus rechnet Vico zu den *facta bruta* der menschlichen Geschichte auch solche geistigen Prozeduren, die den Entstehungshintergrund der überlieferten Schriftdokumente bilden, ohne in den Quellen selber thematisiert werden zu können. Das führt, wie Fellmann feststellt, zu einer Erweiterung des Begriffs der geschichtlichen Quelle um die Dimension ihres geistigen Bildungshintergrundes, welche zwar oberflächlich gesehen an die Psychologisierung des Geschichtsverständnisses in der augustinischen Geschichtstheologie erinnert, von dieser jedoch klar zu unterscheiden ist.[102] Denn während Augustinus alle wesentlichen geschichtlichen Ereignisse im seelischen Innenleben der Menschen verortet[103], kehrt Vico den menschlichen Geist nach außen. Er deutet ihn als expressiv-schöpferisches Organ, das dem innerweltlichen Geschehen und damit auch den historischen Quellen seinen Stempel aufdrückt.

Jahre vor Vicos Tod, entstanden ist. Insofern kann durchaus bezweifelt werden kann, ob sie Vicos philosophische Haltungen sowie seinen geistigen Entwicklungsweg vollständig und adäquat wiedergibt (vgl. 8.1).

[102] Vgl. Fellmann, F., *Das Vico-Axiom: Der Mensch macht die Geschichte*, Freiburg/München 1976, 131ff.

[103] Vgl., Augustinus, *Vom Gottesstaat (De civitate dei)*, 2 Bde., Bd. 2, übers. v. W. Thimme, München ⁴1997, 210-214. Augustinus' Psychologisierung des Geschichtsbegriffs baut unmittelbar auf seine Gnadenlehre auf, die zu einer Deutung der Geschichte als einer Abfolge göttlicher Gnadenakte führt, die sich in der Rückwendung der seelischen Ausrichtung des Individuums vom Irdischen zum Göttlichen niederschlagen sollen. Zur augustinischen Gnadenlehre vgl. auch Augustinus, *Logik des Schreckens. Die Gnadenlehre von 397*, übers. v. W. Schäfer, hg. u. erklärt v. K. Flasch, Mainz ²1995.

Die Formel ‚Erfinden und zugleich daran glauben' repräsentiert für Vico das Grundmuster der Genese kulturproduktiver Selbsttäuschungen der Menschen und insofern gleichsam das schöpferische Betriebsgeheimnis der den Gang der Geschichte regulierenden menschlichen Phantasie. Eine genauere Analyse des Prinzips ‚*fingunt simul creduntque*' zeigt zunächst, dass Vico unter den hierbei angesprochenen Akten des ‚Erfindens' (*fingere*) keine bewussten Denkvollzüge oder Denkhandlungen versteht. Nur die Produkte ihrer geistigen Produktivität sollen den Mythenschöpfern bewusst werden, nicht jedoch deren Entstehungsprozess, der laut Vico unbewusst und insofern ‚hinter ihrem Rücken' stattfindet. Aus diesem Grund dürfen Vicos mythische Fiktionen auch nicht mit bewusst konstruierten ‚Als-ob-Fiktionen' im Sinne Vaihingers[104] verwechselt werden, die in der wissenschaftlichen Theoriebildung als heuristisches Instrument fungieren können. Auch darf das Vico'sche *fingere* nicht mit dem spontanen Ausdenken oder Entwerfen symbolischer Bestimmungen identifiziert werden, da die symbolschöpferischen Funktionen der Phantasie nach Vicos Auffassung stets auf die wahrgenommene Wirklichkeit bezogen bleiben. Aus diesem Grund schieben sich die vom poetischen Denken fingierten poetischen Zeichen auch nicht ‚zwischen' den erkennenden Menschen und die materielle Natur, sondern die materielle Natur selbst verwandelt sich kraft ihrer phantasieverstärkten Perzeption gemäß der oben explizierten Regeln in ein symbolisches Universum. Verene hat in diesem Zusammenhang sehr treffend von der ‚körperlichen Logik' der phantastischen Allgemeinbegriffe Vicos gesprochen.[105] Denn in der Tat ist es die ins Göttliche und Heroische überhöhte Welt der Körper, die laut Vico die ursprüngliche Daseinsform von Zeichen und Symbolen darstellt. Insofern erscheint es legitim, Vicos poetische Charaktere als Realfiktionen zu bezeichnen.

---

[104] Vgl. Vaihinger, H., *Die Philosophie des Als Ob*, Leipzig ⁴1920.

[105] Vgl. Verene, D. Ph., '*The Bodily Logic of Vico's Universali fantastici*', in: Trabant, J. (Hg.), *Vico und die Zeichen*, Tübingen 1995, 93-100.

Auch der zweite Pol der Konvertibilitätsrelation von Fingiertem und Geglaubtem, der des *credere* bzw. des *certum*, besitzt bei Vico einen quasi-realistischen Zuschnitt. Denn den Bezugspunkt des Glaubens an die Fiktionen des Geistes bildet die Welt und nicht etwa das Bewusstsein. Das bedeutet nicht nur, dass die phantasiegeschaffenen Mythen und Symboliken von ihren Urhebern nicht als Zeichen und damit als Produkte ihres eigenen Geistes verstanden werden können, sondern es bedeutet auch, dass der Ort, an dem diese Symboliken angesiedelt sind, die materielle Welt selber ist. Kurzum: Nach Vico ist der Glaube an Ideen *im* Geist ein philosophischer Irrglaube.[106] In seinen Augen erschöpft sich der menschliche Geist in expressiven Produktionen, deren Ergebnisse sich in den Perzeptionen der Gegenstände der materiellen Wirklichkeit niederschlagen. Das Denken hinterlässt laut Vico keine Spuren im Kopf oder im Geist, da es an den Dingen dieser Welt stattfindet, die je nach geistiger Verfassung des Denkenden auf unterschiedliche Weise wahrgenommen und begriffen werden.

In der Forschung wird häufig zu Recht auf Übereinstimmungen zwischen Vicos *ars critica* und der Mythentheorie Ernst Cassirers hingewiesen.[107] Cassirers Mythendeutung ist nachweislich von jener Vicos beeinflusst worden.[108] Mit Vico stimmt Cassirer vor allem bezüglich der Überzeugung überein, dass der Mythos

---

[106] Das ist als radikaler Bruch mit der neuzeitlichen Bewusstseinsphilosophie zu werten, für die das Repräsentationsdenken über den Gegensatz von Empirismus und Rationalismus hinweg verbindlich ist (vgl. 7.3).

[107] Vgl. Verene, D. Ph., 'Vico's Science of Imaginative Universals and the Philosophy Of Symbolic Forms', in: Tagliacozzo, G., Verene, D. Ph. (Hg.), Giambattista Vico's Science of Humanity, Baltimore/London 1976, 295-317; Cacciatore, G., 'Simbolo e storia tra Vico e Cassirer', in: Trabant, J. (Hg.), Vico und die Zeichen, Tübingen 1995, 257-269; Fellmann, F., 'Alles ist voller Götter. Philosophische Mythos-Theorien und ethnologische Erfahrung', in: Kämpf, H., Schott, R. (Hg.), Der Mensch als homo pictor? Die Kunst traditioneller Kulturen aus der Sicht von Philosophie und Ethnologie, Bonn 1995, 1-19.

[108] Vgl. Cassirer, E., *Philosophie der symbolischen Formen*, 3 Bde., Bd. 1, Darmstadt ⁶1973ff., 91f.; Vgl. Cassirer, E., *Versuch über den Menschen. Einführung in eine Philosophie der Kultur*, übers. v. R. Kaiser, Hamburg 1996, 51.

die geschichtlich erste Form des menschlichen Denkens bildet. Die zweite zentrale Gemeinsamkeit besteht darin, dass schon Vico die phantasiegeschaffenen Mythen als symbolische Formen auffasst, für die wesentlich ist, dass sie Medium und Gegenstand des archaischen Denkens zugleich bildet. Obwohl Cassirer im Kontrast zu Vico dazu neigt, symbolische Formen als geistige Gebilde *sui generis* zu betrachten[109], die von der materiellen Wirklichkeit abgetrennt werden können, stimmt er mit Vico doch darin überein, dass das mythische Weltbegreifen einen Denktypus repräsentiert, dem die Differenz von Subjekt und Objekt der Erkenntnis, von Zeichen und Sache, von Idee und Gegenstand unbekannt ist. Das ist zugleich der Kern dessen, was Cassirer als das „Gesetz der Konkreszenz oder Koinzidenz der Relationsglieder im mythischen Denken"[110] bezeichnet, und das Vico folglich der Sache nach vorweggenommen hat. Die Abspaltung des erkennenden Subjekts von seinen Erkenntnisobjekten ereignet sich laut Vico erst in den postmythischen, d.h. nachpoetischen oder nachschöpferischen Phasen der kognitiven Evolution, in denen der Geist (des Körpers) seine kulturkreative Vitalität verloren hat. Der Hiatus zwischen Geist und Natur (Geschichte), den der Geist feststellt,

---

[109] Cassirers Definition einer symbolischen Form lautet: „Unter einer ‚symbolischen Form' soll jede Energie des Geistes verstanden werden, durch welche ein konkreter Bedeutungsgehalt an ein konkretes sinnliches Zeichen geknüpft und diesem Zeichen innerlich zugeeignet wird" (Cassirer, E., *Wesen und Wirkung des Symbolbegriffs*, Darmstadt ⁶1977, 175). Diese Definition ist kaum zufriedenstellend. Nicht nur werden symbolische Formen durch symbolische Formen (sinnliche Zeichen) erläutert, sondern zudem wird ein Produkt (symbolische Form) mit einem Prozess (Energie des Geistes) identifiziert. An anderer Stelle schreibt Cassirer den symbolischen Formen zudem einen medialen Status zu, der mit Vicos Theorie schöpferischer Symbole unvereinbar ist: „So sehr hat er [der Mensch, T. K.] sich mit sprachlichen Formen […] mythischen Symbolen oder religiösen Riten umgeben, dass er nichts sehen oder erkennen kann, ohne daß sich dieses artifizielle Medium [die Symbole, T. K.] zwischen ihn und die Wirklichkeit schöbe" (Cassirer, E., *Versuch über den Menschen. Einführung in eine Philosophie der Kultur*, übers. v. R. Kaiser, Hamburg 1996, 50).

[110] Cassirer, E., *Philosophie der symbolischen Formen*, 3 Bde., Bd. 2, Darmstadt ⁶1973ff., 82.

den aber die Natur (die Geschichte) hervorbringt, ist für Vico insofern nichts, was die kulturelle Bildungsgeschichte der Menschheit ernsthaft belasten könnte.

Wenn Vico mythische Irrtümer und Fiktionen zur Grundlage der Ideengeschichte aufwertet, so geschieht dies aufgrund des Glaubens an eine tiefgreifende Ambivalenz im kognitiven Haushalt des Menschen. Heimisch, so Vico, kann sich der Mensch weder in einer Welt fühlen, die er von transhumanen, kausalen Prozessen determiniert weiß, welchen seine eigenen Erkenntnisleistungen ohnmächtig und bloß äußerlich gegenüberstehen, noch in einer konstruktiv erdachten Gegenwelt, deren Verfassung allein von den willkürlichen Setzungen seines Verstandes abhängt. Beide Welten erscheinen den Menschen zutiefst inhuman. Den kognitiven Bedürfnissen des Menschen entspräche am besten eine mythische Welt, die der Mensch von übermenschlichen Wesen bevölkert und beherrscht weiß, welche zwar mächtiger sind, die aber genauso handeln, fühlen und denken wie er selbst. Es sei diese Sehnsucht nach einer überhumanen und zugleich doch humanen Lebenswelt, die den Menschen als Kulturwesen auszeichne.

2.3 Die Stellung der *ars critica* im Mythendiskurs der Aufklärung

Entgegen einem geläufigen Vorurteil lässt sich das philosophische Denken im Zeitalter der Aufklärung nicht pauschal als ‚ungeschichtlich' qualifizieren. Ebenso wenig trifft es zu, dass das Aufklärungsdenken für vormoderne Denk- und Lebensformen blind gewesen ist. Im Zeitalter der Aufklärung steigt das Erkenntnisinteresse für fremde und untergegangene Kulturen vielmehr sprunghaft an.[111] Wie zum Beispiel der von Burke gegebene Über-

---

[111] Dies zeigt sich repräsentativ am Versuch Montesquieus, die Verfassung der eigenen Gegenwartskultur aus dem fiktiven Blickwinkel persischer Besucher zu beleuchten (vgl. Montesquieu, Ch. de, *Perserbriefe*, übers. v. J. v. Stackelberg, Frankfurt/M. 1988).

blick zeigt, entstehen ab dem 17. Jahrhundert so auch eine ganze Reihe neuer Mythentheorien.[112] Vicos *ars critica* ist also zunächst nur ein Theorieansatz unter vielen, wenn auch der vielleicht originellste und elaborierteste der Epoche. Um die ideengeschichtliche Originalität sowie den theorieimmanenten Stellenwert von Vicos historischer Mythologie klarer erfassen zu können, ist ein Vergleich zwischen Vicos Mythologie und zwei anderen Mythentheorien der Aufklärungsepoche sinnvoll: nämlich mit derjenigen Fontenelles und d'Holbachs. Beide Denker gehören verschiedenen Generationen der Aufklärungsbewegung an, wobei sich am gegenseitigen Verhältnis ihrer Denkansätze die Radikalisierung des Aufklärungsdenkens im 18. Jahrhundert verdeutlichen lässt. Vico steht in diesem Zusammenhang nicht nur zeitlich zwischen beiden, sondern auch seine Mythologie nimmt in systematischer Hinsicht eine Zwischenstellung zwischen jenen von d'Holbach und Fontenelle ein.

D'Holbach hat sich in zahlreichen religionsphilosophischen Schriften[113], aber auch in seinem philosophischen Hauptwerk *System der Natur* (*Systéme de la nature*) aus dem Jahre 1770 mit Mythos und Religion auseinandergesetzt. Nicht umsonst gilt d'Holbach heute als einer der Gründerväter des ideologiekritischen Denkens, gelangt er bei dieser Auseinandersetzung doch zu einer dezidiert kritischen Sichtweise.[114] Als Atheist und Materialist greift d'Holbach die schon ältere Priestertrugstheorie auf und entwickelt sie weiter. Im Kern besagt diese Theorie, dass die Ursprünge von Mythos und Religion in manipulativen Akten einer dem Volk geistig überlegenen Priesterkaste zu suchen sind, deren politische Funktion darin besteht, klassenherrschaftliche Sozialstrukturen zu legi-

---

[112] Burke, P., Vico. Philosoph, Historiker, Denker einer neuen Wissenschaft, Berlin 2001, 55ff.

[113] Vgl. etwa *Das entschleierte Christentum, Taschentheologie* sowie *Briefe an Eugénie*, in: d'Holbach, P. Th., *Religionskritische Schriften*, hg. v. M. Naumann, Schwerte/Ruhr o. J.

[114] Vgl. Lenk, K., *,Problemgeschichtliche Einleitung'*, in: Ders. (Hg.), *Ideologie. Ideologiekritik und Wissenssoziologie*, Frankfurt/M./New York ⁹1984, 13-49, 16ff.

timieren und so zu stabilisieren. Das Hauptanliegen des Religionskritikers d'Holbach besteht darin, die prinzipielle Haltlosigkeit religiöser Anschauungen durch den Nachweis ihrer auf dem Betrug der Machthaber gründenden Entstehungsgeschichte zu demonstrieren. D'Holbachs Position ist insofern radikaler als jene anderer Vertreter der Priestertrugstheorie, weil d'Holbach keinen Unterschied zwischen heidnischen Religionen und christlichen Religion macht. Die These vom universellen Betrug der Priester stellt gleichsam die kritische Kehrseite der sich im Zeitalter der Aufklärung ausbreitenden universalistischen Positionen in Anthropologie und Historiographie dar.

Innovativ und originell ist d'Holbachs Position vor allem deshalb, weil er Mythos und Religion als genuin gesellschaftspolitische Phänomene begreift, bei denen die Aufklärung ihrer sozialen Funktion zugleich Rückschlüsse über ihre Entstehungsgeschichte gestattet. Dass d'Holbach Mythos und Religion dabei als bewusst geschaffene Herrschaftsinstrumente interpretiert, entspricht dem für die Aufklärung typischen Bild vom Menschen als einem von Natur aus zur Ausübung instrumenteller Rationalität befähigten Wesen. Eine Machtposition in der politischen Welt sichert sich deshalb nach d'Holbach stets der Gerissene, der die Dummheit der großen Zahl geschickt auszunutzen weiß. D'Holbachs uneingeschränkt kritische Haltung gegenüber Mythos und Religion speist sich aus der Überzeugung, dass der Priestertrug den betrogenen Volksmassen stets zum Nachteil gereicht: „Wenn wir die Erfahrung zu Rate ziehen, so werden wir finden, daß wir die wirkliche Quelle jener Unmenge von Leiden, von denen die Menschheit überall heimgesucht wird, in jenen geheiligten Illusionen und Anschauungen zu suchen haben. Die Unkenntnis über die natürlichen Ursachen erzeugte die Götter; der Betrug der Priester machte sie zu Schreckbildern; ihre verhängnisvolle Idee verfolgte den Menschen, ohne ihn zu bessern […], stellte sich der Entwicklung seiner Vernunft entgegen und hinderte ihn daran, sein Glück zu suchen. Seine Ängste machten ihn zum Sklaven derer, die ihn unter dem Vorwand täuschten, sein Bestes zu wollen."[115]

Aufgrund der Verschränkung der ins Politische gewendeten Theorie vom Priestertrug mit der These von der Religion als Unglücksstifterin der Menschheit geht d'Holbachs Mythen- und Religionstheorie nahtlos in ein politisches Programm über, das auf die Bekämpfung des religiösen Aberglaubens und der sich auf ihn stützenden sozialen Herrschaftsordnung abzielt. Die Befreiung des Volkes von der Religion, so die Hoffnung d'Holbachs, zieht die Befreiung der Bürger von der politischen Willkür- und Gewaltherrschaft nach sich: „Die Völker kannten nicht die wirklichen Grundlagen der Autorität; sie wagten nicht, das Glück von den Königen zu fordern […]; sie glaubten, daß die als Götter verkleideten Herrscher durch ihre Geburt das Recht erhielten, über die übrigen Sterblichen zu befehlen, […] und daß sie nicht für die von ihnen ins Unglück gestürzten Menschen verantwortlich seien."[116] Gegen die religiöse Krankheit der Volksmassen, dem Inbegriff der „Seuche des Irrtums", hilft laut d'Holbach ein einfaches Heilmittel: nämlich „die Wahrheit, die man aus der Natur schöpfen muß."[117]

Eine andere und weitaus moderatere Sichtweise auf den Mythos hat rund einhundert Jahre vor d'Holbach Fontenelle entwickelt. Weit weniger radikal ist Fontenelles Position nicht nur deshalb, weil er scharf zwischen den Mythen der Heiden und der christlichen Religion unterscheidet, sondern auch deshalb, weil er die Bedeutung von Mythos und Religion im Unterschied zu d'Holbach nicht im politischen Kontext diskutiert. Genau wie d'Holbach hat sich auch Fontenelle in mehreren Schriften mit dem Ursprung mythisch-religiöser Anschauungen befasst. In seiner frühen *Geschichte der Orakel* (*Historie des oracles*) von 1686 greift er dabei ebenfalls auf die These vom Priestertrug zurück. In der 1724

---

[115] D' Holbach, P. Th., System der Natur oder von den Gesetzen der physischen und der moralischen Welt, übers. v. F.-G. Voigt, Berlin 1960, 250f.

[116] Ebd., 251.

[117] Ebd., 253.

publizierten Abhandlung *Über den Ursprung der Mythen* (*De l'origine des fables*) dagegen verlässt Fontenelle diesen Standpunkt und entwickelt eine neue Erklärung für den Ursprung der Mythen. Er etabliert diese neue Deutung des Mythos dabei in Abgrenzung sowohl zur Priestertrugstheorie als auch zur allegorischen Mythendeutung, die d'Holbach aus nachvollziehbaren Gründen schon gar nicht mehr in Betracht gezogen hatte. Gegen das vor allem von Bacon[118] in der frühen Neuzeit prominent vertretene allegorische Mythenverständnis, welches im Kern besagt, dass die archaischen Mythen der Völker als bewusst geschaffene Sinnbilder oder Metaphern zur Verbergung oder Ausschmückung rationaler Erkenntnisse (,geheimer Weisheiten') zu verstehen sind, führt Fontenelle das Argument ins Feld, dass diejenigen, „welche die Mythen geschaffen haben, gewiß keine Kenner der Moral oder der Physik gewesen" sind. Den Mythenschöpfern, so Fontenelle, ermangele es gerade an Vernunfteinsichten, die sie „mit erdichteten Bildern [hätten] verschleiern"[119] können. Von der Allegorese wie von der Theorie vom Priestertrug hebt sich Fontenelles Position folglich dadurch ab, dass er die Authentizität der mythischen Denkweise und ihrer symbolischen Ausdrucksformen unterstreicht: Ein „roher Geist" sei es gewesen, der „die Mythen gutgläubig erfand."[120]

Fontenelles Authentizitätsunterstellung resultiert primär aus seiner Beobachtung, dass das mythische Denken in der Vergangenheit omnipräsent gewesen und in primitiven Kulturen der Gegenwart nach wie vor lebendig sei. So behauptet er, dass es „eine erstaunliche Übereinstimmung gerade zwischen den Mythen der Amerikaner und jenen der Griechen gibt."[121] In dieser

---

[118] Vgl. Bacon, F., *Weisheit der Alten*, übers. v. M. Münkler, hg. v. Ph. Rippel, Frankfurt/M. 1991, 10ff.

[119] Fontenelle, B. de, Über den Ursprung der Mythen (De l'origine des fables), in: Ders., Philosophische Neuigkeiten für Leute von Welt und für Gelehrte. Ausgewählte Schriften, übers. v. U. Kunzmann, hg. v. H. Bergmann, Leipzig 1989, 228-242, 241.

[120] Ebd., 239.

[121] Ebd., 237.

Feststellung klingt die Denkfigur der Gleichzeitigkeit des Ungleichzeitigen an, derzufolge sich die Entwicklung verschiedener Kulturen zwar gleichförmig, aber nicht im selben Tempo vollzieht, so dass zu einem beliebigen Zeitpunkt Kulturen in jeweils unterschiedlichen Entwicklungsstadien anzutreffen sind. Die fortschrittlichere Kultur soll dabei der rückständigeren das Bild ihrer eigenen Zukunft zeigen, während umgekehrt die rückständigere Kultur der fortschrittlicheren ein Bild ihrer eigenen Vergangenheit vermittelt.[122]

Anders als d'Holbach spricht Fontenelle dem Mythos keine politische, sondern eine rein erkenntnismäßige Funktion zu. Er siedelt den Ursprung der Mythen im Bereich der Naturerfahrung und ihrer kognitiven Bewältigung an, wobei er sich an einem ähnlich szientistischen Menschenbild orientiert wie Pascal. Fontenelle deutet die Mythen nämlich als primitive Erklärungsversuche für die Naturerscheinungen: „Man findet ebenso bei den alten Chinesen jene Methode, die auch die alten Griechen hatten, daß sie nämlich Geschichten erfanden, um Naturerscheinungen zu erklären."[123] Aufgrund dieser Funktionsbestimmung leugnet Fontenelle die Existenz eines prinzipiellen Unterschieds zwischen Mythos und Naturwissenschaft und verschafft sich so eine Basis, um vorwissenschaftlichen Mythos und naturwissenschaftlichen Logos miteinander zu vergleichen. Im Vergleich zur Priestertrugstheorie führt diese Gegenüberstellung zwar zu einer Aufwertung des Mythos, da Fontenelle im Mythos den natürlichen Ausgangspunkt der naturwissenschaftlichen Theoriebildung sieht, gemessen am naturwissenschaftlichen Logos allerdings schneiden die Mythen erwartungsgemäß schlecht ab, da er diesen jede Erklärungskraft abspricht: „Suchen wir daher in den Mythen nichts an-

---

[122] Vgl. Nolte, P., ‚Gleichzeitigkeit des Ungleichzeitigen', in: Jordan, S. (Hg.), Lexikon Geschichtswissenschaft. Hundert Grundbegriffe, Stuttgart 2002, 134-137.

[123] Fontenelle, B. de, Über den Ursprung der Mythen (*De l'origine des fables*), in: Ders., Philosophische Neuigkeiten für Leute von Welt und für Gelehrte. Ausgewählte Schriften, übers. v. U. Kunzmann, hg. v. H. Bergmann, Leipzig 1989, 228-242, 238.

deres als die Geschichte der Irrtümer des menschlichen Geistes."[124]

Den wichtigsten Grund für die wesentliche Irrtümlichkeit der Mythen erkennt Fontenelle in den dort zum Tragen kommenden anthropomorphen Deutungsmustern der Naturerscheinungen, die gleichwohl als adäquater Ausdruck des denkökonomischen Prinzips der Erklärung des Unbekannten aus dem lebensweltlich Bekannten gewertet werden. Insofern stellt die Mythenbildung für Fontenelle eine natürliche Disposition des menschlichen Geistes dar, die immer dann aktualisiert wird, wenn Menschen mit noch unbekannten Naturphänomenen konfrontiert werden: „Gewöhnlich schreibt man den Ursprung der Mythen der lebhaften Phantasie der Orientalen zu; ich persönlich schreibe ihn der Unwissenheit der ersten Menschen zu. Versetzt ein Volk in die Polargegend; seine ersten Geschichten werden Mythen sein."[125] In der Mythentheorie Fontenelles kommt somit eine gewisse Vernunftskepsis zum Ausdruck; denn im Gegensatz zu anderen Aufklärern glaubt Fontenelle nicht an die Möglichkeit der Überwindung des Mythos durch den wissenschaftlichen Logos. Vielmehr geht er von der Persistenz mythisch-anthropomorpher Denkweisen aus, so dass das Verhältnis zwischen Mythos und Logos im Sinne eines dauerhaften Konfliktes aufgefasst werden muss. Entsprechend soll die erste Aufgabe der Vernunft in einer Selbstkritik ihrer Artikulationsformen bestehen, welche auf die Beseitigung der anthropomorphen Überreste des Mythos aus dem wissenschaftlichen Denken abzielt – auf dass sich die „echte Wissenschaft"[126] allmählich bilden und durchsetzen kann.

Vicos Mythentheorie steht systematisch zwischen den Ansätzen Fontenelles und d'Holbachs und überschreitet zugleich den Reflexionsrahmen, in dem beide Denker den Ursprung der Mythen thematisieren. Mit Fontenelle stimmt Vico vor allem in der Ablehnung der These vom Priestertrug überein; setzt diese

---

[124] Ebd., 242.

[125] Ebd., 237.

[126] Ebd., 242.

doch die Annahme einer schon in den Anfängen der Geschichte vorhandenen geistigen Elite voraus, was nach Vicos Überzeugung unhaltbar ist. Im Einklang mit Fontenelle unterstreicht daher auch Vico die Authentizität des mythischen Denkens. Den archaischen Volksmetaphysikern wird ein „klare[s] und reine[s] Herz" bescheinigt, das „weder schmutzig und befleckt von geistigem Hochmut oder der Niedrigkeit körperlicher Lüste" (SN 5) gewesen ist. Umgekehrt reflektiert Vico den Ursprung und die Bedeutung des Mythos, in Übereinstimmung mit d'Holbach, vor einem politischen Hintergrund. Dies bedeutet, dass Vico Fontenelles Deutung der Mythen als haltloser Erklärungsversuche von Naturerscheinungen ablehnt: Mythen sind für Vico eben keine prototypischen ‚Theorien der Natur', und die Naturphänomene sind somit für ihn auch keine ‚intentionalen Referenzobjekte' mythischen Erzählens.

Eine Kernaussage der *ars critica* Vicos lautet, dass die phantasiegeschaffenen Charaktere Transformationsmedien der Welterfahrung darstellen, die zur Umwandlung naturbezogener in politische Erfahrungen führen. Die Mythen erklären die Natur laut Vico gerade deshalb nicht, weil sie deren wahres Wesen verbergen. Der Mythos, so die These Vicos, lässt die Naturphänomene als bloße Naturphänomene verschwinden. Gerade die anthropomorphe Sichtweise der Wirklichkeit, in der Vico wie Fontenelle einen der Grundzüge mythischen Denkens erblickt, liefert dabei die Grundlage für die Transzendenz der Naturerfahrung ins Politische. In Form der mythischen Anthropomorphismen werde aus der Erfahrung der materiellen Wirklichkeit mehr herausgeholt als sachlich in ihr liegt. Wer dem blitzenden und donnernden Himmel die Lebendigkeit eines gigantischen Körpers ‚ansieht', der muss sich laut Vico zu dieser fiktiven Kraftgestalt bereits in ein politisches Verhältnis setzen. Im ‚Jupiter-Mythos' verliert der Himmel seine natürliche Unschuld als unbelebte Naturerscheinung; er wird zu einem Sender politischer Signale, denen gemäß sich die Menschen bereitwillig verhalten. Da Vico auch die körperlichen Lebensregungen der Menschen zur Natur zählt, wird der Mensch als ein Wesen begriffen, das zugleich Schöpfer und

Gegenstand der Überhöhung seiner Natur ins Göttliche bzw. Politische ist. So sollen die archaischen Völkergründer „alles, was sie sahen, sich vorstellten und sogar, was sie selbst taten" (SN 379) mittels Phantasie als Leistungen suprahumaner Lebewesen (Götter und Heroen) mit normativem Leitwert wiedererkannt haben.

Eine weitere zentrale Gemeinsamkeit zwischen Vicos und d'Holbachs Mythentheorie ist in der Nivellierung der Differenz zwischen (heidnischem) Mythos und (christlicher) Religion zu sehen. Da Vico die Bedeutung des Götterglaubens ähnlich wie d'Holbach aus sozialfunktionalistischer Perspektive beleuchtet, erscheinen ihm die Unterschiede zwischen den Mythen und den Religionen verschiedener Völker als weitgehend unerheblich. Worauf es unter diesem Gesichtspunkt ausschließlich ankommt, sind die „furchteinflößenden Gedanken an irgendeine Gottheit" (SN 338). Allerdings lässt Vico die Unterscheidung von Mythos und Religion nicht ganz fallen. Auf den ersten Blick scheint es sogar, als erfahre die augustinische Trennung von Welt- und Heilsgeschichte bei Vico eine Wiederbelebung in modifizierter Gestalt, und zwar in Form der Unterscheidung der Geschichte der heidnischen Völker von jener der Hebräer und der christlichen Völker. „Die hebräische Religion", so Vico, „wurde vom wahren Gott auf das Verbot der Weissagung gegründet, über das sich alle heidnischen Völker erhoben" (SN 167), so dass sich „die ganze Welt der alten Völker in Hebräer und heidnische Völker teilte" (SN 168).

Allerdings darf Vicos Differenzierung nicht im Sinne einer substantiellen Trennung, geschweige denn als Beleg für eine vermeintlich tief verwurzelte Religiosität Vicos gewertet werden.[127] Vielmehr handelt es sich um eine Binnendifferenzierung zwischen verschiedenen Typen von Mythen, die Vico am Leitfaden des Kriteriums ihrer historischen Überlebensfähigkeit bzw. Langlebigkeit trifft. Dass Vicos *ars critica* eine historische Mythologie darstellt, die über den Unterschied von Mythos und Religion hinausgreift, geht aus der Idee der *storia ideale eterna* ebenso klar her-

---

[127] Vgl. Vaughan, F., The Political Philosophy of Giambattista Vico, The Hague 1972, 33.

vor wie aus Vicos Theorie des Gemeinsinns (SN 142ff.) – sowie aus der Tatsache, dass Vico die heiligen Schriften der Juden und Christen im materialen Hauptteil seiner Schrift als ganz gewöhnliche Mythen behandelt, zu deren Dechiffrierung dieselben Techniken herangezogen werden wie zur Interpretation der heidnischen Mythen (vgl. SN 165; 527; 557; 585). Ähnlich wie zuvor schon Bossuet begründet Vico die historische Sonderstellung der jüdischen bzw. der christlichen Religion mit dem Verweis auf ihr vergleichsweise hohes Alter und ihre geschichtliche Kontinuität. So behauptet Vico, dass die Religion der Juden und Christen „die älteste von allen" (SN 9) sei.[128]

Im Unterschied zu Bossuet führt Vico diesen Sachverhalt jedoch nicht auf die Wirkung der göttlichen Vorsehung zurück, sondern gibt eine immanente Erklärung. Vor allem hebt er die spezifische Gottesvorstellung der Juden und Christen hervor. Als ein Volk, das sich schon frühzeitig auf die Schrift (Altes Testament) gegründet hat, haben die Hebräer eine politische Theologie erfunden, die den Gottesvorstellungen der Heiden durch ihre Unsinnlichkeit und Abstraktivität überlegen war. Während die Dichtergiganten der Heiden glaubten, „Körper seien Götter" (SN 9), die ihnen mit „gewissen sinnlichen Zeichen" (SN 366) Befehle erteilen, haben laut Vico die Dichtergiganten der Hebräer und Christen schon früh einen abstrakten Gottesbegriff entwickelt, der sie habe glauben lassen, sie seien „vom wahren Gott erleuchtet worden" (SN 350). Wie dem Werkkontext zu entnehmen ist, führt Vico die kognitive Überlegenheit der Phantasie der Hebräer auf die konkreten Lebensumstände dieses Volkes, insbesondere auf klimatische und geographische Faktoren zurück (vgl. SN 445).

Die Entsinnlichung der Gottesidee im Juden- und Christentum deutet Vico als den entscheidenden Faktor für die Langlebigkeit dieser Religionen. Dieser Umstand habe es ihnen sogar ermöglicht, die Demarkationslinie zwischen den verschiedenen Zyklen der Geschichte zu überwinden. Es ist diese Form der

---

[128] Bossuet, J.-B., Universal-Geschichte vom Anfange der Welt bis auf das Kaiserreich Karl's des Großen, Würzburg ²1832, Kap. XXVII u. XXX.

Zyklen übergreifenden Kontinuität von Juden- und Christentum, die Vico zum Kriterium ihrer Wahrheit aufwertet. Wenn die *Neue Wissenschaft* daher noch eine kurze Vorgeschichte zur Zeit vor dem ‚Naturzustand' enthält, die sich an das *Alte Testament* anlehnt, so stellt diese Vorgeschichte nichts anderes als das theoretische Pendant zur Schilderung des Geschichtsverlaufs nach dem Untergang des klassischen Altertums dar (*Fünftes Buch: Von der Wiederkehr der menschlichen Dinge beim Wiedererstehen der Völker*). Diesen Untergang interpretiert Vico als katastrophische Vollendung eines historischen Zyklus, die Juden- und Christentum nicht nur unbeschadet überstanden haben, sondern aus der sie sogar gestärkt hervorgegangen sind. ‚Adam' und seine Nachfahren, die Vico noch vor der Darstellung des Naturzustandes behandelt, werden als jene ersten Menschen vorgestellt, deren Existenz philologisch verbürgt ist. Es handelt sich bei diesen Menschen freilich nicht um von einem Schöpfergott erschaffene Wesen, sondern um die Überlebenden des vorherigen Kulturzyklus, von dem es ansonsten keine philologischen Zeugnisse mehr gibt und dessen Geschichte laut Vico folglich auch nicht erzählt werden kann. Vicos Diktum, dass „Gott Adam erschaffen" (SN 371) hat, muss deshalb im Sinne der immanenten Schöpfungslogik der Phantasie verstanden werden. Kraft der Idee Gottes habe sich Adam zu einem Kulturwesen entwickelt, und sei später wieder von ihm abgefallen, so dass sich der primitive Urzustand erneut hat ausbreiten können.

Auch wenn Vico, so wie später d'Holbach, die politische Bedeutung religiöser Ideen ins Zentrum seiner Theorie des Mythos stellt, und wenn er, ähnlich wie Fontenelle, die Authentizität bzw. die Notwendigkeit mythischer Vorstellungen zu Beginn jeder intellektuellen Bewältigung neuer Erfahrungen betont, so überschreitet die *ars critica* die Interpretationsansätze dieser beiden Denker doch prinzipiell, und zwar in zweifacher Hinsicht: Im Gegensatz zu u Fontenelle und d'Holbach begreift Vico Mythen (und Religion) *erstens* als genuin geschichtliche Phänomene. Das harmonisiert den Gegensatz von Mythos und Logos bzw. von Einbildungskraft und Vernunft und schließt aus, dass deren Verhältnis zueinander als fortwährender Konflikt gedeutet wird. Die Beziehung von Mythos und Logos ist laut Vico eine der entwicklungs-logischen Abfolge: „Die Phantasie ist umso kräftiger, je schwächer das Denkvermögen ist" (SN 185). Vico gelangt *zweitens* zu einer anderen Bewertung des Mythos als Fontenelle und d'Holbach, die mythische Anschauungen als wissenschaftlich bzw. politisch ver-hängnisvolle Irrtümer verstehen, sie also rein negativ bewerten. In scharfem Kontrast dazu beurteilt Vico Mythos und Religion durchweg positiv, was sogar deren wahrheitstheoretische Rehabi-litierung mit einschließt (vgl. 7.2).[129] Diese mythenaffirmative und damit für Neuzeit und Aufklärung gänzlich untypische Einstel-lung resultiert aus der Überzeugung, dass es falsch wäre, alles Leid des Menschengeschlechts mit d'Holbach auf Mythos, Reli-gion und Götterglaube abzuwälzen. In Wahrheit, so Vico, stellen die Mythen eine durch nichts zu ersetzende Quelle gesellschaftli-chen Lebens dar. So könne „ohne Ordnung (was soviel besagt wie: ohne Gott) die menschliche Gesellschaft auch nicht einmal einen Augenblick lang bestehen" (SN 1100). In dieser These wird der politische Konservatismus Vicos besonders deutlich. Dieser wird freilich dadurch sogleich wieder neutralisiert, also von normati-ven Unzumutbarkeiten befreit, dass Vico ihn auf ein geschichts-philosophisches Reflexionsniveau hebt – ihn also lediglich als heuristisches bzw. diagnostisches Instrument in Anschlag bringt.

---

[129] Zu diesem Aspekt der *Neuen Wissenschaft* vgl. Mali, J., *The Rehabilitation of Myth. Vico's New Science*, Cambridge 2002.

3. Die Geschichte der sozialen Welt: Philosophie der Autorität

3.1 Politische Poesie

Auch wenn Vico unter dem ‚Machen‘ der Geschichte vor allem das ingeniöse Hervorbringen von Symbolen oder Zeichen (‚poetische Allgemeinbegriffe‘) kraft menschlicher Phantasie versteht, beschränkt sich der Sinn von ‚facere‘ doch keineswegs auf eine „Geschichte der menschlichen Ideen" (SN 347).[130] Daneben versteht Vico unter dem ‚Machen‘ von Geschichte nämlich auch das Erschaffen einer politischen Welt (*mondo civile*) durch den Menschen. Daran lässt Vico'sche Grundsatz keinen Zweifel – besagt dieser doch wörtlich, dass „diese politische Welt sicherlich von den Menschen gemacht worden ist" (SN 331). Der Terminus ‚*facere*‘ fungiert bei Vico somit als soziologische bzw. sozialphilosophische Kategorie, unter die sämtliche Formen sozialer Kooperationspraxis fallen. Zur Frage der Bedeutungsgewichtung beider Dimensionen des geschichtskonstitutiven *facere* hat Vico sich unmissverständlich geäußert. Die Ideengeschichte bildet zwar einen der Hauptaspekte der *Neuen Wissenschaft*, doch gebührt der Sozial- oder Gesellschaftsgeschichte im Vergleich zu ihr eindeutig der Vorrang. Das erklärte Hauptziel der Vico'schen Geschichtsphilosophie besteht darin, zu zeigen, wie die Menschen „gerade auf ihren verschiedenen und entgegengesetzten Wegen durch ihren Vorteil selbst dahin gebracht wurden, als Menschen mit Ge-

---

[130] Das scheint auch das Hauptdefizit der ansonsten vorzüglichen Vico-Studie F. Fellmanns zu sein, der den Darstellungsschwerpunkt vor allem auf Vicos Theorie der Geistesgeschichte legt (vgl. Fellmann, F., *Das Vico-Axiom: Der Mensch macht die Geschichte*, Freiburg/München 1976, 72). Insofern ist die von marxistischer Seite geäußerte Kritik an Fellmanns Studie legitim (vgl. Dietzsch, S., *Rezension zu F. Fellmann* (1976), in: Deutsche Zeitschrift für Philosophie 10 (1978), 1324-1326). Diese jedoch schießt freilich dort übers Ziel hinaus, wo sie besagt, dass Fellmann das Vico-Axiom um seinen ‚emanzipatorischen Sinn‘ bringe. Denn, wie Fellmann überzeugend herausarbeitet: Diesen Sinn eröffnet bzw. impliziert das Vico-Axiom von sich aus gar nicht!

rechtigkeit zu leben, sich in Gesellschaft zu erhalten und auf diese Weise ihre gesellige Natur zu bestätigen" (SN 2).

Die Ambivalenz des *facere* wird zudem durch den Bedeutungsumfang des Geschichts- und Kulturbegriffs in Vicos Werk erhellt. Unter ‚Geschichte' bzw. ‚Kultur' werden im Kern die Einheit und der Zusammenhang von Ideen- und Sozialgeschichte verstanden. Diese Sichtweise wird bereits durch Vicos Naturzustandskonstruktion bestätigt, derzufolge für das Leben im Naturzustand das Fehlen von Sprache und von Gesellschaft gleichermaßen charakteristisch ist (vgl. SN 369). Im Anschluss an den Vergleich zwischen Vicos und d'Holbachs Mythentheorie (im Abschnitt zuvor) ist nun noch gezielter zu fragen, wie Vico Sozial- und Ideengeschichte miteinander verzahnt: Welche Verbindung soll es zwischen dem phantasiebestimmten Aufbau einer narrativen Ordnung aus Symbolen und dem Konstitutionsprozess der gesellschaftlichen Wirklichkeit, den Vico über die Etappen Ehe, Familie, Klassengesellschaft und Staat nachzeichnet, geben? Dass Vico Ideen- und Sozialgeschichte zusammenschließt, wird in der Literatur zwar zu Recht als sein besonderes Verdienst hervorgehoben.[131] Eine präzise Bestimmung des Verhältnisses zwischen Ideen- und Sozialgeschichte in Vicos Theorieentwurf bereitet dagegen Schwierigkeiten. Dies liegt vor allem daran, dass Vicos Darstellung der poetischen Zeitalter der Frühgeschichte am wissenschaftlichen Disziplinenkanon seiner Zeit orientiert ist. Daher werden etwa ‚Poetische Metaphysik', ‚Poetische Logik', ‚Poetische Moral', ‚Poetische Physik' oder ‚Poetische Astronomie' in jeweils eigenen Unterabschnitten behandelt, was einen Nachvollzug des von Vico behaupteten Zusammenhangs von archaischer Theorie und Praxis erschwert.

Freilich zeigt der Titel des zweiten Buchs, *Von der poetischen Weisheit,* dass es Vico durchaus um den Nachweis einer Verbindung zwischen mythischer Denk- und Lebensform geht. Schließlich bedient er sich hier der klassischen Kategorie der ‚Weisheit',

---

[131] Vgl. exemplarisch Hösle, V., Einleitung. Vico und die Idee der Kulturwissenschaft. Genese, Themen und Wirkungsgeschichte der ‚Scienza Nuova', in: Vico, G. B. (1990), Bd. 1, XXXI-CCXCIII, CCLXXVII.

worunter im Einklang mit der philosophischen Tradition jene spezifische Form des Wissens verstanden wird, die den Menschen zu tugendhaften und klugen Taten befähigt. Wie Vico in diesem Zusammenhang hervorhebt, stellen die ‚poetischen Allgemeinbegriffe' und ‚Mythen' der archaischen Völkergründer eine Form des Wissens dar, welche die Kluft zwischen Verstand (*nosse*) und Wille (*velle*) überbrückt und ein praktisches Können freisetzt (*posse*), das dem „Menschen diese beiden Teile" (SN 364) zu vollenden hilft. Im Gegensatz zu den oftmals elitären Weisheitslehren in Antike und neuzeitlichem Humanismus versteht Vico unter ‚Weisheit' kein philosophisches Ideal, sondern ein Faktum der Geschichte, das schon seit Urzeiten präsent ist: „Das sind die drei Arbeiten, die die große Dichtung zu leisten hat, nämlich erhabene Mythen zu finden, die dem Verständnis des Volkes zusagen, und im Übermaß zu erschüttern, damit sie das Ziel erreiche, das sie sich vorgesetzt hat, nämlich das Volk zu lehren, wie man tugendhaft handelt" (SN 376). Dieser Schritt vom Ideal zum Faktum der Weisheit gelingt Vico durch die Absenkung des mit Weisheitslehren üblicherweise verbundenen kognitiven Anforderungsprofils. Die Mythen, so Vico, vermitteln den archaischen Menschen ein erstes Wissen über das, was im Leben zu tun und zu lassen ist und wie den Mitmenschen verschiedener sozialer Sphären entgegengetreten werden muss. Besonders De Sanctis hebt diesen Aspekt der *Neuen Wissenschaft* hervor, indem er zeigt, dass für Vicos Geschichtsdenken der Glaube an die *sapienza volgare*, also an eine volkstümliche Allgemeinweisheit, wesentlich ist; wobei deren typische Repräsentanten eben nicht Philosophen, sondern Gesetzgeber und Sittenstifter sind.[132]

Der hier in Frage stehende Zusammenhang zwischen der Ideen- und der Sozialgeschichte Vicos erweist sich also als ein ganz direkter. Der geschichtliche Aufbau der symbolischen und der der sozialen Welt vollziehen sich gemäß der *Neuen Wissenschaft* buchstäblich in Form einer Koproduktion. Mit jedem neuen

---

[132] Vgl. De Sanctis, F., *Geschichte der italienischen Literatur*, 2 Bde., Bd. 2, Stuttgart 1943, 386.

‚phantastischen Allgemeinbegriff' konstituiert sich jeweils auch eine neue soziale Sitte. Die Vorstellung von der sukzessiven Produktion eines narrativen Symbolzusammenhangs wird von Vico folglich mit der Vorstellung eines sich parallel dazu vollziehenden Prozesses der Bildung und Ausdifferenzierung sozialer Organisationsformen und Praktiken verschränkt. Die von der menschlichen Phantasie erzeugten Mythen stellen laut Vico keine politisch neutralen symbolischen Formen dar, sondern werden als konkrete politische Normen (Gebote, Verbote) sowie als Vorbilder interpretiert, welche Verhalten und Zusammenleben der Menschen naturwüchsig organisieren. So lässt sich auch der Charakter von Vicos „Geschichte der menschlichen Ideen" (SN 368) präzisieren. Es handelt sich dabei um eine Geschichte sittlicher Ideen, die den gesellschaftlichen Verkehr der Menschen wirksam regulieren. Um die sozialregulative Kraft der Mythen zu unterstreichen, verwendet Vico in diesem Zusammenhang den Terminus *certum* (das Gewisse) anstelle von *verum* (das Wahre) (vgl. SN 137).

Vicos Kulturentstehungstheorie legt den hier behaupteten Zusammenhang zwischen der symbolischen und der sozialen Produktivität der menschlichen Phantasie exemplarisch dar. Um die Verknüpfung beider Aspekte zu erkennen, ist es erforderlich, den ersten (*Poetische Metaphysik*) und den dritten Abschnitt (*Poetische Moral*) des zweiten Buchs der *Neuen Wissenschaft* im Zusammenhang zu betrachten. Vicos Kulturentstehungstheorie ist zweidimensional angelegt: die Überwindung des Naturzustands und der damit verbundene Eintritt der Menschen in die Kulturgeschichte werden als integraler Vorgang verstanden, bei dem mit der Schöpfung des ersten sinnlichen Gottessymbols zugleich die Sitte des sesshaften Lebens entsteht (vgl. SN 504). Dem ideellen Halt, den die Menschen am Zeichen der ersten Himmelsgottheit (‚Jupiter') finden, entspricht nach Vico damit der praktische Halt, wie er sich in der Sitte der Sesshaftigkeit manifestiert. Als erste phantasieerschaffene Gottheit soll der Himmelsgott ‚Jupiter' sein gewaltiges Veto gegen das „tierische Umherirren durch den großen Wald der Erde" (SN 369) eingelegt haben. Tief beeindruckt vom erstmals als lebendige Macht wahrgenommenen Himmel haben die archaischen Pioniere der Kulturgeschichte ‚Jupiter' den Titel „›Stator‹ oder ›Anhalter‹" (SN 379) verliehen; wobei das ‚Anhalten' der tierischen Motilität des Menschen zugleich jene soziale Norm darstellen, über deren Einhaltung ‚Jupiter' beständig wacht. Derart an den Grund von Höhlen festgekettet (SN 504), so Vico, übten sich die Völkergründer in der ersten Tugend jeder Kultur, nämlich: „verborgen und sesshaft" (SN 504) zu leben. In Analogie hierzu repräsentieren auch alle anderen Gottheiten und Heroen der Kultur, deren Genese Vico untersucht, unwiderstehliche Mächte, die den Menschen bestimmte Gebote und Verbote auferlegen, ihnen also die Regeln ihres Lebens und Zusammenlebens diktieren.

Dieses Beispiel der geschichtlichen Anfänge zeigt, dass die „Philosophie der Autorität", die Vico als einen der „Hauptgesichtspunkt[e]" (SN 350) der *Neuen Wissenschaft* bezeichnet, das entscheidende, zwischen Ideen- und Sozialgeschichte vermittelnde Theorieglied bildet. Es handelt sich hierbei jedoch um kein im eigentlichen Sinne neues Theorieelement, sondern lediglich um einen neuen Blickwinkel, aus dem Vico die Geschichte der mythischen Zeichenproduktion betrachtet. Denn die ‚Autoritäten', von denen er spricht, sind eben die ‚poetischen Charaktere und Allgemeinbegriffe' (Götter und Heroen) selber, deren Bildungstheorie bereits im vorangegangenen Abschnitt beleuchtet wurde. Vicos These, dass die archaischen Völkergründer „die Formen und Eigenschaften nicht von den Subjekten zu abstrahieren vermochten" (SN 410), gewinnt aus der Perspektive der Philosophie der Autorität den neuen Sinn einer behaupteten Einheit von sittlicher Autorität und sozialer Norm, von Verhaltensvorschrift und personaler Schöpfungs- und Sanktionsgewalt dieser Vorschrift.

Von beachtlichem Realismus zeugt in diesem Zusammenhang Vicos Überlegung, dass der letzte Grund für die Anerkennung gesellschaftlicher Autoritäten einzig im Glauben an ihre physische Überlegenheit besteht. Der Himmel bietet sich nach Vico vor allem deshalb als Projektionsfläche illusorischer Autoritätszuschreibungen an, weil er seine höhere Gewalt gegenüber den Menschen in Form von Blitz und Donner sinnlich anzeigt. Es ist diese anschaulich evidente Machtasymmetrie zwischen Mensch und Himmel, auf die Vico die unwiderstehliche Autorität jeder Himmelsgottheit zurückführt.

Insofern wird ersichtlich, dass Vico unter ‚Weisheit' im Kern die ‚freiwillige' Unterwerfung der Menschen unter die fiktiven sittlichen Vorschriften jener imaginären Autoritäten versteht, die sie mittels Phantasie selber geschaffen haben. Die geschichtlichen Protagonisten treten bei Vico folglich als Täter und als Opfer der von ihnen hervorgebrachten Realfiktionen in Erscheinung. Die emotionale Grundlage der menschlichen Autoritätshörigkeit erkennt Vico dabei in der Furcht. In Anlehnung an Lukrez stellt er fest, dass „die Furcht das gewesen ist, was in der Welt die Götter ersonnen hat" (SN 382). Eine der Pointen der *ars critica* besteht jedoch darin, dass die Furcht nicht bloß als Ursache, sondern zugleich als Effekt der archaischen Mythendichtung begriffen wird. Das Fingieren von Gottheiten und Heroen erlöst die Menschen laut Vico nicht von ihrer Furcht vor den Geschehnissen in der Welt. Es verschiebt lediglich die intentionale Bezugsgröße der Furcht – und zwar weg von den Gegenständen der Natur und hin zu jenen menschenähnlichen Gestalten, in die die Phantasie die Natur verwandelt. Diese Form der Furchtübertragung führt gleichermaßen zu deren Konkretisierung wie Reproduktion. Die Menschen wissen nun, was sie vom personifizierten Himmel zu erwarten haben, je nach dem, ob sie dessen Gebote befolgen oder übertreten. Bestätigt wird diese Sichtweise durch Vicos Diktum, dass ‚Religion' eigentlich nichts anderes als „Furcht vor der Gottheit bedeutet" (SN 503). Eine solche Furcht ist laut Vico im Kulturleben der Menschen ständig präsent. Aufgrund dieser Auffassung ist in Vicos Mythentheorie die in zahlreichen Mythentheorien der Folgezeit getroffene Unterscheidung zwischen Profanität und Sakralität ebenso wenig anzutreffen wie die Betonung der Magie als vermeintlichem Kern mythischer Lebenspraxis.[133]

---

[133] Hierin liegt ein Unterschied zwischen Vicos Ansatz und den Theorien der religiösen bzw. der mythischen Erfahrung von Rudolf Otto und Mircea Eliade, die beide auf dem Gegensatz zwischen numinoser Erfahrung (Otto) oder

Deutlich kontrastiert Vicos Theorie des Mythos darüber hinaus mit den Religionstheorien von Freud und Feuerbach, die mythische und religiöse Vorstellungen als Projektionen menschlicher Selbstbilder oder Wünsche auffassen. Mit Feuerbach etwa teilt Vico zwar die Auffassung, dass „das Geheimnis der Theologie die Anthropologie ist."[134] Im Gegensatz aber zu Feuerbach, der die Gottesvorstellung des Christentums aus einem „inneren Leben"[135] des Menschen ableitet, das sich ins Verhältnis zum eigenen Gattungswesen setzt, betont Vico gerade den Immanenzcharakter mythischer und religiöser Anschauungen. Weil sie den schon gemachten lebenspraktischen Erfahrungen der Menschen entspringen, sedimentieren sich in den Mythen nur solche normativen Gehalte, deren Lebbarkeit längst außer Frage steht. Vicos genetische Theorie der Religion unterscheidet sich von späteren Projektionstheorien der Religion also vor allem darin, dass in ihr die Idee der verhaltenssteuernden Rückwirkung der fiktionalen Produkte auf ihre menschlichen Produzenten eine maßgebliche Rolle spielt. Und zwar sei der Modus dieser Rückwirkung das schlichte ‚Und-so-weiter' – ein Lebensmodus also, dem jedes kontrafaktische Profil (Wünsche, Ideal des Gattungswesens) fehlt (vgl. 4.1).

Die politische Sinngewichtung der Mythentheorie Vicos stellt schließlich auch ein wichtiges Abgrenzungsmerkmal zur Mythenauffassung Cassirers dar. Zwar können Vicos ‚phantastische Allgemeinbegriffe' durchaus als symbolische Formen im Sinne Cassirers verstanden werden. Im Unterschied zu Vico ge-

---

Hierophanie (Eliade) und profaner Alltagserfahrung aufbauen. Vgl. Otto, R., *Das Heilige. Über das Irrationale in der Idee des Göttlichen und sein Verhältnis zum Rationalen*, München 2004; Eliade, M., *Das Heilige und das Profane. Vom Wesen des Religiösen*, Frankfurt/M./Leipzig 1998. Entscheidend ist, dass die Differenz von Heiligkeit bzw. Numinosität und Alltäglichkeit von beiden Autoren so gedeutet wird, als sei sie im archaisch-mythischen Leben bereits angelegt. Vico hingegen erweitert die Erfahrung des Numinosen um den Bezirk der Alltagspraxis, wobei er gleichzeitig den Intensitätswert dieser Erfahrung auf ein alltagskompatibles Normalniveau zurückschraubt.

[134] Feuerbach, L., *Das Wesen des Christentums*, hg. v. W. Schuffenhauer, Berlin 1973, 7.

[135] Ebd., 29.

lingt es Cassirer jedoch nicht, den Zusammenhang zwischen mythischem Denken und mythischem Leben befriedigend zu erhellen. Cassirer begreift die Mythen letztlich als vom konkreten Alltagsverhalten der Menschen abgehobene Sinngebilde, während Vico sie als normative Regulierungsinstanzen auffasst, die dem Gemeinschaftsleben der Menschen Form und Richtung verleihen.

Vicos Betonung der sozialregulativen Funktion des poetischen Denkens stimmt indes mit der funktionalistischen Kulturtheorie Malinowskis überein, in welcher das Hauptaugenmerk ebenfalls auf die kognitiven Mechanismen der Institutionalisierung sozialer Praktiken in archaischen Kulturen gelegt wird. Freilich herrscht in Malinowskis funktionalistischer Theorie im Hinblick auf die Genese sozialer Institutionen ein utilitaristisches Erklärungsmuster vor, das mit Vicos These von der vorbewussten Institutionalisierung nützlicher Kooperationsformen kraft phantasiegeschaffener Mythen kaum vereinbar ist. Laut Malinowski besitzen mythische Vorstellungen lediglich den Status von Ergänzungen des „empirisch rationalen Systems des Denkens"[136], das seinerseits als kulturanthropologische Konstante begriffen wird.

Unter Berücksichtigung dieser Gemeinsamkeiten und Unterschiede lässt sich Vicos Theorie der poetischen Sozial- und Geistesgeschichte als Synthese der Positionen von Cassirer und Malinowski verstehen. Wie Cassirer stellt auch Vico mit Blick auf die Frühphasen der Kulturgeschichte eine Omnipräsenz genuin mythischer Formen der symbolischen Wirklichkeitsbewältigung fest. Und im Einklang mit Malinowski rückt er dabei die sozialkonstitutive Bedeutung der archaischen Glaubenssysteme in den Mittelpunkt.

Dennoch greift es zu kurz, das von Vico hervorgehobene Abhängigkeitsverhältnis zwischen archaischem Denktypus und archaischen Gesellschaftsstrukturen lediglich im Sinne einer strukturellen Übereinstimmung zu interpretieren. Eine solche Ansicht vertritt etwa Verene, der in seiner Studie davon spricht, dass die

---

[136] Malinowski, B., *Eine wissenschaftliche Theorie der Kultur*, Frankfurt/M. ²2005, 42.

„Beziehungen zwischen gesellschaftlichen Bedingungen und Denkformen [bei Vico] eher struktureller als kausaler Natur [sind]".[137] Dagegen ist einzuwenden, dass Vico die Beziehung zwischen Denkformen und politischen Praktiken sehr wohl im Sinne der Kausalrelation begreift. Bei Vico verhalten sich die mythischen Fiktionen zur gelebten Sittlichkeit im Grunde wie Ursachen zu Wirkungen. Insofern setzt er voraus, dass das kollektive Bewusstsein der Menschen ihr soziales Sein bestimmt: „[D]enn durch die Mythen wurden die heidnischen Völker überall auf die Religion gegründet. [Das] zweite war die große Wirkung, die daraus hervorging, nämlich diese politische Welt" (SN 362). Der hier gebrauchte Ausdruck ‚Wirkung' ist ernst zu nehmen – entspricht er doch der Überzeugung Vicos, dass die Vorschriften fiktiver Autoritäten aufgrund ihrer Verknüpfung mit dem Affekt der Furcht auf das menschliche Verhalten ähnlich stark einwirken wie materielle Naturprozesse (vgl. SN 322).

Die Betonung des autoaffektiven Zwangscharakters poetischer Gewissheiten hat insbesondere Auswirkungen auf Vicos Verständnis von menschlicher Freiheit, in deren Herausbildung er ein nicht-intendiertes Nebenprodukt der begriffs- und sozialschöpferischen Tätigkeiten der archaischen Menschen erblickt. Vicos Behauptung der Freiheit des Kulturmenschen ist mit seinem deterministischen Geschichtsbild insofern zwanglos vereinbar, als sich dieses Freiheitsverständnis deutlich von den idealistischen Konzepten der Willens-, Entscheidungs- oder Handlungsfreiheit unterscheidet. Im Anschluss an seine frühe *conatus*-Lehre aus dem *Liber metaphysicus* identifiziert Vico ‚Freiheit' mit der Fähigkeit der Menschen, ihren „Körpern einen Impuls" zu geben, dessen Quelle die „furchteinflößenden Gedanken an irgendeine Gottheit" (SN 340) bilden. Die Pointe dieses Freiheitsbegriffs besteht darin, dass Vico den aus phantasieerschaffenen Symbolen entspringenden *conatus* als kulturwüchsigen Gegenimpuls zum rein triebhaften *conatus* im Naturzustand der „zügellosen tierischen Freiheit" (SN 338) begreift. Letzterer soll rein dissoziativ wirken, so dass sich die

---

[137] Verene, D. Ph., *Vicos Wissenschaft der Imagination*, München 1987, 65.

Menschen „in alle Richtungen" (SN 369) zerstreuen. Ersterer hingegen wird als assoziationsfördernde Gegenkraft verstanden, die, vermittelt durch die Hemmung tierischer Begierden, dem Menschen jenes Maß an Selbstbeherrschung verleiht, das für ein dauerhaftes Zusammenleben mit anderen Menschen notwendig ist. Indem Vico die Kompetenz des Menschen, die eigenen sinnlichen Leidenschaften und Triebe kraft Furcht einflößender Zeichen „im Zaum zu halten" oder in eine „andere Richtung" (SN 340) zu lenken, zur volitionalen Bedingung des gesellschaftlichen Miteinanders erklärt, bekommt sein Freiheitsbegriff eine sozialphilosophische Bedeutung; denn menschliche Freiheit wird als Ursache und Folge gesellschaftlicher Praxis begreifbar. Nüchtern und in diachroner Hinsicht betrachtet, lässt sich dieses von Vico mit dem Zugewinn an ‚Freiheit' verbundene Spiel der Kräfte als sukzessive Ersetzung der Innensteuerung menschlichen Verhaltens (Triebe) durch dessen fiktional-perzeptive Außensteuerung (geschaffene Symbole) interpretieren. Insofern ähneln Vicos phantasiegeschaffene Symbole den heutigen Verkehrszeichen, deren Weisungen entgegen der individuellen Triebe der Verkehrsteilnehmer zur Vermeidung lebensschädigender Zusammenstöße zu befolgen sind. Insbesondere soll der archaische Mensch den Zusammenstoß mit ‚Jupiter' vermeiden, was ihm jedoch nur durch Befolgung seiner Sesshaftigkeitssignale gelingen kann.

Im Unterschied etwa zu Kants Deutung von Freiheit als Autonomie ist Vicos Freiheitsverständnis dialektisch angelegt und schließt auch den Aspekt der Heteronomie ein. Denn wie sich zeigt, setzt Vico ‚Freiheit' im Gegensatz zu Kant keinesfalls mit bewusster und gewollter Selbstgesetzgebung gleich, sondern mit der menschlichen Kompetenz, das eigene Verhalten von gewissen, der Außenwelt schöpferisch abgeschauten Leitzeichen und Vorbildern bestimmt sein zu lassen. Zwar ist auch dies eine Art Selbstgesetzgebung, da der Mensch als Urheber seiner eigenen Lebensnormen auftritt. Doch handelt es sich hierbei um ein naturwüchsiges und insofern heteronomes Verfahren der Selbstgesetzgebung, da es sich ‚hinter dem Rücken' der Menschen abspielt, also nicht unter ihrer bewussten Kontrolle steht. Den Geschichtsprozess als ganzen interpretiert Vico im Sinne einer Bildungsgeschichte der Freiheit, in deren Verlauf sich die Menschen mittels selbsterschaffener Fiktionen in ein Gewebe normativer Leitsymbole einspinnen, kraft derer sie die Kontrollmacht über die sozialen Bewegungen ihrer Körper sukzessiv erweitern. Sofern die Menschen ihr Verhalten mit den selbsterschaffenen Leitzeichen des gesellschaftlichen Verkehrs in Übereinstimmung zu bringen vermögen, gibt es für Vico keinen triftigen Grund, ihnen Freiheit im emphatischen Sinn abzusprechen. Zwar sind sie nicht ‚frei' im Sinne der absoluter Wahl- und Entscheidungsfreiheit, wohl aber ‚frei' im Sinne eines Konzepts bedingter Freiheit, demzufolge das entscheidende Freiheitskriterium in der Fähigkeit besteht, die Übereinstimmung von sittlicher Überzeugung und faktischem Verhalten selbst herbeiführen zu können. Vicos Freiheitsbegriff ist somit positiv und relational. ‚Freiheit' erschöpft sich nicht in der Abwesenheit äußerer Hindernisse oder Zwänge (‚negative Freiheit'), wie etwa Hobbes behauptet.[138] Vielmehr besteht ihr Kern darin, das persönliche Leben im Einklang mit den epochenspezifischen Werten und Normen der Gemeinschaft zu gestalten, also am Leitfaden jenes Gewebes aus Realfiktionen, an dem sich die übrigen Gesellschaftsmitglieder in ihrem Handeln ebenfalls orientieren.

Eine wichtige Implikation dieses Freiheitsverständnisses besteht in der Relativierung der menschlichen Verantwortung für die Geschehnisse der Geschichte. Im ethischen Sinne zu verantworten haben die Menschen nach Vicos Dafürhalten nur das schuldhafte Zurückbleiben ihres Lebenswandels hinter den anerkannten Sittlichkeitsstandards. Eine völlige ethische Verantwortung der Menschen für ihre geschichtlichen Taten bestreitet Vico jedoch, da weder einzelne Individuen noch Kollektive die Verfügungs- und Kontrollgewalt über den Gesamtprozess der Konsti-

---

[138] „Die Freiheit ist [...] nichts anderes als die Abwesenheit von allem, was die Bewegung hindert" (Hobbes, Th., *Elemente der Philosophie II, III. Vom Menschen, Vom Bürger*, übers. v. M. Frischeisen-Köhler, hg. v. G. Gawlick, Hamburg ³1994, 170).

tution und des Wandels sozialer Sittlichkeitsstandards ausüben könnten.

Ohne Zweifel ist Vico ein dezidiert politischer Denker. Er steht in der Tradition jener großen Sozialphilosophen von Platon und Aristoteles über Grotius und Pufendorf bis hin zu Machiavelli, Hobbes und Spinoza, die ihre intellektuellen Energien der Klärung der sozialphilosophischen Grundsatzfrage nach den konstitutiven Bedingungen menschlichen Zusammenlebens gewidmet haben. Wie sich gezeigt hat, besteht Vicos Antwort auf diese Frage in der Behauptung einer sozialschöpferischen Kraft kollektiver Mythen. Anders als in der Gegenwartsphilosophie, in der Sprache, Symbole und alogisches Denken zu Modethemen avanciert sind, interessiert Vico sich für Phantasie, Mythos und Sprache nur insoweit, als er darin unersetzbare Medien der menschlichen Vergesellschaftung erkennt. Vicos *ars critica* stellt daher im Kern eine Theorie des sozialen oder politischen Mythos dar, welche auf die Klärung der Frage nach den Entstehungs- und Erhaltungsbedingungen von Recht und Sittlichkeit abzielt. Zwar haben zahlreiche Interpreten der *Neuen Wissenschaft* Vicos genetische Sozial- und Rechtsphilosophie ins Zentrum ihrer Darstellung gerückt und damit die politische Dimension der Vico'schen Geschichtsphilosophie klar herausgestellt.[139]

Aber nur wenige Interpreten – darunter etwa Sorel, Witzenmann und Fellmann[140] – haben den in der Theorie des politischen

---

[139] So etwa Adler, M., *'Die Bedeutung Vicos für die Entwicklung des soziologischen Denkens'*, in: Archiv für die Geschichte des Sozialismus und der Arbeiterbewegung 14 (1929), hg. v. C. Grünberg, 280-304; Agnoli, J., *Giambattista Vicos Philosophie des Rechts*, Tübingen 1956; Ringguth, R., *Philologie als Philosophie und die philosophische Bedeutung der Jurisprudenz bei G. B. Vico*, München 1953; Viehweg, Th., *Topik und Jurisprudenz*, München ⁵1974; Visser, R., *Leibniz und Vico. Das Verhältnis beider Denker und die Bedeutung der Philosophie des Rechts für die Geschichte des Geistes*, Mainz 1954.

[140] Vgl. Sorel, G., *'Was man von Vico lernt'*, in: Sozialistische Monatshefte. Internationale Revue des Sozialismus 2 (1898), 270-272; Sorel, G., *The Illusions of Progress*, transl. by J. and Ch. Stanley, Berkeley/Los Angeles 1969; Sorel, G., *Über die Gewalt*, übers. v. L. Oppenheimer, Frankfurt/M. 1981. Vgl. Witzenmann, W., *Politischer Aktivismus und sozialer Mythos. Giambattista Vico und die*

Mythos gelegenen Konvergenzpunkt, der bei Vico Geistes- und Sozialgeschichte zusammenhält, klar erkannt. Vor allem auf Sorel hat Vico in dieser Hinsicht stark gewirkt. So ist Sorels „Mythos des Generalstreiks"[141], durch den die kapitalistische Akkumulationsmaschinerie zum Stillstand gebracht, der Arbeiterklasse zur Macht verholfen und so die moralische Erneuerung der Gesellschaft initiiert werden soll, unverkennbar eine Adaptation des ‚Jupiter-Mythos' aus Vicos Kulturentstehungstheorie.

Wie rigoros und vielleicht auch einseitig Vicos Geschichtsphilosophie auf die politische Bedeutung und die soziale Funktion des Mythos zugeschnitten ist, lässt sich besonders gut an seinem Umgang mit solchen Vorstellungen zeigen, die gemeinhin eher den Bereichen der Kunst oder der Wissenschaft zugeordnet werden. Die Göttin ‚Venus' beispielsweise, die der römische Dichterphilosoph Lukrez so galant als Sinnbild der Schönheit der Natur besingt[142], wird bei Vico als poetischer Charakter aus der Epoche der Heroen interpretiert, welcher die politische Schönheit der Adligen, d.h. ihre Vorrechte und Privilegien, zum Ausdruck bringt. In ‚Venus' finde allein die „Schönheit der Tugend" (SN 565) Ausdruck; und nicht etwa die der Natur im Allgemeinen oder die der menschlichen Gestalt im Besonderen. Ein derartiger politischer Bedeutungsreduktionismus verschafft sich nun auch im Kontext der Vico'schen Genealogie zentraler naturwissenschaftlicher Kategorien Geltung. Die „poetische Physik" (SN 687-709) der archaischen Epochen stellt für Vico ein Sammelsurium von auf die außermenschliche Natur übertragenen politischen Realfiktionen dar. So ist etwa die naturphilosophische Idee des

---

Lehre des Faschismus, Berlin 1935, 9. Vgl. Fellmann, F., ‚Mythos in Institutionen: Vico und Sorel', in: Rothfuß, J., Hoffmeister, E., Koch, H. E. (Hg.), Konstanten für Wirtschaft und Gesellschaft. Festschrift für Walter Witzenmann, Konstanz 1988, 209-227.

[141] Vgl. Sorel, G., *Über die Gewalt*, übers. v. L. Oppenheimer, Frankfurt/M. 1981, 44. Freilich vertritt Sorel einen Voluntarismus der Mythenschöpfung, während sich laut Vico politische Mythen gerade nicht rational konstruieren lassen.

[142] Vgl. Lukrez, *Vom Wesen des Weltalls*, übers. u. hg. v. D. Ebener, Berlin/Weimar 1994, Kap. 1.

Chaos eine Metapher, deren politisches Urmuster die anarchische „Vermischung der menschlichen Samen im Zustand der schändlichen Weibergemeinschaft" (SN 688) im Naturzustand bildet.

Darin, dass Vico die Furcht vor der Autorität zur affektiven Grundlage des menschlichen Zusammenlebens erklärt, besteht eine wesentliche Übereinstimmung seiner Sozialphilosophie mit der politischen Philosophie von Hobbes.[143] Auch wenn die *Neue Wissenschaft* insgesamt eher einen Gegenentwurf zur (kontraktualistischen) Soziallehre von Hobbes darstellt (vgl. 4.3; 8.2), zeigt sich Vicos Geschichtsphilosophie dennoch stark von Hobbes beeinflusst.[144] Angefangen beim *verum-factum*-Prinzip und der kausalgenetischen Rekonstruktionsmethode (vgl. 1.1) über eine nüchterne Anthropologie der Selbsterhaltung bis hin zur politischen Theorie der Furcht und einer sozialfunktionalistischen Sichtweise auf die Religion (vgl. 4.3) findet man in Vicos *Neuer Wissenschaft* eine Reihe von Theorieelementen, die letztlich auf Hobbes zurückdeuten.

Im Grunde reicht dieser Einfluss sogar noch weiter als von den Vico-Interpreten bislang registriert. Er betrifft nämlich auch jenes zentrale Theoriestück der *Scienza Nuova*, das bislang noch am ehesten für eine originäre Leistung Vicos gehalten wurde. Gemeint ist das Theorem der poetischen Allgemeinbegriffe oder Charaktere als Kernstück von Vicos Theorie des sozialen Mythos. Dass Hobbes auch dafür ein wesentlicher Ideengeber war, offenbart ein Blick ins 15. Buch der Hobbes'schen Schrift *Vom Menschen* (1642), das mit „Vom fingierten Menschen"[145] überschrieben ist.

---

[143] „Die bloße Übereinstimmung […] zu einer Verbindung ohne Begründung einer gemeinsamen Macht, welche die einzelnen durch Furcht vor Strafe leitet, genügt daher nicht für die Sicherheit, welche zur Übung der natürlichen Gerechtigkeit nötig ist" (Hobbes, Th., *Elemente der Philosophie II, III. Vom Menschen, Vom Bürger*, übers. v. M. Frischeisen-Köhler, hg. v. G. Gawlick, Hamburg ³1994, 127).

[144] Vgl. Vaughan, F., The Political Philosophy of Giambattista Vico, The Hague 1972, 37f.

[145] Hobbes, Th., *Elemente der Philosophie II, III. Vom Menschen, Vom Bürger*, übers. v. M. Frischeisen-Köhler, hg. v. G. Gawlick, Hamburg ³1994, 53ff.

Hobbes vergleicht hier das bürgerliche Leben mit dem „Theater der Komödien- und Tragödienschauspieler"[146], um so die Notwendigkeit der Rechtsinstitution der ‚fingierten Person' zu begründen. Im Unterschied zum Rechtsbegriff der ‚natürlichen Person' zeichne sich derjenige der ‚fingierten Person' dadurch aus, dass hier einer bestimmten Person „Worte oder Handlungen [...] beigelegt werden", die nicht seine eigenen, sondern die „eines anderen"[147] sind.

In erster Linie zielt die Hobbes'sche Bestimmung der ‚fingierten Person' auf die Legitimierung rechtlicher Stellvertretungsverhältnisse, wie etwa jenem zwischen dem Bürgen einer Schuld und dem eigentlichen Schuldner. Die Möglichkeiten der Stellvertretung werden dabei als variabel begriffen: „Aber nicht nur ein einzelner Mensch kann einen einzelnen vertreten, sondern es kann auch einer viele und es können viele einen vertreten."[148] Eben diese von Hobbes genannte Stellvertretungsform findet sich auch in Vicos Theorie der poetischen Charaktere. Rasch kommt Hobbes in diesem Zusammenhang jedoch auch auf das Verhältnis Gottes zu seinen irdischen Stellvertretern, den „Könige[n] und höchsten Leiter[n] von Staaten"[149], zu sprechen. Gott wird hierbei ebenfalls zur fingierten Rechtsperson erklärt, welcher „bei allen Völkern Eigentum nach Menschenart: Land, Rechte und sonstige, d.h. die ihm geweihten Güter"[150] zuerkannt werden. Damit korrespondiert Vicos eigentumsrechtliche Fassung des Begriffs der politischen Autorität: Das „Wort ›Autorität‹", so heißt es, müsse „in seiner ursprünglichen Bedeutung von ›Eigentum‹" (SN 386) aufgefasst werden, wobei die „Autorität [...] ursprünglich als göttliche [begann]; mit ihr eignete sich die Gottheit [Jupiter, T. K.] die wenigen Giganten an [...], indem sie sie im eigentlichen Sinne auf den Grund der Erde niederschmetterte und sie in den

---

146 Ebd., 53.

147 Ebd., 54.

148 Ebd., 55.

149 Ebd.

150 Ebd.

Schlupfwinkeln der Höhlen unter den Bergen ansiedelte" (SN 387). Der einzig wesentliche Unterschied zwischen den poetischen Charakteren Vicos und den fingierten Personen von Hobbes betrifft die Form ihrer Genese. Bei den Hobbes'schen Personen-Fiktionen handelt es sich um rationale Rechtskonstrukte, Vicos poetische Charaktere sollen hingegen schon vor aller Vernunft der rechtsetzenden Phantasie der Menschen entspringen.

3.2 Die Zeitalter der Götter, Heroen und Menschen

Für Vicos genetische Sozialtheorie ist charakteristisch, dass die seit Kant moralphilosophisch kanonisierte Unterscheidung zwischen Moralität und Legalität von Handlungen noch keine Rolle spielt. Ob Vicos Theorie der Sozialgeschichte primär als genetische Rechtstheorie, als genetische Theorie der Moralentwicklung oder aber als Geschichte der menschlichen Sitten rezipiert wird, ist deshalb letztlich gleichgültig. Die einzige ethische Differenz, auf die es Vico ankommt, ist die zwischen der wirklich gelebten und der bloß erdachten Moral, zwischen verhaltenswirksamen sittlichen Anschauungen und der bloßen symbolischen Simulation einer Handlungsanbahnung in Form exaltierter Normenbegründungen. In der Tat ist es verwunderlich, dass heute kaum ein Ethiker nach dem praktischen Schicksal der von ihm mühsam begründeten ethischen Normen fragt. Was aber soll das ‚Begründen' von Moral, wenn sich mit Ausnahme der Ethiker selbst praktisch kaum ein Mensch für Begründung und Begründetes interessiert? Insofern ist Vico Gegner jedweder Formen von normativen Fehlschlüssen, die durch die Ableitung der Praktikabilität von Normen aus ihrem bloß verbal behaupteten Gesolltsein entstehen.[151]

Mit seiner These vom Vorrang der praktisch gelebten vor jeder bloß theoretisch erdachten oder begründeten Moral nimmt Vico eine reflexionsskeptische Position vorweg, wie sie in den

---

[151] Vgl. Rohbeck, J., Technik, Kultur, Geschichte. Eine Rehabilitierung der Geschichtsphilosophie, Frankfurt/M. 2000, 254.

sozialphilosophischen Debatten der Gegenwart in erster Linie von Vertretern des Kommunitarismus verfochten wird.[152] Ein wesentlicher Schnittpunkt zwischen Vicos genetischer Sozialphilosophie und aktuellen kommunitaristischen Positionen besteht zudem in der vernunft- und begründungsskeptischen Überzeugung, dass die Geschichte die einzige Quelle verbindlicher Werte und Normen bildet. Dementsprechend subsumiert Vico die phantasiegeschaffenen Normen unter die Kategorie des Gewissen (*certum*), nicht aber unter die der rationalen Verstandeswahrheiten (*verum*), und behauptet, dass das „Gewisse der Gesetze [dasjenige ist], was der Vernunft dunkel bleibt und lediglich durch die Autorität gestützt wird" (SN 321). Als Alternative zum Terminus ‚Gewissheiten' bietet sich daher der Begriff der ‚Überzeugung' (*belief*) an, den die Vertreter des Pragmatismus (Peirce, James, Dewey) verwenden, um jene alltäglichen Anschauungen der Menschen zu bezeichnen, die Handlungsbereitschaft einschließen, ohne einer rationalen Letztbegründung fähig zu sein.[153] Vicos *Neue Wissenschaft* lässt sich deshalb auch als Geschichte solcher politischer Überzeugungen verstehen, die die ihnen adäquate Verhaltenswirklichkeit schöpferisch aus sich hervorbringen.

Vico untergliedert den Geschichtsverlauf in drei Epochen – in das „Zeitalter der Götter, das Zeitalter der Heroen und das Zeitalter der Menschen" (SN 173). Diese drei genuin kulturgeschichtlichen Zeitalter werden von zwei Grenzphasen der Geschichte flankiert. Es ist da einerseits der prähistorische Naturzustand, den

---

[152] Vgl. MacIntyre, A., Der Verlust der Tugend. Zur moralischen Krise der Gegenwart, Frankfurt/M ²1997, 163ff.

[153] Vgl. William James' Begriff der ‚lebendigen Hypothese' (*living option*) sowie den Peirce'schen Begriff der ‚Überzeugung' (James, W., *Der Wille zum Glauben*, in: Martens, E. (Hg.), *Pragmatismus*, Stuttgart 1975, 128-160, 129f.; Peirce, Ch. S., *Die Festlegung einer Überzeugung*, in: Martens, E. (Hg.), *Pragmatismus*, Stuttgart 1975, 61-98, 68f.). Nicola Erny hat das Verhältnis zwischen Vico und Peirce eingehend untersucht, auch wenn sie sich hierbei allzu sehr auf den Gesichtspunkt des bei Vico wie Peirce gegebenen Konsensprinzips konzentriert (vgl. Erny, N., *Theorie und System der Neuen Wissenschaft von Giambattista Vico. Eine Untersuchung zu Konzeption und Begründung*, Würzburg 1994, 65ff.).

Vico als einen Zustand der „Barbarei der Sinne" (SN 1106) charakterisiert, und andererseits die posthistorische Phase der „Barbarei der Verstandeskräfte" (SN 159) bzw. der „Barbarei der Reflexion" (SN 1106), in der die menschliche Rationalität die Erkenntnis des geschichtlichen Prozesses auf Kosten des Wirklichkeitsverlustes dieses Erkenntnisgegenstandes vollzieht. Da Vico die beiden zuletzt genannten Epochen als Grenzphasen der *storia ideale eterna* ansieht, lassen sie sich sowohl innerhalb als auch außerhalb seiner ewigen Kulturgeschichte verorten. Vicos Epochenbezeichnungen sind dennoch nicht willkürlich gewählt. Sie sollen vielmehr darüber Aufschluss geben, welche Instanz die Menschen als die jeweils letzte rechtliche und sittliche Autorität anerkennen. Insofern leiten sich die genuin geschichtlichen Epochenbezeichnungen (Götter, Heroen, Menschen) bei Vico von den epochal gültigen politischen Leitüberzeugungen der Menschen ab.

Jede dieser politischen Grundüberzeugungen wird dabei mit einem Komplex spezifischer Kooperationspraktiken und Herrschaftsmuster in Beziehung gesetzt: Dem ‚Zeitalter der Götter' entspricht der politische Zustand der Theokratie. Zuerst unterwerfen sich die Menschen den strengen Vorschriften fiktiver Gottheiten. Dem entspricht der kollektive Glaube an die alleinige Normgebungsbefugnis sinnlich präsenter Götter, die über das menschliche Zusammenleben im Rahmen einfacher sozialer Institutionen wie Ehe, Familie und Stammesverband regieren. Die „theologischen Dichter" (SN 516) der Anfänge, so Vico, sahen sich aber nicht nur als Sprachrohre und Exekutivkörper eines von ihrem eigenen verschiedenen göttlichen Willens. Vielmehr haben sie sogar sich selbst und ihre eigenen Taten vergöttlicht und „alles, was sie sahen, sich vorstellten und sogar, was sie selbst taten" (SN 174), für ein Werk der Götter gehalten. Nach Vicos Schilderung stehen den menschlichen Sozialverbänden in dieser ersten Epoche autokratische Familienväter vor, die als oberste Priester, Richter und Feldherren zugleich wirken. Ihrem „Fanatismus des Aberglaubens" (SN 518) sei dabei die Praktik des Darbringens von Menschenopfern geschuldet, in welcher sich die „höchst unmenschliche Humanität" (SN 517) der archaischen Frühgeschichte am deutlichsten manifestiere.

Das darauf folgende ‚Zeitalter der Heroen' sieht Vico durch die politische Leitüberzeugung von der natürlichen Überlegenheit einer sozialen Klasse über alle übrigen Volksgruppen geprägt. Die soziale Vorherrschaft würden hier ‚Heroen' für sich beanspruchen, die den Adel ihrer Natur auf ihre biologische Abstammung von Göttern zurückführten. Diese Überzeugung lässt nach Vico eine streng hierarchisch gegliederte Klassen- oder Ständegesellschaft entstehen, für die die Differenzierung zwischen Herrschenden (Freien) und Beherrschten (Sklaven, Leibeigenen, Hörigen) charakteristisch gewesen sei (vgl. SN 556). Die römische Ständegesellschaft gilt dabei als paradigmatischer Fall einer strengen Klassengesellschaft, wobei Vico in Vorwegnahme der Sichtweise im historischen Materialismus die gesellschaftliche Trennung zwischen den Klassen der Patrizier und der Plebejer mit der ökonomischen Scheidung von Landeigentümern und Landlosen gleichsetzt (vgl. SN 558ff.). In diese heroische Phase der Menschheitsgeschichte soll vor allem die Entstehung der Landwirtschaft (Ackerbau), der Städte sowie der Institution des Staates fallen. Das Recht bestimme sich im heroischen Zeitalter jedoch noch nicht nach Maßgabe kodifizierter Normen, sondern gemäß der Lebensmuster heroischer Vorbilder, wie sie insbesondere in den Mythen um ‚Achill' und ‚Odysseus' geschildert werden. Die Rechtsverhältnisse zwischen den adligen Heroen werden hierbei durch Zweikämpfe reguliert, also nach Maßgabe eines agonalen Prinzips, bei dem Sieg und Niederlage im Zweikampf über Recht und Unrecht entscheiden. Die politischen Beziehungen zwischen herrschender und beherrschter Klasse wiederum sind durch die rücksichtslose Gewaltanwendung der adligen Heroen geprägt, deren Überzeugungshintergrund der Glaube bildet, dass sich das einfache Volk in sittlicher Hinsicht aus lauter „häßliche[n] Bestien" (SN 566) zusammensetzt, welche nicht am „Heroismus der Tugend" (SN 553) teilhaben.

Dem ‚Zeitalter der Menschen' schließlich korrespondiert laut Vico die politische Massenüberzeugung von der „Gleichheit der intelligenten Natur" (SN 927) aller Menschen. Diese Leitüberzeugung habe zunächst die unterdrückte Mehrheit des Volkes im politischen Kampf gegen die rechtlich-politischen Privilegien des Adels erfunden. Im ‚Zeitalter der Menschen' werden zwar keine grundsätzlich neuen politischen Institutionen mehr geschaffen; die sich ihrer politischen Gestaltungsmächtigkeit bewusst werdenden Volksmassen verstehen es jedoch, mehr und mehr Einfluss auf die Judikative, Exekutive und Legislative zu gewinnen. Am Leitfaden der Rechtsfiktion von der politischen Gleichheit aller Menschen vor Gott vollziehe sich die Verwandlung der Aristokratie in eine Demokratie, die später in eine Monarchie umgebildet werde. Mit der Errichtung der Monarchie verbindet Vico jedoch nicht die Vorstellung einer Revitalisierung der alten Vorrechte des Adels, sondern er deutet sie als politischen Ausdruck der Konzentration des allgemeinen Volkswillens in einer einzigen Herrschergestalt.

Vicos entwicklungsgeschichtliches Schema von ‚Familie, Gesellschaft und Staat' weckt Assoziationen mit Hegels Rechts- und Geschichtsphilosophie. Diese Parallele ist jedoch nur eine sehr oberflächliche. Vico bietet mit seiner *Neuen Wissenschaft* nämlich nicht nur eine kausalgenetische Theorie zum Entstehungszusammenhang von Familie, Klassengesellschaft und Staat, während in Hegels Geschichtsphilosophie alle vorstaatlichen Vergesellschaftungsformen kurzerhand für ‚geschichtslos' erklärt werden – so dass, nebenbei bemerkt, Hegels Geschichtsdarstellung im Grunde erst dort einsetzt, wo diejenige Vicos endet, nämlich bei sozial ausdifferenzierten Hochkulturen, deren staatliches Organisationsprinzip die Differenzierung zwischen Familie, Gesellschaft und Staat einschließt[154]. Anders als Hegel hat Vico zudem nicht die moderne bürgerliche Gesellschaft vor Augen, wenn er den voll entwickelten *mondo civile* als Einheit von Familie, Gesellschaft und

---

[154] Insbesondere die Rechtsphilosophie Hegels orientiert sich an den sozialen Gegebenheiten der bürgerlichen Moderne. Vgl. Hegel, G. W. F., *Vorlesungen über die Philosophie der Weltgeschichte. Bd. I: Die Vernunft in der Geschichte*, hg. v. J. Hoffmeister, Berlin 1970, 163f.; Hegel, G. W. F., *Grundlinien der Philosophie des Rechts*, hg. v. J. Hoffmeister, Hamburg 51995, Dritter Teil (142-297).

Staat beschreibt.[155] Er schöpft seine Vorstellungen zur Vollendungsgestalt der politischen Welt vielmehr aus vormodernen Zeiten – namentlich aus der Welt der antiken Stadtstaaten sowie der
frühneuzeitlichen Stadtrepubliken.

Vicos genetische Sozialtheorie ist ein ideengeschichtliches
Novum. Es wird ein Erklärungsansatz für die Entstehung und die
Notwendigkeit sozialer Institutionen (Familie, Gesellschaft, Staat)
geliefert, der sich markant von allen bisherigen Sozial- und
Rechtsphilosophien unterscheidet. Im Einklang mit modernen
Vertretern der Sozialphilosophie wie etwa Machiavelli und Hob-
bes erteilt Vico zunächst dem politischen Aristotelismus eine klare
Absage. Das zeigt vor allem Vicos Naturzustandskonstruktion,
die den Menschen als isoliert lebendes Naturwesen darstellt. Der
Mensch wird bei Vico im Gegensatz zu Aristoteles nicht als *zoon
politikon* verstanden, das von Haus aus teleologisch auf das Zusammenleben im politischen Verband der *polis* bezogen ist.[156] Zur
Vergesellschaftung des Menschen bedarf es laut Vico vielmehr
der geheimen Verführungskünste der mythenbildenden Phantasie, dank der sich die Menschen ‚hinter ihrem Rücken‘ diejenigen
politischen Institutionen erschaffen, welche ihrem jeweiligen Entwicklungsstand entsprechen.

Vicos historischer Begründungsansatz hebt sich weiterhin
grundlegend von Ansätzen in der Sozialphilosophie ab, denen ein
dezidiert voluntaristischer Grundzug eigen ist. Entgegen dem
neuen Machbarkeitsdenken in der politischen Philosophie, das
sich im heroischen Voluntarismus Machiavellis genauso klar manifestiert wie im Kontraktualismus (Hobbes, Locke, Rousseau,
Kant), zielt Vico auf den Nachweis der Ungeplantheit und Natur-
wüchsigkeit des historischen Vergesellschaftungsgeschehens ab.
Entstehung und Entwicklung der Gesellschaft verdankten sich
nicht den politischen Entschlüssen der Menschen, sondern der

---

[155] Vgl. Hegel, G. W. F., *Grundlinien der Philosophie des Rechts*, hg. v. J. Hoffmeister, Hamburg ⁵1995, Dritter Teil – Zweiter Abschnitt: ‚Die bürgerliche Gesellschaft‘ (165-206).

[156] Vgl. Aristoteles, *Politik*, übers. v. E. Rolfes, in: *Philosophische Schriften in sechs
Bänden*, Bd. 4, Hamburg 1995, Buch 1.

schöpferischen Verlaufslogik der Geschichte, welche autopoietisch mit der Herausbildung einer Welt (relativ) stabiler und gerechter politischer Institutionen einhergehe (vgl. SN 1097ff.). Explizit gegen Machiavellis Ideal vom singulären politischen Virtuosen (*uomo virtuoso*) richtet sich der Einwand, dass politische Herrschaft zu keiner Zeit „durch offene Gewalt oder durch Betrug" (SN 522) errichtet worden ist.[157] Und gegen den neuzeitlichen Kontraktualismus insbesondere Hobbes'scher Prägung wendet Vico ein, dass die politische Welt „ohne menschliche Absicht oder Vorkehrung, ja häufig gegen deren eigene Pläne" (SN 342) entstanden sei (vgl. 8.1). Vicos Kritik betrifft dabei nicht nur die moderne Idee vom Gesellschaftsvertrag, sondern auch deren einseitige Fokussierung auf die Institution des Staates und das Problem seiner Legitimation. Nach Maßgabe seiner These vom ‚Primat der Ursprünge' schreibt Vico Ehe und Familie hingegen eine weitaus größere soziale bzw. politische Bedeutung zu als dem Staat; und er betont zugleich das naturwüchsige Gewordensein auch dieser grundlegenden gesellschaftlichen Institutionen.

Vor dem Hintergrund dieses historischen Ansatzes wird die Zielrichtung seiner Kritik an den vorherrschenden rechtsphilosophischen Positionen seiner Zeit (Grotius, Selden, Pufendorf) verständlich (vgl. exemplarisch SN 972). Den Kern dieser Kritik stellt nicht die Idee des Naturrechts als solche dar, sondern die Art und Weise ihrer Begründung. Die Argumentation von Grotius und Pufendorf zum Beispiel nimmt, ähnlich wie jene Vicos, ihren Ausgang von einem bestimmten Modell des Naturzustands. Pufendorf und Grotius leiten nun einen ganzen Komplex von Naturrechtsnormen rational aus der Verfassung des Naturzustandes ab, wobei Grotius' Darstellung im Unterschied zu derjenigen Pufendorfs immerhin partiell den Anschein einer geschichtlichen Ableitung dieser Naturrechtsnormen erweckt.[158] Es fragt sich freilich,

---

157 Vgl. Machiavelli, N., *Der Fürst*, übers. v. F. von Oppeln-Bronikowski, Frankfurt/M. 1990, 19ff.; Kersting, W., *Niccolò Machiavelli*, München ²1998, 112ff.

158 Vgl. Pufendorf, S., Über die Pflicht des Menschen und des Bürgers nach dem Gesetz der Natur, übers. v. K. Luig, Frankfurt/M., Leipzig 1994, 12-21,

was Begriffe wie ‚Ableitung‘, ‚Begründung‘ oder auch ‚Legitimation‘ in diesem Zusammenhang überhaupt bedeuten könnten. Vico scheint diesbezüglich eine vernunftskeptische Position zu vertreten. Die rationale Ableitung oder Konstruktion von Naturrechtsnormen ist für ihn nur in Form einer rationalen Rekonstruktion oder Ableitung ihres geschichtlichen Entstehungszusammenhangs möglich. Diese Auffassung führt im Ergebnis aber zu keiner Ablehnung der Naturrechtsidee, sondern zu deren historischer Erweiterung in Gestalt der Vorstellung eines Naturrechts im Werden, dessen Begründung nun mit dem Notwendigkeitsnachweis der Einheit seines Bildungszusammenhangs zusammenfällt.

Es genügt daher nicht, Vicos genetische Sozial- und Rechtstheorie als historische bzw. soziologische Alternative zu den normativen Positionen in der Rechts- und Sozialphilosophie zu werten. Gerade der Anspruch auf die Erkenntnis der Totalität der menschlichen Geschichte (*storia ideale eterna*) nämlich liefert Vico die Grundlage, um mit seinem historisch-genetischen Erklärungsansatz einen quasi-normativen Geltungsanspruch zu verknüpfen, der sich kritisch gegen normative Positionen aus Sozial-, Rechtsund politischer Philosophie vorbringen lässt. Was sich in der geschichtlichen Welt des *mondo civile* bislang nicht ereignet habe, so das Argument, könne auch niemals Wirklichkeit werden. Die Totalität des Faktischen definiert bei Vico somit die Grenzen des Möglichen. Und die Theorien der Naturrechts- und Vertragstheoretiker schlagen für Vico daher dort in geschichtsferne Leere um, wo Rechtsnormen oder politische Institutionen gegen den Umkreis des historisch Möglichen und Wirklichen ‚begründet‘ oder ‚legitimiert‘ werden.

An Vicos Theorie der Sozialgeschichte sticht vor allem ihre Beschränkung auf relativ überschaubare, regional begrenzte und vom Regulierungsgrad her einfache gesellschaftliche Institutionen hervor. Vico leistet diesbezüglich freilich nur die Entwicklung einer genetischen Theorie prämoderner oder traditionaler Typen

---

141ff.; Grotius, H., Drei Bücher vom Recht des Krieges und des Friedens (De iure belli ac pacis. Libri tres), übers. u. eingel. v. W. Schätzel, Tübingen 1950, 145ff.

von Herrschaft und der Gesellschaftsorganisation. Das ist gewiss nicht wenig; es genügt allerdings nicht, wenn man, wie Vico, die politischen und sozialen Risiken moderner Gesellschaften sichtbar machen möchte. Ist die neuzeitliche Geschichtsphilosophie ein genuin modernes Projekt, so steht Vicos *Neue Wissenschaft* hinter dem sozialtheoretischen Reflexionsniveau späterer Geschichtsphilosophien insofern zurück, als die Darstellung der Geschichte nur bis zu den Eingangspforten zur Moderne vorangetrieben wird. Den Geschichtsphilosophien nach Vico mag man vorwerfen, dass sie der langen Vorgeschichte der bürgerlichen Gesellschaft zu wenig Aufmerksamkeit schenken oder diese unter falschen Rationalitätsannahmen zu beleuchten versuchen. Umgekehrt aber ist gegen Vicos Ansatz einzuwenden, dass er den Darstellungsschwerpunkt einseitig auf die archaischen Anfänge der Geschichte legt und – zumindest implizit – die kritikwürdige Auffassung vertritt, dass eine pauschale Verfallsdiagnose differenzierte Analysen zu Genese und Funktionen typisch moderner Gesellschaftsstrukturen und Institutionen (Markt, Rechts- und Verfassungsstaat, Gewaltenteilung usw.) überflüssig macht.

3.3 Gesellschaftliche Institutionen

Um zu einem vertieften Verständnis des Konzepts der gesellschaftlichen Praxis zu gelangen, das Vicos Theorie der Sozialgeschichte zugrunde liegt, ist es sinnvoll, die Theorie Vicos anhand eines philosophischen Ansatzes aus dem 20. Jahrhundert zu beleuchten, der ein ähnliches Profil zeigt, zugleich aber begrifflich und argumentativ deutlich elaborierter ist. Gemeint ist die Kulturphilosophie Arnold Gehlens, die bislang eher selten mit Vicos Geschichtsphilosophie in Verbindung gebracht wurde.[159] Die *Neue Wissenschaft* dürfte wohl zu den verborgenen Quellen der Institu-

---

[159] Vgl. aber Fellmann, F., *„Der Ursprung der Geschichtsphilosophie aus der Metaphysik in Vicos ›Neuer Wissenschaft‹*, in: Zeitschrift für philosophische Forschung 41 (1987), 43-60, 56ff.

tionentheorie zählen, die Gehlen u.a. in *Urmensch und Spätkultur* entwickelt.

Die Berührungspunkte zwischen den Ansätzen von Vico und Gehlen sind zahlreich. Eine erste wesentliche Gemeinsamkeit liegt im tief verwurzelten Antimodernismus und politischen Konservatismus, deren Kehrseite in beiden Fällen ein ausgeprägtes Interesse für das archaische Kulturleben bildet. Dieses wird bei Vico wie bei Gehlen vor allem als intakte Ausdrucksform substantieller Religiosität gedeutet. Daneben stimmen beide Autoren in ihrer Aversion gegen den modernen Subjektivismus und Ästhetizismus überein, die zu Verfallsphänomenen der Spätkultur gestempelt werden. Insofern verwundert es nicht, dass Gehlen, der in seinen späten Arbeiten auch auf geschichtsphilosophische Probleme eingeht, zu den Vätern der fortschrittskritischen *Posthistoire*-Diagnose[160] zählt. Diese ist inzwischen zu einer der Grundideen der postmodernen Kultur- und Geschichtsphilosophie avanciert, verweist aber zugleich zurück auf Vicos Verfallstheorie der Kultur, welche sich ihrerseits als Vorwegnahme insbesondere von Gehlens Idee einer den Zustand des *Posthistoire* besiegelnden „kulturellen Kristallisation"[161] verstehen lässt.

Für die Aufhellung des Vico'schen Verständnisses von sozialer Praxis sind indes jene sachlichen Schnittpunkte in den Fokus zu rücken, die in den Bereichen der Anthropologie und der Institutionenlehre zu finden sind. So liefert Gehlen, ebenso wie Vico, eine anthropologische Begründung für die Entstehung politischer Ordnungssysteme. Zwar wird man nicht sagen dürfen, dass Vico Gehlens Idee des Menschen als Mängelwesen vorweggenommen hat.[162] In spezifischer Form jedoch taucht Gehlens Mängelwesen-

---

[160] Vgl. Gehlen, A., *Post-Histoire*, in: *Gesamtausgabe*, Bd. 6, hg. v. K.-H. Rehberg, Frankfurt/M. 2004, 352-364.

[161] Vgl. Gehlen, A., *Über kulturelle Kristallisation*, in: *Gesamtausgabe*, Bd. 6, hg. v. K.-H. Rehberg, Frankfurt/M. 2004, 298-314.

[162] In seinem Hauptwerk nimmt Gehlen zwar mehrfach auf Vico Bezug (vgl. Gehlen, A., *Der Mensch. Seine Natur und seine Stellung in der Welt*, Wiebelsheim [14]2004, 20, 294, 304). Aber diese Bezugnahmen bleiben zugleich ohne

These schon bei Vico auf – und zwar in Form des auf den menschlichen Naturzustand zugeschnittenen Diktums, dass der „menschliche Wille seiner Natur nach höchst ungewiß ist" (SN 141). Vicos Rede von der ‚Ungewißheit des menschlichen Willens' meint hier nicht Orientierungslosigkeit schlechthin, sondern das ursprüngliche Fehlen einer zwischenmenschlichen Dauerorientierung, welche sich vom Naturprinzip der Zufallsbegegnung abhebt.

Gehlens Anthropologie des Mängelwesens lässt die Grundfrage seiner später entwickelten Institutionentheorie allererst verständlich werden: „[W]ie ist es einem instinktentbundenen, dabei aber antriebsüberschüssigen, umweltbefreiten und weltoffenen Wesen möglich, sein Dasein zu stabilisieren?"[163] Die Antwort Gehlens lautet knapp und präzise: dies ist durch Institutionen möglich; und dies ist praktisch dieselbe Antwort, die bereits Vico auf die von ihm aufgeworfene Frage nach den maßgeblichen historischen Mitteln zur Überwindung der Ungewissheit des sozialen Willens der Menschen gegeben hat. Unter einer Institution versteht Gehlen in diesem Zusammenhang jedwede Form der „nicht selbstverständlichen Regelmäßigkeit des Verhaltens gegenüber den Dingen und gegeneinander."[164] Zugleich hebt Gehlen die anthropologischen Entlastungs- und sozialen Effizienzsteigerungspotentiale von Institutionen hervor: „Alles gesellschaftliche Handeln wird nur durch Institutionen hindurch effektiv, auf Dauer gestellt, normierbar, quasi-automatisch und voraussehbar."[165]

Gehlens Entlastungsparadigma entspricht Vicos Auffassung zum Sinn sozialer Institutionen nun zwar nicht vollständig; denn in Vicos genetischer Institutionentheorie wird das klassisch humanistische Bildungs- bzw. Vervollkommnungsparadigma mit

---

substantielle Bedeutung für die Entwicklung seiner anthropologischen Kernaussagen.

[163] Gehlen, A., Urmensch und Spätkultur. Philosophische Ergebnisse und Aussagen, Frankfurt/M. ⁶2004, 46.

[164] Ebd.

[165] Ebd., 47.

einem genuin modernen Überlebensparadigma verschränkt. Eine offensichtliche Parallele besteht aber doch in der Zielstellung, am Leitfaden des Institutionenbegriffs für eine Entpsychologisierung geistiger bzw. symbolischer Schöpfungen der Menschen zu sorgen. Vicos ‚poetische Charaktere' gleichen nämlich dem, was Gehlen die „großen Gedanken" nennt, die sich ihre überideelle Wirklichkeit in Form der Gliederung sozialer Lebensvollzüge verschaffen. Als „Inhalte von Institutionen"[166] verkörpern sich die ‚großen Gedanken' des Menschengeschlechts nach Gehlen immer wieder in einer ihnen korrespondierenden Verhaltenspraxis, die ihrerseits die Geltungskontinuität der ‚großen Ideen' sicherstellt: „Die Invarianz der Ideen und der Institutionen bedingen sich wechselseitig."[167] Diese Sichtweise stimmt mit Vicos Theorie des sozialen Mythos überein, deren Pointe ja in der Behauptung besteht, dass die symbolischen Produkte der Phantasie in den poetischen Phasen der Geschichte von den Menschen gerade deshalb noch nicht als selbsterzeugte Symboliken haben durchschaut werden können, weil sich diese Symboliken fortlaufend ganz direkt in Kooperationspraktiken materialisiert haben, deren allgemeine Erfahrungsevidenz den naiven Kollektivglauben an ihre denkunabhängige Weltimmanenz stützt.

Für ein tieferes Verständnis des Praxiskonzepts der *Neuen Wissenschaft* ist nun Gehlens Unterscheidung dreier Typen eines derart institutionalisierten Handelns aufschlussreich. Dabei handelt es sich im Einzelnen um das ‚rational-praktische Verhalten', das ‚rituell-darstellende Verhalten' sowie das ‚ins Seelische verkehrte Handeln', wie es etwa in religiös-asketischen Praktiken zu Tage tritt.[168] Erhellend ist diese Differenzierung deshalb, weil der an zweiter Stelle genannte Handlungstyp, das ‚rituell-darstellende Verhalten' also, bei Vico eindeutig im Zentrum steht und im Grunde den Stellenwert eines Paradigmas gesellschaftlicher Praxis besitzt. Unter ‚rituell-darstellendem Verhalten' fasst Gehlen

---

[166] Ebd., 45.

[167] Ebd.

[168] Vgl. ebd., 302.

einen archaischen Handlungstyp, dessen Kern in der kultischen Nachahmung (*Mimesis*) hochgradig lebensrelevanter Geschehnisse besteht. Außerordentliche „*Appelldaten*"[169], so Gehlen, lösen beim frühkulturellen Menschen ein intensives Bedeutungsgefühl aus, das sie diese Daten als Ausdruck heiliger Mächte erleben lässt. Dieser ständig empfundene Appell des Numinosen fordere zu einer menschlichen Antwort heraus, deren typische Form laut Gehlen das imitierende Echo bzw. die Nachahmung des Appelldatums ist – sei es in Gestalt der Namensgebung, der bildhaften Darstellung (Höhlenmalerei) oder aber, und hierin sieht Gehlen das ursprünglichste aller menschlichen Antwortmuster, in Form der Imitation des Appelldatums mit Hilfe des eigenen Körpers („Darstellung *in vivo*"[170]). Der menschliche Körper stellt für Gehlen daher den primordialen Bedeutungsträger des Kulturlebens dar, dessen mimetische Praktiken die Allgegenwart des Heiligen sicherstellen. Wegen ihrer heiligen Bedeutung gerinnen solche mimetischen Handlungen rasch zu invarianten sozialen „Sollform[en]"[171], d.h., sie nehmen institutionellen Charakter an.

Gehlen unterstreicht in diesem Zusammenhang, dass ausschließlich der kollektive Vollzug solcher religiösen Riten und Kulthandlungen ein echtes Gemeinschaftsbewusstsein zu generieren vermochte. Im Unterschied sowohl zum arbeitsteilig organisierten ‚rational-praktischen Verhalten', bei dem jedes Gesellschaftsmitglied seinen speziellen Einzelbeitrag zum kollektiven Gesamtergebnis leistet, als auch zum ins ‚Seelische' gewendeten Handlungstyp, bei dem extrovertierte Einzelne durch die ostentative Steigerung ihres religiösen Bedeutungsgefühls ins rein Emotionale ihren spirituellen Führungsanspruch durchzusetzen versuchten, soll sich das rituell-darstellende Verhalten dadurch auszeichnen, dass die Aufmerksamkeit aller Gesellschaftsmitglieder gleichzeitig auf dieselben Ereignisse gerichtet ist. Allein die rituelle Darstellung stellt deshalb nach Gehlen sicher, dass sich die

---

[169] Ebd., 163.

[170] Ebd., 167.

[171] Ebd.

„Gruppe als Einheit"[172] konstituieren kann, wobei die Teilhabe am Kultus den Stellenwert des ersten außerbiologischen Kriteriums der Gruppenzugehörigkeit besitzt.

Obwohl auch Vico die sozialkonstitutive Kraft rituell-darstellenden Verhaltens unterstreicht und seinen Begriff gesellschaftlicher Praxis nach Maßgabe dieses Handlungstypus modelliert, geht sein Ansatz über denjenigen Gehlens insofern kreativ hinaus, als er zu den Appelldaten, die zur kollektiven Mimesis anstacheln, auch die Verhaltensweisen der Menschen selbst rechnet. Während Gehlen die zur Nachahmung auffordernden Appellreize primär in der außermenschlichen Natur verortet, erweitert Vico das Reizkontinuum um jene in Angst und Staunen versetzenden Pionierleistungen, die die Menschen selbst vollbringen und die sich deshalb zum Gegenstand einer kollektiven *Mimesis* besonders eignen (vgl. 4.1).

Im Unterschied zu Gehlen bescheinigt Vico dem Menschen somit einen Doppelstatus als Subjekt und Objekt der rituellen Darstellung oder Nachahmung *in vivo*. Kurzum: Menschen sind nach Vico in erster Linie Selbstdarsteller, die das nachmachen, was andere ihnen vorleben. Die ‚poetischen Charaktere' sind nicht bloß fiktive Urheber einzelner Gebote und Verbote. Zu allererst sind sie holistische Vorbilder, deren ungeheuerliche Erfolgsbiographie die Volksmenge zu ausdauernden Imitationsanstrengungen anreizt. Das gilt mit einer wesentlichen Ausnahme: der des ersten Himmelsgottes ‚Jupiter', bei dem es sich laut Vico tatsächlich um einen ins Göttliche oder Symbolische überhöhten Appellreiz aus der menschenfernen Natur handelt. Insofern stellt ‚Jupiter' bei Vico den historischen *missing link* zwischen der menschlichen Nachahmung der Natur und der Nachahmung des Menschen durch den Menschen dar. Die Pointe dieser Konzeption besteht allerdings darin, dass ‚Jupiter' nicht nach dem Vorbild menschlicher Humanität, sondern nach Maßgabe eines wilden Tieres geformt wird (vgl. SN 377). Vicos Schöpfungsgeschichte ‚Jupiters' darf deshalb nicht als kognitive Vermenschlichungstat der Natur

---

[172] Ebd., 170.

aufgefasst werden. Im Gegenteil: Da die Menschen selber noch „schreckliche Bestien" (SN 374) gewesen sind, ist Jupiter als Steigerungsgestalt der inhumanen Bestialität der Urmenschen aufzufassen. Die ersten Impulse zur Humanität gehen laut Vico von dieser fiktiven Steigerung der Bestialität jedoch deshalb aus, weil sich die ersten Dichtergiganten gerade das Gebaren ‚Jupiters' zum Vorbild nehmen, um politische Herrschaft über Frauen, Kinder und Sippe auszuüben. Vico deutet die menschliche Geschichte somit als ein komplexes System von Nachahmungen des Inhumanen, das von einem singulären Appellreiz aus der unbelebten Natur angestoßen wird, und dessen schöpferisches Ergebnis in der Bildung sozialer Institutionen besteht.

Laut Vico lassen sich Institutionen wie Ehe, Familie, Klassengesellschaft und Staat jeweils durch einen ganz bestimmten Komplex gemeinsamer Riten oder Kulthandlungen definieren. Solche rituellen Gemeinschaftspraktiken stifteten die soziale Einheit eines Volkes ungeachtet der durch sie mitbegründeten politischen Statusdifferenzen. Kultpraktiken sind in seinen Augen somit sowohl Medien der Konsolidierung gesellschaftlicher Herrschaftsverhältnisse als auch solche der klassenübergreifenden sozialen Integration. Zu den wichtigen anthropologischen Grundannahmen Vicos gehört dabei die Behauptung, dass der Mensch außerstande ist, soziale Automatismen auszubilden. Die gemeinsamen Kulthandlungen gewinnen bei Vico daher niemals den Charakter mechanischer Gewohnheiten. Vielmehr werden sie als von den politischen Mythen abhängige Prozeduren begriffen, die sich beständig gegen die dissoziative Triebnatur des Menschen durchsetzen müssen.

Vicos am Modell rituell-darstellenden Verhaltens orientierter Begriff sozialer Praxis unterscheidet sich sowohl vom modernen Kommunikationsparadigma sozialen Handelns, wie es in unterschiedlichen Formen etwa Habermas und Luhmann vertreten, als auch vom Arbeitsparadigma gesellschaftlicher Praxis, wie es u.a. Marx verficht. Das Kommunikationsparadigma führt zu einem abstrakten Begriff gesellschaftlicher Praxis, denn die Grenzen der Gesellschaft werden hier mit den Grenzen der kommunikativen Erreichbarkeit bzw. Integration Anderer gleichgesetzt. Der Begriff des sozialen Handelns gewinnt auf diese Weise einen virtuellen Charakter, spielen doch etwa räumliche Distanzen für den Prozess der Kommunikation kaum eine Rolle. Vicos Gesellschaftsbegriff hingegen erlaubt eine derartige Abkopplung der Kategorie sozialen Handelns von der zwischenmenschlichen Nahinteraktion und -kooperation nicht. ‚Soziale Identität' kann für Vico daher auch niemals Ergebnis eines fernkommunikativ vermittelten ‚Wir-Gefühls', sondern einzig das Resultat einer Partizipation an gemeinsamen Kulthandlungen sein.

Nur durch Rekurs auf den Handlungstyp rituell-darstellenden Verhaltens sind somit Sinn und Stellenwert von Vicos genetischer Sprachtheorie adäquat zu erfassen. Trotz der Modernität der für sie grundlegenden These, dass „Ideen und Sprachen sich Hand in Hand entwickelten" (SN 234), erweist sich Vicos Verständnis der Sprache aber doch als äußerst restriktiv. Abzugrenzen ist dieses Verständnis vor allem von kommunikations- und ausdruckstheoretischen Sprachauffassungen. Statt als intersubjektives Verständigungsmittel oder aber als Artikulationsmedium von Emotionen und Gedanken deutet Vico die Sprache vorrangig als politisches Informationsmittel, wobei ‚Information' hier im ursprünglichen Wortsinn von Formgebung, Belehrung und Unterweisung zu verstehen ist. Dass Vicos restriktive Sichtweise auf das Phänomen der Sprache mit einem Kommunikationsbegriff sozialen Handelns unvereinbar ist, hat Coseriu klar erkannt: „In sprachphilosophischer Hinsicht fehlt meines Erachtens bei Vico noch etwas: Es fehlt die Kommunikation im ursprünglichen Sinne, nicht im Sinne der Mitteilung *von etwas*, sondern der Kommunikation *mit jemandem*."[173] Neben ihrer politischen Erziehungsfunktion hebt Vico die Überlieferungsfunktion der Sprache hervor, ohne die der ‚poetischen Weisheit' der Menschen keine Dauer beschieden sein könne. In Form mündlich oder schriftlich tradierter Mythen, Sagen und Legenden soll das symbolische Herr-

---

[173] Coseriu, E., ‚*Von den universali fantastici*', in: Trabant, J. (Hg.), *Vico und die Zeichen*, Tübingen 1995, 73-80, 80.

schaftswissen der Menschen von Generation zu Generation weitergegeben werden, wobei gerade diese Form der Weitergabe selber einen rituellen Charakter besitzt.

Vicos Unterscheidung dreier historischer Arten menschlicher Sprache wird ebenfalls erst vor diesem Hintergrund verständlich. So stellt er eine „hieroglyphische" Sprache an den Anfang der menschlichen Sprachentwicklung, die hauptsächlich im Gebrauch „stumme[r] Gebärden", wie sie „den Religionen" (SN 32) besonders angemessen seien, bestanden haben soll. Wie sich unschwer erkennen lässt, steht diese Auffassung in enger Verbindung mit Vicos Kulturentstehungstheorie, derzufolge die Menschen zuerst geglaubt hätten, „daß die Natur die Sprache Jupiters sei" (SN 379). Bei den ‚stummen Gebärden', von denen Vico spricht, handelt es sich deshalb um auf die dingliche Natursprache ‚Jupiters' verweisende Gesten der Menschen, mit denen sie sich gegenseitig zum Lesen der göttlichen Befehlszeichen ermahnen. Die darauf folgende Sprache der Menschen sei eine „symbolische" Sprache gewesen, die als „heroische" vorwiegend in „Gleichnissen" (SN 32) oder Metaphern bestanden haben soll. Die zahlreichen Beispiele, die Vico für diese ‚symbolische Sprache' gibt, stammen fast ausnahmslos aus dem Bereich der politischen Herrschaftspraktiken. Das lateinische „›minuere caput‹ für ›den Kopf abschlagen‹" (SN 589) etwa deutet Vico als heroische Synekdoche für die Machtschmälerung der theokratischen Stammesfürsten im Übergang zur Konstitution eines aristokratisch verfassten Staates. Die historisch letzte Art der menschlichen Sprache bezeichnet Vico dann als „epistoläre oder gewöhnliche" Sprache, die den Menschen vor allem zur Mitteilung der „gewöhnlichen Bedürfnisse ihres Lebens" (SN 32) dient. Erst diese Art der menschlichen Sprache hat nach Vico keinen zwingenden Bezug zur gesellschaftlichen Befehlspraxis mehr, sondern kann wegen ihrer höheren Abstraktheit und Plastizität verschiedensten Verwendungszwecken dienen.

Genau wie in der Epochenabfolge der Götter, Heroen und Menschen findet auch in Vicos Sprachentwicklungstheorie die Überzeugung Ausdruck, dass der Prozess der kulturellen Evolution als sukzessiver Emanzipationsvorgang der Menschen von Gott oder der Natur zu verstehen ist. Auf dem Gebiet der Sprachphilosophie schlägt sich diese allgemeine Sichtweise in der originellen These nieder, dass das schöpferische Lesen von politischen Zeichen (in der Natur) die älteste menschliche Sprachpraxis darstellt. Am Anfang der Kultur sieht Vico den Menschen in der Rolle eines schöpferischen Rezipienten der naturimmanenten Befehlszeichen der Götter. Erst in der Folge sollen die Menschen dann zur Produktion eigener Laut- und Schriftsprachen übergegangen sein. Die Abfolge der Sprachpraktiken des Lesens, Sprechens und Schreibens wird dabei als Zugewinn an schöpferischer Distanz nicht bloß zur Natur, sondern auch zur Sprache selbst gewertet. Die Extrempole dieser Distanzierung bilden dabei einerseits die symbolhörigen Dichtergiganten, denen noch jede Distanz zu den Zeichen, die sie schöpferisch lesen, fehlt, sowie andererseits der Philosoph der Geschichte, also Vico selbst, der die Reproduktion des Textes der Geschichte frei von sprachlich überlieferten Vorschriften schöpferisch in Angriff nimmt.

Das lässt die eigentliche Stoßrichtung der Vico'schen Geschichtsphilosophie erkennen. Was Vico an der Geschichte vor allem fasziniert, ist die politische Macht des Wortes. Es ist die soziale Kraft der menschlichen Sprache, die auf das menschliche Verhalten ähnlich stark wirken könne wie rein physische Ereignisse. Auf den ersten Blick scheint es zwar so, als bliebe insbesondere die Magie in Vicos Theorie der archaischen Frühgeschichte ausgeklammert. Dieser Eindruck täuscht jedoch, da Vicos Geschichtsphilosophie im Grunde von nichts anderem als von Magie handelt – und zwar von jener sozialen Magie, die sich im politisch ordnungsstiftenden Zeichen- und Sprachgebrauch der Menschen manifestiert. Wegen ihrer Wirkungslosigkeit interessiert sich Vico zwar nicht für magische Praktiken, die auf die symbolische Einflussnahme auf außermenschliche Naturvorgänge abzielen. Was ihn aber umso mehr interessiert, ist die soziale Magie, aufgrund derer die Menschen nur deshalb bestimmte Dinge tun, weil die Sage, sie müssten getan werden, im Raum steht. Als vielleicht erster Philosoph überhaupt nimmt Vico die magische Wirkung der vom Menschen geschaffenen Zeichen ernst, für welche Naturwissenschaftler, obwohl auch sie mit Zeichen umgehen, häufig kein ausreichendes Gespür besitzen; und er entdeckt in der Phantasie die anthropogene Quelle jener Symbolprodukte, die in Form sozialer Praktiken die materielle Wirklichkeit mitgestalten.

Ebensowenig wie mit dem modernen Kommunikationsparadigma ist Vicos Konzept sozialer Praxis mit dem Paradigma der gesellschaftlichen Arbeit vereinbar – also jenem Handlungstyp, den Gehlen als ‚rational-praktisches Verhalten' bezeichnet. Die geschichtliche Entwicklung von Ökonomie, Technik und Arbeitsteilung spielt daher in Vicos Geschichtsphilosophie nur eine marginale Rolle. Das unterscheidet diesen Ansatz signifikant gerade von den französischen und englischen Fortschrittstheorien des 18. Jahrhunderts (Turgot, Condorcet, Smith, Ferguson), die thematisch auf die historischen Fortschritte in den Bereichen Arbeit, Ökonomie, Technik und Naturwissenschaften ausgerichtet sind. Darin liegt zugleich ein wesentlicher Unterschied zwischen Vicos Theorieansatz und dem historischen Materialismus der Marxisten. Grassi weist indes zu Recht darauf hin, dass Vico die ökonomische Basis der Gesellschaft und deren Entwicklung keineswegs ausklammert oder diese Dimension der Kulturentwicklung sogar für ‚geschichtslos' hält.[174] Trotz seiner ideen- und sozialgeschichtlichen Schwerpunktsetzung hegt Vico keinerlei irrationale Ressentiments gegenüber Technik und Ökonomie als historiographischer Themen. Und noch vollkommen fremd ist ihm die historistische Dichotomie zwischen ‚Kultur' und ‚Zivilisation' – eine letztlich irrationale Entgegensetzung, deren Profilierung im deutschen Historismus des 19. Jahrhunderts unauflöslich mit den imperialistischen Machtkämpfen zwischen den europäischen Großmächten verwoben ist.[175]

---

[174] Vgl. Grassi, E., ‚Vom Vorrang des Gemeinsinns und der Logik der Phantasie. Zur philosophischen Aktualität G. B. Vicos', in: Zeitschrift für philosophische Forschung 30 (1976), 491-509, 500ff.

[175] Vgl. Iggers, G. G., *Deutsche Geschichtswissenschaft. Eine Kritik der traditionellen Geschichtsauffassung von Herder bis zur Gegenwart*, Wien u.a. ²1997.

Vicos Vernachlässigung der sozioökonomischen Entwicklung ist zweifach begründet. Wie sich im Abschnitt 4.3 zeigen wird, liegt seiner Geschichtsphilosophie zum einen eine genuin sozialphilosophische Problemstellung zugrunde, von der er annimmt, dass für ihre Lösung keine genauere Analyse der soziökonomischen Entwicklung erforderlich sei. Zum anderen ist der vergleichsweise geringe Stellenwert der Wirtschafts- und Technikgeschichte in Vicos *Neuer Wissenschaft* dem fragwürdigen Versuch geschuldet, den Handlungstyp des rational-praktischen Verhaltens auf den des rituell-darstellenden Verhaltens zu reduzieren. Vico zielt also darauf ab, auch die Entwicklungsgeschichte der menschlichen Arbeit und der technischen Arbeitsmittel nach Maßgabe des Handlungstyps rituell-darstellenden Verhaltens zu modellieren. Dies zeigt sein Bestreben, die rationalistische Autonomiethese und das für sie grundlegende Menschenbild des *homo faber* mit Blick auf die poetische Frühgeschichte der Menschen in möglichst großem Umfang zu negieren.

Nirgends zeigt sich diese Ambition deutlicher als in Vicos Stilisierung der „Künste des Notwendigen, Nützlichen und Bequemen" (also Handwerk, Landwirtschaft) zu bloßen „Nachahmungen der Natur" und „realen Dichtungen" (SN 217). Gerade der zweite Topos bringt Vicos Parallelisierungsabsicht von ideengeschichtlicher Produktivität und sozioökonomischer Entwicklung klar zum Vorschein – stellt er doch bloß ein terminologisches Analogon zu der den archaischen Poeten bescheinigten Erdichtung politischer Symbole dar. Die von Vico anvisierte Reduktion gesellschaftlicher Arbeit auf vorrationale Kulthandlungen vermag allerdings nicht vollends zu überzeugen. Und wie schon die frühgeschichtliche Erfindung des Rades zeigt, stößt auch der Nachahmungstopos im Bereich technischer Artefakte rasch an die Grenzen seiner Plausibilität. An Überzeugungskraft fehlt es Vicos Versuch aber vor allem deshalb, weil er suggeriert, technische Artefakte und bestimmte Formen der gesellschaftlichen Arbeitsorganisation könnten ebenso naturwüchsig entstehen wie mythische Symbole und die damit assoziierten sozialen Sitten. Es ist jedoch nicht einzusehen, wie die Erfindung und der Gebrauch neuer

Arbeitsmittel oder neuer Formen der Arbeitsorganisation schon zu Urzeiten ganz ohne rationale Fähigkeiten hätten bewerkstelligt werden können.

4. GESCHICHTSPHILOSOPHIE ALS ÜBERLEBENSWISSENSCHAFT

4.1 DIE VORLÄUFIGKEIT DER LEBENSPRAXIS

Ziel dieses Kapitels ist es, Vicos Ansichten zu den Funktionsmechanismen des menschlichen Geschichtsprozesses nachzuzeichnen. Es gilt zu zeigen, dass in Vicos *Neuer Wissenschaft* ein Erklärungsmodell für den historischen Wandel zum Tragen kommt, das den geschichtlichen Autonomieanspruch des Menschen einerseits radikal negiert, dass aber andererseits auch um den Nachweis der Überflüssigkeit dieses Autonomieideals bemüht ist. Und zwar erfolgt dieser Nachweis bei Vico derart, dass die menschliche Geschichte als selbstregulatives Geschehen begriffen wird, in dessen Verlauf sich gerade wegen der Inexistenz eines steuernden Subjekts Fortschritt und Sinn verwirklichen. An die Stelle der Idee einer souveränen Gestaltungsmacht der Geschichte (Gott, die Menschheit usw.) tritt bei Vico die Vorstellung selbstorganisierender Funktionsprinzipien der kulturellen Evolution, die deren progressiven und sinnvollen Verlauf garantieren. Weiterhin ist die These zu belegen, dass diese Idee einer geschichtlichen Autopoiesis das lebensrealistische Theorieprofil der *Scienza Nuova Seconda* eindeutig widerspiegelt. Seinem Kern nach lässt sich Vicos Ansatz als symbolischer Materialismus oder Naturalismus qualifizieren, der das Format einer Überlebenswissenschaft aufweist. In dieser bislang wohl einzigartigen Wissenschaft geht es um nichts Geringeres als um die Aufklärung der historisch geschaffenen symbolischen und gesellschaftlichen Überlebensbedingungen der menschlichen Gattung.

Zur Explikation der Kernaussagen von Vicos Theorie der geschichtlichen Selbstregulation ist es zunächst erforderlich, das in der *Neuen Wissenschaft* zwischen Ideen- und Sozialgeschichte bestehende Verhältnis genauer zu beleuchten. Bislang hat sich gezeigt, dass Vico eine Brücke zwischen diesen beiden Dimension der geschichtlichen Wirklichkeit schlägt, indem er die Produkte des archaischen Denkens als sozialkonstitutive politische Mythen charakterisiert. Wie Vico selbst festhält, geht es ihm darum, die Geschichte „politischer Ideen" (SN 721) zu rekonstruieren. Am Leitfaden des *verum-factum*-Prinzips entfaltet er einen Begriff von geschichtlicher Wirklichkeit, in dessen Zentrum die Idee einer schöpferischen Einheit von Theorie und Praxis in den poetischen Frühphasen der Geschichte steht. Um eine Formulierung Croces aufzugreifen, versteht Vico die Geschichte somit „als Gedanke und als Tat"[176].

Bislang ist allerdings noch offen, wie Vico die Genese der politischen Mythen und der mit ihnen verknüpften institutionalisierten Praktiken erklärt: Woher eigentlich beziehen die der Phantasie entsprungenen Begriffe in Vicos Augen ihre normativen Bestimmungen, die sie zu wirksamen Koordinationsmedien der gesellschaftlichen Praxis werden lassen? Im Unterschied zu idealistischen Interpretationsansätzen der *Neuen Wissenschaft*, die zur Klärung dieser Frage entweder auf die Vorsehung oder aber auf die absolute Spontaneität des Geistes setzen, unternimmt Vico den Versuch einer immanenten und rationalen Erklärung; ein Versuch, der auf die Kontextualisierung des mythenerzeugenden Denkens in ein natürliches Gefüge von Ursachen und Wirkungen hinausläuft. Vor allem zielt Vicos Kontextualisierung des poetischen Denkens darauf ab, dem Mythos jenes Schreckensmoment zu nehmen, das aus der Behauptung der Irrationalität seiner Genese erwachsen würde. Die verheerenden Erfahrungen mit den politischen Mythen des 20. Jahrhunderts mögen zwar Zweifel am Versuch Vicos nähren, die Notwendigkeit des sozialproduktiven Charakters politischer Mythen aus einer allgemeinen Theorie ihrer Entstehungsweise *a priori* abzuleiten. Gleichzeitig jedoch entzieht die Anerkennung dieses Versuchs auch allen Bestrebungen den Nährboden, Vico zu einem Anwalt des politischen Irrationalismus zu stempeln.

Die zentrale Denkfigur, derer sich Vico zum Nachweis der politischen Nützlichkeit des Mythos bedient, ist die des historischen Primats der sozialen Lebenspraxis vor jedweder Form geis-

---

[176] Croce, B., Die Geschichte als Gedanke und als Tat, Bern 1944.

tiger Produktivität. Aus seiner materialen Geschichtsdarstellung geht klar hervor, dass die mit den Mythen geschaffenen gesellschaftlichen Normen keine fernab der menschlichen Lebenspraxis vom Geist entworfenen oder erfundenen Ideale darstellen, sondern dass die Schöpfung neuer Mythen immer erst als Folge von Neuerungen im Bereich des menschlichen Verhaltens notwendig wird. So sollen etwa die Dichtergiganten der geschichtlichen Anfänge zuerst jeder für sich eine Frau in ihre Höhle „geschleppt" haben, um sie dort in „ständiger Lebensgemeinschaft" (SN 504) zu halten, ehe sie in dieser ihrer Frau erstmals die Ehegöttin ‚Juno' erkannten (Vgl. SN 504, 511). Ihren Durst sollen die politischen Poeten bereits an den neu entdeckten Wasserquellen gestillt haben, bevor ihre Phantasie daraus die „dritte größere Gottheit, nämlich Diana" (SN 528) gemacht habe. Und die „Sabinerinnen" seien längst schon kunstvoll geraubt und die ersten Städte anschließend längst gegründet worden, ehe die menschlichen Täter ihre Taten im poetischen Charakter „Apoll" (SN 533) zu verehren begannen (vgl. SN 532).

Aus diesen Beispielen wird ersichtlich, dass in Vicos *Neuer Wissenschaft* die Praxis über die Theorie dominiert. Die Prozesse der Ideenbildung und der Vergesellschaftung, die für Vico die zwei Hauptaspekte der kulturellen Evolution bilden, werden nicht als gänzlich synchrone, sondern als leicht zeitversetzte Vorgänge verstanden. Die gesellschaftliche Verhaltenspraxis soll in diesem Zusammenhang immer schon über einen knappen Innovationsvorsprung vor der Ideenbildung verfügen. Im Gegensatz etwa zu Hegel insistiert Vico darauf, dass sich die menschliche Geistesgeschichte niemals aus sich selbst begreifen lässt, sondern ihre Impulse aus den Erfahrungen des Wandels der sozialen Lebenspraxis erhält. Im Kern behauptet Vico, dass sich eine kreative sowie ideell entlastete Praxis in der Geschichte immer schon im Vorlauf befindet. Die ingeniöse Phantasie und ihre Produkte werden im Gegensatz dazu als reproduktive Instanzen aufgefasst, die nichts genuin Neues erschaffen, sondern die Erfahrung des Alten, d.h. der lebenspraktischen Innovation, lediglich so modifizieren, dass die praktische Neuerung als solche erhalten bleibt. Auf den harten Boden der Lebenstatsachen zurückgeholt, sieht Vico die Hauptfunktion der Phantasie also darin, die jeweils erstmalig auftretenden neuen Kooperations- und Verhaltenspraktiken der Menschen in epochenüberdauernde gesellschaftliche Institutionen zu überführen.

Vicos Theorie des politischen Mythos stellt somit vor allem eine Theorie der Normierung des Faktischen dar, in der auf die schöpferische Kunst des Menschen verwiesen wird, die eigenen Taten als Diktate suprahumaner Mächte wahrzunehmen und sie so in politische Normen zu übersetzen. Das wird bestätigt durch Vicos Bestimmung der Phantasie als „erweitertes oder zusammengesetztes Gedächtnis" (SN 211), die dem Reproduktionsgedanken durchaus entspricht. Die Phantasie wird zwar als Einheit von *inventio* und *memoria* definiert, die *inventio* wird der *memoria* jedoch eindeutig unter- und nicht etwa übergeordnet.[177] Sinn ergibt diese Definition allein unter der Voraussetzung, dass bereits Denkwürdiges geschehen ist, bevor die Phantasie dieses Denkwürdige in schöpferisch-erweiterter Form im Gedächtnis festhält. Vicos Theorie der *fantasia* weist aus diesem Grund ein klar anti-utopisches Profil auf. Die Phantasie ist für Vico kein Vermögen, welches das praktisch Gegebene mit Blick auf das Mögliche transzendiert, sondern eines, das die Erfahrung des Gegebenen bzw. der menschlichen Tatsachen so verändert, dass dieses praktisch Gegebene konserviert wird. Es soll sich bei ihr also buchstäblich um ein politisch konservatives Vermögen handeln.[178]

Dass eine solche mythische Konservierung innovativer Praktiken überhaupt erforderlich ist, begründet Vico mit der anthropologischen These von der Ungewissheit des sozialen Willens des Menschen. Gerade die Vorläufigkeit der gesellschaftlichen Praxis stellt deren Hauptdefizit dar; denn einmal Gekonntes kann wieder vergessen werden und somit verloren gehen. Dem Vergessen

---

[177] Vgl. Trabant, J., Neue Wissenschaft von alten Zeichen. Vicos Sematologie, Frankfurt/M. 1994, 167f.

[178] Die Differenzen zwischen Vicos retrospektivem und Blochs projektivem Begriff der politischen Einbildungskraft werden klar herausstellt von Haeffner, F., *Vico und Bloch: Mythos, Geschichte, Utopie*, Pfaffenweiler 1996.

wirkt jedoch, so Vico, die Phantasie naturwüchsig entgegen, indem sie passende Mythen erfindet, die die Menschen sozusagen auf ihrem lebenspraktisch eingeschlagenen Kurs hält. Die politischen Mythen Vicos tragen also den Charakter eines Nachrufs der Götter auf das vom Menschen praktisch schon Gekonnte, der zu dessen Wiederholung ermahnt: ‚Gut gemacht, nur weiter so!' lautet die wenig anspruchsvolle Verhaltensvorschrift, die Vico den Göttern in den Mund legt. Latent grausam ist dieser Imperativ freilich insofern, als er die besonderen Umstände, die den Wandel des Verhaltens ursprünglich hervorgerufen hatten, unberücksichtigt lässt.

Das eigentlich Fiktionale des Mythos besteht für Vico folglich allein in den Subjekten, von denen er handelt (Götter, Heroen, personifizierte Ideen). Die Phantasie ist erweitertes Gedächtnis, insofern sie die natürlichen und menschlichen Ursprünge der je neuen Kooperations- und Verhaltensweisen verschleiert und übermenschliche Charaktere zu deren Urhebern und Bewahrern erklärt. Die realistische Dimension des Mythos zeigt sich komplementär dazu an den Attributen, die den poetischen Charakteren zugeschrieben werden. Dieser Zusammenhang lässt sich an Vicos Kulturentstehungstheorie besonders gut aufweisen, insofern die phantastische Erzeugung ‚Jupiters' zugleich die Sesshaftigkeit des Menschen nach sich zieht. Die Sicherung dieses sinnvollen Ergebnisses ist für Vico in der Tat eine Leistung des ‚Jupiter-Mythos', da zu den Hauptattributen dieser Gottheit der Titel ‚Stator' oder ‚Anhalter' (vgl. SN 504) zählt. Freilich ist nicht die Idee Jupiters die Ursache des ersten Anhaltens der menschlichen Bewegungen. Dies wird von Vico vielmehr als schlichte Körperreaktion auf das plötzlich über die Urmenschen hereinbrechende Gewitter verstanden. Schon Blitz und Donner allein haben laut Vico bei den ersten Kulturmenschen jenes ursprüngliche „›*terrore defixi*‹, durch den Schrecken angewurzelt'" (SN 387) sein, hervorgerufen, das dann im ‚Jupiter-Mythos' mit dem Effekt einer Konservierung in die Leistung einer lebendigen Himmelsgottheit umgedeutet wird.

Freilich bescheinigt der Lebensrealist Vico der mythenerschaffenden Phantasie bei ihrer geschichtlichen Arbeit der Normierung des Faktischen ein höchst selektives Vorgehen. Nicht jede neue individuelle oder kollektive Tat eigne sich als Gegenstand der mythischen Überhöhung, sondern allein diejenigen, die Nutzen stiften. So erklärt Vico, dass die „menschlichen Bedürfnisse oder Vorteile […] die beiden Quellen des natürlichen Rechts der Völker sind" (SN 141), wodurch hervorgehoben werden soll, dass die mythischen Zeichennormen von vornherein einer lebenspragmatischen Erfolgskontrolle unterliegen. Das stellt sicher, dass die Menschen sich ausschließlich solchen politischen Mythen unterwerfen, welche Verhaltensweisen diktieren, die ihnen selbst von Nutzen sind. Auch in dieser Sichtweise offenbart sich eine gewisse Ironie – läuft sie doch auf die These hinaus, dass die Menschen insofern schon immer ungewollt klüger sind als ihre Götter, als sie sich nur solchen göttlichen Normen beugen, deren Befolgung ihnen bereits im irdischen Leben veritable Vorteile verschafft. Nüchtern betrachtet handelt es sich bei Vicos vordergründig so gottesfürchtigen Dichtergiganten um erfolgsorientierte Pragmatiker, die über ihre eigenen beängstigenden Lebenserfolge derart ins Staunen geraten, dass sie sie entweder auf Götter in der Natur zurückführen oder aber sogar ihrem eigenen Tun den Schein des Göttlichen verleihen.

Eine utilitaristische Begründung des Rechts liefert Vico aber insofern nicht, als er weder die phantasiebestimmte Erzeugung neuer Mythen noch die praktischen Innovationen der Menschen als auf einem Nutzenkalkül basierende Entwicklungen auffasst. Der mythischen Normierung kollektiver Praktiken geht die Erfahrung ihrer Nützlichkeit zwar voraus; aber diese Erfahrung wird jeweils nur von einzelnen Individuen gemacht, so dass ihr jener Antizipationshorizont fehlt, der die positiven Gesamtfolgen der Institutionalisierung der betreffenden Praktik zum Vorschein bringt. In diesem Zusammenhang interpretiert Vico jedweden Mythos, der gesellschaftlich bereits fest etabliert ist, zugleich als eine hemmende Instanz, die einen Verhaltensrahmen für die Erfindung neuer sozialer Kooperationspraktiken definiert. Auf diese Weise wird sichergestellt, dass der Prozess der Vergesellschaftung von regressiven Momenten frei bleibt und insgesamt eine Fortschrittsbahn beschreibt.

Die Überzeugung vom Primat der gesellschaftlichen Lebenspraxis vor jeder geistigen Produktion ist eine Grundannahme, die Vicos Geschichtsphilosophie mit dem historischen Materialismus verbindet.[179] Dennoch dürften, obwohl Vico und Marx von ähnlich anthropologischen und geschichtsmetaphysischen Annahmen ausgehen, die Differenzen zwischen beiden Autoren überwiegen. Ein gemeinsamer Ausgangspunkt etwa lautet, dass das gesellschaftliche Sein das Bewusstsein der Menschen bestimmt; und in diesem Punkt löst schon Vico jenes wissenschaftliche Programm ein, das Marx später zu einer Hauptaufgabe materialistischer Geschichtstheorie erklären wird. So heißt es bei Marx: „Es ist in der Tat viel leichter, durch Analyse den irdischen Kern der religiösen Nebelbildungen zu finden, als umgekehrt, aus den jedesmaligen wirklichen Lebensverhältnissen ihre verhimmelten Formen zu entwickeln. Die letztere ist die einzig materialistische und daher wissenschaftliche Methode."[180] Hier fordert Marx zur Ausarbeitung einer sozialgenetischen Ideologietheorie auf, die den gesellschaftlichen Hintergrund religiöser und anderer Vorurteile aufdeckt. Es ist überraschend, dass sich dieser Aufruf an einer Stelle in Marxens Schriften findet, an der die Bedeutung von Vicos *verum-factum*-Prinzip behandelt wird. Denn wie sich bereits gezeigt hat, verleiht Marx dem *verum-factum*-Satz Vicos hier nicht nur einen neuen Sinn (vgl. 1.1); er erwähnt zudem mit keinem Wort, dass Vico bereits eine materialistische Ideologietheorie, die den soeben explizierten Kriterien genügt, konzipiert hatte. Letz-

---

[179] Vgl. Lifshitz, M., '*Giambattista Vico (1668-1744)*', in: Philosophy and Phenomenological Research 1948, Buffalo/New York 1948, 391-414; Kamenka, E., '*Vico and Marxism*', in: Tagliacozzo, G., White, H. V. (Hg.), *Vico. An International Symposium*, Baltimore 1969, 137-143; Tagliacozzo, G. (Hg.), *Vico and Marx. Affinities and Contrasts*, Atlantic Highlands 1983; Fertl, H., *Marxismus und Vico. Das philosophische Denken G. Vicos und die Theorie des dialektisch-historischen Materialismus*, München 1974. Zudem gehören in diesen Kontext die Beiträge von Ernesto Grassi und Nicola Badaloni.

[180] Marx, K., Das Kapital. Kritik der politischen Ökonomie, Bd. 1, MEW Bd. 23, Berlin [15]1984, 393.

teres dürfte darauf zurückzuführen sein, dass Vicos materialistische Ideologietheorie Marxens tatsächlichem Ideal einer solchen Theorie nicht entspricht; schließlich läuft die materialistische Ideologietheorie von Vico – entgegen der Vorstellung von Marx – gerade nicht auf die Depotenzierung der symbolschöpferischen Leistungen der Menschen hinaus, sondern sie führt im Gegenteil zu deren Erhebung in den Rang eines gesellschaftskonstitutiven Faktors. In der Idee vom Vorrang des sozialen Seins vor den Produkten des Bewusstseins stimmen Vico und Marx zwar überein; dass aber auch umgekehrt gesellschaftliches Bewusstsein soziales Sein beherrscht, ist eine von Vico vertretene Ansicht, die mit dem von Marx favorisierten historiographischen Schichtenmodell von ökonomischer Basis und ideellem Überbau kaum vereinbar ist.[181]

Damit ist zugleich ein zentraler Unterschied zwischen dem historischen Materialismus von Marx und dem semiotischen Kulturnaturalismus Vicos benannt. Während Marx die Entwicklung der Produktivkräfte konzeptionell in den Mittelpunkt rückt und von dort aus die Entfaltung von Herrschaftsverhältnissen und ideologischen Bewusstseinsformen zu erklären versucht, ist Vico bestrebt, den Aufbau der geschichtlich-sozialen Welt aus dem autopoietischen Wechselspiel zwischen vorlaufender sozialer Praxis und den diese jeweils stabilisierenden mythischen Bewusstseinsprodukten verständlich zu machen. Natürlich gibt es auch für Marx eine Tendenz zur Objektivierung gesellschaftlicher Strukturen und Herrschaftsverhältnisse. Vico aber geht im Unterschied dazu davon aus, dass gesellschaftliche Klassendifferenzen letztlich allein auf politischen Mythen gründen können, also eben kein *fundamentum in re* besitzen; so dass sie etwa auch nicht am Entwicklungsstand der Produktivkräfte festgemacht werden können. Aus Vicos Sicht müssen, um die Terminologie von Marx aufzugreifen, zumindest die im Volk zirkulierenden politischen Herrschafts-, Leistungs- und Eigentumsmythen zum gesellschaftlichen ‚Unterbau‘ gezählt werden, da sie für klassenherrschaftliche

---

[181] Vgl. Marx, K., *Zur Kritik der politischen Ökonomie*, MEW Bd. 13, Berlin 1961, 8ff.

Verhältnisse konstitutiv sind. Schon für Vico ist der Kampf um die gesellschaftliche Herrschaft daher immer auch ein Kampf um ‚symbolische Macht', also um die Deutungshoheit über das, was in der Gesellschaft geschieht. Ebensowenig wie Marx hegt Vico jedoch die Illusion, dass der symbolische Meinungskampf den unmittelbaren politischen Kampf völlig ersetzen kann.

Der eigentliche Differenzpunkt zwischen Vico und Marx liegt indessen im Bereich der Theorie des Bewusstseins bzw. des Geistes. Während Vico ein neues Produktionsparadigma der symbolischen Erkenntnis entwirft, das es ihm ermöglicht, Symbol- und Güterproduktion unter dem Gesichtspunkt der sozialen Wirksamkeit auf ein und dieselbe Stufe zu stellen, zeigt Marxens Rekurs auf das Widerspiegelungstheorem, das seine Vorstellungen zu Bewusstsein und Geist noch immer in der Tradition der idealistischen Bewusstseinsphilosophie von Locke bis Leibniz und dem für diese typischen Repräsentationsparadigma liegen.[182] Das erweist sich vor allem dort als Problem für die Geschichtstheorie, wo Marx zur theoretischen Entkräftung realitätsohnmächtiger Ideologien eine Schichtentheorie der geschichtlichen Wirklichkeit bemüht, die zur Abtrennung einer aktiven, quasi-dinglichen ökonomischen Basis von einem passiven, symbolisch verfassten Überbau führt. Vico dagegen verwirft das Widerspiegelungs- bzw. Repräsentationsparadigma der Erkenntnis. Dies eröffnet ihm die Möglichkeit, zwischen verhaltensbestimmenden Symboliken und solchen sprachlichen Artikulationsmustern zu differenzieren, die rein ideologische Verklärungsformen der sozioökonomischen Basis darstellen.

4.2 ‚NOT MACHT ERFINDERISCH'

Es bleibt die Frage zu klären, auf welche Faktoren Vico die Schöpfung neuer verhaltenspraktischer wie symbolischer Gebilde

---

[182] Vgl. Holz, H. H., *Weltentwurf und Reflexion. Versuch einer Grundlegung der Dialektik*, Stuttgart/Weimar 2005, 99ff.

zurückführt. Als Medium der bloßen Konservierung sinnvoller gesellschaftlicher Kooperationsformen ist der politische Mythos auf einschlägige vorsymbolische Impulse angewiesen, die jenseits seiner Einflusszone angesiedelt sind. Welche Art von Impulsen oder Triebkräften aber soll es nun sein, die das Rad der Geschichte am Laufen hält? Die großen Taten bedeutender Individuen sind es auf jeden Fall nicht: "The first thing Vico's theory suggests, then, is that we should pay very much less attention to individual factors in trying to understand ourselves and very much more attention to the general social situations in which we are brought up, in which we are taught not only how to think about things but also how to experience them."[183]

Schon Vicos Theorie der poetischen Charaktere zeigt ganz klar, dass die Rolle der Persönlichkeit in der Geschichte in der *Neuen Wissenschaft* für äußerst gering erachtet wird. Wenn sich hinter jedem ‚poetischen Charakter' ganze Volksmassen verbergen, dann kann der historische Wandel seine Impulse nur aus überindividuellen Kräften beziehen. Eine derart allgemeine, zugleich aber geschichtsschöpferische Kraft attestiert Vico all jenen individuellen wie kollektiven Notlagen und Krisen, in die die Menschen schuldlos hineingeraten. Alle Kulturerrungenschaften oder „Wohltaten" in der Geschichte, so steht es schon im Abschnitt *Von der Methode*, sollen bei „diesen oder jenen Bedürfnissen oder Unglückfällen" (SN 344) geschaffen worden sein.

Anders als zum Beispiel Adler und Grassi behaupten[184], sind es jedoch nicht die menschlichen Bedürfnisse selbst, auf die Vico den geschichtlichen Fortschritt zurückführt; sondern es sind die Not verursachenden Hemmungen der Begierden, in denen er die nie versiegende Motivationsquelle der kulturellen Evolution erkennt. Die materiellen Alltagsnöte, die bei Vico die Impulse zur Schöpfung von Geschichte geben, können freilich nicht als bloße

---

[183] Pompa, L., *Vico's Theory of the Causes of Historical Change*, o. O. 1971, 13.

[184] Vgl. Adler, M., ‚*Die Bedeutung Vicos für die Entwicklung des soziologischen Denkens*', in: Archiv für die Geschichte des Sozialismus und der Arbeiterbewegung 14 (1929), hg. v. C. Grünberg, 280-304, 299; Grassi, E., *Die Macht der Phantasie. Zur Geschichte abendländischen Denkens*, Frankfurt/M. 1984, 240.

Mangelphänomene begriffen werden. Vielmehr denkt Vico an solche Lebensnöte als sinnfällige Spitzenzustände der körperlichen Selbstgewissheit des Menschen, die von sich her jene Tatenergien freisetzen, die auf die handlungspraktische Überwindung ihres objektiven Notgrundes zielen.

Hier liegt der bislang kaum gewürdigte anthropologische Hintergrund für Vicos Auffassung von der ‚poetischen' oder ‚schöpferischen' Ausnahmequalität der frühgeschichtlichen Epochen; und von hier fällt zugleich ein neues Licht auf das Vico-Axiom. Dieses richtet sich nicht bloß gegen die neuzeitliche Autonomie-These, nach der die Menschen ihre Geschichte bewusst und willentlich gestalten. Vielmehr opponiert es jedweder Form eines notlosen geschichtlichen Aktivismus, sei er auch unter Berufung auf Wille und Gemüt konzipiert. Ihm hält Vico die Faktizität schöpferischer Passionen entgegen, die den Menschen, eben aus Not heraus, erfinderisch sein lassen.

König zieht vor diesem Hintergrund zu Recht eine Querverbindung zwischen Vicos Begriff der ‚göttlichen Vorsehung' und seiner Auffassung von Geschichte als chronischer Notlösungsprozedur: „Was Vico als göttliche Vorsehung beschreibt, lässt sich noch in einer anderen Weise akzentuieren. Die Geschichte der heidnischen Humanität ist dadurch geprägt, daß die Menschen aus Not permanent Dinge erschaffen, die eine von ihnen nicht-intendierte reflexive Wirkung haben."[185] In der Tat begreift Vico den menschlichen Geschichtsprozess von den „äußersten Notwendigkeiten des Lebens" (SN 555) her, aus denen die Bildung von Ehe, Familie, Totenbestattung, Privateigentum und Landwirtschaft und aller übrigen wichtigen Institutionen abgeleitet werden. Vicos Katalog kulturschöpferischer Lebensnöte gestaltet sich insofern reichhaltig, als dieser neben den Durst, Hunger und ungestillter sexueller Begierde auch exotische Nöte wie den geruchsevidenten Ekel (vgl. SN 529) und den Schockzustand des Erschreckens umfasst. Letzterer spielt in Vicos Kulturentstehungstheorie eine tragende Rolle; denn das singuläre „›terrore defixi‹" (SN 387)

---

[185] König, P., *Giambattista Vico*, München 2005, 114.

am Eingang zur Kultur, das von Blitz und Donner ausgelöst wird, korrespondiert einer lähmenden Schrecksekunde des Körpers, die diesen starr und reglos werden lässt. Notlage und Notlösung koinzidieren hier unmittelbar; denn das Erstarren der Leiber der Völkergründer stellt die überlebensgerechte Reaktion auf das über ihren Köpfen stattfindende Himmelsinferno dar.

Die Originalität Vicos liegt in der Systematik seines Ansatzes, die ihn jede gekonnte Notlösung zugleich als Ursache für die Herausbildung neuer Krisenzustände begreifen lässt. Das gilt vor allem mit Blick auf Vicos Kulturentstehungstheorie, derzufolge gerade in der anfangs erreichten Sesshaftwerdung jene Krisenpotentiale liegen, an denen sich die Menschen bis zum Ende der Geschichte hin abarbeiten müssen. Die nomadische Lebensform des Naturzustandes betrachtet Vico im Kontrast dazu als nahezu krisenfrei, da sie über die nötige Flexibilität verfügt, um echte Krisen erst gar nicht aufkommen zu lassen.

Auch Vicos Bildungsgeschichte der Ehe stellt auf die schöpferische Kraft vitaler Not ab. Die archaischen Dichtergiganten haben sich, so Vico, aus Furcht vor ‚Jupiter' übereilt und kopflos, d.h. ohne weibliche Begleitung, in Höhlen geflüchtet. Angesichts sexueller Appetenz, so Vico weiter, entschlossen sie sich schließlich dazu, der Askese zu entsagen und dem als leidvoll erfahrenen Mangel durch das gewaltsame Einbringen einer Frau entgegenzuwirken (SN 504), mit welcher sie schließlich feierlich den Ehebund eingehen. Mit viel Ironie fügt Vico hinzu, dass die Dichtergiganten erst in der Folge der Institutionalisierung der Befriedigung ihres Sexualtriebs in der Ehe damit beginnen, die „Götter zu loben" (SN 506).[186]

---

[186] Dass Vico die Begründung der Ehe der Entstehung des Ackerbaus historisch vorausgehen lässt, kann als Kritik an der Bedürfnislehre Epikurs verstanden werden, insofern dieser Hunger und Durst als ‚natürliche und notwendige' Begierden über den Sexualtrieb als ‚natürliche und nicht notwendige' Begierde gestellt hat (vgl. Epikur, *Philosophie der Freude. Briefe, Hauptlehrsätze, Spruchsammlung, Fragmente*, übers. v. P. M. Laskowsky, Frankfurt/M. 1988, 70).

Einer solchen Notlogik bleibt Vico auch dort treu, wo er eine genetische Erklärung komplexerer gesellschaftlicher Institutionen wie etwa der arbeitsteiligen Klassengesellschaft oder des Staates liefert. So führt Vico auch die Entstehung des Staates auf den „Zwang der Verhältnisse" (SN 584) zurück. Der Ursprung des Staates soll hierbei in der militärischen sowie teilweise auch ökonomischen Vereinigung von zuvor noch zerstrittenen Adelsfamilien liegen. Diesen politischen Konsens des Adels deutet Vico als kreative Lösung einer Notsituation, in die der Aufstand der plebejischen Arbeiterknechte – die ebenfalls nur aus Not handeln, da sie „von den Vätern Felder verlangten, um sich ernähren zu können" (SN 587) – jede einzelne adlige Familie bringt. Die historische Begründung der Institution des Staates wird folglich nicht auf einen freien Akt der politischen Souveränität zurückgeführt, sondern als naturwüchsige Verzweiflungstat der Herrschenden zur Abwehr eines Massenaufstandes der Beherrschten gewertet; und Vico rechnet in diesem Zusammenhang fest mit einem Sieg des nun als Kollektiv auftretenden Adels, der im Ergebnis zur Konsolidierung und allmählichen Ausdifferenzierung der Institution des Staates führt. Diese Sichtweise schließt jedoch keine Parteinahme für die Interessen der politisch unterdrückten Massen ein, für die Vico die poetischen Charaktere ‚Tantalus', ‚Ixion' und ‚Sisyphus' (vgl. SN 583) reserviert – im Gegenteil: den politischen Emanzipationskämpfen der arbeitenden Klassen wird, so sehr ihre geschichtliche Notwendigkeit auch Anerkennung findet, insgesamt eher mit Skepsis begegnet. Vico interpretiert die historische Entwicklung des Staates nämlich als von der Aristokratie über die Demokratie hin zur Monarchie führenden Prozess, in dessen Verlauf durch die sukzessive Nivellierung von Standes- und Klassengegensätzen zugleich die Grundlagen politischer Stabilität ausgehöhlt werden. Für den politisch konservativen Autor Vico liegen diese Grundlagen in der Differenzierung und Hierarchisierung verschiedener Stände oder Klassen. Aus diesem Grund ist es ungerechtfertigt, Vico als Vorläufer des Marxismus anzusehen, wie es beispielsweise Badaloni, Fertl und Grassi getan haben.[187]

Parallelen zwischen Vico und Marx ergeben sich freilich mit Blick auf das Erklärungsmuster des geschichtlichen Fortschritts, da beide Autoren soziale Krisen sowie die daraus resultierenden Klassenauseinandersetzungen als wesentliche Triebkraft der sozialen Entwicklung begreifen. Dabei verfügt insbesondere die von Marx auf den Spätkapitalismus zugeschnittene Verelendungstheorie über jenes konkrete Format, das dem Lebensrealismus Vicos am besten entspricht.[188] Allerdings ist Vicos Erklärungsansatz differenzierter als jener von Marx, da er – wie das Beispiel der Ehe gezeigt hat – neben sozialen Krisen, die aus Klassengegensätzen erwachsen, noch ganz anders gelagerten materiellen Notlagen eine geschichtsschöpferische Rolle bescheinigt. Hinzu kommt, dass Vicos Geschichtsphilosophie keine Revolutionstheorie beinhaltet. Vielmehr werden die geschichtlichen Veränderungen gesellschaftlicher Lebensmuster als traditionserweiternde Reformen verstanden und nicht, wie bei Marx, im Sinne radikaler Umwälzung, die zum Bruch mit der überlieferten Sozialstruktur führen.

Hinsichtlich der Not- und Zwangslagen, welche die Menschen zur Schöpfung des historisch Neuen motivieren sollen, spricht Vico von „Gelegenheiten" (SN 344) oder ‚Anlässen', was auf den ersten Blick wie eine Bezugnahme auf den Okkasionalismus von Malebranche anmutet.[189] Dieser Eindruck täuscht jedoch insofern, als sich Vicos Theorie der ‚Gelegenheiten' im Unterschied zu Malebranche auf kein göttliches Eingriffssubjekt be-

---

[187] Vgl. Badaloni, N., Introduzione a Vico, Roma/Bari ²1988; Fertl, H. L., Marxismus und Vico. Das philosophische Denken Giambattista Vicos und die Theorie des dialektisch-historischen Materialismus, München 1974, 1ff.; Grassi, E., Humanismus und Marxismus. Zur Kritik der Verselbständigung von Wissenschaft. Mit einem Anhang: Texte Italienischer Humanisten', Reinbek bei Hamburg 1973; Ders., ‚Marxism, Humanism, and the Problem of Imagination in Vico's Works', in: Tagliacozzo, G., Verene, D. Ph. (Hg.), Giambattista Vico's Science of Humanity, Baltimore/London 1976, 275-294.

[188] Vgl. Marx, K., *Das Kapital, Bd. 3*, MEW Bd. 25, Berlin ³1969, 268ff.

[189] Vgl. Malebranche, N., *Abhandlung von der Natur und der Gnade*, übers. u. hg. v. S. Ehrenberg, Hamburg 1993.

zieht, das bei Gelegenheit weltimmanente Ordnungszusammenhänge, etwa zwischen Körper und Geist oder den Bewegungen der Körper herstellt, sondern auf die Perspektivendifferenz zwischen der Betrachtung geschichtlicher Abläufe aus dem Blickwinkel der Geschichte nur eines Volkes und aus der allgemeinen, freilich ebenso weltimmanenten Perspektive der *storia ideale eterna*. Aus dem Blickwinkel der ‚ewigen idealen Geschichte' handelt es sich bei den Notlagen, gerade wegen ihrer situationsspezifischen Konkretheit, nur um die jeweils spezifischen Anlässe, kraft derer sich neue, völkerübergreifend gültige Denk- und Verhaltensmuster ausbilden. Vom Standpunkt der besonderen Geschichte eines einzelnen Volkes betrachtet, besitzen dieselben Anlässe oder Gelegenheiten dagegen den Status handfester Ursachen, die ihr schöpferisches Ergebnis notwendig herbeiführen. Ebensowenig hat Vicos Konzept der ‚Gelegenheiten' deshalb etwas mit der geschichtswissenschaftlichen Unterscheidung zwischen ‚echten' Ursachen und ‚bloßen' Anlässen geschichtlicher Ereignisse zu tun. Anlass für Vicos Implementierung eines säkularen Okkasionalismus in sein Theoriemodell bietet vielmehr die Problematik, das Einheitskonzept der *storia ideale eterna* schlüssig mit der historischen Tatsache der „unzähligen Mannigfaltigkeit der Sitten der Völker" (SN 344) zu verbinden.

Es ist bemerkenswert, dass Voltaire, ohne Vicos Werk zu kennen, den grundlegenden menschlichen Lebensnotwendigkeiten ebenfalls eine fortschrittsförderliche Rolle bescheinigt. So führt Voltaire etwa die in seinen Augen Anerkennung verdienende politische und sittliche Unabhängigkeit der „Wilden von Amerika"[190] auf die Schlichtheit und Bodenständigkeit ihrer Lebensweise zurück. Im Unterschied zu Vico fasst Voltaire das den Geschichtsverlauf bestimmende Motivationsspektrum jedoch deutlich weiter. Dies geschieht nicht ohne kritische Untertöne; denn Voltaire erkennt gerade in den sich vom Boden der Lebensnotwendigkeiten freimachenden Willkürakten der Menschen eine

---

[190] Voltaire, Über den Geist und die Sitten der Nationen (Essay sur l'histoire générale et sur les mœurs et l'esprit des nations), 3 Bde., Bd. 1, übers. v. K. F. Wachsmuth u. hg. v. O. Wiegand, Leipzig 1867, 20.

Quelle sozialer Pathologien sowie ein Hemmnis für den geschichtlichen Fortschritt. Unter dem Stichwort ‚Mensch' heißt es demzufolge in Voltaires *Philosophischem Wörterbuch*: „Die Hauptsorgen des Menschen sind Wohnung, Nahrung und Kleidung. Alles Übrige ist Nebensache, aber um dieser nebensächlichen Kleinigkeiten willen wird gemordet und geraubt."[191] Diese Aussage des Aufklärers Voltaire richtet sich gewiss kritisch vor allem gegen die unmotivierten Kriegsabenteuer der absolutistischen Monarchen seiner Zeit. Sie belegt aber auch, dass Voltaires Vernunft- und Fortschrittsoptimismus keineswegs grenzenlos sind. Anders als Vico rechnet Voltaire mit Verzögerungen und Rückschlägen in der Fortschrittsgeschichte des menschlichen Geistes. Da Voltaire zudem, anders als Vico, dem Mythos und der Theokratie keine sozialpragmatische Protovernunft unterstellt, sondern sie eher als fortschrittsverzögernde Faktoren begreift, gelangt er zwangsläufig zu einer völlig anderen Einschätzung bezüglich Dauer und Fortschrittstempo verschiedener Zeitalter. Während Vico gerade die schöpferische Fortschrittsdynamik der archaischen Phasen der Menschheitsgeschichte herausstellt, dehnt Voltaire in seiner Vorstellung die Dauer frühgeschichtlicher Epochen ins schier Maßlose aus[192] und verbindet damit das Bild eines Fortschritts im Bummeltempo.[193]

In einer frühen Studie hat Horkheimer Vicos Erklärungsansatz für den gesellschaftlichen Wandel prägnant auf den Punkt gebracht: „Ähnlich wie Machiavelli, nur viel bewußter und folgerichtiger, geht [Vico] davon aus, daß die menschlichen Produktionen aus Notwendigkeit, genauer gesprochen: aus der Reaktion auf materielle Not zu erklären sind. In den äußeren Lebensumständen, verbunden mit der primitiven psychischen Beschaffen-

---

[191] Voltaire, *Philosophisches Wörterbuch*, übers. v. E. Salewski, Leipzig 1963, 173.

[192] So bestimmt etwa Voltaire die Existenzdauer des Volkes der Chaldäer auf nicht weniger als 470.000 Jahre. Vgl. Voltaire, *Über den Geist und die Sitten der Nationen (Essay sur l'histoire générale et sur les mœurs et l'esprit des nations)*, 3 Bde., Bd. 1, übers. v. K. F. Wachsmuth u. hg. v. O. Wiegand, Leipzig 1867, 31.

[193] Lapidar heißt es denn auch: „Der Fortschritt des Menschengeistes ist so langsam" (ebd.).

heit der frühen Menschen liegen nach ihm die Erklärungsmomente für die menschliche Geschichte."[194] Zu präzisieren ist diese Feststellung Horkheimers lediglich dahingehend, dass Vico die Not gleichsam als eine nie versiegende Motivationsquelle geschichtlicher bzw. kultureller Produktivität betrachtet. Im Grunde genommen besitzt jede menschliche Kulturhandlung für Vico den Charakter einer bloßen Notgeburt oder Verzweiflungstat.

Insbesondere werden leibliche Leidenszustände auch als motivationale Quelle der phantasieerschaffenen Zeichen und Symbolsysteme begriffen. Zwar ist bei Vico von einer „natürliche[n] Neugierde" (SN 377) die Rede, von der ausgehend die Mythendichtung erfolge. Allerdings darf die von Vico hier ins Auge gefasste Form von Neugierde nicht mit der wissenschaftlichen auf eine Stufe gestellt werden. Vico beschreibt die Erkenntnishaltung der Mythenschöpfer nämlich als „ängstlich forschend" (SN 377) und unterstreicht, dass die Erschaffung religiöser Fiktionen nur für denjenigen Menschen zur Notwendigkeit wird, der, „der Verzweiflung an jeglicher Hilfe der Natur verfallen, etwas Höheres ersehnt, das ihn retten möge" (SN 339). Die der Symbolschöpfung laut Vico zugrunde liegende Not lässt sich aber ebenso wenig als ‚Sinngebungsnot' qualifizieren. Worum es bei dieser Art Not in Wahrheit gehen soll, ist nicht Sinngebung, sondern die Kompensation einer zweifachen Ohnmachtserfahrung gegenüber der Natur durch das Fingieren personifizierter Täter- wie auch Opfersymbole. Diese Symbole dienen dabei nicht primär dem Verständlichmachen des Unverständlichen. Ihr eigentlicher Sinn besteht darin, durch die Imitation fingierter Täter den fiktiven Opferschicksalen der Anderen zu entgehen. Dies ist geradezu die Quintessenz von Vicos Kulturentstehungstheorie.

Wenn etwa Blumenberg den Ursprung der Mythen auf das Bedürfnis der archaischen Menschen zurückführt, einem „Absolutismus der Wirklichkeit"[195] symbolisch Herr zu werden, dem sie

---

[194] Horkheimer, M., Anfänge der bürgerlichen Geschichtsphilosophie, Stuttgart 1930, 102.

[195] Vgl. Blumenberg, H., *Arbeit am Mythos*, Frankfurt/M. 1979, Kap. I.

handlungspraktisch nichts entgegenzusetze haben, so ist dieser Standpunkt schon bei Vico präfiguriert. Im Kontrast zu Blumenberg sieht dieser im Mythos jedoch weniger eine Urform der symbolischen Distanznahme zur Welt als vielmehr ein symbolisches Medium, das dem Menschen ein kluges Anpassungsverhalten an die Gegebenheiten der Natur ermöglicht. So ist ,Jupiter' für Vico zunächst ein Produkt der leidschaffenden Ohnmachtserfahrung der frühen Menschen angesichts der über ihre Köpfe hereinbrechenden Gewitterkatastrophe. Dieser Teil von Vicos Geschichte kann jedoch nur eine Hälfte der Wahrheit sein, da die Faktizität des Gewitters allein die Motivation zur ,Jupiter-Sichtung' noch nicht hinreichend erklärt – zumal ja auf jedes Gewitter schon bald wieder blauer Himmel folgt. Das eigentliche Notmotiv für die Erzeugung ,Jupiters' liefern gemäß der hier vorgeschlagenen Lesart die Opfer, die im Gegensatz zu den Dichtergiganten nach Abzug des Gewitters reglos am Boden liegen bleiben. Auch wenn Vico diese menschlichen Opfer als poetische Opfercharaktere erst später in den Text einführt, gehören sie der Sache nach doch an den Anfang seiner ,großen Erzählung'. Gemeint sind hier insbesondere Prometheus und Tityus, die den Status poetischer Gegencharaktere zur poetischen Tätergestalt ,Jupiter' besitzen: „Und die Frömmigkeit ging aus von der Religion, die eigentlich die Furcht vor der Gottheit bedeutet. Der heroische Ursprung dieses Wortes hat sich bei den Lateinern erhalten nach der Meinung derjenigen, für die das Wort ›a religando‹ von ›binden‹ kommt, das heißt von jenen Ketten, mit denen Tityus und Prometheus an hohe Felsen gefesselt waren, wo ihnen ein Adler, das heißt die furchteinflößende Religion der Auspizien Jupiters, das Herz und die Eingeweide verzehrte" (SN 503).

Am Anfang der Kulturgeschichte steht für Vico das phantasiegestiftete Empathieempfinden, das, von Blitz und Donner aktiviert, den Menschen plötzlich emotional mit einer lebendigen Umgebung verbindet (vgl. SN 378). Dieses Empfinden ist es, welches dem Menschen zum schöpferischen Verhängnis werden soll. Denn bei den Menschen, die nach dem furchtbaren Gewittersturm noch immer reglos am Boden liegen bleiben, handelt es sich gar

nicht um Opfer des Gewitters selbst, sondern um aus dem Naturzustand überlieferte Überreste von Menschen, denen ihre Artgenossen die überlebensnotwendige Hilfe deshalb versagt hatten,
weil sie sie aufgrund mangelnder Empathie noch nicht als lei-
dende Mitmenschen wahrzunehmen wussten. Die Phantasie
kommt nach Vico in diesem Fall zwar zu spät, um prophylakti-
sche Rettungsmaßnahmen einzuleiten. Doch sie kommt gerade
rechtzeitig, um die Liegengebliebenen als noch immer lebendige,
aber in qualvoll-regloser Starre verharrende Opfer des soeben
‚verstummten' Gewitters zu erleben. Das lässt, unter der Neben-
bedingung des leidvollen Bewusstseins der eigenen Eingriffsun-
fähigkeit sowohl gegen den Himmel als auch für die am Boden
liegenden Kreaturen, mit sinnlicher Evidenz die Täterfrage aufkommen. Verhalten und Lage beider Parteien, die gemeinsam in
den Blick geraten sein mussten, erweist sich für die Urmenschen
in der ‚logischen Sekunde' vor Eintritt in die Kultur als korrektur-
resistent. Dies ist die doppelte Ohnmachtsgewissheit gegenüber
himmlischem Täter und irdischen Leidensgenossen, die der Mythos von Jupiter kraft Personifizierung beider Größen virtuell so
verarbeitet, dass sich für die Überlebenden eine produktive An-
schlussmöglichkeit im Handeln eröffnet. ‚Prometheus' wird im
Mythos zur Mitleid erregenden Projektionsfigur deren, die im
Kampf mit den Göttern stets den Kürzeren ziehen. Und ‚Jupiter'
wird gleichzeitig zum Symbol einer allüberschauenden Täterfigur
geformt, die den Menschen im Guten (Verschonung der Dichtergiganten) wie im Bösen (Leidensweg des ‚Prometheus') überleben
lässt.

Aus dieser doppelten Täter- und Opferfiktion, die aus der
Verzweiflung am Schicksal beider erwächst, zieht der archaische
Mensch seine kategorische Morallehre: Ahme den Täter nach, um
nicht sein Opfer zu werden! Schon das erste Anhalten des Körpers, das den Urmenschen das Inferno Jupiters hat überstehen lassen, erweist sich nachträglich als dessen Imitation, denn schließlich steht der Himmel immer still. Genauso hat diese Imitation ihren verschonenden Wert bereits offenbart, denn nur die Anderen
bleiben für immer bewegungslos am Boden liegen. Damit spannt

‚Jupiter' sie in die reglose Lage des Gottesgehorsams ein, der nach Auffassung der Überlebenden deren ursprüngliche Verfehlung vorausgegangen sein muss. Für Vico sind es ganz generell die Opfer der Kultur, mit denen die überlebenden Menschen zwar Mitleid empfinden, deren tristes Lebensschicksal sie jedoch auf keinen Fall teilen möchten. Deshalb orientieren sie sich lieber an den Verhaltensweisen jener, die als mutmaßliche Täter die Opfer erst zu Opfern machten. Im selben Atemzug hoffen sie aber auch, sich so einer Einflussnahme der Täter auf ihren lebendigen Körper zu entziehen. Die Täter werden nur imitiert, damit man vor ihnen sicher ist: Der Urmensch schafft ‚Jupiter', um seiner physischen Sanktionsgewalt zu entfliehen.

Das geschichtliche Schauspiel der Täterimitationen tritt bei Vico mit der zweifacher Zweckrichtung einer Selbstverschonung vor dem Schicksal der Kulturopfer sowie einer Selbstverschonung vor unheilvollen Tätervereinnahmungen auf den Plan. Die Geschichte wird als Fluchtbewegung vor poetischen Großsubjekten konzipiert, denen nur durch Identifikation und Gehorsam entronnen werden kann. Doch auch die Stabilisierung innovativer Verhaltensweisen kraft politischer Mythen geht in dieser Form einzig mit der Reproduktion von Not einher. Der soziale Mythos lindert und beseitigt die Verzweiflung der Menschen also nicht, er macht sie nur sozial lebbar. Er ersetzt die originär kulturkreativen Lebensnöte der Menschen durch kulturspezifische Anspruchsnöte, die in der permanenten Versagensangst wurzeln, den Geboten und Verboten sämtlicher Kulturgottheiten nicht hinreichend gerecht werden zu können. Ein religiöses Ritual zu vollziehen, die Ehe einzugehen oder ein Staatsamt zu bekleiden, soll dem an Fiktionen gewöhnten Kulturmenschen folglich als genauso lebensnotwendig erscheinen müssen wie das gewohnheitsmäßige Stillen von Durst und Hunger. Auch dieser Aspekt ist zu berücksichtigen, will man Vicos Diktum, „Dichtung" (SN 216) und „Künste" seien „nichts anderes als Nachahmungen der Natur" (SN 217), angemessen verstehen.

Vico beschreibt den Reproduktionsprozess der Not in historischer Hinsicht als einen Vorgang der Vertauschung ihrer Formen: Mit zunehmender Kultivierung werden die Menschen von physischer Not immer mehr entlastet, dafür nimmt aber im Gegenzug ihre Belastung mit schrecklichen Kulturobliegenheiten immer mehr zu. Aus Vicos Sicht besteht der Sinn einer Kultur folglich nicht in der Befreiung des Menschen aus Verzweiflung und Not, sondern in der Virtualisierung ihrer Bezugsgrößen, so dass sich das physische Leben immer besser schadlos halten kann. Die Kultur hält so zwar genuin materielle Nöte vom Menschen fern, doch dies nur um den Preis seiner Mehrbelastung mit leidvollen Kulturnormen; denn auf deren ständige Befolgung soll die effektive Entlastung des Menschen von materieller Not ja gerade zurückgeführt werden können.

4.3 Das Ziel der Geschichte

Die Originalität des Vico'schen Denken kommt zum Ausdruck in der Ansicht, dass bei die immer gleiche Bewegung des Rades der Geschichte im Zyklus von materieller Not, praktischer Notlösung und notreproduzierender Normierung Letzterer in den Mythen der Phantasie doch auch veritable Erfolge für die Menschengattung zeitigt. Zwar bleibt sich der Bewegungsmodus der Kulturentwicklung lau Vico ständig gleich. Ihm wohnt aber durchaus ein schöpferisches Resultat inne, das die Sisyphusarbeit der Menschen an ihrer Geschichte rechtfertigt. In der Forschung ist nach wie vor umstritten, ob Vicos *Neue Wissenschaft* überhaupt als Beitrag zur neuzeitlichen Geschichtsphilosophie aufgefasst werden kann.[196] Dass sie in der Tat so aufgefasst werden muss, belegt jedoch nichts klarer als die Tatsache, dass Vicos Werk eine Teleologie einschließt, derzufolge das schöpferische Geschichtsresultat, von dem soeben die Rede war, als nicht-intendierter Nebenerfolg des humanen Inganghaltens des Notgetriebes der Geschichte zu bestimmen ist. Da es sich bei diesem Gesamtresultat nicht um das

---

[196] Dies verneint etwa Strassberg, D., *Das poietische Subjekt. Giambattista Vicos Wissenschaft vom Singulären*, München 2007, 21.

intendierte Ergebnis menschlichen oder göttlichen Handelns handelt, sondern nur um das naturwüchsige Begleitprodukt der die gesellschaftliche und symbolische Kulturwirklichkeit zusammenhaltenden Verzweiflungstaten der Menschen, lässt sich der von Vico postulierte Endzweck der Geschichte als übergeordneter Wertgesichtspunkt oder als Maßstab qualifizieren, anhand dessen die Rekonstruktion der menschlichen Geschichte erfolgt.

Dieser von Vico postulierte Maßstab, den er zum *telos* der Geschichte erklärt, versetzt theologischen wie idealistischen Vico-Interpretation einen schweren Schlag – schließlich handelt es sich dabei um die bloße „Erhaltung des Menschengeschlechts" (SN 344). Hinter Vicos Metapher der göttlichen Vorsehung verbirgt sich die rationale Idee einer menschlichen Produktivität aus Not, die den Menschen in ihrer Geschichte immer wieder das Leben rettet: „Denn zwar haben die Menschen selbst diese Welt der Völker gemacht [...]; dennoch ist sie, diese Welt, einem Geist entsprungen, der oft verschieden und manchmal ganz entgegengesetzt und immer überlegen ist den besonderen Zwecken, die die Menschen selber sich vorgesetzt hatten, welche beschränkten Zwecke, zu Mitteln im Dienste höherer Zwecke gemacht, er immer dazu verwendet hat, das Menschengeschlecht auf dieser Erde zu erhalten" (SN 1108).

Als oberster Gesichtspunkt und Maßstab der Geschichtsbetrachtung erfüllt dieses Geschichtsziel bei Vico zwei wesentliche Funktionen. Es fungiert zum einen als Kriterium zur Auswahl von Themen und Stoffen der Geschichtsdarstellung, woraus sich Vicos Anspruch herleitet, nur solche historischen Begebenheiten und Themen zu behandeln, die für das Überleben bzw. den Fortbestand der menschlichen Gattung wesentlich sind. Zum anderen dient das *telos* als normativer Maßstab, anhand dessen das geschichtliche Geschehen ethisch bewertet wird. Für diese Bewertung unter dem Blickwinkel des physischen Lebenszusammenhangs der Menschen ist es unerheblich, dass Vico die Geschichte als notdeterminierten Prozess auffasst, denn die Freiheit zur Werturteilsbildung setzt keineswegs die Zuschreibung von Freiheit, Autonomie und Verantwortung an die geschichtlichen Protagonisten voraus. Gemeinsam verleihen beide Funktionen Vicos *Neuer Wissenschaft* das Profil einer Überlebensanthropologie, die die symbolischen und politischen Bedingungen der Überlebensfortschritte sowie die Bewertung der historischen Produkte, Epochen und Ereignisse am Kriterium ihrer Lebenszuträglichkeit misst. Diese bewertende Dimension ist aber von der diagnostischen Dimension der *Neuen Wissenschaft* strikt zu unterscheiden. Obwohl Vico die Erhaltung des materiellen Lebens zum höchsten Wert erhebt und daher in Gewalt und Unterdrückung ethisch verabscheuungswürdige Phänomene erblickt, rechnet er Gewalt und Krieg nicht nur zu den Normal-, anstatt zu den Ausnahmeerscheinungen der Geschichte; er begreift sie zudem als Triebkräfte der gesellschaftlichen Entwicklung, die der Selbsterhaltung des Menschen im Endergebnis zugute kommen. Unter anderem deshalb fehlt in Vicos Ansatz die Vision einer auf Dauer gestellten politischen Friedensordnung, wie sie etwa Kant später entwickelt hat.[197]

Auch Vicos Überlebensteleologie selbst lässt sich als theoretische Notlösung werten, da ihr die Überzeugung zugrunde liegt, dass ausschließlich der kulturelle Wandel eine geschichtliche Konstante bildet. Dies macht es aus Vicos Sicht notwendig, die Sinnansprüche an den Geschichtsprozess so weit zu senken, bis das Ziel der Geschichte mit ihrer Naturbedingung, also mit dem Überleben der Menschen, zusammenfällt. Dieser Zusammenschluss zwischen Endzweck und Ursprung der Geschichte führt zudem zu der paradoxen Konsequenz, dass die Verwirklichung des Ziels der Geschichte selber eine geschichtliche Konstante bildet. Kurzum: Sinn ist in der menschlichen Geschichte immer da; er realisiert sich chronisch, weil und indem Menschen am Leben sind. In der These von der Unverfehlbarkeit des Finalziels oder -sinns der Geschichte liegt ein wesentlicher Unterschied zwischen Vicos teleologischem Denken und den Finalismen nachfolgender Geschichtsphilosophen, die ganz bestimmte erhoffte Zukunfts-

---

[197] Vgl. Kant, I., *Zum ewigen Frieden. Ein philosophischer Entwurf*, in: *Werke*, Bd. 11, Frankfurt/M. [10]1993, 194-251.

oder aber diagnostizierte Gegenwartszustände der kulturellen Entwicklung mit deren Ziel identifizieren – sei es in Form des Ideals eines ,positiven Gesellschaftszustandes' (Comte), einer ,klassenlosen Gesellschaft' (Marx) oder der Diagnose eines zur Vollendung gelangten ,Fortschritts im Bewusstsein der Freiheit' (Hegel).

Weil ihr übergeschichtlicher Charakter sie zu einer Ausnahme von der Regel macht, treffen zahlreiche antiteleologische Einwände in der Geschichtsphilosophie auf Vicos Theorie nicht zu. So kann man Vico beispielsweise nicht vorhalten, dass er die Geschichte am Leitfaden eines kontrafaktischen Zukunftsideals rekonstruiert, dessen Idealität gerade durch die narrative Simulierung seiner bereits gelungenen Realisierung irrationaler Weise wieder verdeckt wird.[198] Anders als bei derartigen ,großen Erzählungen', die vom Standpunkt des Zukünftigen aus verfasst sind, führt Vicos Überlebensteleologie zu keiner Okkupation und Entwertung des historischen ,Erfahrungsraums' der Vergangenheit durch den narrativ konstruierten Erwartungshorizont des Geschichtsschreibers. Alles, was Vico erwartet, ist, dass das Leben kreativ weitergeht; alles, was er voraussetzt, ist, dass dies schon immer so war. Ein Rest Zukunftsoptimismus steckt indes auch noch in Vicos Teleologie; impliziert die darin mitgedachte Ewigkeitsannahme des Lebens doch, dass weder Vorgänge in der Natur noch Taten der Menschen die ewige Fortsetzung des menschlichen Gattungslebens ernsthaft bedrohen könnten. Spätestens die Erfindung der Atombombe und die Entdeckung der Endlichkeit des Sonnensystems haben diese Annahme nun zwar obsolet gemacht. Aus ideengeschichtlichem Blickwinkel beleuchtet, manifestiert sich in ihr jedoch der revolutionäre Versuch der Ersetzung der Theodizee durch eine Anthropodizee, die den Menschen als geschichtliches Lebewesen rechtfertigt. Im Gegensatz zu Otto, der in der *Neuen Wissenschaft* eine verborgene Theodizee entdeckt[199], wird hier die Auffassung vertreten, dass es Vico um die Rechtfer-

---

[198] Vgl. Danto, A. C., *Analytische Philosophie der Geschichte*, Frankfurt/M. 1980, 22f.

[199] Otto, S., Giambattista Vico. Grundzüge seiner Philosophie, Stuttgart u.a. 1989, 39.

tigung des Menschen vor dem Tribunal des als ewig gedachten Lebenszusammenhangs der Gattung geht. Diese Rechtfertigung trägt den Charakter einer negativen Anthropodizee, da die prinzipielle Selbstrechtfertigungsmöglichkeit jedes Menschen in der negativen Leistung gesehen wird, Mitmenschen am Leben gelassen zu haben.

Trotz ihres Charakters als theoretischer Notlösung stellt Vicos Teleologie jedoch auch ein authentisches Konstrukt dar, durch das sich eine neue Wertungsweise von Kultur und Geschichte Geltung verschafft. Als Lebensrealist hebt Vico das physische Leben der Menschen und dessen reproduktiven Zusammenhang in den Rang eines unüberbietbaren Selbstzwecks der Geschichte, während sämtlichen Kulturprodukten der Menschen (Religion, Sprache, Ideen, politische Institutionen) ein bloßer Mittel- bzw. Vermittlungsstatus in Hinblick auf das Überlebensziel attestiert wird.

Diese ungewöhnliche Sichtweise liefert zugleich die Erklärungsgrundlage dafür, weshalb die Überlebensteleologie Vicos in der Forschung bis heute so gut wie keine Rolle gespielt hat – und das obwohl die Teleologie ganz ohne Frage den Sinngravitationspunkt jeder Geschichtsphilosophie darstellt.[200] Wogegen sich theologische und idealistische Interpretationsansätze durch Auslassung dieser Teleologie sicherlich verwehren, ist die Zumutung einer Unterordnung von Gott, Religion und Gesellschaft unter den Wert des realen Lebens, die mit einer vor allem an Hobbes geschulten sozialfunktionalistischen Einstellung gegenüber Religion und Gottesideen untrennbar verknüpft ist.[201] Was umgekehrt

---

[200] Vicos Teleologie wird vergleichsweise ausführlich thematisiert bei Fellmann, F., *Das Vico-Axiom: Der Mensch macht die Geschichte*, Freiburg/München 1976, 126f.

[201] Hobbes, Th., *Leviathan*, übers. v. J. Schlösser, hg. v. H. Klenner, Darmstadt 1996, 301ff. Der wesentliche Unterschied zwischen Vico und Hobbes liegt freilich darin, dass bei Hobbes erst der Souverän Religionslehre und -ausübung in sinnvolle Bahnen lenkt, während es bei Vico die eingebildeten Religionen selber sind, welche die Souveräne erzeugen und deren Verhalten in sozialproduktive Bahnen lenken.

materialistische Interpretationsansätze befremden dürfte, ist die Tatsache, dass Vico auf naturalistischer Grundlage zu einer historischen Rechtfertigung von Mythos, Religion und Idealismus gelangt – also zu einer geschichtsphilosophischen Legitimierung genau jener Positionen, die dem materialistischen Denken für gewöhnlich entgegengestellt werden.

Genau dieses doppelte Befremden deutet auf den argumentativen Kern der Vico'schen Geschichtsphilosophie hin: zu der These nämlich, dass politische Mythen den Überlebensfortschritt der Menschheit forcieren. Der objektive Ausdruck dieses Fortschritts ist stetiges Bevölkerungswachstum; und seinen subjektiven findet der Fortschritt in der durch religiöse Überzeugungen und funktionierende gesellschaftliche Institutionen gewährleisteten Lebenssicherheit. Obwohl Vicos Teleologie über den internen Gegensatz von Kulturfort- und Kulturrückschritten hinausgreift, wird der Aufbau der kulturgeschichtlichen Wirklichkeit doch als nicht-intendiertes Förderprogramm des Gattungslebens begriffen. Denn gerade jene Menschen unterstützen die menschliche Lebensgrundlage am besten, die sie ontologisch und deontologisch in ihrer Dignität und Ausschließlichkeit verkennen bzw. unmittelbar verleugnen. Vicos Kerngedanke von der durch fiktionale Selbst- und Weltbilder perfektionierten Lebensrettung der Gattung basiert auf der These, dass den Mythen eine durch nichts zu ersetzende gesellschaftskonstitutive Kraft innewohnt. Religiösen Fiktionen wird mit anderen Worten der Sinn von indirekt wirksamen Überlebensmitteln zugeschrieben, die hinsichtlich ihrer lebensdienlichen Funktion der Bedeutung von Wasser und Brot in nichts nachstehen. Phantasieerzeugte Symbole oder Mythen gewährleisten die Institutionalisierung sozialer Institutionen. Und soziale Institutionen lassen die Menschen mit mehr Sicherheit überleben. Hier liegt der konzeptionelle Brückenschlag zwischen Ideengeschichte (Mythen), Sozialgeschichte (Institutionen) und Lebensgeschichte (Körperlichkeit) der Menschen, der das eigentliche Zentrum von Vicos Geschichtsphilosophie bildet. Der Keim zu dieser Verknüpfung ist bereits in der Kulturentstehungstheorie angelegt – soll die erste große Wohltat, die ‚Jupiter' „dem

Menschengeschlecht erwies", doch darin bestanden haben, dass er die Urmenschen „nicht mit dem Blitze erschlug" (SN 379), oder positiv gewendet: dass er sie überleben lässt.

Angesichts des überlebenswissenschaftlichen Zuschnitts der *Neuen Wissenschaft* verwundert es umso mehr, dass Vico die technische und ökonomische Entwicklung nicht unmittelbar ins Zentrum seines Ansatzes gestellt hat. Marx beispielsweise wird später gerade diese Aspekte der geschichtlichen Entwicklung in den Mittelpunkt seines Geschichtsbildes rücken, weil er wie Vico den materiellen Lebensprozess der Menschen als unhintergehbaren Ausgangs- sowie finalen Wertgesichtspunkt einer realitätsmächtigen Geschichtsschreibung begreift.[202] Zur Erklärung dieses Faktums, d.h. des Primats der Ideen- und Sozialgeschichte in Vicos *Neuer Wissenschaft*, ist auf den rechts- und sozialphilosophischen Diskurs im Zeitalter Vicos Bezug zu nehmen, wobei das Hauptaugenmerk auf die sozialphilosophischen Ansätze von Hobbes und Spinoza zu legen ist. Vico teilt mit Hobbes und Spinoza nämlich nicht nur die anthropologische Idee der schöpferischen Notlogik des Lebens, sondern greift im Anschluss an beide Denker auch die Frage der gesellschaftlichen Vermittlungsfähigkeit der egoistischen Selbsterhaltungsinteressen der Individuen auf, der er – ähnlich wie Hobbes und Spinoza – den besonderen Status einer existentiell vordringlichen Überlebensfrage beimisst. Letztlich bearbeitet Vico in seiner *Neuen Wissenschaft* dieselbe Fragestellung, die zuvor schon im *Leviathan* von Hobbes sowie in der *Ethik* von Spinoza, die als sozialmetaphysischer Entwurf gelesen sein will, im Brennpunkt gestanden hatte: Wie gelingt den Menschen, ihres lebensbedingten Egoismus zum Trotz, die Errichtung einer har-

---

[202] So halten Marx und Engels in der *Deutschen Ideologie* fest: „Die erste Voraussetzung aller Menschengeschichte ist natürlich die Existenz lebendiger menschlicher Individuen. Die erste zu konstatierende Tatsache ist also die körperliche Organisation dieser Individuen und ihr dadurch gegebenes Verhältnis zur übrigen Natur. [...] Alle Geschichtsschreibung muss von diesen natürlichen Grundlagen und ihrer Modifikation im Lauf der Geschichte durch die Aktion der Menschen ausgehen" (Marx, K., Engels, F., *Die deutsche Ideologie*, MEW Bd. 3, Berlin 1958, 20f.).

monischen gesellschaftlichen Welt, wie sie für die Überlebenssicherung jedes Einzelnen von Vorteil ist?

Vicos Antwort auf diese Frage fällt anders aus als jene von Spinoza und Hobbes, wobei Vicos Geschichtsphilosophie der Sozialmetaphysik Spinozas zugleich deutlich näher steht als dem Sozialkonstruktivismus von Hobbes, da er mit jener nicht nur die Problemstellung, sondern auch das Problemlösungsmuster teilt. Hobbes ist neben Descartes der zentrale Gegenspieler Vicos. Denn obwohl er dessen Fragestellung aufnimmt, betrachtet er bereits die bei Hobbes gegebene Sinnakzentuierung dieser Frage als grundlegend falsch. Nicht allein, dass Vico in Form seiner historischen Vergesellschaftungstheorie gegen den Hobbes'schen Kontraktualismus Einspruch erhebt; er kreidet dem Ahnherrn des politischen Liberalismus bereits an, dass er die Grundfrage der modernen Sozialphilosophie nach der Vereinbarkeit von Individual- und Allgemeinwohl als Problem des politisch sanktionierten Schutzes der Menschen voreinander gefasst hat. Schon diese Sinngewichtung muss in seinen Augen gewiss ein Zeugnis wissenschaftlicher Barbarei sein. Was die Menschen für ihr Überleben nämlich sehr viel nötiger haben als Schutz voreinander, ist Solidarität und gegenseitige Hilfe.

Bereits die Vico'sche Naturzustandsschilderung ist als veritable Gegenparabel zur Hobbes'schen Konstruktion des Naturzustandes als einem *bellum omnium contra omnes* zu verstehen.[203] Zwar hebt Vico in Analogie zu Hobbes die Lebensabträglichkeit des vorgesellschaftlichen Naturzustands hervor; nur führt er diese im scharfen Kontrast zu Hobbes nicht auf die bellizistische Einstellung aller Menschen gegeneinander zurück, sondern – im Gegenteil – auf das Übermaß an arkardischer Friedfertigkeit unter ihnen, die dazu geführt habe, dass die Selbstgenügsamkeit jedes Einzelnen in die Indifferenz aller gegenüber dem Notleiden aller anderen umgeschlagen sei.[204] Soziale Apathie und verwehrte

---

[203] Vgl. Hobbes, Th., *Leviathan*, übers. v. J. Schlösser, hg. v. H. Klenner, Darmstadt 1996, 106.

[204] In diesem Punkt ist Vaughan also im Unrecht, wenn er schreibt: "Vico's account of the state of nature as bestial and violent parallels the description

Lebenshilfe stellen nach Vico die Schattenseiten des Garten Edens der reinen Sinnlichkeit dar. Die Menschen im Naturzustand hassten einander zwar nicht, sie zeigten aber ebensowenig Interesse am Lebensschicksal des anderen; sie lassen sich vielmehr fortlaufend im Stich (vgl. SN 369). Vico artikuliert hier ein kluges Argument, für das sich der politische Liberalismus bis heute erstaunlich blind zeigt: Im Ergebnis besteht kein Unterschied zwischen verweigerter Solidarität und kriegerischer Gewaltanwendung, da beide Formen der Gewalt, die passive wie die aktive, dieselben letalen Folgen zeitigen können.

Ist die omnipräsente Indifferenz für Vico das eigentliche soziale Problem des Naturzustandes der Menschen, so soll die Geschichte dessen Lösung sein. Gedeutet wird der Geschichtsverlauf dementsprechend als ein das Vergesellschaftungsproblem in gelebte Solidarität auflösender Prozess, was gewiss eine allzu optimistische Sichtweise ist: „Daher legen wir fest, dass der Mensch im tierischen Zustand allein seine Wohlfahrt liebt; hat er eine Frau genommen und Kinder gezeugt, so liebt er seine Wohlfahrt zugleich mit der Wohlfahrt der Familien; ist er zu politischem Leben gelangt, so liebt er seine Wohlfahrt zugleich mit der Wohlfahrt der Städte […], sind die Völker durch Kriege, Friedensschlüsse, Bündnisse, Handelsverkehr geeint, so liebt er seine Wohlfahrt zugleich mit der Wohlfahrt des ganzen Menschengeschlechts" (SN 341). Vicos Rede von einer sich historisch entgrenzenden ‚Liebe' zur ‚Wohlfahrt' Anderer weckt insofern falsche Assoziationen, als unter ‚Liebe' keine Ausbreitung von Nächstenliebe (im Sinne eines moralischen Selbstzwecks) verstanden werden darf. Es bliebe dann nämlich unverständlich, weshalb Vico die religiöse Furcht zum unersetzbaren Fundament des Gesellschaftslebens erklärt. ‚Liebe' meint hier vielmehr eine gewohnheitsmäßige Form der Zuneigung, wie sie aus fortlaufender Kooperation und der gemeinsamen Erfahrung des gemeinsamen Nutzens der Zusammenarbeit entsteht. Vicos Verständnis sozialer Liebe ist an den aristotelischen Begriff der Freundschaft angelehnt, der bei Aristo-

---

Hobbes gives in the *Leviathan*" (Vaughan, F., *The Political Philosophy of Giambattista Vico*, The Hague 1972, 37).

teles prudentielle und emotionale Aspekte gleichermaßen einschließt und somit weit genug ist, um unterschiedliche Formen sozialer Beziehungen zu erfassen (vgl. SN 555).[205]

Der Gegensatz zwischen Vicos und Hobbes' Verständnis von Sozialität verweist auf den Widerstreit zwischen Liberalismus und Kommunitarismus bzw. zwischen Gesellschafts- und Gemeinschaftsdenken hin; ein Antagonismus, der die einschlägigen Diskussionen in der Philosophie bis heute prägt.[206] Dass Vico dabei ebenso wie Hobbes von einem naturalistischen Menschenbild ausgeht, zeigt zugleich, dass man kein Aristoteliker sein muss, um eine kommunitaristische Position zu vertreten; denn der Gegensatz zwischen Liberalismus und Kommunitarismus tritt auch angesichts naturalistischer Ausgangsprämissen in aller Deutlichkeit hervor.[207]

Die zuletzt zitierte Passage lässt darüber hinaus auch Vicos Anspruch erkennen, geschichtliche Wirklichkeit und historische Erkenntnis systematisch miteinander zu verschränken. Am Leitfaden der These von der Kontinuität der Geistes- und Lebensgeschichte der Menschheit schreibt Vico seiner Teleologie den Status einer reflexiven Vollendungsgestalt von sich im Verlauf der Geschichte ausbreitenden solidarischen Haltungen zu. Die Wohlfahrtsliebe zum ganzen Menschengeschlecht, die im Zitat ausdrücklich als Schluss- und Höhepunkt des realgeschichtlichen Vergemeinschaftungsgeschehens verstanden wird, wird von Vico im Rahmen seiner Teleologie lediglich entfristet, so dass er sie als letzten Wertgesichtspunkt zur Rekonstruktion der Geschichte benutzen kann. So kann Vico zugleich den möglichen Vorwurf entkräften, der eigenen Teleologie hafteten Kontingenz und Beliebigkeit an. Ähnlich verfahren später auch Hegel und Marx, die die

---

[205] Vgl. Aristoteles, *Nikomachische Ethik*, übers. v. E. Rolfes, in: *Philosophische Schriften in sechs Bänden*, Bd. 3, Hamburg 1995, Achtes Buch, 181ff.

[206] Vgl. Honneth, A. (Hg.), Kommunitarismus. Eine Debatte über die moralischen Grundlagen moderner Gesellschaften, Frankfurt/M./New York ³1995.

[207] Cacciatore etwa bezeichnet Vicos Sozialphilosophie zu Recht als ‚kommunitaristisch' (vgl. Cacciatore, G., *Metaphysik, Poesie und Geschichte. Über die Philosophie von Giambattista Vico*, Berlin 2002, 198).

Formnotwendigkeit ihres Geschichtsdenkens ebenfalls aus dem aktuellen Stand der Entwicklungsnotwendigkeiten der Geschichte heraus begründen.

Im Unterschied zu Hobbes ist Spinoza Vicos Gewährsmann für einen plausiblen Begriff von Sozialität im Sinne von konkurrenzfreier gelebter Solidarität. Mit einer an Erhabenheit grenzenden Naivität stellt Spinoza in seiner *Ethik* fest, dass die Menschen „durch gegenseitige Hilfeleistung sich das, was sie bedürfen, viel leichter verschaffen und nur durch vereinte Kräfte, die Gefahren, die ihnen überall drohen, vermeiden"[208] können. Und weiter heißt es: „Alle [müssen] in Allem so übereinstimmen, dass die Geister und Körper aller gleichsam einen Geist und einen Körper bilden [...] und Alle zugleich den gemeinschaftlichen Nutzen aller für sich suchen."[209] Die weiter reichende Parallele zwischen Spinozas Sozialmetaphysik und Vicos Geschichtsphilosophie betrifft die These eines Bedingungsverhältnisses zwischen kollektiver Überlebenssicherung, verwirklichter Solidarität und der Erkenntnis Gottes. Schon Spinoza behauptet, dass die kognitive Voraussetzung für die Verwirklichung lebensdienlicher Gemeinschaftlichkeit in der adäquaten Erkenntnis Gottes besteht, welche die Beherrschung kooperationshemmender Affekte mit sich bringt.[210] Unter einer solchen Erkenntnis versteht Spinoza nun aber die rationale Idee von Gott als abstrakter *natura naturans* – woraus sich das Problem ergibt, dass Spinozas Solidaritätsbegriff in der kontrafaktischen Sphäre eines bloßen Vernunftideals stecken bleibt, dessen Verwirklichung allein deshalb außer Reichweite liegt, weil das adäquate Verständnis des Gottesbegriffs nur einer Reflexionselite vorbehalten bleibt. Vico dagegen postuliert die geschichtliche Faktizität gelebter Solidarität mit Verweis auf die reale Erzeu-

---

[208] Vgl. Spinoza, B. de, Die Ethik mit geometrischer Methode begründet (Ethica ordine geometrica demonstrata), in: Werke (Opera), 2 Bde., Bd. 2, hg. v. K. Blumenstock, Darmstadt ⁴1989, 431.

[209] Ebd., 413.

[210] Vgl. ebd., 323. „Diese Liebe zu Gott [...] wird umso mehr genährt, je mehr Menschen wir uns durch dasselbe Band der Liebe mit Gott vereinigt vorstellen" (ebd., 529).

gungsnotwendigkeit genau jener personalen, volksnahen und sinnlichen Gottesbilder, in denen Spinoza die Musterfälle inadäquater Ideen von Gott erkennt.[211] Vicos Umdeutung der inadäquaten Gottesbilder Spinozas in kognitive Werkzeuge der Vergesellschaftung basiert auf der Überzeugung, dass nicht, wie Spinoza glaubt, die rationale Liebe zu Gott jenen Affekt bildet, der die egoistischen Affekte der Subjekte derart schwächt, dass Solidarität daraus erwachsen kann, sondern dass es die irrationale Furcht vor den Göttern ist, das entscheidende emotionale Bindemittel jeder Solidargemeinschaft darstellt.

4.4 DIE PRINZIPIEN DER KULTUR:
RELIGION, EHE UND TOTENBESTATTUNG

Vicos Teleologie des Gattungsüberlebens zeichnet ebenso den Weg vor, der zu einem adäquaten Verständnis der von ihm postulierten Geschichtsprinzipien führt. Unter ‚Prinzipien' der Geschichte versteht Vico jene menschlichen Kulturprodukte, die sich durch den dreifachen Status von geschichtlich ersten Kulturerzeugnissen, von Prägekräften des weiteren Kulturfortschritts sowie von letzten Erhaltungsgrundlagen der geschichtlichen Wirklichkeit als solcher auszeichnen. In den Rang derart „allgemeiner und ewiger Prinzipien" (SN 332) der Kultur erhebt Vico Religion, Ehe und Totenbestattung. Deren Tradierung soll sicherstellen, dass „die Welt nicht von neuem verwildere und in den Urwaldzustand zurückfalle" (SN 333). Jedes dieser drei Prinzipien wird als konkrete Einheit von Idee und Ritus bzw. von Theorie und

---

[211] „Ferner werde ich unten […] zeigen, dass zu Gottes Natur weder Verstand noch Wille gehört" (ebd., 117). „Alle Vorurteile, die ich hier zu bezeichnen unternehme, [hängen von dem einen ab], dass nämlich die Menschen gemeiniglich voraussetzen, alle Dinge in der Natur handelten, wie sie selbst, wegen eines Zweckes, ja, dass sie als gewiss aufstellen, dass Gott selbst Alles zu einem gewissen Zwecke lenke […]" (ebd., 145).

Praxis verstanden.[212] Es reicht folglich nicht aus, diese Prinzipien entweder nur als symbolische Formen oder aber nur als gesellschaftliche Institutionen zu begreifen. Es kommt Vico im Rahmen seiner Prinzipienlehre vielmehr darauf an, Religion, Ehe und Totenbestattung als die basalen Errungenschaften jeder Kultur auszuweisen, die immer nur durch die jeweilige Verschränkung von Denk- und Lebensform eine schöpferische Rolle in der Kultur zu spielen vermögen.

Beleuchtet man sie unter dem Gesichtspunkt der historischen Wirksamkeit oder Präfigurationskraft, die Vico ihnen bescheinigt, erweisen sich Religion, Ehe und Totenbestattung als überaus schillernd. Die Vieldeutigkeit der Vico'schen Prinzipienlehre resultiert aus dem Umstand, dass sie in ihrer Bedeutung aus höchst unterschiedlichen Perspektiven betrachtet wird. Dem ideen- und sozialgeschichtlichen Blickwinkel gesellt sich der nüchterne Blick des Überlebenswissenschaftlers hinzu, der den Reproduktionswert von Religion, Ehe und Totenbestattung hervorheben soll. Der Perspektive des Überlebenssinns kommt hierbei sogar der Primat zu, denn wie Vicos Teleologie klar zeigt, werden die ideen- und sozialgeschichtlichen Schöpfungen der Menschen als bloße Mittel zum Zweck des Gattungsüberlebens aufgefasst.

Bei der Interpretation der drei Prinzipien ist es sinnvoll, sich an der von Vico vorgenommenen Wertabstufung zwischen Ideen-, Sozial- und Lebensgeschichte zu orientieren und sich vom Unwesentlichen zum Wesentlichen, d.h. vom Symbolsinn über den Sozialsinn bis zum Lebenssinn der Prinzipien emporzuarbeiten. Dementsprechend ist im ersten Schritt die ideengeschichtliche Bedeutung von Religion, Ehe und Totenbestattung in den Fokus zu rücken. Den symbolischen Kern von Religion, Ehe und Totenbestattung bilden für Vico die Idee Gottes, die Idee der Sittlichkeit sowie die Idee der Unsterblichkeit der menschlichen Seele. Vico versucht nachzuweisen, dass die lebensweltlichen Urformen

[212] Vgl. Pandimakil, P. G., *Das Ordnungsdenken bei Giambattista Vico als philosophische Anthropologie, Kulturentstehungstheorie, soziale Ordnung und politische Ethik*, Frankfurt/M. 1995, 161-174.

dieser drei Ideen im Verlauf der Geistesgeschichte zu abstrakten Begriffen geronnen sind, die das Themenfeld der rationalen Metaphysik, d.h. der *metaphysica specialis* abstecken.[213] Dies lässt erkennen, dass Vico das Verhältnis zwischen Mythos und metaphysischem Logos sowohl als Nachfolge als auch als Erbschaft versteht. Insofern stellt Vicos *Neue Wissenschaft* eine Archäologie des Wissens dar, die auf die Aufklärung jener sinnlich-naiven Haltungen abzielt, die den vorrationalen Bodensatz zentraler Begriffe und Anschauungen in Theologie, Philosophie und den Einzelwissenschaften bilden.

Vicos Genealogien zur Gottesidee (Jupiter-Mythos) sowie zur Idee der sittlichen Freiheit (Beherrschung des Sexualtriebes dank Ehe) sind in den vorangegangenen Abschnitten bereits zur Sprache gekommen; ihre Darstellung kann daher hier unterbleiben. Anders verhält es sich mit Vicos Archäologie derjenigen Idee, die die Unsterblichkeit der Seele betrifft. Es lohnt sich hierauf kurz näher einzugehen, da Vicos zeichentheoretische Ironie in diesem Punkt ihre vielleicht schönste Blüte treibt. Den Ursprung des menschlichen Glaubens an die Unsterblichkeit einer Seele verortet Vico in der archaischen Praxis der Totenbestattung. Bei dieser sollen die frühen Kulturmenschen Grabsteine als „Zeichen der Bestattung" (SN 529) verwendet haben, die sie in den Erdboden über den Grabstellen bohrten. Seine phantasiegestärkte Wahrnehmungsweise soll dem archaischen Menschen diese Zeichen der Bestattung allerdings schon bald als Zeichen der Bestatteten zur Erscheinung gebracht haben. Es sind somit die Lage und die Dauerpräsenz der Grabzeichen selbst, die den Primitiven laut Vico einen sinnlichen Beweis für das Überdauern eines Teils des Verstorbenen liefern, der vom Körper verschieden ist und der dessen Verfassung beständig überwacht (vgl. SN 529). Nach Vicos Ansicht verweisen die Bestattungszeichen somit ursprünglich nicht auf eine unsterbliche Seele als geistigem Bestandteil der Verstorbe-

---

[213] Vgl. Fellmann, F., ‚Alles ist voller Götter. Philosophische Mythos-Theorien und ethnologische Erfahrung', in: Kämpf, H., Schott, R. (Hg.), Der Mensch als homo pictor? Die Kunst traditioneller Kulturen aus der Sicht von Philosophie und Ethnologie, Bonn 1995, 1-19, 13.

nen, sondern es sind die dinglichen Bestattungszeichen selbst, die für die unsterbliche Seele des Menschen gehalten wurden. Erst allmählich habe die Fiktion der unsterblichen Seele auch in den Körpern der Toten Einzug gehalten, und nur sehr langsam habe sich ein Differenzbewusstsein für den Unterschied von Zeichen (Grabmarkierung) und Bezeichnetem (Seele), zwischen Begriff und (fiktiver) Sache, herausgebildet. Die rationale Metaphysik ist nach Vico auf diese vorwissenschaftliche Arbeit am Mythos der Seele angewiesen. Sie muss sie jedoch zugleich wieder vergessen, um ihr Selbstverständnis als ernsthafte und intellektuell hochrangige akademische Disziplin ausformulieren zu können.

Neben der ideengeschichtlichen unterstreicht Vico auch die sozialgeschichtliche Präfigurationskraft der Prinzipien Religion, Ehe und Totenbestattung. Mit der Religion assoziiert Vico, wie bereits gezeigt, die Sitte der Sesshaftigkeit (vgl. 3.1). Die Institution der Ehe wiederum, welche als erste genuin zwischenmenschliche Verkehrsform betrachtet wird, stellt das gelebte Vorbild aller späteren, auf Solidarität und Bekanntschaft basierenden politischen Beziehungen unter den Menschen dar. Lediglich klassenherrschaftliche Verhältnisse sollen als Ausnahme vom ehelichen Vergemeinschaftungsurmuster gelten. Wegen ihres utilitären Primärcharakters würde die Beziehung zwischen Herr und Knecht nur eine „niedrige und sklavische" Form der „Freundschaft" (SN 555) darstellen. Die Sitte der Totenbestattung schließlich verknüpft Vico mit der Muse Klio (SN 533) – woran man erkennt, dass die archaische Praxis der Totenbestattung als Geburtsstätte und Leitbild aller kollektiven Gedenkpraktiken der Menschen verstanden wird. Die Bezugnahme auf Klio deutet zudem darauf hin, dass sich Vico als Philosoph der Geschichte in die Traditionslinie des Bestattungswesens stellt und seine *Neue Wissenschaft* als geschichtliche Vollendungsgestalt der im archaischen Totenkult geborenen Gedenkpraxis betrachtet.

Um den eigentlichen Sinn von Vicos Prinzipienlehre zu erfassen, ist deren Verhältnis zur Teleologie von großer Bedeutung. Religion, Ehe und Totenbestattung wird ein zwingender Überlebenswert bescheinigt, was im Sinne der Behauptung ihrer ‚sekundären Zweckmäßigkeit' zu verstehen ist. Die argumentative Querverbindung zwischen Religion, Sesshaftigkeit und Gattungsüberleben lässt sich relativ einfach rekonstruieren. Nach Vico bildet nämlich die Höhle den ersten konkreten Wohnort der Menschen (vgl. SN 387), der Schutz vor wilden Tieren sowie den Unbilden des Klimas bietet. Vicos Vorstellung von der Höhle als erstem humanem Kultivierungsraum sollte jedoch nicht metaphorisch verstanden werden; denn wird die Höhle etwa als Sinnbild für die Vorurteilsbefangenheit archaischen Denkens gedeutet, dann geht die Pointe der Vico'schen Geschichtsphilosophie gerade verloren. Für Vico sind es Metaphysiker wie Platon, welche die lebensweltlichen Urbestimmungen der Begriffe dadurch auslöschen, dass sie diese in Bilder für rein Geistiges umdichten. Als menschliche Überlebenseinrichtung begriffen, kann die Höhle in Analogie zur Genese der ‚Jupiter-Idee' als Außenprojektion des Lebens im Sinne einer zweiten, nach außen verlagerten Haut verstanden werden, die den Menschen vom direkten Körperkontakt zur Außenwelt effektiv entlastet und so seine sensible erste Haut vor leidvollen Irritationen schützt, die ihr von überall her drohen. Gleiches gilt für Häuser und Städte, die Vico als geschichtliche Modifikationen von Höhlen auffasst (vgl. SN 239).

Worin der Überlebensnutzen für die Gattung besteht, den Vico der Ehe zuspricht, lässt sich ebenfalls unschwer erahnen. Natürlich besteht er in Schutz, Fürsorge und Erziehung, die Eltern ihren Kindern angedeihen lassen. Auf sich allein gestellt, so Vico, liefen die Kinder des Menschengeschlechts hingegen Gefahr, „von den Hunden gefressen zu werden" (SN 336) – eine Aussage, die ebenfalls buchstäblich genommen werden muss. Vicos Aufwertung der Ehe zum Geschichtsprinzip wirkt heute vielleicht altmodisch. Ihrer lebensrealistischen Sinnzuspitzung wegen besitzt sie jedoch bleibende Aktualität, da es naiv wäre, den modernen Sozialstaat sowie den Zustand der Kinderlosigkeit zum geschichtlichen Normalfall sowie zur festen Zukunftsgröße zu machen. Das Prinzip Ehe läuft bei Vico insofern vor allem auf die Behauptung hinaus, dass Kinder unter elterlicher Obhut normalerweise bessere Überlebens- und Bildungschancen haben als ohne sie.

Zuletzt leistet laut Vico auch die Institution der Totenbestattung einen von ihren Urhebern nicht unmittelbar intendierten Beitrag zur Beförderung des Gattungsüberlebens. Was diesen Punkt angeht, mutet die Argumentation zwar reichlich artifiziell an; Tatsache ist aber, dass Vico um den Nachweis eines funktionalen Querbezugs zwischen Totenbestattung und Überlebenssicherung bemüht ist. Dieser Brückenschlag zwischen dem sozialen Umgang mit den Toten und der Förderung der Existenz der Lebenden wird dadurch hergestellt, dass Vico die Sitte der Totenbestattung genetisch wie funktional mit der Institution des Privateigentums an Grund und Boden verknüpft, die ihrerseits als rechtliche Voraussetzung für die Entwicklung der Landwirtschaft begriffen wird: „So zeigten schon durch die Gräber ihrer Bestatteten die Giganten die Herrschaft über ihre Ländereien an" (SN 531). Die Entstehung der Agrarkultur selbst hält Vico für außerordentlich kulturbedeutsam. Er hält sie sogar für die „größte und ruhmreichste" (SN 540) aller frühgeschichtlichen Errungenschaften und schreibt sie bezeichnenderweise dem poetischen Charakter ‚Herkules', dem stärksten aller Heroen der antiken Sagenwelt, zu. Hinter ‚Herkules' verbirgt sich laut Vico eine anonyme Masse von „Bauernheroen" (SN 543), welche sich für ihre am Kulturboden geleistete Herkulesarbeit reichlich mit den „Ähren des Getreides" als dem „erste[n] Gold der Welt" (SN 544) belohnt hätten. Erst sehr viel später sei diese poetische Bedeutung des Getreides auf ein ähnlich schimmerndes Metall übertragen worden (vgl. SN 544).

Vicos Hochschätzung der Landwirtschaft als originärer Quelle des Reichtums der Nationen scheint auf den ersten Blick auf eine Parteinahme für die Physiokratie hinzudeuten, der ab Mitte des 18. Jahrhunderts vorherrschenden ökonomischen Doktrin.[214] Dieser Eindruck täuscht jedoch, da sich Vico – im Unter-

---

[214] Die beiden einflussreichsten Physiokraten sind Quesnay (1694-1774) und Turgot (1727-1781). Dies ist insofern aufschlussreich, als Turgot neben Vico zu den frühen Repräsentanten der Geschichtsphilosophie zählt und Quesnay Urheber der Idee des Wirtschaftskreislaufs ist, die sich zu Vicos Geschichtsbild strukturhomolog verhält (vgl. Turgot, A. R. J., *Betrachtungen über die*

schied zu den Physiokraten, die im Bodenertrag primär die Quelle von Tausch- und Mehrwert erblicken – allein für den vitalen Gebrauchswert der landwirtschaftlichen Produkte interessiert. Vico denkt noch nicht in abstrakten Geldwertkategorien und ist daher auch denkbar weit davon entfernt, den Wohlstand eines Landes an monetären Zahlenaggregaten festzumachen. Der materielle Reichtum einer Nation bestimmt sich für Vico zweifellos nach Maßgabe der zu Verteilungszwecken zur Verfügung stehenden Produktionsmenge an Gütern und damit am Versorgungsniveau der Bevölkerung mit lebensdienlichen Produkten. Reichtum wird hier noch an Lebenskriterien bemessen, die in der bürgerlichen Ökonomie der Gegenwart schon so gut wie keine Rolle mehr spielen.[215]

Auf Grundlage der konzeptionellen Verklammerung von Totenbestattung, Privateigentum und Landwirtschaft gelangt Vico zu der Behauptung, dass „die Felder unbebaut und erst recht die Städte unbewohnt blieben und daß die Menschen Schweinen gleich Eicheln fressen gingen" (SN 336), sobald die Sitte der Totenbestattung zum Erliegen käme. Diese Aussage zielt darauf ab, die Abhängigkeit des städtischen vom ländlichen Leben ins Bewusstsein zu heben. Sobald mit dem Totenkult auch Landwirtschaft und Privateigentum an Grund und Boden in die Daseinskrise geraten, so das Argument, sind die Stadtbewohner, sofern sie überleben wollen, gezwungen, den steinigen Gang zurück zur Natur anzutreten. Das ist deshalb der Fall, weil sie nicht autark leben, sondern auf das Mehrprodukt angewiesen sind, welches in der Landwirtschaft ständig erzeugt wird. Aus diesem Grund hat Vicos Aufwertung der Totenbestattung und der Agrikultur zu Prinzipien der Kulturgeschichte nichts mit einer irratio-

Bildung und Verteilung der Reichtümer, hg. v. M. Kuczynski, Berlin 1981; Quesnay, F., *Tableau économique*, hg. v. M. Kuczynski, Berlin 1965).

[215] Die hier vertretene Auffassung, dass Vico kein ökonomischer Denker im modernen Sinne gewesen ist, teilt auch Tagliacozzo, G., '*Economic Vichianism: Vico, Galiani, Croce-Economics, Economic Liberalism*', in: Tagliacozzo, G., White. H. V. (Hg.), *Vico. An International Symposium*, Baltimore 1969 349-379.

nalen ‚Blut-und-Boden-Romantik' gemein.[216] Das Landleben wird nicht verklärt; es wird vielmehr dessen Bedeutung für das urbane Leben aufgeklärt. Vicos einfacher Gedanke lautet: Die Kulturangehörigen, welche die Städte bevölkern, sollen erkennen, dass sie gerade deshalb anderen Geschäften als der Bestellung des Kulturbodens nachgehen können, weil die Landbevölkerung diese anstrengende körperliche Arbeit mit andauerndem Erfolg für sie verrichten. An dieser schlichten Feststellung lässt sich kaum rütteln, auch wenn die dabei von Vico hergestellte Querverbindung zwischen Totenkult und Agrikultur sicherlich nicht zwingend ist.

---

[216] Vgl. Fellmann, F., ‚Vicos Theorem der Gleichursprünglichkeit von Theorie und Praxis und die dogmatische Denkform', in: Philosophisches Jahrbuch 85, 2. Hb. (1978), 259-273, 259f.

5.1 GEMEINSINN UND GESCHICHTLICHE NOTWENDIGKEIT

Die Bausteine des Vico'schen Verlaufsmodells der Geschichte und deren Zusammenhang liegen nun offen zutage, und es lässt sich ein erstes Zwischenfazit ziehen. Vico entwickelt als wohl erster Philosoph ein Geschichtsbild, das auf der Idee der schöpferischen Selbstregulation des Geschichtsprozesses basiert. Er versteht die Geschichte als ungeplanten, aber dennoch rein menschlichen Prozess, dessen Kern vom Aufbau symbolischer und politischer Ordnungen, die der Selbsterhaltung der Menschen dienen, gebildet wird. Das naturalistische Theorieprofil der *Neuen Wissenschaft* kommt an dieser Teleologie ebenso deutlich zum Vorschein wie an Vicos Vorstellung einer schöpferischen Prozesslogik der Geschichte, kraft derer sich dieses Ziel fortlaufend verwirklicht. Aus Notlagen heraus schaffen die Menschen immer wieder neue soziale Verkehrsformen, die sich dank passender sozialer Mythen zu institutionellen Formen auskristallisieren. Dabei ist es die mythische Ehrfurcht vor den selbstgeschaffenen Autoritätssymbolen (,*fingunt simul creduntque*'), die den Menschen zur permanenten Wiederholung des einmal von ihm Geschaffenen nötigt.

Diese Vorstellung von der Logik der geschichtlichen Selbstregulierung lässt sich unter den Titel ,List der Phantasie' stellen – nimmt Vico doch an, dass die symbolischen Produkte der Phantasie ,hinter dem Rücken' der Menschen die Übersetzung des historischen Singulären ins geschichtlich Allgemeine leisten, des kurzfristigen Individualvorteils in den Überlebensvorteil der gesamten Gattung. Wenn Vico behauptet, eine „Geschichte der Ordnungen" darzustellen, die „ohne […] Absicht oder Vorkehrung [der Menschen], ja häufig gegen deren eigene Pläne" (SN 342) entstehen, so spielt diese Aussage in erster Linie auf den Hiatus zwischen den trieb- und notbedingten Einzeltaten der Menschen und den daraus hervorgehenden dauerhaften politischen Institutionen an, dessen Überbrückung allein die politischen Mythen der Phantasie leisten könnten. Sinnvoll ist diese Sichtweise freilich nur vor dem Hintergrund der anthropologischen Annahme, dass Ordnungsformen des Denkens und der Gesellschaft ständig gegen die ordnungsaversive Triebnatur des Menschen durchgesetzt werden müssen.

Zudem gibt allein soeben rekapitulierte Prozesslogik Aufschluss über Stellenwert der Theorie des Gemeinsinns (*senso commune*), die zu den tragenden Säulen der *Neuen Wissenschaft* gehört. Den Gemeinsinn definiert Vico allgemein als ein „Urteil ohne jede Reflexion, allgemein empfunden von einem ganzen Stand, einem ganzen Volksstamm, einem ganzen Volk oder dem ganzen Menschengeschlecht" (SN 142). In aller Kürze lässt sich Vicos *senso commune* als Sinn für das Überlebensnotwendige definieren und damit als ein sich kulturübergreifend durchsetzender Sinn, der natürliche sowie historisch entstandene verhaltensleitende Überzeugungen einschließt. Als geschichtliche Kategorie verstanden, bildet der Gemeinsinn laut Vico das traditionsgefestigte Überlebenswissen einer Kultur, das in spezifischen Lebenssituationen immer wieder aktualisiert wird. Es ist vor allem diese lebenspragmatische Dimension, die Vicos Bild des *senso commune* von sämtlichen philosophischen Theorien des Gemeinsinns unterscheidet. Denn Vico verankert den Gemeinsinn letztlich in sinnlich-evidenten Körperzuständen, gegen die weder rationale Argumente noch vorrationale Mythen ankommen können.

Wie in den neuzeitlichen Theorien des *common sense* bzw. des *bon sens* (Reid, Shaftesbury, Garve) wird der Gemeinsinn auch bei Vico als Quelle moralischer oder sittlicher Urteile verstanden. Im Anschluss an die antike Theorietradition (Cicero) unterstreicht Vico zudem die Bedeutung des Gemeinsinns als des wesentlichen Mediums ethischer, rechtlicher und politischer Urteilsbildung, das sich stets mit Blick auf konkrete Einzelfallentscheidungen und Lagebestimmungen zu bewähren hat. Und in Vorwegnahme der Ästhetisierung des Gemeinsinns bei Kant hält Vico den Gemeinsinn für ein topisches Sensorium, welches das Typische an den

Wahrnehmungsgegenständen erkennen lässt.[217] Wovon Vicos Theorie des Gemeinsinns jedoch in erster Linie scharf abzugrenzen ist, sind rein traditionalistisch orientierte Sichtweisen auf den Gemeinsinn wie etwa diejenige Gadamers, der die Geltung moralischer Überzeugungen auf die Autorität des Überlieferungsgeschehens gründet.[218] Weder Autorität noch Tradition legitimieren laut Vico Recht und Gesetz. Vielmehr ist es der Lebenserfolg, der das Recht der Überlieferung sowie umgekehrt das überlieferte Recht autorisiert.

Ebenso scharf abzugrenzen ist Vicos Begriff des *senso commune* weiterhin von der Idee eines rationalen Konsenses, wie er in den Diskurs- und Kommunikationstheorien von Peirce, Apel und Habermas anzutreffen ist. Nicht Kommunikation und Diskurs (‚Urteil ohne jede Reflexion'), so Vico, vermögen die Geltung von Normen zu begründen, sondern allein der stillschweigende, jedoch spürbare Lebenserfolg derjenigen, die sich vom Gemeinsinn leiten lassen. Zur Kontrastierung bietet es sich an, Vicos *senso commune* als Quelle eines nicht offiziell vereinbarten Konsenses über gemeinsame sittliche Normen zu verstehen, deren ‚Begründung' nicht in rationalen Argumenten, sondern in den kollektiven Erfahrungen ihres Anwendungsnutzens liegt. Es ist, um mit Epikur zu sprechen, die „Stimme des Fleisches"[219], welche für Vico die natürliche Basis des Gemeinsinns bildet und die als Richtschnur von dessen geschichtlicher Fortentwicklung fungiert. So erklärt sich auch, dass Vico mit Blick auf den Gemeinsinn von Urteilen spricht, die „allgemein empfunden" (SN 142) würden. Denn gemeint ist damit nicht, dass sprachliche Urteile über besondere Empfindungsqualitäten verfügen, sondern dass – umgekehrt – die sinnlichen Zustände des Körpers selber bereits einen sprachähnlichen Urteilscharakter besitzen.

---

[217] Vgl. Maydell, A. v., Wiehl R., *Art. ‚Gemeinsinn'*, in: Ritter, J. u.a. (Hg.), *Historisches Wörterbuch der Philosophie*, Bd. 3, Basel/Stuttgart 1971ff., 234-247.

[218] Vgl. Gadamer, H.-G., *Wahrheit und Methode*, in: *Gesammelte Werke*, Bd. 1, Tübingen 61999, 29.

[219] Epikur, Philosophie der Freude. Briefe, Hauptlehrsätze, Spruchsammlung, Fragmente, übers. v. P. M. Laskowsky, Frankfurt/M. 1988, 81.

Zu beachten ist freilich, dass Vico die wirkliche Stimme des Fleisches und die fingierten Stimmen fingierter Kulturautoritäten in eine dialektische Beziehung setzt. Als Lebensrealist verweist Vico darauf, dass die sinnlichen Evidenzen für die Realität des Lebens umso mehr zurücktreten, je höher der Entwicklungsstand einer Kultur ist. Es sind dabei gerade die vielen Stimmen der Kulturgötter, von denen sich der Mensch ansprechen lässt, welche die Univozität seines Fleisches mehr und mehr überlagern und zum Verstummen bringen. Wer die Gebote der Kultur befolgt, der entkommt, so die implizite Argumentation Vicos, jenen materiellen Notlagen, die ihm die Gewissheit, ein lebendiger Körper zu sein, vermitteln müssen. Neuerungsbedarf im Urteilsreservoir des kollektiven Gemeinsinns gibt es immer erst dann, wenn sich die Stimme des Fleisches bei Eintritt akuter Krisen wieder naturwüchsig Gehör verschafft. In diachroner Hinsicht handelt es sich bei den phantasiegeschaffenen Normen laut Vico um bloße Imitationen der ‚Stimme des Fleisches' – um „Nachahmungen der Natur" (SN 217) – die aber das, was sie imitieren, zugleich verbergen und es aus dem Umkreis der menschlichen Erfahrung ausschließen. Die poetischen Charaktere verbergen die Naturphänomene, die durch sie gestifteten kollektiven Sitten bringen die ‚Stimme des Fleisches' zum Verstummen. Die Kopie (Kultur) verbirgt bei Vico ihr Original (Natur). Das geschieht freilich erneut nur zum Wohle des Originals, also der Selbsterhaltung der menschlichen Natur.

Vicos Konzept des Gemeinsinns soll die Erklärung dafür liefern, weshalb „gleichförmige Ideen bei ganzen Völkern [entstehen], die miteinander nicht bekannt sind" (SN 144). Damit wird der *senso commune* vorrangig für die Begründung der Idee der Universalgeschichte in Anspruch genommen. Vico ist fraglos bestrebt, die Gleichartigkeit der Entwicklung aller menschlichen Kulturen herauszuarbeiten. Kulturelle Differenzen geraten dabei aber niemals gänzlich aus dem Blick. Wie Vico nun aber die Entstehung solcher Differenzen erklärt, spricht eindeutig für eine naturalistische Lesart des Vico'schen *senso commune*. Den Pluralismus der Kulturen führt er nämlich weder auf die Verschiedenheit der Menschenrassen noch auf substantielle Kreativitätsdifferenzen zwischen den Angehörigen der einzelnen Kulturvölker zurück. Er bietet vielmehr eine Erklärung an, welche auf Montesquieus historisch-genetische Rechts- und Kulturtheorie vorausweist. Ähnlich wie Montesquieu hebt Vico die Rolle besonderer klimatischer und geographischer Gegebenheiten hervor[220] und betont, dass die Völker „sicherlich durch die Verschiedenheit des Klimas mannigfaltige und verschiedene Naturen erlangt [haben...], aus denen ebensoviele verschiedene Sitten hervorgegangen sind [...] und ebensoviele verschiedene Sprachen entstanden" (SN 445). Eine solche Erklärung fügt sich nahtlos in Vicos Theorie der notbedingten Autopoiesis der geschichtlichen Wirklichkeit ein; denn schließlich hängen die lebenspraktischen Herausforderungen, mit denen Menschen konfrontiert sind, gerade von den geographischen und klimatischen Gegebenheiten ihrer Lebensumwelt ab.

Dass überhaupt der irrige Eindruck entstehen kann, Vico favorisiere ein kulturkonservatives Denken, liegt vor allem an der Allgegenwart des Denkschemas der erweiterten Reproduktion in der *Neuen Wissenschaft*. Auf dieses Denkmuster wurde bereits bei der Relationsbestimmung von realer Geschichte und philosophischer Historie hingewiesen (vgl. Kapitel 1); es ist aber auch in Vicos materialer Geschichtsdarstellung allgegenwärtig. Die Denkfigur der erweiterten Reproduktion impliziert die These, dass der Prozess der kulturellen Evolution ein Kontinuum von Wiederholungen bildet, das von manifesten Strukturumbrüchen weitgehend frei ist. Daraus resultiert das für die *Neue Wissenschaft* typische Bild von der kulturellen Evolution als stetigem Prozess des Aufbaus symbolischer und gesellschaftlicher Strukturen. Schon das Eheverhältnis deutet Vico als erweiterte Reproduktion eines „Zustands von sozusagen mönchischen Republiken" (SN 1098), in dem sich die Völkergründer im Verhältnis zu ‚Jupiter', dem „Höchsten und Größten" (SN 1098) aller Regenten, befunden haben.

---

[220] Vgl. Montesquieu, Ch. de, *Vom Geist der Gesetze*, ausgew., übers. u. hg. v. K. Weigand, Stuttgart ²1994, 261ff.; Vgl. zu dieser Thematik auch: Diendorfer, J. E., *Giambattista Vico und seine Ideen. Eine biographisch-rechtshistorische Studie mit Rücksicht auf Montesquieu und Herder*, Passau 1877.

Wie Rohbeck gezeigt hat, spielt die Idee der erweiterten Reproduktion auch für die in der zweiten Hälfte des 18. Jahrhunderts in England und Frankreich entstehenden Fortschrittstheorien der Geschichte eine zentrale Rolle. Sie tritt dort im Rahmen neuer Stufentheorien der wirtschaftlich-technischen Entwicklung in Erscheinung; und zwar in Form des Konzepts vom produktiven Überschuss oder stofflichen Mehrwert, der als materielle Voraussetzung für die Realisierung der jeweils höheren ökonomischen Entwicklungsstufe und damit des wachsenden Wohlstands eines Volkes begriffen wird.[221] Auch wenn sich bei Vico mit Blick auf die landwirtschaftliche Produktion ein ähnlicher Ansatz findet (vgl. 4.4), verfolgt er diese gedankliche Linie doch nicht konsequent weiter. Das hauptsächliche Anwendungsfeld der Idee der erweiterten Reproduktion bildet stattdessen der Bereich der Ideen- und Sozialgeschichte. Das mutmaßliche Paradigma dieser Denkfigur wird Vico freilich nicht von der Aktivität des Geistes, sondern von jener des Lebens geliefert. Im körperlichen Lebensprozess finden Reproduktion und Wachstum, Wiederholung und Modifikation nämlich immer schon zusammen. Es lässt sich daher behaupten, dass die allgemeinen Verlaufsmuster des Lebens bei Vico als heuristisches Medium der Geschichtserkenntnis fungieren. Der Begriff der historischen Quelle erfährt auf diese Weise eine völlig neue Sinnfassung.

Vicos Verständnis des Gemeinsinns als eines humanen Sinns für das Lebensnotwendige kann als Leitfaden dienen, um die Bedeutung des Begriffs der geschichtlichen Notwendigkeit zu spezifizieren, der in der *Neuen Wissenschaft* zum Tragen kommt. Vico fordert die Leser explizit zur freien Einsicht in die Verlaufsnotwendigkeit des Geschichtsprozesses auf (vgl. SN 349). Bis hierher hat sich gezeigt, dass weder die Vorsehung ‚Gottes' noch eine weltenthobene metaphysische Geschichtssubstanz (*storia ideale eterna*) im platonischen Sinne die Quelle des von Vico anvisierten Notwendigkeitsnachweises des postulierten Verlaufsmusters der

---

[221] Vgl. Rohbeck, J., Die Fortschrittstheorie der Aufklärung. Französische und englische Geschichtsphilosophie in der zweiten Hälfte des 18. Jahrhunderts, Frankfurt/M./New York 1987, 104ff.

Geschichte bilden. Genau so wenig trifft es zu, dass Vico die Einsicht in das ‚Müssen' der Geschichte allein auf das Verständnis der schöpferischen Aktivitätsstruktur des menschlichen Geistes zurückführt. Stattdessen beruft sich Vicos Notwendigkeitsbeweis auf eben jenen Gemeinsinn fürs Lebensnotwendige, der die Leser, den Autor sowie die Akteure der Geschichte immer schon miteinander verbindet. Vicos Geschichtsphilosophie setzt somit am eigentlichen Motivationspunkt menschlicher Tätigkeit an: dem wesentlichen Beweggrund menschlichen Lebens, seine Erhaltung sowie die Befriedigung seiner Grundbedürfnisse zu bewerkstelligen.

Man kann Vicos Position auch narratologisch zuspitzen: Was eigentlich verleiht einer Erzählung ein Höchstmaß an Kohärenz? Wenn Vico Recht hat, dann ist es der narrative Rekurs auf das notwendige Tun der Menschen im Sinne eines notwendenden Tuns, das primär auf die Fortsetzung des Lebens abzielt. In der *Neuen Wissenschaft* erfährt die Kategorie der geschichtlichen Notwendigkeit oder Kausalität folglich eine eigensinnige anthropologische Sinnakzentuierung. Vico interpretiert die menschliche Geschichte zwar als kausal notwendigen Prozess (vgl. 1.2); er holt die Kategorie der ‚Kausalität' jedoch gleichzeitig auf den Boden der zwingenden lebensweltlichen Erfahrungstatsachen zurück, so dass sich ihr Sinn vornehmlich aus den schöpferischen Alltagspraktiken eines gekonnten Notwendens oder Abwendens von Not speist, die zur Grunderfahrung jedes Menschen gehören. Aufgrund der Annahme, dass die politischen und moralischen Normen des Kulturlebens genetisch wie funktional mit den basalen, notwendenden Aktivitäten der Menschen zusammenhängen und diese imitieren, wird bei Vico der Bereich dessen, was Menschen aus Notwendigkeit tun, kulturumfassend konzipiert. Kehrseite dieser Ansicht ist die Depotenzierung aller ‚über-notwendigen' Dimensionen des Kulturlebens, darunter etwa das Spielerische sowie das Experimentelle. Solche und andere Kulturtechniken der Distanzierung vom Anprallen der Kultur- und Lebenszumutungen scheinen vielmehr als Frühindikatoren eines im Ergebnis sozialruinösen Mangels an Einsatzfreude für das menschheitsgeschichtliche Projekt des Abwendens der Not Aller kraft Aller zu gelten.

Vicos alltagsmaterialistisches Konzept von Kausalität befindet sich in klarer Opposition zum mechanischen Kausalitätsverständnis, wie es sich seit der Herausbildung der neuzeitlichen Naturwissenschaften im wissenschaftlichen Denken mehr und mehr durchgesetzt hat. Dem mechanischen Begriff von Kausalität fehlt es nach Vico am Kontakt zur Lebenserfahrung; geht er doch mit der Tendenz einher, erfahrbare Lebensvorgänge in eine Kette solcher Reiz-Reaktions-Zusammenhänge aufzulösen, die jenseits der menschlichen Erfahrungswirklichkeit angesiedelt sind. Wie das Beispiel der Gehirnforschung zeigt, werden solche Kausalreaktionen mit Vorliebe in körperlichen Tiefenregionen verortet, an die die körperliche Selbsterfahrung des Menschen nicht heranreicht. Im Grunde kehrt hier eine Sichtweise wieder, die sich bereits in der christlichen Metaphysik findet. Die Menschen sollen ihr Leben von geheimen Mächten vorherbestimmt wissen, die aus dem Umkreis des Erfahrbaren herausfallen. Als geistige Determinanten menschlicher Lebensbewältigung liegen Götter und Gehirne letztlich auf gleicher Linie. Und insbesondere den Stoikern sowie den Epikureern kreidet Vico eine mechanistische Fehldeutung historischer Lebensvorgänge an. Es sei dahingestellt, ob Vicos Kritik sachlich gerechtfertigt ist.[222] Sicher ist indes, dass er die Auffas-

---

[222] In der Tat sind Gemeinsamkeiten zwischen dem Schicksalsverständnis der Stoiker und Vicos Konzept der geschichtlichen Notwendigkeit nicht von der Hand zu weisen. Vermittelt über Vergil ("Und so lenkt [Jupiter] den Lauf der Dinge") dürfte Vico mit der (Cicero zugeschriebenen) Definition des Fatums bekannt geworden sein: „Das Fatum ist eine Verknüpfung des Geschehens, die durch die Ewigkeit hindurch in sich selbst verfugt ist, die nach der ihr eigenen Gesetzlichkeit wechselnde Gestalt annimmt, jedoch so, dass gerade dieser Wandel ewiges Dauern in sich schließt" (vgl. Cicero, *Über das Schicksal (De fato)*, übers. u. hg. v. K. Bayer, Düsseldorf/Zürich ⁴2000, Fragmente, 71). Auch Senecas Abhandlung über die ‚Vorsehung' trägt dazu bei, den Sinn von Vicos Vorsehungsbegriff zu erschließen. Das gilt besonders für Vicos Kulturentstehungstheorie, für deren Verständnis sich etwa folgende Bemerkung Senecas als einschlägig erweist: „Nicht einmal das, was wirr und ohne Ordnung scheint, Regen meine ich, Wolken und der Blitzschläge Zucken und Feuermassen […], ereignet sich regellos, obwohl es plötzlich eintritt" (vgl. Seneca,

sungen der Stoiker und Epikureer zu den „menschlichen Angelegenheiten" deshalb abschätzig bewertet, weil deren Nachweis für die Schicksalhaftigkeit der Ereignisse die Vorstellung einer erfahrungstranszendenten Determination menschlichen Verhaltens suggeriert. Dies ist für Vico natürlich nicht annehmbar; denn für ihn muss sich der Mensch aufgrund seiner physischen Natur und deren Schöpfungslogik selber zu einer Art Schicksal werden. Weder kann also die Existenz der politisch-geschichtlichen Welt allein aus dem „blinden Zusammenwirken der Atome" erklärt werden, wie Vico gegen die Epikureer einwendet, noch liegt deren Erklärungsgrund in einer „tauben Kette von Ursachen und Wirkungen" (SN 342), wie er gegen die Stoiker unterstreicht.

Vicos Kritik an den Epikureern fällt im Gegensatz zu jener an den Stoikern insofern zweideutig aus, als sie sich nicht nur gegen atomistisch-mechanische Erklärungsmuster richtet, sondern auch gegen das Konzept des Zufalls, der, wie Vico betont, in der Geschichte „nicht wie ein Narr hin- und herschweifen und überall einen Ausweg finden könne" (SN 345). Die Zurückweisung des Zufalls trifft über die Epikureer hinaus jede philosophische Position, welche die notlose Gedanken- und Handlungsautonomie des Menschen behauptet. Die für die Moderne typische Dichotomie von Naturkausalität und Kausalität aus Freiheit, von Heteronomie und Autonomie, beschreibt laut Vico keine vollständige Disjunktion. Im Gegenteil: beide Standpunkte verfehlen aus seiner Sicht die Realität des Lebens. Der Autonomiestandpunkt führt laut Vico vor allem deshalb in die Irre, weil er die Faktizität des Lebens verkennt, die nur als vorgegebene, nicht aber als gewählte oder gar konstruierte begriffen werden kann. Der Mensch wählt sein Leben nicht, er kann es höchstens führen. Mit Spinoza lehnt Vico es ab, den Menschen als „Staat im Staate"[223] aufzufassen – als ein Wesen also, das sich von den Naturbedingungen seiner Exis-

---

L. A., *Über die Vorsehung (De providentia)*, in: *Philosophische Schriften*, Bd. 1, übers. v. M. Rosenbach, Darmstadt [5]1999, 5).

[223] Vgl. Spinoza, B. de, Die Ethik mit geometrischer Methode begründet (Ethica ordine geometrica demonstrata), in: Werke (Opera), 2 Bde., Bd. 2, hg. v. K. Blumenstock, Darmstadt [4]1989, 257.

tenz sowie seines Denkens, Fühlens und Wollens lösen kann. In narratologischer Hinsicht führt ein dezisionistischer Idealismus zur Auflösung der Erzählung in eine bloße Chronik. Denn *per definitionem* negiert der Idealismus der Selbstwahl jeden Motivationszusammenhang zwischen einzelnen Wahlakten, die daher nur noch, wie es eben in Chroniken der Fall ist, nach Maßgabe der Leerform der verflossenen Zeit ‚chronologisch' aufgelistet werden können.

Wie vor allem Grassi unterstrichen hat, verweist Vicos Begriff von geschichtlicher Notwendigkeit auf die Eigenlogik krisenhaft zugespitzter Situationen, die wegen ihrer Bestimmungsdichte die krisenlösenden Anschlussaktivitäten der geschichtlichen Akteure zur Gänze determinieren.[224] Gegen Vicos situationale Verlaufslogik der Geschichte scheint zu sprechen, dass sie die Verhaltensspielräume der geschichtlichen Akteure über Gebühr einengt. In der Tat fließt die Vorstellung von Handlungsalternativen im Großen und Ganzen nicht in Vicos Verständnis historischer Situationen ein. Er begreift die Menschen zwar als kreative Produzenten der Geschichte, die jeweiligen Produkte dieser Kreativität werden jedoch als sich aus dem Zusammenspiel zwischen der körperlichen Phantasienatur des Menschen, den Bestimmungsfaktoren der jeweiligen historischen Situation sowie den kulturell überlieferten Gewissheiten des *senso commune* zwangsläufig ergebende Resultate angesehen. In diesem Zusammenhang macht Vico überaus prätentiöse Effizienzvorstellungen geltend, die für das neuzeitliche Denken insgesamt typisch sind. Aus bedrängenden Notsituationen finden die Menschen nicht nur fortlaufend ‚irgendwelche' kreative Auswege, sondern sogar die zum jeweiligen Zeitpunkt denkbar besten. In diesem Sinn spricht Vico von einer „Ökonomie der politischen Verhältnisse" (SN 342), die bei der Rekonstruktion der Geschichte zu berücksichtigen ist.

---

[224] Vgl. Grassi, E., ‚Vom Vorrang des Gemeinsinns und der Logik der Phantasie. Zur philosophischen Aktualität G. B. Vicos', in: Zeitschrift für philosophische Forschung 30 (1976), 491-509, 501f.

Bereits in der Einleitung dieser Arbeit wurde hervorgehoben, dass Vicos These von der Sinnüberlegenheit der historischen Gesamtresultate im Vergleich zu den einzelnen Motiven und Absichten der geschichtlichen Protagonisten eine Auffassung darstellt, die für die neuzeitliche Geschichtsphilosophie insgesamt typisch ist.[225] Zwar finden sich unter den Ansätzen, die der materialen Geschichtsphilosophie üblicherweise zugeordnet werden, auch solche Positionen, für welche diese Annahme keine dermaßen entscheidende Rolle spielt wie bei Vico, darunter etwa jene von Rousseau, Herder, Iselin, Condorcet oder Comte. Die einflussreichsten modernen Geschichtsphilosophen – zu nennen sind hierbei in erster Linie Turgot, Kant, Hegel und Marx – bedienen sich aber ebenfalls des erstmals bei Vico anzutreffenden Rekonstruktionsschemas, demzufolge es für die Menschen in der Geschichte am Ende stets besser kommt als sie wollen. Führende Repräsentanten der Geschichtsphilosophie teilen daher Vicos Ansicht, dass die Menschen ihre Geschichte zwar machen, dass ihrem kollektiven Tun jedoch kein im Voraus entworfener Gesamtplan zugrunde liegt, welcher die Verwirklichung sinnvoller Resultate verbürgt. Statt eines Planes seien vielmehr selbstregulative Geschichtsprinzipien aufzufinden, welche die Verwirklichung des Fortschritts ‚hinter dem Rücken' der Menschen bewirken.

In der modernen Geschichtsphilosophie geht es mit anderen Worten primär darum, das Evolutions- mit dem Fortschrittsdenken zu verknüpfen. Es setzt sich ein neues Paradigma des Begriffs und der theoretischen Aneignung der Geschichte durch. Diese wird nun als ein kontinuierlicher Progress verstanden, den allein menschliche Taten voranbringen, der aber zugleich evolutionär verläuft, da seine Fortschrittstendenz nicht aus den Intentionen der Akteure abgeleitet werden kann. Anthropogen, kontinuier-

---

[225] Vgl. Goretti, M., 'The Heterogenesis of Ends in Vico's Thought: Premises for a Comparison of Ideas', in: Tagliacozzo, G., Verene, D. Ph. (Hg.), Giambattista Vico's Science of Humanity, Baltimore/London 1976, 213-219.

lich, teleologisch, progressiv und evolutionär: Das sind die maßgeblichen Bestimmungen, die Vico – und neben ihm viele andere einflussreiche Repräsentanten der Geschichtsphilosophie – in der Geschichte verwirklicht sieht.

Das spezifisch Neue an der materialen Geschichtsphilosophie liegt deshalb vor allem in der Ersetzung des substanzialistischen Geschichtsdenkens durch ein funktionales. Eher antiquiert wirken daher die Fragen, was Geschichte eigentlich ist und welche personale Instanz sie lenkt. Dagegen rücken Fragen nach der Funktionsweise des historischen Wandels und der daraus für den Menschen zu erwartenden Resultate in den Vordergrund.[226] Aus diesem Grund ist der von Löwith gegenüber der neuzeitlichen Geschichtsphilosophie erhobene Vorwurf, dass diese bloß eine irrationale Säkularisierungsform der christlichen Geschichtstheologie darstellt, unzutreffend. Löwiths Kritik krankt nicht nur daran, dass er die Differenz zwischen dem extramundanen Geschichtsziel der Geschichtstheologie und den rein irdischen Teleologien der Geschichtsphilosophen zu Unrecht für unwesentlich erklärt. Er übersieht zudem die Neuartigkeit der in der modernen Geschichtsphilosophie anzutreffenden Rekonstruktionsform des Geschichtsverlaufs. Wie im letzten Abschnitt dargelegt, sucht Vico vor allem nach einem geschichtsimmanenten Regulationsprinzip, welches Zielgerichtetheit und Fortschritt der Kulturentwicklung kraft Eigeneffektivität sicherstellt.

---

[226] Die von E. H. Carr Mitte des letzten Jahrhunderts erneut aufgeworfene Grundsatzfrage: ‚Was ist Geschichte?' stimmt insofern nicht mit der in der materialen Geschichtsphilosophie dominierenden Fragestellung: ‚Wie funktioniert Geschichte?' überein. Vgl. Carr, E. H., *Was ist Geschichte?*, Stuttgart u.a. 1963. Auch R. Koselleck ist im Irrtum, wenn er den materialen Geschichtsphilosophen unterstellt, sie seien von der ‚Menschheit' als neuem Kollektivsubjekt ausgegangen. Die Begriffskomposition ‚Menschheit' findet zwar in der Tat komplementär zu der von Koselleck herausgestellten Neubildung des Kollektivsingulars ‚Geschichte' statt. Allerdings wird die ‚Menschheit' in der Regel nicht als Handlungssubjekt aufgefasst; und wo doch, dort allenfalls im Sinne eines globalen Handlungs- und Kooperationszusammenhangs, durch den sich das Subjekt ‚Menschheit' zukünftig konstituieren soll (vgl. Koselleck, R., *Vergangene Zukunft. Zur Semantik geschichtlicher Zeiten*, Frankfurt/M. ⁴2000, 260ff.).

In der Geschichtsphilosophie findet sich daher kein wirkliches Analogon mehr zu Gott oder zu irgendeiner sonstigen personalen Lenkungsinstanz. Damit stellt auch die klassisch theologische Maximalpluralisierung der Geschichte auf die Summe individueller Lebensgeschichten keine ernst zu nehmende Theorieoption für die Geschichtsphilosophen mehr dar. Schon Vico siedelt den Kulturfortschritt im zwischenmenschlichen Aktionsraum an und behauptet in diesem Zusammenhang, dass die Gesellschaftsentwicklung zunächst in verschiedenen Erdteilen auf lokaler Ebene parallel und unabhängig voneinander beginnt, dass sich diese einzelnen Entwicklungsstränge jedoch im Laufe der Zeit zu einem tendenziell globalen Kooperationsgefüge zusammenschließen. Entgegen der These Löwiths ist die moderne Geschichtsphilosophie also ein echtes ideengeschichtliches Novum.[227]

Weiterhin lässt sich zeigen, dass auch Odo Marquards Kritik an der modernen Geschichtsphilosophie unberechtigt ist. Marquard wertet Vicos verbalen Rekurs auf bestimmte Großsubjekte der Geschichte (‚göttliche Vorsehung') als Versuch der Selbstentlastung des Menschen von den nicht zu verleugnenden Übeln und Gräueltaten in der Geschichte – als Übung in der „Kunst, es nicht gewesen zu sein."[228] Obwohl der Mensch seit der Moderne die geschichtliche Täterrolle beansprucht, sei es, so Marquard, den Geschichtsphilosophen darum gegangen, ihm zugleich ein kognitives „Alibi"[229] angesichts des „Übels der Welt: des Bösen, der Not und Langeweile, der Angst, der Schuld, der Unterdrückung, der Krankheit, des Schmerzes, des Todes, der Entfremdung, der einst-

---

[227] Löwith, K., *Weltgeschichte und Heilsgeschehen. Die theologischen Voraussetzungen der Geschichtsphilosophie*, Stuttgart u.a. [8]1990, 11-26. Blumenbergs Kritik an Löwiths Leitkategorie der Säkularisierung wird hier insofern geteilt, als die evidente Schwäche dieser Kategorie im Fehlen klar definierter Anwendbarkeitsgrenzen liegt (vgl. Blumenberg, H., *Die Legitimität der Neuzeit*, Frankfurt/M. [2]1999).

[228] Marquard, O., Schwierigkeiten mit der Geschichtsphilosophie, Frankfurt/M. 1982, 76.

[229] Ebd.

weilen unvermeidlichen Antagonismen und Antinomien"[230] zu verschaffen. Marquards Kritik an der Geschichtsphilosophie krankt im Kern an der Verkennung der wahren Entlastungsrichtung der geschichtsphilosophischen Tätermetaphern. Am Beispiel Vicos zeigt sich nämlich, dass die Geschichtsphilosophen gegenüber dem Menschen nur mit Blick auf die Realisierung des Guten bzw. des Fortschritts in der Geschichte eine Unschuldsvermutung aussprechen, nicht jedoch hinsichtlich der Übel, Missstände und Verbrechen, an deren menschlicher Urheberschaft überhaupt kein Zweifel gelassen wird. Die fiktiven Großsubjekte, welche in der Geschichtsphilosophie eine Rolle spielen, sollen dem Menschen in Wirklichkeit ein Alibi für das geschichtlich Sinnvolle liefern; sie stellen Götter eines Fortschritts dar, der sich trotz der imperfekten Natur der Menschen allein durch deren Wirken ungeplant verwirklicht haben soll.[231] An der Einführung solcher metaphorischer Handlungssubjekte lässt sich freilich ablesen, dass die Emanzipation der neuzeitlichen Geschichtsphilosophie von der christlichen Geschichtstheologie nicht vollkommen geglückt ist. Zumindest einige der hier einschlägigen Leitbegriffe werden übernommen, indem sie in narrative ‚Als-ob-Fiktionen' verwandelt werden. Erst Comte und Marx entwerfen später rein säkulare universalgeschichtliche Ansätze, die ganz ohne transhumane Geschichtssubjekte auskommen.

Überraschend ist die rekonstruktionsstrategische Parallele zwischen Vicos Philosophie der Geschichte und zahlreichen Geschichtsphilosophien der Folgezeit vor allem aus dem Grund, weil Vicos *Neue Wissenschaft* so gut wie keinen direkten Einfluss auf diese Geschichtsphilosophien ausgeübt hat. Insofern scheint die Frage besonders klärungsbedürftig zu sein, weshalb bei Vico und den nachfolgenden Geschichtsphilosophen ein nahezu gleiches

---

[230] Ebd., 72.

[231] Nicht zufällig findet sich Kants misanthropische Kernaussage, dass „aus so krummen Holze, als woraus der Mensch gemacht ist, […] nichts ganz Gerades gezimmert werden kann", gerade in seiner geschichtsphilosophischen Hauptschrift: Vgl. Kant, I., *Ideen zu einer allgemeinen Geschichte in weltbürgerlicher Absicht*, in: *Werke*, Bd. 11, Frankfurt/M. [10]1993, 41.

Deutungsschema der Geschichte anzutreffen ist. Nach der hier vertretenen Auffassung sind die Quellen der neuzeitlichen Geschichtsphilosophie im Wesentlichen bei Bossuet und Mandeville zu finden.

Obwohl es fraglich ist, ob und inwieweit Vico die Geschichtstheologie Bossuets gekannt hat, existieren markante Schnittpunkte zwischen beiden Denkern. Diese sind durch die epochale Notwendigkeit bedingt, die christliche Geschichtstheologie klassisch augustinischer Prägung zu modernisieren und mit den säkularen Tendenzen des Zeitalters zu versöhnen (Bossuet) bzw. sie in diesen aufgehen zu lassen (Vico). Eine wichtige Gemeinsamkeit zwischen Bossuet und Vico liegt in der Idee einer Perspektivendifferenz zwischen den Teilnehmern und dem Betrachter der Geschichte. So unterstreicht schon Bossuet, dass der geschichtliche Prozess aus der Perspektive der Beteiligten den Eindruck einer wirren Aneinanderreihung von Zufällen erweckt, während derselbe Prozess aus der Perspektive eines distanzierten Beobachters als sinnvoller und zielgerichteter Vorgang aufgefasst werden kann. Damit die Geschichte jedoch als sinnvolle Verlaufseinheit in Erscheinung treten kann, bedarf es nach Bossuet eines übergeordneten Gesichtspunktes oder Maßstabs, an dem sich die wissenschaftliche Geschichtsbetrachtung orientieren kann. Nötig ist somit eine Teleologie, welche einen Wertgesichtspunkt definiert; und zwar einen, der die Interessenhorizonte der geschichtlichen Akteure überschreitet. Bei Bossuet stellt die Tradierung und Ausbreitung der christlichen Religion mitsamt ihrer Glaubens- und Sittenlehren einen derartigen Wertgesichtspunkt dar; wobei Bossuet das scheinbar sinnlose Wechselspiel des Entstehens und Vergehens der Weltreiche in das historische Mittel der Realisierung dieses Ziels umdeutet. Die Vereinigung der „Nationen" unter „römischer Oberherrschaft" beispielsweise soll „eines der mächtigsten Mittel in der Hand der Vorsehung [gewesen sein], um die rasche Ausbreitung des Evangeliums zu befördern."[232]

---

[232] Bossuet, J.-B., Universal-Geschichte vom Anfange der Welt bis auf das Kaiserreich Karl's des Großen, Würzburg ²1832, 401.

Obwohl noch Geschichtstheologe, bricht schon Bossuet mit der christlichen Eschatologie augustinischer Prägung, da er das Ziel der Geschichte vom Jenseits ins Diesseits verlagert. Im Unterschied zu Augustinus hat Bossuet zudem keine Skrupel, die rationale Erkennbarkeit des göttlichen Heilsplans zu behaupten. Er überwindet zudem den schroffen augustinischen Dualismus zwischen Heils- und Weltgeschichte, zwischen *civitas dei* und *civitas terrena*, indem er das Wirken der göttlichen Vorsehung auch im Feld der politischen Geschichte nachzuweisen versucht. Bossuets Idee der notwendigen Perspektivendifferenz zwischen den Akteuren und dem Theoretiker der Geschichte nimmt bei Vico die Form an, dass er die Selbsterhaltung des Menschengeschlechts zum Ziel der Geschichte und damit auch zum alle historischen Einzelperspektiven transzendierenden Gesichtspunkt seiner Geschichtsbetrachtung erklärt. Neben der Idee eines Perspektivenunterschieds zwischen den Akteuren und dem Erzähler der Geschichte stellt die Vorstellung der Permanenz christlicher Religiösität ein weiteres Theorieelement der Geschichtstheologie Bossuets dar, die sich auch bei Vico findet. Freilich erweitert Vico die Sichtweise Bossuets durch den Einbezug der heidnischen Religionen nicht nur ganz erheblich, sondern er kehrt zudem auch die Zweck-Mittel-Bestimmung Bossuets um. Anders als für Bossuet stellt die Erhaltung der Religion für Vico keinen geschichtlichen Selbstzweck mehr dar, sondern nur noch ein Mittel zur Wahrung politischer Stabilität und zum Zwecke der Selbsterhaltung der menschlichen Gattung.

Bossuet beansprucht im *Discours sur l'historie universelle* (1681) freilich noch, die menschliche Geschichte aus dem Blickwinkel des christlichen Schöpfergottes zu betrachten: „Was hinsichtlich unserer unsicheren Einsichten Zufall ist, gehört zu dem wohlberechneten Plane einer höheren Weisheit."[233] Diesem epistemischen Gottesstandpunkt entspricht bei Bossuet die geschichtsmetaphysische Annahme, dass Gott das Subjekt der Geschichte ist, das den Verlauf der menschlichen Geschichte von

---

[233] Ebd., 505.

außen steuert: „So herrscht Gott über alle Nationen."[234] Dabei gewinnt zwar bereits die Vorstellung an Gewicht, dass sich Gott zur Lenkung des Geschichtsprozesses auch natürlicher Ursachen und insbesondere der Intentionen und Leidenschaften großer Staatsmänner bedient; doch fasst Bossuet gerade die natürlichen Leidenschaften der Menschen als Einfallstore der göttlichen Transzendenz auf: „Oben im Himmel hält Gott die Zügel sämtlicher Königreiche in seiner Hand; Er hat alle Herzen in seiner Gewalt; bald hält Er die Leidenschaften zurück, bald läßt Er ihnen den Zaum schießen, und bringt dadurch die ganze Menschheit in Bewegung."[235]

Abgesehen von Vicos problematischem Ewigkeitspostulat der Geschichte (*storia ideale eterna*), das sich weder als echter Immanenz- noch als echter Transzendenzstandpunkt deuten lässt, bezieht Vico, anders als Bossuet, sowohl in metaphysischer wie auch in erkenntnistheoretischer Hinsicht einen reinen Immanenzstandpunkt. Das gilt nicht nur hinsichtlich der Frage nach dem Subjekt der Geschichte, die Vico im Sinne der Existenz eines zwar anonymen, aber rein menschlichen Funktionsprinzips beantwortet. Es gilt ebenso hinsichtlich des epistemischen Standpunkts des Historikers, den Vico mit in den Prozess der Geschichte hineinnimmt. Gerade Vicos Idee einer ‚ewigen idealen Geschichte' lässt für Bossuets Vorstellung eines epistemisch überlegenen Gottesstandpunkts, von dem her die Rekonstruktion der Geschichte zu erfolgen habe, keinen Raum mehr. Das Konzept der ‚ewigen, idealen Geschichte' impliziert vielmehr, dass historische Erkenntnis weder nach noch von außerhalb der Geschichte erfolgen kann, sondern nur inmitten der realgeschichtlichen Bewegung selber möglich ist. Sie ereignet sich laut Vico in dem schmalen Freiraum zwischen den einzelnen geschichtlichen Zyklen, der einen historischen Wahrheitshorizont eröffnet.

Für die Entstehung der neuzeitlichen Geschichtsphilosophie ist ein anderer Autor sogar noch wichtiger als Bossuet – nämlich

---

[234] Ebd.
[235] Ebd., 504.

der niederländische Arzt Bernard de Mandeville (1670-1733). Dieser entwickelt in seiner berühmten *Bienenfabel* eine Denkfigur, die nicht nur für Vicos Geschichtsdenken, sondern für die gesamte moderne Geschichtsphilosophie eine paradigmatische Rolle gespielt hat. Tatsächlich besitzt Mandevilles Fabel, die im Jahre 1714 anonym erscheint, für die materiale Geschichtsphilosophie eine größere Bedeutung als nahezu die gesamte geschichtstheologische Denktradition.[236] Man kann Mandeville insofern als heimlichen Vater der modernen Geschichtsphilosophie bezeichnen; schließlich lautet die These der *Bienenfabel*, dass nicht die Tugenden, sondern die Laster der Menschen die Quelle des Gemeinwohls sind. Dies eben ist jenes kardinale Prinzip, welches die neuzeitlichen Geschichtsphilosophen auf recht unterschiedliche Weise auf den historischen Prozess anwenden.

Anhand verschiedener, dem bürgerlichen Leben entlehnter Beispiele versucht der Autor der *Bienenfabel* zu demonstrieren, wie aus dem Zusammenspiel privater Laster öffentliche Vorteile (*private vices as public benefits*) erwachsen. Gerade die „schlechtesten und verabscheuungswürdigsten Eigenschaften" des Menschen sind laut Mandeville diejenigen, welche sie zur Bildung „der glücklichsten und blühendsten Gemeinschaft fähig"[237] machen. Mandeville akzeptiert zwar die herrschenden Tugendvorstellungen seiner Zeit, aber nur deshalb, um die als Laster geltenden Verhaltensweisen und Neigungen (Selbstliebe, Habgier, Wollust etc.) durch den Nachweis ihrer Prosperitätswirkung gegen jene Tugendideale auszuspielen. Mandevilles Argument der *private vices as public benefits* schließt freilich noch kein Votum für den ökonomischen Liberalismus ein. Es bewegt sich vielmehr im Rahmen des merkantilistischen Denkens. Worauf es laut Mandeville entscheidend ankommt, ist die „geschickte Lenkung" individueller Laster von Seiten der Politik, so dass diese „dem irdischen

---

[236] So zumindest die These von Fetscher, I., Art. *‚Geschichtsphilosophie'*, in: Diemer, A., Frenzel, I. (Hg.), *Das Fischer Lexikon Philosophie*, Frankfurt/M. 1958, 107-126, 112.

[237] Mandeville, B., Die Bienenfabel – oder Private Laster als gesellschaftliche Vorteile, Leipzig/Weimar 1988, 5.

Glück des Ganzen dienstbar"[238] werden – eine Instrumentalisierungskompetenz, die bezeichnenderweise mit „politische[r] Weisheit"[239] gleichgesetzt wird.

Mandevilles Bedeutung für die moderne Geschichtsphilosophie besteht vor allem darin, dass dieser ein evolutionäres Denkmuster anbietet, welches die Annahme eines sinnstiftenden Handlungssubjekts der Geschichte überflüssig macht. Zur Begründung der Auffassung, dass sich das geschichtlich Klügere und Sinnvollere stets gegen den Egoismus der Einzelnen durchsetzt, bedarf es von nun an der Annahme eines Gottes nicht mehr. Denn mit Mandeville ist denkbar geworden, dass sich das historisch Sinnvolle gerade vermittels menschlicher Einzelegoismen realisiert. Dank Mandevilles Hypothese *private vices – public benefits* werden die egoistischen Begierden und Laster der Individuen nunmehr als durch nichts zu ersetzende Instrumente oder Triebkräfte des geschichtlichen Fortschritts fassbar. Und der Mensch kann seine geschichtsphilosophische Karriere als Heilsbringer wider Willen antreten – nicht weil er tugendhaft und gut, sondern weil er egoistisch und lasterhaft ist. Woran es dem Ansatz Mandevilles freilich noch fehlt, ist eine belastbare Begründung für den behaupteten Zusammenhang zwischen privaten Lastern und öffentlichem Wohl. Mandeville führt nur einzelne Beispiele für diesen Konnex an, jedoch kein anthropologisches oder soziales Prinzip, von dem her sich das Umschlagen von individuellen Lastern in allgemeine Vorteile systematisch begründen ließe.

Dass sich Vicos Geschichtskonstruktion auf das Mandeville'sche Paradox der *private vices as public benefits* stützt, ist offensichtlich[240], denn Vico gibt es in einer Passage seines Hauptwerks beinahe wortgetreu wieder: „Die Gesetzgebung betrachtet den Menschen, wie er ist, um von ihm guten Gebrauch in der menschlichen Gesellschaft zu machen; so macht sie aus der Grausamkeit,

---

[238] Ebd., 7.

[239] Ebd.

[240] Vgl. Vaughan, F., The Political Philosophy of Giambattista Vico, The Hague 1972, 37.

der Habsucht und dem Ehrgeiz – den drei Lastern, die das ganze Menschengeschlecht verwirren – das Militär, den Handel und den Hof und damit die Stärke, den Reichtum und die Weisheit der Staaten; und aus diesen drei großen Lastern, die sonst sicher das Menschengeschlecht auf Erden vernichten würden, macht sie einen glücklichen politischen Zustand" (SN 132). Doch obwohl Vico Mandevilles Denkfigur in der *Neuen Wissenschaft* aufnimmt, nimmt er zugleich gewisse Erweiterungen und Korrekturen an ihr vor. Zum einen liefert Vico einen Lösungsvorschlag für das bei Mandeville offen gebliebene Transmissionsproblem; also für die Frage, wie egoistische Einzelantriebe systematisch in gesellschaftliche Vorteile übersetzt werden. Das von Vico selbst vorgeschlagene Transmissionsprinzip besteht in nichts anderem als in der bereits rekonstruierten Schöpfungslogik der Phantasie (vgl. 4.1), die einmalige soziale Notlösungen mit Hilfe sozialer Mythen institutionalisiert. Vico beruft sich folglich auf ein anthropologisches Funktionsprinzip, das die ‚Arbeit des Negativen' in der Geschichte bändigt und naturwüchsig in politisch stabile Bahnen umlenkt. Zum anderen wird der sinnliche Egoismus der Menschen, den Mandeville noch als Inbegriff menschlicher Laster auffasst, bei Vico sowohl historisch legitimiert als auch moralisch neutralisiert. Statt als Laster betrachtet Vico die Bedürfnisse und Leidenschaften, insbesondere die der archaischen Menschen, als indisponible, natürliche Antriebe, die mit dem Willen zum Leben notwendig gegeben sind.

5.3 Vico, Kant und Hegel

Auch Kant und Hegel wissen Mandevilles Schema der ‚privaten Laster als öffentliche Vorteile' im Rahmen teleologischer Geschichtsdeutungen fruchtbar zu machen. Im Ergebnis führt dies, ähnlich wie bei Vico, zu einer teleologischen Immanenzposition: Gott wird der Status eines sinnstiftenden Lenkungssubjekts der Geschichte aberkannt. Als Kompensationstheorem wird jedoch gleichzeitig die narrative ‚Als-ob-Fiktion' der göttlichen Vorausplanung des historischen Sinngeschehens aufgeboten. Hinter dieser theoretischen Strategie steht letztlich die optimistische Ansicht, dass Gott, selbst wenn er könnte, den Gang der Geschichte nicht besser hätte steuern können als es die Menschen kraft ihrer natürlichen Leidenschaften ungewollt von selbst getan haben. So gibt es zwar nicht wirklich einen göttlichen Verlaufsplan für die Geschichte; man darf aber im Nachhinein durchaus so tun ‚als ob', da am Faktum des Fortschritts nicht gezweifelt werden kann.

Es ist das Verdienst Croces, Vicos Immanenzposition klar herausgearbeitet und auf die damit gegebene Parallele zur Geschichtsphilosophie Hegels hingewiesen zu haben: „Endlich nahm die vichianische Vorsehung, das heißt die Rationalität und Objektivität der Geschichte, die einer anderen Logik folgt als ihr von den individuellen Vorstellungen und Illusionen zugeschrieben wird, in der von Hegel postulierten List der Vernunft zwar einen prosaischen Namen an, veränderte aber ihren Charakter nicht; sie wurde von Schopenhauer geistreich und bizarr umgeformt in dem populären Sinn der Gattung, und von Wundt, nicht sehr geistreich, aber sehr psychologisch, in seinem Gesetz von der Heterogonie der Zwecke."[241] So gerechtfertigt dieses Urteil auch ist, so sehr übersieht Croce die feinen und die fundamentalen Unterschiede. Seiner Deutung liegt vor allem die Annahme zugrunde, die „Unterscheidung der beiden Welten des Geistes und der Natur"[242] bilde die Grundlage der Geschichtsphilosophie Vicos. Diese Ansicht basiert indes auf einem Irrtum, so dass Croce die Sicht für den wesentlichen Unterschied versperrt bleibt: der Gegensatz nämlich von Natur (Vico) und Geist (Hegel). Zudem übersieht Croce, dass Vico und Hegel die Denkfigur einer ‚Heterogonie der Zwecke' ganz verschieden ausgestalten. Ihm entgeht die in der neuzeitlichen Geschichtsphilosophie geltende Ungleichung, derzufolge ‚immanente Teleologie' nicht gleich ‚immanente Teleologie' ist. Alles in allem scheint daher Piovanis gegen

---

[241] Croce, B., *Die Philosophie Giambattista Vicos*, Tübingen 1927, 207.
[242] Ebd.

Croce gerichtete Forderung, „Vico without Hegel"[243] zu rezipieren, nicht unberechtigt zu sein.

Um den besagten feinen Unterschied bezüglich der Rekonstruktionsform der Geschichte herauszupräparieren, bietet es sich an, Kants Geschichtsphilosophie mit in die Betrachtung einzubeziehen, die jener Hegels weitaus näher steht als derjenigen Vicos. Außerdem ist auf eine dritte Quelle der Geschichtsphilosophie neben Mandeville und Bossuet hinzuweisen: nämlich auf Adam Smith, einen der Begründer der modernen Volkswirtschaftslehre und frühen Hauptvertreter des ökonomischen Liberalismus. Smith seinerseits knüpft unmittelbar an Mandeville an, mit dessen Paradoxon er sich bereits in seinem moralphilosophischen Frühwerk, der *Theory of moral sentiments* (1755), intensiv auseinandergesetzt hatte. Smith übt zwar Kritik an Mandeville, aber diese betrifft, ähnlich wie in Vicos Fall, nicht den von Mandeville postulierten Zusammenhang zwischen *private vices* und *public benefits* als solchen, sondern dessen pauschale Degradierung der egoistischen Affekte des Menschen zu bloßen Lastern.[244] Bereits im Frühwerk Smiths taucht in diesem Zusammenhang erstmals jene berühmte, an Mandevilles Paradox angelehnte Denkfigur auf, die in der Folgezeit zum Leitmotiv des ökonomischen Liberalismus avancieren wird: Die Rede ist vom Topos der „unsichtbaren Hand"[245], die das individuelle Vorteilsstreben in ein wohlfahrtsoptimales Gesamtresultat ummünzt.

Smiths Rekurs auf eine ‚unsichtbare Hand' lässt erkennen, dass er, ähnlich wie die Geschichtsphilosophen Vico, Turgot, Kant und Hegel, anonyme soziale Funktionsprinzipien, die eine behauptete produktive Diskrepanz zwischen den individuellen Zwecken und den objektiven Resultaten des Handelns herbeiführen, unter Zuhilfenahme eines theologienahen Vokabulars handlungstheoretisch überzeichnet. Denn auch bei Smith repräsentiert

---

[243] Piovani, P., '*Vico without Hegel*', in: Tagliacozzo, G., White, H. V. (Hg.), *Vico. An International Symposium*, Baltimore 1969, 103-124.

[244] Vgl. Smith, A., *Theorie der ethischen Gefühle*, übers. u. hg. v. W. Eckstein, Hamburg 1994, 513-523.

[245] Ebd., 316.

die ‚unsichtbare Hand' bereits kein göttliches Subjekt mehr. Es handelt sich vielmehr um eine Subjektmetapher, hinter der sich die Idee eines selbstregulativen sozialen Mechanismus verbirgt, der die egoistischen Antriebe der Individuen systematisch in sinnvolle Gesamtergebnisse überführt. Wie nun das ökonomische Hauptwerk von Smith, *Untersuchung über Wesen und Ursachen des Reichtums der Völker* (1776), zeigt, fungiert der Topos ‚unsichtbare Hand' als Metapher für den konkurrenzwirtschaftlichen Marktmechanismus, dessen vermeintlich naturwüchsige Allokationsfunktion Smith für wohlfahrtsoptimal hält.[246] Bemerkenswert ist in diesem Zusammenhang, dass auch Smith eine Art Geschichtsphilosophie entworfen hat, und zwar eine universelle Stufentheorie der wirtschaftlichen Entwicklung, für die nun aber die Denkfigur der ‚unsichtbaren Hand' keine tragende Rolle spielt.[247]

Ein Vergleich zwischen Vico und Smith ließe sich nun geradezu zum symbolträchtigen Schaukampf zwischen alten und modernen Mythologemen stilisieren. Denn bei Smith übt der Marktmechanismus die gleiche Funktion aus, die Vico den politischen Mythen der Phantasie bescheinigt: Er hält die Gesellschaft zusammen und lässt aus dem sozialen Zusammenspiel egoistischer Zweckverfolgungen die Harmonie und den Wohlstand des Gemeinwesens erwachsen. In beiden Fällen handelt es sich also um gesellschaftliche Koordinationsinstanzen, denen die Begründung des Zusammengehens von Individual- und Gemeinwohl aufgebürdet wird. Es bleibe hier dahingestellt, ob der Mythos des Marktes von Smith dem Mythos von ‚Jupiter' – oder allgemeiner: Vicos Mythos vom sozialen Mythos – wirklich überlegen ist. Hinzuweisen ist jedoch auf den Paradigmenwechsel im Bereich der Gesellschaftstheorie, der im Gegensatz zwischen Vicos heiligen Götterfiktionen und Smiths profanem Markt kulminiert. Dieser Paradigmenwechsel lässt sich als Übergang von prämodernen (Vico) zu

---

[246] Zu Topos und Konzept der ‚unsichtbaren Hand': vgl. Smith, A., *Untersuchung über Wesen und Ursachen des Reichtums der Völker*, 2 Bde., Bd. 2, übers. v. M. Streissler, Düsseldorf 1999, 467, 618f.

[247] Vgl. Smith, A., *Vorlesungen über Rechts- und Staatswissenschaften*, hg. v. D. Brühlmeier, Sankt Augustin 1996.

modernen Sichtweisen (Smith) auf das soziale Leben und dessen Stabilitätsgaranten beschreiben.

Während in Vicos Geschichtsphilosophie die Vorgeschichte der bürgerlichen Gesellschaft erzählt wird und die Ehrfurcht vor der Natursubstanz des Menschen darin noch so weit reicht, dass er furchteinflößende Phantasiegötter und heilige Fiktionen zur Erklärung der Ablenkung der menschlichen Naturbewegungen in die Bahnen der Gesellschaft aufbietet, nimmt Smith die Existenz einer solchen Vorgeschichte bereits gar nicht mehr an. Für ihn sind alle Menschen schon immer Bürger gewesen, also anpassungsfähige Subjekte, die der Götterfurcht prinzipiell dann entbehren können, um in Gesellschaft zu leben, wenn sie sich von ihrem angeborenen Nutzenkalkül auf Märkten leiten lassen. Um ein bekanntes Diktum von Marx und Engels von der modernen Gesellschaft auf die moderne Theorie zu übertragen, wird in der Gesellschaftslehre von Smith der „Schauer der frommen Schwärmerei, der ritterlichen Begeisterung, der spießbürgerlichen Wehmut in dem eiskalten Wasser egoistischer Berechnung ertränkt."[248] Oder in Smiths eigenen Worten: „Gib mir, was ich will, und du wirst bekommen, was du willst, […] auf diese Weise erlangen wir voneinander die meisten jener guten Dienste, auf die wir angewiesen sind. Nicht vom Wohlwollen des Metzgers, Brauers oder Bäckers erwarten wir unsere Mahlzeit, sondern von deren Bedachtnahme auf ihr eigenes Interesse."[249]

Bei der Interpretation und Bewertung der Geschichtsphilosophie Kants ist nun das rationalistische Menschen- und Gesellschaftsbild von Adam Smith stets mit zu berücksichtigen. Dass nämlich Kants Entwurf zur Geschichtsphilosophie von der liberalen Ökonomik von Smith und der dort zum Zuge kommenden Denkfigur der ‚unsichtbaren Hand‘ wesentliche Impulse erhalten

[248] Marx, K., Engels, F., *Manifest der Kommunistischen Partei*, MEW Bd. 4, Berlin 1959, 464f.

[249] Smith, A., *Untersuchung über Wesen und Ursachen des Reichtums der Völker*, 2 Bde., Bd. 1, übers. v. M. Streissler, Düsseldorf 1999, 98.

hat, ist ein gut belegtes Faktum.[250] In seiner Schrift *Idee zu einer allgemeinen Geschichte in weltbürgerlicher Absicht* unternimmt Kant den Versuch, eine Brücke zwischen apriorischer Vernunftethik und Rechtsphilosophie und realgeschichtlicher Entwicklung zu schlagen. Auch Kant konstatiert hierbei zunächst, dass sich die Geschichte in der Vergangenheit nach keinem „verabredeten Plane"[251] vollzog, wie ihn „vernünftige Weltbürger" ihrem gemeinsamen Handeln zugrunde legen würden. Dennoch hält Kant die Hypothese für vertretbar, dass die Geschichte, die im Kleinen und Einzelnen widersinnig und regellos zu sein scheint, im Großen und Ganzen Zeugnis von der „stetig fortgehende[n] obgleich langsame[n] Entwicklung der ursprünglichen Anlagen"[252] des Menschen ablegt. In der vollständigen Entfaltung aller Naturanlagen erkennt Kant dabei das Ziel bzw. das *telos* der Geschichte, weshalb er der bisherigen Geschichte eine progressive Gesamttendenz bescheinigen zu können glaubt.

Zur Begründung seiner Fortschrittsthese rekurriert Kant auf die von Mandeville vorgedachte und von Smith weiterentwickelte Denkfigur, die Hegel später unter die Überschrift ‚List der Vernunft' stellt. Kant bestreitet nämlich, dass die als Faktum gedeutete progressive Entfaltung der menschlichen Naturanlagen in der Absicht der Menschen selber gelegen hat; es handelt sich beim Fortschritt vielmehr um ein nicht-intendiertes Nebenprodukt der subjektiven Interessenverfolgungen der geschichtlichen Akteure. Ähnlich wie Vico, der sich auf die ‚göttliche Vorsehung' beruft, fingiert nun auch Kant in Form der „Naturabsicht"[253] ein Metasubjekt der Geschichte, dem die vom Menschen unbeabsichtigte Verwirklichung des Ziels der Geschichte als eine Planungsintention *apriori* zugeschrieben wird. Unter die Rubrik der „Mittel" der Naturabsicht fällt bei Kant jener soziale Mechanismus, der die

---

[250] Vgl. Kittsteiner, H. D., Naturabsicht und unsichtbare Hand. Zur Kritik des geschichtsphilosophischen Denkens, Frankfurt/M. u.a. 1980.

[251] Kant, I., Ideen zu einer allgemeinen Geschichte in weltbürgerlicher Absicht, in: Werke, Bd. 11, Frankfurt/M. [10]1993, 31-50, 34.

[252] Ebd., 33.

[253] Ebd., 34.

Menschen, ohne Absicht und Bewusstsein, die allmähliche Realisierung des Vernunftziels der Geschichte ganz naturwüchsig bewerkstelligen lässt. Bei diesem von Kant postulierten sozialen Funktionsprinzip handelt es sich um die „ungesellige Geselligkeit der Menschen"[254], um den „Antagonism derselben in der Gesellschaft."[255]

In dieser Formel Kants zeichnen sich deutlich die Konturen der bürgerlichen Marktgesellschaft ab, wie sie Smith modelliert hatte. Ungesellig ist der Mensch, weil er mit den übrigen Subjekten um Waren, Absatzmärkte, politische Ämter, Arbeitsplätze usw. konkurriert, und gesellig muss er zugleich sein, weil er als unselbständiges Atom einer arbeitsteilig gegliederten Gesellschaft mit anderen Subjekten in Tauschbeziehungen treten muss, um seine Interessen durchsetzen zu können. Die innere Entwicklungsdynamik der so *apriori* als bürgerlich gedeuteten Gesellschaftsgeschichte leitet Kant aus der Dialektik von Geselligkeit und Ungeselligkeit ab, welche die Menschen dazu nötige, ein geeignetes politisches Rahmenarrangement für ihren Antagonismus zu kreieren, durch das dieser Gegensatz per Befriedung auf Dauer gestellt und so gleichsam in einen stabilen Gleichgewichtszustand versetzt werden kann. Auch Kants Begriff der Geschichte als einem Prozess der Gleichgewichtsfindung ist in Anlehnung an Smith am ökonomischen Vorbild eines Gleichgewichts der Marktkräfte (Angebot und Nachfrage) orientiert. Und in der Tat ist Kants Idee eines ewigen Antagonismus, welche er der Geschichtsschreibung als „Leitfaden"[256] *apriori* vorschlägt, eher soziologischer, denn eigentlich historischer Natur.

Diese Idee schließt nämlich aus, dass in der Geschichte genuin neue Selbst- und Weltbilder sowie politische Institutionen entstehen können. Stattdessen deutet Kant die Gesellschaftsgeschichte als progressiven Lernprozess, der mit der Tendenz eines Ausgleichs zwischen den Extrempolen anthropologischer und

---

[254] Ebd., 37.

[255] Ebd.

[256] Ebd., 48.

politischer Konstanten oszilliert: Errichten die Menschen eine politische Ordnung, die ihre natürliche „Ehrsucht, Herrschsucht und Habsucht"[257], also die Triebfedern ihrer Ungeselligkeit, allzu stark einengt, so streben sie mittelfristig deren Umsturz an; errichten die Menschen dagegen eine politische Ordnung, die ihren ungeselligen Antrieben zu viel Freiraum lässt, so wirken sie mittelfristig auch auf deren Reform hin, um der Gefahr einer negativen Aufhebung des Antagonismus durch Anarchie und Gewalt zu begegnen. Es gehört somit zu den Grundideen Kants, dass es im wohlkalkulierten Eigeninteresse der Individuen selber liegt, langfristig eine politische Ordnung herzustellen, die Ungeselligkeit (Freiheit) und Geselligkeit (Ordnung) in den Zustand einer perfekten Balance bringt.

Da Kant deshalb in der Verwirklichung einer „allgemein das Recht verwaltende[n] bürgerliche[n] Gesellschaft"[258] das „größte Problem" der Menschen in der Geschichte erkennt und zugleich davon ausgeht, dass eine „vollkommen gerechte bürgerliche Verfassung"[259], die er als Symbiose von Marktgesellschaft und bürgerlichem Rechtsstaat begreift, die optimale Lösung dieses Problems darstellt, kann er unter Verweis auf die „Verbesserung der Staatsverfassung in unserem Weltteile"[260] gleichzeitig die Faktizität des Fortschritts behaupten. Ja er kann sogar eine ermutigende Annäherung von teleologischem Ideal und geschichtlicher Gegenwartswirklichkeit diagnostizieren, wobei diese Diagnose den „Staatsoberhäupter[n]"[261] der Zeit zudem als mittelbarer Beweggrund dienen soll, nunmehr bewusst und willentlich die nötigen Abschlussarbeiten am politischen Fortschritt voranzutreiben. Erst im Rahmen einer solchen allgemein das Recht verwaltenden bürgerlichen Gesellschaft, so glaubt Kant, verwandelt sich der Antagonismus der Menschen untereinander zu einer optimal wirken-

---

257 Ebd., 38.

258 Ebd., 39.

259 Ebd.

260 Ebd., 48.

261 Ebd., 50.

den Antriebskraft zur Entwicklung aller menschlichen Naturanlagen, worunter Kant, wie seine Schrift zur Pädagogik zeigt, im Kern die Entwicklungsabfolge der Disziplinierung, Kultivierung, Zivilisierung und Moralisierung des Menschen versteht.[262] Zu ergänzen bleibt, dass Kant das schon in greifbarer Nähe geglaubte politische Ideal des bürgerlichen Rechtstaates perspektivisch mit der Idee eines globalen Staatenbundes verknüpft, der der Menschheit den Weg zum „ewigen Frieden"[263] ebnen soll.

Trotz der homologen Rekonstruktionsform der Geschichte, welche die Geschichtsphilosophien von Kant und Vico aufweisen, sind die inhaltlichen Unterschiede zwischen beiden Ansätzen erheblich. Über die tiefgreifende Differenz zwischen den Teleologien beider Denker hinaus (also: Selbsterhaltung der Gattung bei Vico, Selbstvervollkommnung der Gattung bei Kant) ist es primär die Ansicht zur historischen Erschaffung der politischen Mittel des Fortschritts, in der sich die Geschichtsphilosophien beider signifikant unterscheiden. Wie Vico deutet zwar auch Kant die allmähliche Realisierung des *telos* der Geschichte als ein ungeplantes Resultat menschlicher Taten, versteht sie also im Sinne eines nicht-intendierten Neben- oder Begleiterfolgs des individuellen Tuns. Im Unterschied zu Vico interpretiert er aber die geschichtliche Produktion der politischen Mittel des Fortschritts als eine Abfolge zweckrationaler Einzelhandlungen der gesellschaftlichen Akteure. Vico dagegen verzichtet auf eine handlungstheoretische Rekonstruktion der menschlichen Geschichte nahezu ganz – und zwar sowohl in Hinblick auf das Ziel der Geschichte als auch in Hinblick auf die vom Menschen zu dessen Realisierung geschaffenen Mittel (Symbole, Institutionen). Anders als Kant begreift er den Geschichtsprozess primär als ein naturwüchsiges Geschehen, das nicht von Intentionen, sondern von Fiktionen gesteuert wird, welche die aus der Not der Umstände heraus geborenen Kooperationspraktiken der Menschen konservieren. In eher technischer

---

[262] Vgl. Kant, I., *Über Pädagogik*, in: *Werke*, Bd. 12, Frankfurt/M. ⁹1995, 695-778, 706f.

[263] Vgl. Kant, I., *Zum ewigen Frieden. Ein philosophischer Entwurf*, in: *Werke*, Bd. 11, Frankfurt/M. ¹⁰1993, 194-251.

Diktion: Kant bedient sich zur Begründung des geschichtlichen Fortschritts des Argumentationsschemas der nicht-intendierten Nebenfolgen intentionalen Handelns; Vico dagegen rekurriert auf das Schema der nicht-intendierten Begleitwirkungen vorintentionaler Produktionen.

Dieser prinzipielle Gegensatz zwischen Kant und Vico basiert in letzter Instanz auf miteinander unvereinbaren Menschenbildern. Während Kant in seiner Geschichtsphilosophie primär auf das Menschenbild vom *homo oeconomicus* rekurriert, das schon Smith seinem ökonomischen Hauptwerk zugrunde gelegt hatte, unterläuft Vico die rationalistischen Lehren vom Menschen durch eine Anthropologie der Phantasie. Diese zielt auf den Nachweis ab, das alles geschichtlich Wesentliche vor aller Vernunft und somit auch vor allem Handeln geschaffen worden ist. Nach Vico bestimmen die natürlichen Bedürfnisse im Verbund mit den mythischen Überzeugungen der Menschen den Gang der Geschichte. Natürliche Triebe und politische Fiktionen entziehen sich jedoch gleichermaßen einer handlungstheoretischen Rationalisierung, da sie sich nicht in ‚Zwecksetzungen', ‚Intentionen' oder ‚Pläne', also in handlungstheoretische Kategorien übersetzen lassen.

Auf die Geschichtsphilosophie Hegels, die häufig mit derjenigen Vicos in Verbindung gebracht und verglichen worden ist[264], muss hier deshalb nicht mehr näher eingegangen werden, weil die soeben explizierten Differenzen zwischen Kants und Vicos Geschichtsphilosophie zugleich die wesentlichen Unterschiede zwischen Vico und Hegel beschreiben. So lässt auch Hegel in Gestalt des „Weltgeistes"[265] ein metaphysisches Großsubjekt den geschichtlichen „Fortschritt im Bewusstsein der Freiheit"[266] vorausplanen. Dessen konkrete Erarbeitung fällt aber auch bei ihm in den Aufgabenbereich der Menschen, insbesondere in jenen von

---

[264] Vgl. etwa Schmidt, R. W., *Die Geschichtsphilosophie G. B. Vicos. Mit einem Anhang zu Hegel*, Würzburg 1982 und Na, J.-S., *Praktische Vernunft und Geschichte bei Vico und Hegel*, Würzburg 2002.

[265] Hegel, G. W. F., Vorlesungen über die Philosophie der Weltgeschichte. Bd. I: Die Vernunft in der Geschichte, hg. v. J. Hoffmeister, Berlin 1970, 60.

[266] Ebd., 63.

„welthistorischen Individuen"[267] wie Cäsar oder Napoleon, die – getrieben von politischem Ehrgeiz – unbeabsichtigt den politischen Fortschritt zur Freiheit vorantreiben. Hegel stilisiert die ‚welthistorischen Individuen' zu tragischen Helden der Geschichte, die ihre ungewollte Arbeit am objektiven Fortschritt mit dem Opfer ihrer subjektiven Interessen bezahlen müssen. Diese postulierte Dialektik zwischen subjektivem und objektivem Geist ist es nun auch, die Hegel als ‚List der Vernunft' bezeichnet: „Das Besondere hat sein eigenes Interesse in der Weltgeschichte; es ist etwas Endliches und muß als solches untergehen. Es ist das Besondere, das sich aneinander abkämpft, und wovon ein Teil zugrunde gerichtet wird. Aber eben im Kampf, im Untergang des Besonderen resultiert das Allgemeine. […] Man kann es die List der Vernunft nennen, daß sie die Leidenschaften für sich wirken läßt, wobei das, durch was sie sich in Existenz setzt, einbüßt und Schaden erleidet."[268]

Allem Unverfügbarkeitspathos zum Trotz verfehlt Hegel die geschichtliche Autonomieposition, gegen die Vico gerade sein Veto einlegt, im Grunde nur knapp. Im Gegensatz auch zu Kant, der die Verwirklichung des Vernunftziels der Geschichte (Entwicklung der menschlichen Naturanlagen) in der Tat als ein gänzlich unbeabsichtigtes Begleitresultat des gesellschaftlichen Fortschritts auffasst, lassen sich Hegels ‚welthistorische Individuen' sehr wohl als Subjekte der politischen Geschichte begreifen, die im Rahmen der Verwirklichung ihrer idiosynkratischen Herrschaftsinteressen den politischen ‚Fortschritt im Bewusstsein der Freiheit' mit Bewusstsein und Wille herbeiführen. Jenseits des Absichtshorizonts der welthistorischen Individuen liegen laut Hegel lediglich die Dauerhaftigkeit der von ihnen geschaffenen politischen Ordnungen sowie die negative Rückwirkung ihrer politischen Produkte auf sie selbst. Hegel rekonstruiert die politische Geschichte am Leitfaden des dialektischen Schemas der Verkehrung von Mitteln und Zwecken. Für die ‚welthistorischen Indivi-

---

[267] Ebd., 105.
[268] Ebd.

duen' sollen die politischen Organisationsformen, die sie verwirklichen, den Status bloßer Mittel zum subjektiven Zweck der Durchsetzung ihrer jeweiligen Machtinteressen besitzen. Diese Mittel verkehren sich jedoch ,hinter ihrem Rücken' in soziale Potenzen gegen sie, die als historische Produkte das Schicksal ihrer Schöpfer überdauern, und die deshalb aus der Perspektive des ,Weltgeistes' als die eigentlichen Zwecke ihres Wirkens in Erscheinung treten.

Das konkrete Erfahrungsvorbild der Zweck-Mittel-Dialektik Hegels ist die menschliche Werkzeug- oder Produktionsmittelproduktion im Rahmen der modernen bürgerlichen Ökonomie. Denn hier wird es nicht nur zum Regelfall, dass die zum Zwecke der Güterproduktion erschaffenen Werkzeuge langlebiger sind als die Güter, die mit ihrer Hilfe hergestellt werden, sondern auch, dass die produzierten Mittel gegen ihre Produzenten und Anwender zurückschlagen – sei es in Form der Substitution von Arbeit durch Kapital, in Gestalt von Arbeitsunfällen oder aber in Form der Verdrängung des Erfinders des jeweiligen Produktionsmittels durch eine Konkurrenz, die sich dieses Mittels noch effizienter zu bedienen weiß als er. Diese Sichtweise findet ihre Bestätigung in der kategorialen Orientierung der Hegel'schen Geschichtsphilosophie n einem Arbeitsvokabular (,Bestimmung', ,Mittel', ,Material' und ,Verlauf' der Geschichte), die sich durchaus im Sinne einer konzeptionellen Anlehnung an Adam Smith und andere moderne Ökonomen werten lässt – schließlich hat insbesondere Smith den Wohlstand der Nationen auf die Steigerung der menschlichen Arbeitsproduktivität zurückgeführt.[269] Zudem erinnert auch Hegels Verhältnisbestimmung zwischen Mensch und Weltgeist an die moderne Trennung der Produzenten von ihren Produktionsmitteln, d.h. an die Scheidung in Bürgertum und Arbeiterklasse. Denn für den ,Weltgeist' Hegels geben die Menschen die ,Mittel' ab, die sich für ihn an jenem ,Material' abarbeiten müssen, durch das er selber Realität wird. Als bloße Denkfigur muss

---

[269] Vgl. das bekannte Stecknadel-Beispiel von A. Smith in *Untersuchung über Wesen und Ursachen des Reichtums der Völker*, 2 Bde., Bd. 1, übers. v. M. Streissler, Düsseldorf 1999, 90.

sich Hegels ‚Weltgeist‘ aus der konkreten Fortschrittsarbeit frei-lich ganz heraushalten. Er symbolisiert lediglich einen den menschlichen Geschichtsarbeitern erst im Nachhinein zuweisba-ren Vorausentwurf ihres Gesamtarbeitsplans, steht ihnen aber bei dessen konkreter Umsetzung praktisch nicht zur Seite.

Vicos archaische Poeten werden im Unterschied dazu weder als handlungsfähig noch als arbeitsfähig gedacht. Sie ließen sich einfach von der Macht ihrer Begierden und der Macht ihrer Phan-tasieprodukte leiten und sollen so dennoch sinnvolle politische Ordnungsgebilde erschaffen haben. Wie sich zeigt, liegt der tie-fere Unterschied zwischen Vico und Kant / Hegel in den hetero-genen Auffassungen bezüglich jenes selbstregulativen Funktions-prinzips der Geschichte, durch das die Menschen im Zuge der Verfolgung ihrer Interessen unbeabsichtigt zugleich die Realisie-rung des Sinnziels der Geschichte bewerkstelligen. Gerade dieser Differenz soll hier durch die terminologische Abgrenzung der ‚Listen der Vernunft‘ (Kant und Hegel) von der ‚List der Phanta-sie‘ bei Vico Rechnung getragen werden. Mit der Formel ‚List der Phantasie‘ kann vor allem der Unterschied zwischen schöpferi-scher Phantasie (Vico) und instrumenteller Vernunft (Kant, He-gel) als verschiedener anthropogener Potenzen der Sozialge-schichte eingefangen werden, der seine Entsprechung in der Dif-ferenz zwischen handlungstheoretischer (Kant, Hegel) und ge-schehenstheoretischer Rekonstruktion (Vico) der Vergangenheit findet.

6. DIE GESCHICHTLICHE NATUR DES MENSCHEN

6.1 SELBSTSCHÖPFUNG DURCH SELBSTENTFREMDUNG

Die Frage nach dem Verhältnis des Menschen zu den von ihm selbst hervorgebrachten geschichtlichen Produkten zählt seit jeher zu den Schlüsselfragen der modernen Geschichts-, Kultur- und Sozialwissenschaft.[270] Welchen Einfluss nehmen die kulturellen Realitätsbereiche, die der Mensch erschafft und die mit Simmel als die „kristallisierten Gebilde"[271] der Kultur bezeichnet werden können, auf den Menschen selbst? Können diese Produkte gegenüber ihren menschlichen Erzeugern ein Eigenleben entwickeln? Und, falls ja, wäre dies aus anthropologischem Blickwinkel eher zu kritisieren oder zu begrüßen? Bis zur Frühaufklärung galt die Antwort auf die zuerst genannte Frage als ausgemacht: Die Geschichte bleibt dem Wesen des Menschen äußerlich, dieses einen metaphysischen Fixpunkt darstellt, den die kulturellen Produktionen des Menschen nicht wirklich tangieren. So spricht selbst noch Voltaire, neben Vico einer der Wegbereiter der modernen Geschichtsphilosophie, der Geschichte jede anthropologische Bedeutung ab. Beinahe beiläufig trifft er die Feststellung: „Im Allgemeinen ist der Mensch immer gewesen, wie jetzt."[272]

Vico hingegen interpretiert das Verhältnis von Mensch und Geschichte anders. Er nimmt eine entscheidende Erweiterung am Begriff der geschichtlichen Wirklichkeit vor, der nun nicht mehr allein das Universum der geschichtlichen Geschehnisse und Tat-

---

[270] Vgl. Vranicki, P., *Mensch und Geschichte*, übers. v. P. Urban, Frankfurt/M. 1969; Mall, R. A., *Mensch und Geschichte. Wider die Anthropozentrik*, Darmstadt 2000.

[271] Simmel, G., Der Begriff und die Tragödie der Kultur, in: Ders., Philosophische Kultur. Über das Abenteuer, die Geschlechter und die Krise der Moderne, Berlin 1998, 195-218, 198.

[272] Voltaire, Über den Geist und die Sitten der Nationen (Essay sur l'histoire générale et sur les mœurs et l'esprit des nations), 3 Bde., Bd. 1, übers. v. K. F. Wachsmuth u. hg. v. O. Wiegand, Leipzig 1867, 21.

sachen umfasst, sondern darüber hinaus auch den Menschen und den Wandel seiner Natur. Auf Grundlage des *verum-factum*-Prinzips entwirft Vico wohl als erster Philosoph eine historische Anthropologie, deren Prämisse darin besteht, dass die geschichtlichen Produkte auf die Natur ihrer menschlichen Produzenten schöpferisch zurückwirken.[273]

In der *Neuen Wissenschaft* versucht Vico, aus der „Geschichte der Ideen, Sitten und Taten des Menschengeschlechts" eine „Geschichte der menschlichen Natur" (SN 368) zu gewinnen. Der Mensch gilt somit nicht bloß als Erzeuger der geschichtlichen Wirklichkeit. Er gilt auch als Geschöpf seiner eigenen Schöpfungen – als ein Wesen, das seine Natur in den symbolisch-gesellschaftlichen Lebenskontexten, die es schafft, tiefgreifend verändert. So wenig wie der Mensch in Vicos Augen jedoch ein autonomer Schöpfer des *mondo civile* ist, ist er ein bewusster Produzent seiner eigenen geschichtlichen Natur. Die als Prozess der sukzessiven Selbsthumanisierung oder -kultivierung gedachte Entwicklungsgeschichte der menschlichen Natur findet sich vielmehr ebenfalls als Geschehen ausgelegt, das sich ‚hinter dem Rücken' der Menschen ereignet. Die Absage an die neuzeitliche Autonomiethese umfasst bei Vico somit auch den Menschen und dessen Entwicklungsgeschichte: „Denn wie die rationale Metaphysik lehrt, daß ›*homo intelligendo fit omnia*‹ ›der Mensch durch das Begreifen alles wird‹, so beweist diese Metaphysik der Phantasie, daß ›*homo non intelligendo fit omnia*‹ ›der Mensch durch das Nicht-Begreifen alles wird‹; und vielleicht liegt in diesem Satz mehr Wahrheit als in jenem, denn […] durch das Nicht-Begreifen macht er die Dinge aus sich selbst, verwandelt sich in sie und wird selbst zum Ding" (SN 405).

Diese Textpassage, in der gerade die anthropologisch formgebende Kraft menschlichen Nicht-Wissens hervorgehoben wird, lässt die markante Bruchlinie zwischen Vicos Geschichtsdenken und dem klassischen Humanismus erkennen. Das humanistische

---

[273] Vgl. Tanner, J., Historische Anthropologie zur Einführung, Hamburg 2004, 39f.

Bild vom Menschen als einem selbstschöpferischen Wesen, mit dem und gegen das Vico andenkt, geht auf Pico della Mirandola zurück. In der Schrift *De hominis dignitate* (1486) gründet Pico die Würde des Menschen auf dessen allgemeine Bildungsfähigkeit. Im Unterschied zu sämtlichen anderen Kreaturen, so Pico, verfügt der Mensch über keinen eindeutig definierten Platz in der göttlichen Weltordnung. Vielmehr muss er seine Stellung in der Welt selbst festlegen. Diese Festlegung wiederum gründet auf einer Grundsatzentscheidung des Menschen hinsichtlich seiner Lebensform. Das Spektrum wählbarer Lebensformen hält Pico dabei noch für gottgegeben. So soll der Mensch entweder eine Lebensform ergreifen können, die ihn auf der würdelosen Stufe des „Niedrigen, [und] Tierischen"[274] verbleiben lässt, oder aber er wählt den Weg der Bildung als Lebensform, die ihn „zum Höheren, zum Göttlichen"[275] hinaufführt. Natürlich favorisiert Pico die Option der Selbstvervollkommnung, durch welche sich der Mensch zum „himmlischen Lebewesen"[276] weiterentwickeln kann. Für die Verfolgung dieses Bildungsweges hat Gott der menschlichen Natur bereits „Keime der Vernunft"[277] beigelegt, die der Mensch jedoch eigenschöpferisch zur Entfaltung bringen muss. Allein in diesem begrenzten Sinnrahmen ist Picos anthropologische Grundthese zu verstehen, der Mensch könne und solle sein „eigener, in Ehre frei entscheidender, schöpferischer Bildhauer"[278] sein. Dass sich Vico in anthropologischer Hinsicht nun keineswegs auf Pico reimt, zeigt sein Versuch, Picos bildungsidealistisches Konzept der Selbstwahl durch ein autopoietisches Modell der Selbstvervollkommnung zu ersetzen, das dem Menschen keine Wahl für oder wider die eigene Vervollkommnung lässt,

---

[274] Mirandola, G. P. della, *Über die Würde des Menschen (De hominis dignitate)*, übers. v. N. Baumgarten, hg. v. A. Buck, Hamburg 1990, 7.

[275] Ebd.

[276] Ebd.

[277] Ebd.

[278] Ebd.

und das stattdessen die geschichtliche Notwendigkeit menschlicher Bildung betont.

Wie Grassi zu Recht unterstreicht, ist Vicos Theorie der geschichtlichen Selbstschöpfung des Menschen aufgrund ihrer Fundierung im *verum-factum*-Theorem unvereinbar mit solchen objektivistischen oder strukturalistischen Kultur- und Gesellschaftstheorien, welche – sei es in ontologischer oder aber in methodologischer Hinsicht – einen determinierenden Primat von Strukturen gegenüber den konkreten Lebensvollzügen der Individuen behaupten.[279] Grassi irrt aber, wenn er aus Vicos Abwehr eines wissenschaftlichen Antihumanismus den Schluss zieht, dass Vico der Traditionslinie des klassischen Humanismus zugeordnet werden müsse. Denn Vicos historischer Anthropologie fällt eher das Verdienst zu, den Dualismus zwischen ‚Humanismus' und ‚Antihumanismus' (Strukturalismus) systematisch zu unterlaufen.

Dies geschieht am Leitfaden der These, dass gerade der kollektive Glaube an die objektive Vorgegebenheit kultureller Wirklichkeiten die Bedingung der Möglichkeit ihrer Vervollkommnungswirkung darstellt. Gerade das Nicht-Wissen der Menschen um ihre geschichtliche Produzentenrolle verbürgt bei Vico, dass den Kulturgebilden jenes übermenschliche Maß an Unbedingtheit zukommt, kraft dessen sie als verlässliche Selbstvervollkommnungsmedien fungieren können. Die hohe Kunst humanisierender Selbsttäuschung besteht also in der Fähigkeit, sich geschichtliche Eigenleistungen als übergeschichtliche Fremdleistungen vorzuspiegeln. An der humanistischen Denktradition partizipiert Vico folglich nur noch dadurch, dass er die Idee der Perfektibilität des Menschen grundsätzlich bejaht. Gegen den Humanismus macht Vico jedoch rein naturwüchsige Mechanismen der Selbstbildung geltend, denen allein die Prädikate ‚transhuman' oder auch ‚inhuman' verdientermaßen zukommen.

Die Alltagsmenschen der Kulturzeitalter treten bei Vico als unverbesserliche Idealisten oder Strukturalisten der gesellschaftli-

---

[279] Vgl. Grassi, E., ‚Vom Vorrang des Gemeinsinns und der Logik der Phantasie. Zur philosophischen Aktualität G. B. Vicos', in: Zeitschrift für philosophische Forschung 30 (1976), 491-509, 495f.

chen Wirklichkeit auf, die wegen ihrer kreativen Naivität glauben, dass die gelebte Kulturwirklichkeit, die in jedem Augenblick bloß ihr eigenes Werk ist, gleichsam über einen doppelten Boden verfügt und eine prozessuale Manifestationsgestalt überempirischer, zeitloser Mächte (‚Götter', ‚Heroen', ‚platonische Ideen', ‚objektive Strukturen') bildet. Zu Vicos wichtigsten theoretischen Verdiensten zählt die Einsicht, dass solche kollektiven Objektivitätsfiktionen eine elementare gesellschaftserhaltende Wirkung entfalten und dadurch jene sozialen Milieus stabilisieren, in deren Rahmen sich die menschliche Natur zur geschichtlichen Existenzweise steigern kann. Als grundlegend für Vicos historische Anthropologie erweist sich somit die Denkfigur der Selbstschöpfung qua Selbstentfremdung, in der das ‚Nicht-Wissen' der Menschen geradezu die Quelle der Verwirklichung ihrer Bildungspotentiale darstellt. Die Formel ›homo non intelligendo fit omnia‹ verweist auf die geschichtliche Dialektik zwischen dem Erfinden und dem Entdecken der vom Menschen hervorgebrachten Kulturprodukte. Zu den zentralen Streitfragen in Alltagsleben, Wissenschaft und Philosophie zählt spätestens seit dem Übergang zur Moderne die Frage, ob die Regeln, Normen und Werte, die in einer Gesellschaft gelten sollen, menschliche Erfindungen oder objektive Vorgaben darstellen. Vicos originelle Antwort auf diese Frage lautet, dass es sich bei diesen Regeln, Normen und Werten zwar um menschliche Schöpfungen handelt, dass aber zugleich die unbewusste Verklärung der Erfindungstaten zu Entdeckungsakten die Bedingung ihrer kulturellen Erhaltung und Reproduktion bildet. Die Epochenbezeichnungen ‚Götter, Heroen und Menschen' können deshalb als Stufen humaner Selbstentfremdungsleistungen gelesen werden, da sie über die Subjekte Aufschluss geben, mit denen die physischen Akteure nicht nur ihre kulturkreativen Eigenleistungen verdunkeln, sondern in die sie mittels phantasiebedingter Verdunklung zugleich ihre eigene Natur verwandeln.

Man kann diesen für Vicos Geschichtsphilosophie entscheidenden Punkt durch Anlehnung an eine Aussage des Aufklärers Helvétius bekräftigen. Helvétius hat versucht, die überzeugungsanthropologische Tiefendifferenz zwischen dem naiven und dem aufgeklärten Menschen auf einen präzisen Begriff zu bringen: „Das moralische Universum ist in den Augen des Dummen in einem steten Zustand der Ruhe und Unbeweglichkeit. Er glaubt, dass alles war, ist und sein wird, wie es ist. In der Vergangenheit und in der Zukunft sieht er immer nur die Gegenwart. Beim aufgeklärten Menschen ist es anders. Die moralische Welt bietet ihm das immer wieder veränderte Schauspiel einer fortwährenden Revolution. Das Universum, das immer in Bewegung ist, erscheint ihm unter dem Zwang, sich unaufhörlich in neuen Formen zu reproduzieren bis zur völligen Erschöpfung aller Kombinationen, bis alles, was sein kann, gewesen ist und alles Vorstellbare existiert hat."[280] Die Feststellung von Helvétius kommt Vicos eigener Auffassung sehr nahe – mit dem feinen Unterschied freilich, dass Vico den Unterschied zwischen dem ‚dummen' und dem ‚aufgeklärten' Menschen zwar in die historische Differenz zwischen den Schöpfern und dem Erkenntnissubjekt der geschichtlichen Welt übersetzt, dies aber mit dem Ergebnis, dass der „naive Mensch" (Helvétius) nunmehr als mindestens ebenso klug erscheint wie der aufgeklärte, welchem schließlich die Notwendigkeit des historischen Formenwandels innerhalb des moralischen Universums bewusst wird.

Vicos Rehabilitierung der geschichtlichen Selbstentfremdung des Menschen führt zu einer alternativen Beurteilung der spätestens seit der Aufklärung zum Problem gewordenen Diagnose der Unverfügbarkeit historischer Prozesse.[281] Gilt die sich in der Unverfügbarkeit der Geschichte manifestierende Entfremdung der Menschen von ihrer Geschichte von Voltaire über Kant bis Marx als deren wesentliches Kainsmal und wird diese gleichzeitig als jene letzte und größte Herausforderung begriffen, der sich die Menschen zur Verwirklichung echter Autonomie noch zu stellen haben, so sieht Vico in der Unverfügbarkeit der Geschichte weder ein noch zu lösendes Problem noch ein Hemmnis für die

---

[280] Helvétius, C. A., Vom Menschen – von seinen geistigen Fähigkeiten und von seiner Erziehung, übers. v. H.-M. Militz, Berlin/Weimar 1976, 505.
[281] Vgl. Kittsteiner, H. D., Out of Control. Über die Unverfügbarkeit des historischen Prozesses, Berlin/Wien 2004.

Vervollkommnung des Menschen. Im Gegenteil: Die eigentliche Schwierigkeit für den Menschen besteht für Vico darin, in den historischen Bannkreis der Entfremdung einzutreten und sich möglichst lange in ihm zu halten. In Vicos Augen kann sich der Mensch allein im ‚Reich der Notwendigkeiten' (Unverfügbarkeit der Geschichte) vervollkommnen, während umgekehrt der Schritt in die geistige und politische Autonomie, also ins ‚Reich der Freiheit' (kollektive Verfügungsgewalt über den geschichtlichen Wandel), alle vorgängigen Bildungserrungenschaften der Menschen wieder aufs Spiel setzt. Die historische Selbstvervollkommnung des Menschen findet bei Vico also nicht trotz, sondern gerade wegen der Entfremdung der Menschen statt, in der zugleich ihre Unverfügbarkeit gründet.

Zugleich freilich basiert Vicos geschichtsphilosophische Apologie menschlicher Selbstentfremdung auf der Überzeugung, dass die Entfremdung des Menschen in der Geschichte niemals total sein kann, da nämlich zwischen deren einzelnen Dimensionen ein dialektisches Verhältnis besteht. Die einzelnen Dimensionen menschlicher Entfremdung, d.h. der Verkehrung von Subjekt und Objekt, hat Marx später klar herausgearbeitet. So wird in Marxens Frühschriften zwischen der Entfremdung des Menschen vom Arbeitsprozess, von den Produkten seiner Arbeit, von seinen Mitmenschen sowie von sich selbst als Gattungswesen unterschieden.[282] Marx vertritt den Standpunkt, dass sich diese vier Formen der Entfremdung wechselseitig bedingen und nur gleichzeitig überwunden werden können. Ihre gemeinsame Grundlage bilden stets klassenherrschaftliche Produktionsverhältnisse, wobei das moderne Verhältnis von Lohnarbeit und Kapital als äußerste Steigerungsform menschlicher Entfremdung verstanden wird.

Im Unterschied dazu betrachtet Vico die beiden zuerst genannten Formen der Entfremdung, also jene der Menschen von ihren Produkten und dem Prozess ihrer Erzeugung, als Garanten gerade für die Aufhebung der Entfremdung der Menschen unter-

---

[282] Vgl. Marx, K., *Ökonomisch-philosophische Manuskripte*, MEW Ergänzungsband 1, Berlin ³1974, 510ff.

einander, als deren Modell die allgemeine Selbstisolierung im sogenannten ‚Naturzustand' fungiert. Als Entfremdungsprodukte
verstanden, stellen die sozialen Mythen und politischen Institutionen in der Geschichte sicher, dass sich die Menschen als Personen und Rechtssubjekte begegnen und anerkennen lernen. Die
sinnreiche Pointe dieser Konstruktion besteht darin, dass der
wechselseitig zuerkannte Status als Person und Rechtssubjekt
zwar nur ein sozialer Mythos ist, der eines *fundamentum in re* entbehrt, dass dieser Mythos aber zugleich schöpferisch wirkt, indem
er die zwischenmenschlichen Kontakte in den lebensrettenden
Zonen zwischen totaler Nähe (direkte Körperberührung) und totaler Distanz (völlige Indifferenz) ausbalanciert. Das ist auch der
Grund, weshalb Vico Selbstentfremdung und Selbstvervollkommnung des Menschen miteinander identifizieren kann. Denn
den Bezugspunkt der Selbstentfremdung stellt bei Vico im Gegensatz zu Marx kein gedachtes menschliches Gattungssubjekt als Inbegriff der in einer Person vereinigten Wesensfähigkeiten des
Menschen dar, sondern der präsoziale Urmensch des Naturzustandes, über den der Mensch allein dadurch hinausgelangt, dass
ihn juridische Mythen und gesellschaftliche Kooperation allmählich vergessen lassen, dass er einst dieser Urmensch gewesen ist.
Insofern stellt die Entfremdung der Menschen von den Prozessen
und Produkten ihrer kulturschöpferischen Tätigkeit bei Vico jenen Preis dar, den sie sowohl für die Aufhebung ihrer sozialen
Entfremdung als auch für ihre ‚Vervollkommnung qua Selbstentfremdung' zu zahlen haben.

Der Vergleich zwischen den Entfremdungstheorien von Vico
und Marx hinkt freilich insofern, als Marx typisch moderne Entfremdungserfahrungen behandelt, deren Brennpunkt der perver-
tierte Prozess der Arbeit im Kapitalismus bildet. Vico dagegen be-
spricht typisch vormoderne Entfremdungserfahrungen, deren
Zentrum vor allem mythische Herrschaftssymboliken und -rituale
bilden. Dieser Gegensatz korrespondiert in prozeduraler Hinsicht
mit der Entfremdung der Menschen von ihrer gesellschaftlichen
Arbeit, die nur dem Inhalt, jedoch noch nicht der Form nach wirklich sozialen Charakter trägt (Marx), und der Produktion von

Herrschaftssymboliken durch menschliche Phantasie, welche die kollektiv-praktischen Rettungstaten der Menschen durch Urheberhypostase konservieren (Vico). Aus Sicht der jeweiligen Produkte entspricht dieser Gegensatz dem Unterschied zwischen mythischen Personen und anonymen Funktionen, die in jeweils spezifischer Form ein Eigenleben gegenüber ihren menschlichen Produzenten entwickeln. Im einen Fall ergibt sich das Eigenleben der kulturellen Evolution aus dem Zeichengespinst, das die Phantasie fortwährend webt (Vico). Im anderen Fall resultiert das Eigenleben aus den Zwängen der ökonomischen Entwicklung, insbesondere aus jenen der kapitalistischen Konkurrenz, deren strengen Diktaten sich die Menschen selbst dann noch beugen müssen, wenn sie längst erkannt haben, dass ihr individuelles Handeln lebensschädliche Spät- und Gesamtfolgen zeitigen werden (Marx).

6.2 ANTHROPOLOGIE ZWISCHEN
HISTORISMUS UND ESSENTIALISMUS

Im Rahmen seiner historischen Anthropologie unterscheidet Vico fünf Stadien der menschlichen Entwicklung, die systematisch wie terminologisch mit den fünf von ihm unterschiedenen Epochen der Geschichte in Beziehung stehen. Den drei genuin kulturgeschichtlichen Zeitaltern der Götter, der Heroen und der Menschen ordnet Vico „drei Arten von Naturen" (SN 916) des Menschen zu. Dem Zeitalter der Götter entspricht eine „göttliche" Natur, die sich bildet, weil die Menschen „den Gegenständen" in der Natur sowie sich selbst „das Sein beseelter Substanzen von Göttern" (SN 916) verleihen. Mit dem Zeitalter der Heroen korrespondiert eine „heroische Natur" (SN 917), deren Herausbildung sich der Überzeugung der politischen Führer verdankt, von „natürliche[m] Adel" (SN 917) zu sein. Im Zeitalter der Menschen formiert sich schließlich eine „menschliche Natur", die „intelligent und deshalb bescheiden, gütig und einsichtig [ist], eine Natur, die als ihre Gesetze das Gewissen, die Vernunft, die Pflicht anerkennt" (SN 918). Zu ergänzen ist diese Triade um jene beiden anthropologischen

Grenzzustände, die Vico mit den beiden Grenzphasen der Geschichte, also mit dem prähistorischen Naturzustand und dem nachhistorischen Verfallszustand assoziiert. Mit dem Naturzustand korrespondiert dabei der anthropologische Grenzzustand der „Barbarei der Sinne" (SN 1106), der posthistorischen Verfallsphase entspricht der anthropologische Grenzzustand der „Barbarei der Reflexion" (SN 1106). Das Dasein des Urmenschen erschöpft sich in reiner Sinnlichkeit, das Dasein des ‚letzten Menschen' dagegen in der Ausreizung all seiner Verstandespotentiale gegen die geschichtliche Überlieferung.

Obwohl Vicos historische Anthropologie in Opposition zum anthropologischen Essentialismus der philosophischen Tradition steht, erweist sie sich doch als ein integrativer Ansatz. Es geht Vico nicht darum, alle vormaligen philosophischen Menschenbilder pauschal zu verwerfen. Vielmehr geht sein Bemühen dahin, eine Reihe anderer Anthropologien in die eigene Position einzubeziehen. Das schließt freilich eine Kritik an ihnen mit ein. Deren Kern bildet der Vorwurf der falschen Verabsolutierung nur epochal gültiger Auffassungen vom Menschen. Wirklich eigenständig ist Vicos historische Anthropologie daher nur hinsichtlich der Annahme einer ‚göttlichen' und einer ‚heroischen' Natur des Menschen. Bei der Konzeption der übrigen drei Bildungsstadien orientiert sich Vico hingegen an bestimmten philosophischen Vorbildern. Vicos Bild vom Urmenschen etwa lehnt sich unverkennbar an dasjenige an, welches Lukrez in *De rerum natura* gezeichnet hat (vgl. 2.1). Vicos Anthropologie des reflektierten Unmenschen wiederum liegt das von Hobbes im *Leviathan* entwickelte Menschenbild zugrunde (vgl. 8.2). Und in der Theorie der ‚menschlichen Natur' schließlich spiegelt sich die Grundbestimmung der aristotelischen Anthropologie wider, derzufolge der Mensch ein vernunftbestimmtes und vergemeinschaftetes Lebewesen (*zoon politikon*) ist.

Dass Vico gerade in der aristotelischen Anthropologie eine adäquate Beschreibung der entwickelten ‚menschlichen Natur' erkennt, deutet auf die konzeptionelle Vorzugsstellung, die der Sozialanthropologie des Aristoteles für Vicos Geschichtsdenken zukommt. Diese ergibt sich bereits indirekt aus dem Erkenntnisziel der *Neuen Wissenschaft*, welches in dem Nachweis besteht, dass zur menschlichen Natur „als Haupteigenschaft gehört, gesellig zu sein" (SN 2). Zwar bricht Vico mit der teleologischen Dimension des aristotelischen Ansatzes und deutet die Realisierung der menschlichen Eigenschaft der ‚Geselligkeit' als nicht-intendiertes Begleitprodukt des sich im Rhythmus von Not, Notlösung und Mythos von selbst organisierenden Gangs der Geschichte. Die sozialanthropologische Sinngewichtung seines Geschichtsbildes ermöglicht Vico jedoch den engen Anschluss an Aristoteles' politische Anthropologie. Mit dem Stagiriten verbindet Vico vor allem die Überzeugung, dass die Geselligkeit die wesentliche artspezifische Differenz zwischen Mensch und Tier bildet. Auch nach Vico leben die Tiere nicht eigentlich zusammen, sondern bloß nebeneinander her: Was ihnen zur Geselligkeit fehlt, sind solidarische Umgangsformen, die Fähigkeit zum Sprachgebrauch sowie das Mitfühlen der Affekte und Bedürfnisse ihrer Artgenossen. In der Epochenbezeichnung ‚Zeitalter der Menschen' schlägt sich daher Vicos Ansicht nieder, dass die menschliche Geschichte im Vollzug jedes *corso* ein Stadium durchläuft, in welchem die Sprachkompetenz, die Empathie und der gesellschaftliche Formenreichtum ihren höchsten Grad erreichen, so dass die Differenz zwischen Mensch und Tier in dieser Epoche ebenfalls ihr Höchstmaß verwirklicht.

Ganz im Einklang mit ihrem sozialanthropologischen Zuschnitt ist Vicos historische Anthropologie holistisch angelegt. Deren primäres Ziel ist die Aufklärung der kognitiven, emotionalen und volitionalen Folgen des geschichtlichen Vergesellschaftungsgeschehens, wobei Vico diese Konsequenzen – gemäß der Reproduktionslogik der Phantasie – zugleich als Erhaltungsbedingungen des jeweils erreichten sozialen Zustands bestimmt. Aus diesem Grund findet man bei Vico keine Dimension des Menschseins mehr, die von einer Historisierung ausgenommen bleibt. Die Bedeutung von seiner Theorie der kognitiven Entwicklung sollte deshalb nicht überhöht werden. So ist Cacciatore zwar mit der Feststellung im Recht, dass das Projekt der Vergeschichtlichung der Vernunft zu den zentralen Theorieelementen der *Neuen Wissenschaft* gehört.[283] Darüber hinaus sollte aber auch gewürdigt werden, dass Vico einen frühen und originellen Beitrag zu einer historischen Theorie der menschlichen Affekte und Bedürfnisse geleistet hat. Gerade weil die Form und die Gegenstände menschlichen Denkens laut Vico sozialgeschichtlich bestimmt sind, sollen es die Emotionen und Interessen der Menschen ebenfalls sein.

Vicos genetische Affekttheorie kann als Versuch der Historisierung der spinozistischen Affektlogik verstanden werden. In Übereinstimmung mit Spinoza versucht Vico die Vorstellungs- bzw. Symbolabhängigkeit menschlicher Affekte nachzuweisen, wobei er dem Projekt Spinozas, die Affekte der Menschen „nach geometrischer Methode zu behandeln"[284], nur insoweit folgt, als er es für sein sozialphilosophisches Erkenntnisziel als erforderlich erachtet. Das bedeutet, dass Vicos genetische Affekttheorie auf die Herleitung nur weniger Affekte wie Mitgefühl, Ehrfurcht und Schamgefühl (vgl. SN 379, 504, 1111) fokussiert ist, denen eine elementare sozialkonstitutive Rolle bescheinigt wird. Ungeachtet dieser reduktionistischen Tendenz liegt die ideengeschichtliche Bedeutung des Vico'schen Ansatzes darin, den Glauben an die historische Konstanz und Denkunabhängigkeit der menschlichen Emotionen zu unterminieren.

Neben den menschlichen Emotionen sind es vor allem die Bedürfnisse des Menschen, deren Geschichtlichkeit Vico nachweisen will. Abgesehen von den wirklich lebensnotwendigen Bedürfnissen erklärt Vico auch sie zu Produkten des soziokulturellen Fortschritts: „Die Menschen empfinden zunächst das Notwendige, darauf achten sie auf das Nützliche, dann bemerken sie das Bequeme, später erfreuen sie sich am Angenehmen, alsdann sind sie im Luxus ausschweifend, schließlich verfallen sie der wahnwitzigen Verschwendung ihres Vermögens" (SN 241). Der morali-

---

[283] Vgl. Cacciatore, G., Metaphysik, Poesie und Geschichte. Über die Philosophie von Giambattista Vico, Berlin 2002, 55.

[284] Spinoza, B. de, Die Ethik mit geometrischer Methode begründet (Ethica ordine geometrico demonstrata), in: Werke (Opera), 2 Bde., Bd. 2, hg. v. K. Blumenstock, Darmstadt ⁴1989, 259.

sierende Unterton dieser Aussage trügt insofern, als Vico die erweiterte Reproduktion der menschlichen Bedürfnisse für eine historische Notwendigkeit erachtet, gegen die jede Verzichtsmoral kraftlos bleibt. Wegweisend ist in diesem Zusammenhang seine Vorstellung, dass die Erweiterung des menschlichen Bedürfnishorizonts als Folge und nicht als Ursache des sozialen Fortschritts aufzufassen ist. Neue Bedürfnisse bilden sich aufgrund der überschüssigen Befriedigungspotentiale neu geschaffener sozialer Institutionen. Gemäß dieser Auffassung sind die Mittel zur Bedürfnisbefriedigung somit stets älter als die Bedürfnisse selbst, so dass neue Bedürfnisse ihre objektiven Erfüllungsbedingungen im Regelfall immer schon vorfinden.

Dieser Zusammenhang lässt sich am Beispiel der Ehe aufzeigen, in der Vico die historische Keimzelle der menschlichen Bedürfnisse nach emotionaler Nähe, gelebter Solidarität und authentischer Kommunikation erkennt. Bei der Herausbildung dieser Bedürfnisse handelt es sich um eine nicht-intendierte Nebenwirkung der Institutionalisierung der menschlichen Paarbindung, deren Entstehung Vico auf das Ausleben sexueller Begierden unter den furchterregenden Auspizien der neuen Jupiterreligion zurückführt. Das andauernde Miteinander bestimmter Männer und bestimmter Frauen habe notgedrungen die Bedürfnisse nach Kommunikation, Solidarität und emotionaler Verbundenheit entstehen lassen, da die Befriedigung der sexuellen Begierde die gemeinsam verbrachte Lebenszeit nicht ausschöpfen kann. In diesem Fall stoßen die neuen Bedürfnisse primär in jene Zeitlücken hinein, welche die Institutionalisierung der sexuellen Bedürfnisbefriedigung in Form der Ehe als Erbschaft hinterlässt (vgl. SN 505ff). Als Medium der Bedürfnisbefriedigung mit überschüssigem Befriedigungspotential fungiert der sozialisierte menschliche Körper, der als Arbeits- und als Sprachkörper über latente Potentiale verfügt, die seinen sexuellen Ursprungszweck transzendieren.

Das eigentliche Problem der geschichtlichen Ausdifferenzierung menschlicher Bedürfnisse liegt laut Vico in der Unabschließbarkeit dieses bedürfnisgenerativen Prozesses. Jedes institutionell gestillte Bedürfnis erzeugt gemäß dieser Sichtweise neue Bedürfnisse oder Nöte, die hinsichtlich ihres Intensitätswerts den Grundbedürfnissen in nichts nachstehen. Wer keinen Hunger mehr verspürt, da er sich ständig zu sättigen versteht, der schafft sich naturwüchsig neue Bedürfnisse – und seien diese noch so virtuell, so dass der alte Lebenshunger in neuen Varianten erhalten bleibt.

Vicos historische Anthropologie umfasst zuletzt sogar die Dimension der physischen Verfassung des Menschen. Der archaische „Fanatismus des Aberglaubens" (SN 518), so behauptet Vico, habe dem körperlichen Wildwuchs der atheistischen Bestien (*bestioni*) der historischen Anfänge ein Ende bereitet. Hätten die *bestioni* des Naturzustandes noch über „riesige Körperkräfte" (SN 377) verfügt sowie eine „gigantische Körpergröße" (SN 369) aufgewiesen, so hätten sie sich durch ihre Jupiter-Frömmigkeit recht schnell auf humane Normalmaße verkleinert. Vicos Theorie der menschlichen Selbstverkleinerung allein durch den Glauben darf weder ironisch noch metaphorisch missverstanden werden, denn auch sie basiert auf einem sachlichen Argument. Es besteht in der These eines chronischen Nahrungsmittelmangels als Folge der menschlichen Sesshaftwerdung – ein Zustand, der erst geraume Zeit später durch die Erfindung der Landwirtschaft wieder überwunden worden ist (vgl. SN 540ff).

In der Gegenwartsphilosophie wird die historische Anthropologie tendenziell als Gegenposition zum anthropologischen Essentialismus der philosophischen Tradition begriffen. Vor allem im Umfeld des Historismus, Kulturalismus und Postmodernismus ist die Ansicht lebendig, dass historische Anthropologien die ideologische Befangenheit der klassischen philosophischen Anthropologien zu entlarven vermochten. Diese Befangenheit wird in der Regel darin gesehen, dass die klassischen Ansätze ganz bestimmte Lebensweisen und Eigenschaften des Menschen auf dem Wege ihrer Stilisierung zu Wesensmerkmalen normativ überhöhen und dadurch alternative Formen der menschlichen Selbstgestaltung ausgrenzen oder diskreditieren. In diesem Zusammenhang ist hervorzuheben, dass Vico – trotz seiner Pionierarbeit auf dem Gebiet der historischen Anthropologie – keinem schrankenlosen anthropologischen Pluralismus das Wort redet, wie er heute für gewöhnlich mit dem Projekt einer historischen Anthropologie assoziiert wird. Insbesondere tritt Vico nicht als Anwalt eines „poietischen Subjekts"[285] im Sinne eines singulären Selbstschöpfungssubjekts auf, das die Normen seines Lebens allein aus der Unverwechselbarkeit der eigenen Lebensvollzüge zu gewinnen wüsste. Stattdessen hält Vico am anthropologischen Einheitsdenken der philosophischen Tradition prinzipiell fest und erweitert dieses lediglich um die Dimension der Geschichtlichkeit. Er zeigt damit, dass die Dichotomie ‚historische Anthropologie' versus ‚essentialistische Anthropologie' keine vollständige Disjunktion beschreibt. Die historische Anthropologie, die Vico entwirft, ist vielmehr als Versuch zu verstehen, den anthropologischen Essentialismus der philosophischen Tradition mit der Idee der Geschichtlichkeit der menschlichen Natur produktiv zu verknüpfen.

Eine solche Verknüpfung erfolgt auf zwei unterschiedlichen argumentativen Ebenen. Erstens nimmt die historische Anthropologie Vicos selbst eine quasi-essentialistische Gestalt an. In anthropologischer Hinsicht korrespondiert Vicos Zyklentheorie der Geschichte nämlich mit der Vorstellung eines geschlossenen Formenspektrums menschlicher Naturen, welche gesetzmäßig auseinander hervorgehen. Schon in Vicos *Neuer Wissenschaft* verschafft sich somit die Idee von ‚Naturgesetzen der menschlichen Bildung' Geltung, wie sie später auch bei Schlegel und Herder eine wichtige Rolle spielen wird.[286] Gerade die Attribute der Endlichkeit, Gesetzlichkeit und Abgeschlossenheit des anthropologischen Typenspektrums verleihen Vicos historischer Anthropologie jenen besonderen Charakter, der sie von Konzepten der historischen Anthropologie, wie sie gegenwärtig tonangebend sind, wesentlich unterscheidet. Denn für diese neueren Anthropologien sind in der Regel die Vorstellungen der Offenheit, der Unabschließbar-

---

285 Strassberg, D., Das poietische Subjekt. Giambattista Vicos Wissenschaft vom Singulären, München 2007.

286 Vgl. Arndt, A., ‚Naturgesetze der menschlichen Bildung. Zum geschichtsphilosophischen Programm der Frühromantik bei Friedrich Schlegel', in: Deutsche Zeitschrift für Philosophie 48 (2000), 97-105.

keit sowie der Kontingenz der menschlichen Natur zentral, die aus Vicos Blickwinkel zwar denkbar, geschichtlich jedoch nicht wirklich lebbar sind.

Vicos Anthropologie unterscheidet sich dadurch zugleich von der Philosophischen Anthropologie des 20. Jahrhunderts (Scheler, Plessner, Gehlen), die durch den Verzicht auf konkrete Bestimmungsmerkmale des menschlichen Wesens sowie durch die Positivierung der Unbestimmtheit zur Grundeigenschaft des Menschen gekennzeichnet ist. Von Vico aus betrachtet besteht das Hauptdefizit dieser Form von Anthropologie darin, dass sie die Vielfalt menschlicher Lebensweisen auf eine generelle Disposition des Menschen zurückführt (Gehlen: ‚Mängelwesen'; Scheler: ‚Weltoffenheit'; Plessner: ‚exzentrische Positionalität'[287]), statt umgekehrt die Faktizität des anthropologisch Vielfältigen auf jeweils besondere Entstehungsursachen zurückzuführen. Abgesehen von Vicos Naturzustandsmodell, auf das Gehlens Anthropologie des Mängelwesens in Teilen appliziert werden kann (vgl. 3.3), wird in der *Neuen Wissenschaft* ein Prozessualismus konkreter menschlicher Selbstbestimmungsleistungen verfochten. Diesem zufolge kann der Mensch nichts für sein Leben Grundlegendes dauerhaft in der Schwebe oder in Unentschiedenheit halten. Auch in anthropologischer Hinsicht sollen in der Geschichte die entscheidenden Würfel also immer schon fallen bzw. sich im Fall befinden. Die stete Vollzugnotwendigkeit des Lebensprozesses der Menschen lässt laut Vico keine Lücken, in denen sich Weltoffenheit, Exzentrizität oder Mangelhaftigkeit dauerhaft manifestieren können.

Noch aus einem weiteren Grund lässt sich Vicos historische Anthropologie als essentialistisch qualifizieren. Im Anschluss an den klassischen Humanismus interpretiert Vico den geschichtlichen Wandel der menschlichen Natur zwar im Sinne eines pro-

---

[287] Vgl. Gehlen, A., Der Mensch. Seine Natur und seine Stellung in der Welt, Wiebelsheim [14]2004, 33; Scheler, M., Die Stellung des Menschen im Kosmos, Bern/München [9]1978, 36ff.; Plessner, H., Die Stufen des Organischen und der Mensch. Einleitung in die philosophische Anthropologie, Berlin/New York [3]1975, 129ff.

gressiven Bildungs- oder Vervollkommnungsprozesses, in dessen Verlauf sich jene Eigenschaften und Fertigkeiten erst ausbilden, durch die sich der Mensch vom Tier unterscheidet. Er verbindet damit jedoch keineswegs die Idee einer Sonderstellung des Menschen im Kosmos oder die Vorstellung, der Mensch sei innerhalb der Natur als ein „Staat im Staate"[288] zu begreifen. Den Schlüssel zu Vicos historischer Anthropologie liefert der Begriff der ‚Modifikation', der in zentralen Textpassagen der *Neuen Wissenschaft* verwendet wird (vgl. SN 331). Dieser Ausdruck stellt ein wichtiges Indiz dafür dar, dass Vico die historische Selbstvervollkommnung der menschlichen Natur nicht mit einem Wesenswandel gleichsetzt, sondern sie vielmehr im Sinne der kontinuierlichen Selbstverwandlung eines historisch stabilen Wesens des Menschen versteht. In affekttheoretischer Hinsicht korrespondiert diese Idee mit der Feststellung, dass die „tierischen Leidenschaften" der Menschen im Verlauf der Geschichte allmählich zu „menschlichen Leidenschaften" (SN 340) umgebildet würden.

Wie neben Vicos spezifischem Begriff von geschichtlicher Notwendigkeit auch seine Überlebensteleologie klar zeigt, handelt es sich bei diesem, der geschichtlichen Selbstverwandlung unterliegenden Wesen um den nach Selbsterhaltung strebenden menschlichen Körper. In letzter Konsequenz gründet Vicos These von der Unverfügbarkeit der Geschichte deshalb in der Einsicht in die Unverfügbarkeit des menschlichen Lebens, weil schon dessen nackte Existenz allen anthropologischen Romantizismen der ‚Selbstschöpfung' oder ‚Selbstproduktion' des Menschen eine Grenze aufzeigt. Vico ist kein Romantiker des Lebens, der dessen physische Faktizität zum ‚Erlebnis' sublimiert. Er ist nüchterner Lebensrealist, der die Möglichkeit ausschließt, dass sich der Mensch jemals von seiner Grundbestimmung als körperlich-vitales Bedürfniswesen emanzipieren kann. Diese Anthropologie der Selbsterhaltung steht erkennbar in der Traditionslinie von Epikur, Hobbes und Spinoza. Wie diese ist Vico bestrebt, sich keinen Illu-

---

[288] Vgl. Spinoza, B. de, Die Ethik mit geometrischer Methode begründet (Ethica ordine geometrico demonstrata), in: Werke (Opera), 2 Bde., Bd. 2, hg. v. K. Blumenstock, Darmstadt ⁴1989, 257.

sionen hinsichtlich des Wesens des Menschen hinzugeben, sondern die Natur des Menschen aus der Wirklichkeit und Produktivität seiner physischen Verfassung zu erschließen. Für Vico ist der Mensch kein selbstschöpferisches Wesen im strengen Sinne des Wortes. Die schöpferische Dimension des menschlichen Lebens wie der menschlichen Geschichte erkennt Vico vielmehr in den Modifikationen der affektiven, kognitiven, volitionalen und sozialen Vollzugsformen des Selbsterhaltungsstrebens, deren Entwicklungslogik in der *Neuen Wissenschaft* nachgezeichnet wird. Vicos historische Anthropologie lässt sich daher als eine Steigerungsform der eher unhistorischen Selbsterhaltungsanthropologien von Epikur, Hobbes und Spinoza verstehen. Sie zielt auf den Nachweis ab, dass die kognitiven Selbstentfremdungsleistungen der Phantasie zugleich Produkte und Perfektionierungsmedien menschlichen Selbsterhaltungsstrebens sind.

Eine solche Anthropologie der Selbsterhaltung steht nicht im Widerspruch zur Geschichtlichkeit der menschlichen Natur. Die Vereinbarkeit beider Aspekte ergibt sich vielmehr bereits aus der Zweideutigkeit der anthropologischen Ausgangsfrage: Was ist der Mensch? Diese lässt sich einmal als Frage nach humanspezifischen Merkmalen oder Fähigkeiten verstehen, sie kann jedoch auch als Frage nach den wesentlichen Determinanten menschlicher Lebensgestaltung begriffen werden. Das klassische anthropologische Vorurteil lautet, dass die Antwort auf beide Fragen gleich lautet – dass also jene Merkmale, durch die sich der Mensch vom Tier unterscheidet, zugleich diejenigen sein müssen, die dem Dasein des Menschen ihren Stempel aufdrücken. Erst die naturalistischen Anthropologien vermeiden diese Gleichsetzung des Artspezifischen mit dem Essentiellen. Insbesondere Hobbes und Spinoza zeigen, dass humanspezifische Kompetenzen keineswegs geleugnet werden müssen, um im ‚Willen zum Leben' das Wesensmerkmal des Menschen zu erkennen, das dieser mit den Tieren (Hobbes) bzw. mit der gesamten Natur (Spinoza) teilt. Auch Vico hat diesen Weg der Argumentation eingeschlagen und eine Anthropologie entworfen, welche die Deessentialisierung humanspezifischer Eigenschaften ebenso umfasst wie deren Historisierung.

6.3 GESCHICHTE ALS NATURGESCHEHEN

Der namhafte italienische Vico-Interpret Pietro Piovani hat Vicos *Neue Wissenschaft* als eine ‚Philosophie ohne Natur' bezeichnet.[289] Diese These erscheint insofern berechtigt, als Vico die politische Welt der Menschen ins Zentrum seines Denkens rückt und deren Konstitutionsprozess auf die phantasiegeschaffenen Universalien des menschlichen Denkens zurückführt, durch welche Naturerfahrungen in politische Erfahrungen verwandelt werden. Andererseits erweist sich Piovanis Diktum jedoch deshalb als unzulänglich, weil es die dialektische Fassung des Verhältnisses von natürlicher und politischer Welt in Vicos *Neue Wissenschaft* übersieht. Vor allem entgeht Piovani, dass Vico die Transformation der natürlichen Umwelt in eine soziale Lebenswelt ihrerseits als eine schöpferische Leistung der Natur auffasst. Das menschliche Selbsterhaltungsstreben, welches im Abschnitt zuvor als Bezugsgröße von Vicos Theorie der Humanisierung des Menschen herausgearbeitet wurde, bedarf einer Ergänzung. Denn Vico deutet den menschlichen Körper nicht nur unter dem Aspekt der Erhaltung, sondern auch als schöpferische Quelle seines sozialgeschichtlichen Kultivierungsschicksals. Der Mensch tritt somit sowohl als Produzent als auch als Produkt der Geschichte in Erscheinung. Wenn Vico davon spricht, dass der Mensch die Geschichte ‚macht', so hat er in erster Linie die kreativen Potenzen des menschlichen Körpers vor Augen, welcher sich vermittels symbolgenerierender Wahrnehmungen selbst sozialisiert und kultiviert.

Zwar unterscheidet Vico die „Welt der Völker", die „Welt der Natur" und die „Welt des Geistes" (SN 42); aber diese Diffe-

---

[289] Piovani, P., *'Vico e la filosofia senza natura'*, in: Tessitore, F. (Hg.), *La filosofia nuova di Vico*, Napoli 1990.

renzierung darf nicht als metaphysische Unterscheidung verstanden werden. Vielmehr bezieht sie sich auf verschiedene, historisch begründete epistemische Zugänge zu der einen Welt der materiellen Natur. Vico spricht ausdrücklich davon, dass sich die ersten Perzeptionen der „sinnlichen Zeichen" der „poetischen Theologie" (SN 366) der Einwirkung einer „ganz körperlichen Phantasie" (SN 376) auf den Wahrnehmungsvorgang verdanken. Der Topos von der Körperlichkeit der Phantasie ist nicht metaphorisch, sondern wörtlich zu nehmen. Verenes Interpretation greift deshalb zu kurz; denn mit Blick auf Vicos Theorie der *universali fantastici* spricht dieser zwar von einer „bodily logic"[290] der Phantasie. Er versteht den menschlichen Körper jedoch nur als Signifikanten der poetischen Charaktere und nicht, wie es Vicos eigener Auffassung entspricht, als deren produktive Quelle.

Wenn Vico die menschliche Kulturgeschichte auf die Leistungen des Körpers zurückführt, so geschieht dies allerdings nicht im Sinne eines eliminativen Materialismus, der kognitive Vorgänge auf organische Prozesse zu reduzieren versucht. Vicos „naturalistic historicism"[291] hat dagegen einen alltagsrealistischen Charakter, der eine realistische Sichtweise auf die perzeptiven Funktionen menschlicher Sinnesorgane impliziert. Laut Vico nehmen Menschen mit ihren Sinnesorganen, in Abhängigkeit von ihrer jeweiligen Beschaffenheit, die materiellen Gegenstände direkt wahr – woraus folgt, dass der Mensch keine ‚Empfindungen', ‚Eindrücke' oder ‚mentalen Bilder' von den Gegenständen haben bzw. empfangen. Gleiches gilt für Symbole, die bei Vico nicht als selbständige Entitäten begriffen werden, die zusätzlich zu den Gegenständen der Wahrnehmung existieren. Nach Vico werden Symbole vielmehr durch eine spezifische Weise der körpergebundenen Wahrnehmung von Vorgängen in der physischen Welt erzeugt, deren formale Struktur mit Hilfe des *verum-factum*-Prinzips beschrieben werden kann. Die Fähigkeit zur kreativen Zeichen-

---

[290] Vgl. Verene, D. Ph., '*The Bodily Logic of Vico's Universali fantastici*', in: Trabant, J. (Hg.), *Vico und die Zeichen*, Tübingen 1995, 93-100.

[291] Vgl. Bedani, G., *Vico Revisited. Orthodoxy, Naturalism and Science*, Oxford 1989, 213ff.

rezeption oder zur rezeptiven Zeichenkreation verdankt sich mithin einer bestimmten Modifikation der organisch verankerten Wirklichkeitswahrnehmung, deren Charakteristikum in der perzeptiven Übertragung der affektiven Körperzustände des Wahrnehmenden (Lust, Kraft, Freude, Hunger) auf die perzipierten Dinge besteht. Symbole entstehen in jenem Augenblick, in dem die perzipierten materiellen Dinge so wahrgenommen werden, wie der Körper, der sie perzipiert, sich als affektiv-materielle Lebenseinheit im Wahrnehmungsaugenblick fühlt.

Dies lässt sich als Prozess der Ergänzung der Wahrnehmungsgegenstände um körperliche Zustandsqualitäten werten, die eigentlich nicht wahrgenommen werden können, da das Lebewesen, dem sie eigen sind, verschieden ist von den Dingen, die es aktuell wahrnimmt. Eine derart erweiterte oder modifizierte Gegenstandswahrnehmung vermag nach Vico in anderer Form auf den Wahrnehmenden zurückzuwirken. Das Perzipierte, ins Symbolische überhöht, setzt jene Impulse frei, die den Menschen zum Kulturwesen werden lassen: „Denn den Körpern einen Impuls geben, heißt soviel wie: ihnen die Freiheit geben, ihre Bewegungen zu regeln, da alle Körper in der Natur mit Notwendigkeit wirken; und was die Mechaniker ›Potenzen‹, ›Kräfte‹, ›Impulse‹ nennen, sind unmerkliche Bewegungen dieser Körper" (SN 340). Dieser Bemerkung ist klar zu entnehmen, dass Vico die kulturstiftenden Affektimpulse der Wahrnehmung im Sinne einer Selbstaffektion des menschlichen Körpers versteht. So gelingt es ihm, den klassischen Dualismus zwischen Körper und Geist in einen historischen Konflikt zu übersetzen, den der lebendige Körper mit sich selbst austrägt, wobei die ‚inneren' Trieb- und die ‚äußeren' Wahrnehmungsimpulse aufeinanderprallen. O' Neill hat daher Recht, wenn er im Aspekt der Körperpolitik eine zentrale Gemeinsamkeit zwischen Vicos naturalistischem Geschichtsdenken und Marx' historischem Materialismus erkennt[292] – wobei der wesentliche Unterschied dennoch darin besteht, dass Marxens Theorie

[292] Vgl. O' Neill, J., 'Naturalism in Vico and Marx: A Theory of the Body Politic', in: Tagliacozzo, G. (Hg.), Vico and Marx. Affinities and Contrasts, Atlantic Highlands 1983, 277-289.

der Körperpolitik auf Klassenauseinandersetzungen fixiert ist, während diejenige Vicos bereits beim Individuum ansetzt, das als Subjekt und Objekt seiner Körperpolitik zugleich modelliert wird.

Vicos Theorie der körperlichen Selbstaffektion stellt eine Weiterentwicklung der schon im *Liber metaphysicus* entfalteten Lehre vom *conatus* dar, der nun freilich nicht mehr als metaphysischer Punkt, sondern als reale anthropogene Kraft verstanden wird. Die wesentliche Bestimmung des *conatus* bleibt gleichwohl erhalten. Sie besteht darin, dass dieser „nicht selbst ein etwas ist, sondern einem Etwas zugehört, als Modalität der Materie nämlich" (LM 81).

Besonders prägnant tritt Vicos Naturalismus außerdem dort zu Tage, wo es ihm um die Erklärung der symbolgenerativen Modifikation der Wahrnehmung (Phantasie) am Eingang zur Kultur geht. Vico lagert den Ursprungsimpuls zur Selbstmodifikation der körperlichen Sinneswahrnehmung in die übermenschliche Natur aus, die sich jeder humanen Kontrollgewalt entzieht. In der Tat ist Vicos *Scienza Nuova* eine „Wissenschaft vom Singulären"[293], nur handelt es sich bei diesem singulären Moment um ein gänzlich subjektloses Naturereignis. Die Urinitialisierung der sich in den Wahrnehmungsprozess einschaltenden Phantasie führt Vico in Form eines sich urplötzlich über den Köpfen der Menschen entladenden Gewitters auf ein elementares Naturphänomen zurück. Dass diese Naturkatastrophe für Vico mehr als ein kontingentes Ereignis darstellt, zeigt sich am Begründungsaufwand, den er zum Zwecke des Nachweises einer länger währenden Verzögerung ihres Eintretens betreibt. Denn ohne diesen Verzögerungsnachweis hätte Vico nicht begründen können, wie sich der ‚Naturzustand', von dem er ausgeht, global hätte ausbreiten können. In diesem naturphilosophischen Zusammenhang wird auch die Bedeutung der ‚Sintflut' reflektiert, die in Vicos ‚chronologischer Tafel' nicht ohne Grund ganz am Anfang steht. Aufgrund der ‚allgemeinen Sintflut' sollen sich nämlich „mehrere Jahrhunderte lang"

---

[293] Strassberg, D., Das poietische Subjekt. Giambattista Vicos Wissenschaft vom Singulären, München 2007.

wegen des Fehlens an „trockenen Ausdünstungen" (SN 192) keine Gewitter mehr haben bilden können. Kurzum: Ist das Klima freundlich, so kann der Mensch auf Gott, Kultur und Phantasie ruhigen Herzens verzichten; verändert die Natur aber ihr Antlitz, dann muss der Mensch es ihr gleichtun, und zwar im doppelten Sinne der aisthetischen Umdeutung der Natur zur furchtbaren Gottheit sowie der verhaltenspraktischen Imitation der nunmehr neu perzipierten Natur im politischen Leben.

Pointiert formuliert, begreift Vico den gesamten Prozess der Kulturgeschichte als Resultat einer ursprünglichen Unfreundlichkeit, mit der die Himmelsnatur die Menschen angesteckt hat. Vom menschlichen Standpunkt aus entspricht der rabiate Stimmungswandel des physischen Himmelsrunds dem *deklinamen* in Epikurs Kosmologie, also dem zufälligen Abweichen des ersten Atoms vom parallelen Fall aller Atome, aus dem die Welt hervorgeht.[294] Vom Standpunkt der Natur aus ist dieses Ereignis aber in seiner Notwendigkeit zu bedenken – eine Sichtweise, in der sich bei Vico wiederum die Kritik der Stoiker an Epikurs Kosmologie widerspiegelt.[295]

Der Ausdruck ‚natürlich', den Vico im Hinblick auf geschichtliche Abläufe an zahlreichen Stellen des Hauptwerks verwendet (vgl. SN 260, 263), fungiert daher nicht nur als Gegenbegriff zu ‚künstlich' oder ‚willkürlich', also im Sinne von ‚notwendig',[296] sondern er fungiert darüber hinaus als Gegenbegriff zu ‚geistig' oder ‚symbolisch', also im Sinne von ‚körperlich' oder ‚materiell'. Hiervon ausgehend lässt sich eine Entscheidung bezüglich jener drei Deutungsalternativen der *Neuen Wissenschaft* herbeiführen, die Schmidt plausibel dargelegt hat. Unter dem Gesichtspunkt der von Vico angenommenen Hauptfaktoren im Geschichtsprozess unterscheidet Schmidt zwischen der göttlichen

---

[294] Vgl. Lukrez, *Vom Wesen des Weltalls*, übers. u. hg. v. D. Ebener, Berlin/Weimar 1994, 65f.

[295] Vgl. Cicero, *Über das Schicksal (De fato)*, übers. u. hg. v. K. Bayer, Düsseldorf/Zürich ⁴2000, 33f.

[296] Vgl. Fellmann, F., *Das Vico-Axiom: Der Mensch macht die Geschichte*, Freiburg/München 1976, 111.

Vorsehung (theologische Lesart), dem Menschen selbst im Sinne der Autonomiethese (idealistische Lesart) und der Natur (naturalistische Lesart).[297] Schmidt selbst hält die Annahme, dass Vico ohne Erfolg versucht hat, alle drei Faktoren in einem einzigen theoretischen Modell zu integrieren, für besonders plausibel.[298] Diese Auffassung ist jedoch nur wenig triftig: Zwar hat Vico tatsächlich versucht, Natur, Mensch und Gott in seiner Geschichtsphilosophie zusammenzuführen. Diese Integration erfolgt bei ihm jedoch in dialektischer Form – also so, dass der naturale Faktor die beiden anderen kategorial umgreift und die ontologische Einheit der gesamten Triade sicherstellt.

In metaphysischer Hinsicht fungiert bei Vico die Kategorie der Natur somit als jener übergeordneter Weltbegriff, der die Differenz von (außermenschlicher) Natur und (menschlicher) Kultur bzw. Geschichte einschließt. Die menschliche Geschichte wird als Naturgeschehen begriffen, das sich inmitten aller übrigen Naturvorgänge nach spezifischen Gesetzmäßigkeiten und Prinzipien vollzieht. Vico betrachtet die kulturelle Evolution der Menschheit folglich durch die Brille eines symbol- und institutionentheoretisch beschlagenen Naturwissenschaftlers, um so die Einzigartigkeit der menschlichen Naturgeschichte zum Vorschein zu bringen. Dass Vico hierbei ‚Gott' zum Schöpfer der Natur erklärt (vgl. SN 331), scheint der theologischen Lesart der *Neuen Wissenschaft* eine neue Zugriffsmöglichkeit zu bieten[299]; denn es erscheint so zumindest denkbar, dass Vicos Vorsehungsbegriff deistisch profiliert ist. Ein solcher Standpunkt ist jedoch unhaltbar, weil das Konzept der ‚ewigen idealen Geschichte' den Horizont des deistischen Naturverständnisses temporal aufsprengt. Die Geschichte könnte nicht ewig sein, so wie es Vico behauptet, sofern sie in einer endlichen, von Gott geschaffenen Natur situiert wäre. Diese These wird durch Vicos ‚chronologische Tafel' bekräftigt, in der

---

[297] Vgl. Schmidt, R. W., Die Geschichtsphilosophie G. B. Vicos. Mit einem Anhang zu Hegel, Würzburg 1982, 53f.

[298] Vgl. ebd., 55-58.

[299] Vgl. Stadelmann, R., ‚*Gian Battista Vico*', in: Ders. (Hg.), *Große Geschichtsdenker*, Tübingen/Stuttgart 1949, 131-148.

kein göttliches Schöpfungsereignis verzeichnet wird. Dass Vico dort dennoch eine absolute Chronologie, gerechnet in ‚Jahren der Welt' präsentiert, lässt sich als Anknüpfungsversuch an das antike (auch epikureische) Naturbild vom zyklischen Werden und Vergehen der Welten werten. Auf dieses Bild spielt er denn auch explizit mit der Feststellung an, dass die *storia ideale eterna* selbst dann ihre Gültigkeit nicht verlöre, wenn „von Ewigkeit her immer wieder unendlich viele Welten" entstünden (SN 348). Obwohl Vico sogleich hinzufügt, dass dieses Naturbild „sicherlich in Wirklichkeit falsch" (SN 348) ist, ist diese Bezugnahme für sich bereits aussagekräftig genug – denn sie impliziert, dass die christliche Schöpfungslehre für Vico keine Gewissheit mehr darstellt.

Der relativierende Gebrauch des Ausdrucks ‚sicherlich' im obigen Zitat zeigt eine elementare Verunsicherung Vicos bezüglich der letzten Ursprünge der Natur an. Gerade diese existentielle Verunsicherung oder Verzweiflung ist es denn auch, die Vico vor dem Atheismus bewahrt und ihn dazu bewegt, die Natur weiterhin mit dem Glaubenssymbol ‚Gott' zu verbinden. Wie weiter unten zu zeigen sein wird (8.1), handelt es sich beim ‚Glauben' Vicos jedoch um eine höchst ‚unfromme Frömmigkeit', die mit klassischen theologischen Positionen wie Theismus, Deismus oder Pantheismus nicht zu vereinbaren ist.

Was Vico letztlich dazu gebracht hat, die Geschichte zwar einerseits in die materielle Natur zu integrieren, andererseits jedoch auch die Ungewissheit ihrer Ursprünge zu artikulieren, ist das unbeirrte Festhalten an der Logik des *verum-factum*-Prinzips, das in der *Neuen Wissenschaft* theologisch-metaphysischen Glaubensgewissheiten nicht nur den Rang abläuft, sondern sich unter der Hand sogar in ein argumentatives Instrument gegen solche Gewissheiten verwandelt. Mit hoher Wahrscheinlichkeit sind Vico in der Zeit zwischen der Veröffentlichung des *Liber metaphysicus* und der Publikation der *Neuen Wissenschaft* die agnostischen Implikationen seines *verum-factum*-Prinzips aufgegangen, die sowohl in Hinblick auf die Erkenntnis der Natur als auch in Hinblick auf die Erkenntnis Gottes bestehen: Wenn nämlich der Mensch wirklich nur dasjenige erkennen kann, was er selber hervorbringt, dann kann er von Gott, eben weil er ihn nicht zu erzeugen vermag, keinerlei Wissen erwerben. Gemäß dem Wissenskriterium für den *verum-factum*-Satz muss folglich jede Aussage über Gott irrational sein. Die *Neue Wissenschaft* darf als Versuch begriffen werden, aus dieser ernüchternden Einsicht nun doch noch theoretisches (und sogar quasi-theologisches) Kapital zu schlagen. Denn ‚Gott' erfährt bei Vico eine anthropologische Begründung als phantasiegeschaffenes Verzweiflungssymbol, dessen Wahrheit und Rechtfertigung primär in dessen sozialschöpferischen Leistungen liegt (vgl. 7.2).

Wenn die hier vorgeschlagene naturalistische Lesart der *Neuen Wissenschaft* zutrifft, dann ist auch das Verhältnis von Vicos Geschichtsphilosophie zu den neuzeitlichen Naturwissenschaften neu zu bestimmen. Vor allem darf aus Vicos Vorwurf gegenüber den Naturwissenschaften seiner Zeit, die Erforschung der politischen Welt vernachlässigt zu haben (vgl. SN 331), nicht gefolgert werden, er habe auf die Begründung einer ontologischen oder auch methodologischen Sonderstellung der Geschichts- bzw. der Kulturphilosophie gegenüber den Naturwissenschaften abgezielt. Beide Vorstellungen eines denkbaren Sonderweges sind mit Vicos Geschichtsdenken unvereinbar, so oft sie im Verlauf der Rezeptionsgeschichte auch mit ihm in Verbindung gebracht worden sind. Schon die Wiederentdeckung Vicos im 19. Jahrhundert steht daher unter einem ganz und gar ungünstigen Stern; nehmen sich der *Neuen Wissenschaft* doch vornehmlich Autoren aus dem Umkreis des Historismus an, die in Vico zu Unrecht einen frühen Vorläufer ihrer eigenen Bemühungen um eine Emanzipation der Geisteswissenschaften von den Naturwissenschaften zu erkennen glauben. Man kann folglich sagen, dass die Wiederentdeckung Vicos im Historismus ein Glücksfall für die Werkrezeption, jedoch ein Unglücksfall für das Werkverständnis darstellt – und zwar ein Unglücksfall mit Langzeitfolgen, denn noch heute wird Vicos Werk zumeist unter Titeln wie ‚Kultur und Geschichte' oder auch

,Geist und Geschichte' besprochen.[300] Das weckt die falsche Assoziation, Vicos Denken sei von einer naturwissenschaftskritischen
Haltung durchzogen; eine Haltung, die freilich im gegenwärtigen
Zeitalter der epistemischen Arbeitsteilung von der Mehrheit der
Kultur- und Geisteswissenschaftler eingenommen wird. Natürlich spricht nichts dagegen, Vico zum Pionier der Kulturwissenschaft[301] oder gar zum Urheber der „Idee der Kulturwissenschaft"[302] zu erklären. Doch wer den Akzent in dieser Weise setzt,
der muss die Kulturwissenschaften dann so verstehen, dass diese
den Rahmen des naturwissenschaftlichen Forschungsprogramms
nicht prinzipiell überschreiten.

Dass Vico nicht aus diesem Rahmen fällt, manifestiert sich
darin, dass in der *Neuen Wissenschaft* keines jener ontologischen
und methodologischen Attribute zum Tragen kommt, auf die gemeinhin jene rekurrieren, die eine essentielle Differenz zwischen
Naturwissen- und Geisteswissenschaften behaupten. So werden
in ontologischer Hinsicht im Regelfall die Idee der Individualität[303] und der schöpferischen Freiheit des menschlichen Geistes,
die Idee der Symbolizität oder Geistigkeit der geschichtlichen
Welt[304] oder aber die Idee einer durch ständige Neuerungen geprägten Zeitlichkeit[305] aufgeboten, um den Bereich der Geschichte
(und Kultur) von dem der materiellen Natur abzugrenzen. In methodologischer Hinsicht wiederum ist es vor allem die Methode

---

[300] Vgl. etwa die Einträge zum Stichwort ,Vico' in: Lexikonredaktion des Verlags F. A. Brockhaus (Hg.), Der Brockhaus Philosophie. Ideen, Denker und
Begriffe, Leipzig/Mannheim; Metzler Philosophen Lexikon. Von den Vorsokratikern bis zu den Neuen Philosophen, hg. v. B. Lutz, Stuttgart/Weimar
³2003.

[301] Vgl. Kittler, F., *Eine Kulturgeschichte der Kulturwissenschaft*, München ²2001,
Kap. 1, 11-28.

[302] Vgl. Hösle, V., Einleitung. Vico und die Idee der Kulturwissenschaft. Genese, Themen und Wirkungsgeschichte der ,Scienza Nuova', in: Vico, G. B.
(1990), Bd. 1, XXXI-CCXCIII.

[303] Vgl. Windelband, W., *Geschichte und Naturwissenschaft*, in: Ders., *Präludien*,
2 Bde., Bd. 2, Tübingen 1911, 136-160.

[304] Vgl. Hartmann, N., *Das Problem des geistigen Seins*, Berlin ³1962.

[305] Vgl. Droysen, J. G., *Historik*, Stuttgart/Bad Cannstatt 1977, 470ff.

hermeneutischen Verstehens im Unterschied zur naturwissenschaftlichen Erklärung, auf die man sich beruft, um den Sonder-
status der Geistes- gegenüber den Naturwissenschaften zu begründen.[306] In Vicos *Neuer Wissenschaft* wird dagegen in methodologischer Hinsicht ein kausalgenetisches Erkenntnisverfahren bemüht. In ontologischer Hinsicht wird statt der Individualität
menschlicher Subjekte oder Kulturen die ‚gemeinsame Natur der
Völker' hervorgehoben, statt der zeitlichen Linearität der Geschichte wird deren raumerfüllende Zyklizität behauptet, statt der
Geistigkeit der Kultur deren ins Physische eingebundene Natür-
lichkeit herausgearbeitet und statt der Spontaneität des Geistes
werden dessen Körperlichkeit und Naturabhängigkeit unterstrichen.

Als Bekenntnis zu den neuzeitlichen Naturwissenschaften
lässt sich zudem bereits der Titel von Vicos Hauptwerk werten,
der sich an Bacons *Novum Organon* ebenso anlehnt wie an Galileis
Discorsi e dimostrazioni matematiche intorno a due nuove scienze.[307] Zu
berücksichtigen ist darüber hinaus, dass Vico zwar das cartesische
Projekt einer *mathesis universalis* resolut ablehnt, die wissenschaftlichen Leistungen von Newton, dem bedeutendsten Naturfor-
scher seiner Epoche, sowie von Leibniz, dem Naturwissenschaftler und Universalgelehrten, jedoch umso nachdrücklicher hervorhebt. Leibniz und Newton gelten ihm sogar als „die beiden größten Geister dieses Zeitalters" (SN 347), wobei gerade die
Hochschätzung Newtons eine Konstante der geistigen Biographie
Vicos bildet.[308]

---

[306] „So ist überall der Zusammenhang von Erleben, Ausdruck und Verstehen
das eigene Verfahren, durch das die Menschheit als geisteswissenschaftlicher
Gegenstand für uns da ist" (Dilthey, W., *Der Aufbau der geschichtlichen Welt in
den Geisteswissenschaften*, Frankfurt/M. 1981, 99).

[307] Vgl. Galilei, G., Unterredungen und mathematische Demonstrationen über
zwei neue Wissenszweige, die Mechanik und die Fallgesetze betreffend (Aus-
züge), in: Ders., Schriften. Briefe. Dokumente, 2 Bde., Bd. 1, hg. v. A. Mudry,
Berlin 1987, 329-406.

[308] Vico, G., *Autobiographie*, hg. v. V. Rüfner, Zürich 1948, 112.

Vico hat Newton nicht persönlich getroffen. Allein jedoch sein autobiographisch dokumentiertes Bestreben, mit diesem in Kontakt zu treten, zeugen von der engen Verwandtschaft der Forschungsprojekte beider Denker. In seinen erstmals 1687 erschienenen *Philosophiae naturalis principia mathematica* verfolgt Newton das Ziel, die allgemeinen Bewegungsgesetze materieller Körper in mathematisch exakter wie experimentell überprüfbarer Form darzulegen.[309] Vicos *Neue Wissenschaft* verfolgt prinzipiell ein ähnliches Ziel – geht es in ihr doch darum, die konstitutiven Bewegungsgesetze des *mondo civile* aufzuspüren. Es gibt daher keinen triftigen Grund, Vicos wissenschaftliches Selbstverständnis in etwas anderem als der Ambition zu sehen, zum ‚Newton der Geschichte‘ zu werden.

Wie die erkenntnistheoretischen Implikationen des *verum-factum*-Prinzips belegen, knüpft Vico an diese Ambition sogar die Vorstellung einer epistemischen Überlegenheit seiner Naturwissenschaft der Geschichte gegenüber Newtons (den *mondo civile* ausklammernder) Wissenschaft von der Natur. Vicos Naturwissenschaft der Geschichte beansprucht, die Erzeugungszeichen der politischen Welt als Teilmoment der Naturwirklichkeit reproduzieren zu können. Und sie spricht den übrigen Naturwissenschaften gleichzeitig die Fähigkeit ab, in Bezug auf die nicht-menschliche Natur Ähnliches leisten zu können. Das lässt erkennen, dass es Vico nicht nur um die Vervollständigung des naturwissenschaftlichen Disziplinenkanons ging, sondern um die Steigerung der naturwissenschaftlichen Forschungslogik zum Punkt der Wahrheitseinsicht in die Bildungsgesetze jenes *mondo civile*, der das Überleben der menschlichen Gattung garantiert. Auch der ontologische Hauptgrund dafür, dass die herkömmlichen Naturwissenschaften nichts der Naturwissenschaft der Geschichte Vergleichbares zu leisten vermögen, steht für den reifen Vico fest. Die Generierung der gesellschaftlich-geschichtlichen Wirklichkeit bewegt sich laut Vico im selben Medium wie die menschliche Er-

---

[309] Vgl. Newton, I., Mathematische Grundlagen der Naturphilosophie (Philosophiae naturalis principia mathematica), hg. v. E. Dellian, Hamburg 1988.

kenntnis als solche: nämlich im Medium der Zeichen und Symbole. Bei den übrigen Naturwissenschaften verhalte es sich anders, da sie im Medium der Sprache operierten, obwohl ihre Erkenntnisgegenstände keinen symbolischen Ursprung besäßen.

Der epistemische Überlegenheitsanspruch der *Neuen Wissenschaft* gegenüber allen sonstigen Naturwissenschaften wird jedoch von einer Demutsbekundung gegenüber der Natur als dem gemeinsamen Erkenntnisobjekt aller Wissenschaften begleitet. Die Vorstellung, dass jemand (oder etwas) materielle Dinge durch Worte konstituieren oder vernichten könnte, wird von Vico als Kardinalmythos des Kulturlebens durchschaut, an dessen Anfang die ,Jupiter-Fiktion' der Frühmenschen steht. Genau wie die Naturwissenschaften muss auch Vicos *Neue Wissenschaft* die Existenz der menschlichen Natur als Erkenntnisobjekt voraussetzen. Das schadet ihren Erkenntnisansprüchen nicht, da sie es nur auf den Nachweis ihrer sozialkinetischen Gesetzmäßigkeiten abgesehen hat, die über die Symbole des Körpers vermittelt sind. Es zeigt jedoch deren metaphysische Schranken auf. Denn mit dem Wohl und Wehe der Natur steht und fällt auch die geschichtliche Existenz des Menschen. Vielleicht liegt in der Aufklärung über diese eng gesteckten Grenzen der Geschichte und ihrer Erkenntnis sogar das eigentliche Anliegen von Vicos *Neuer Wissenschaft*. Die Geschichte ist für Vico nur eine Selbstmodifikation der materiellen Natur, deren Vorzug in ihrer wissenschaftlichen Erkennbarkeit besteht. Die geschichtliche Wirklichkeit ist jedoch eingebettet in eine erhabene und umfassende Naturwirklichkeit, die weder erkenntnismäßig noch metaphysisch vom Menschen verfügbar gemacht werden kann. Deshalb ist es nur konsequent, wenn Vico die Menschen von Beginn an in einem politischen Buch der Natur lesen lässt, welches sie selbst verfasst haben. Das stellt einen entscheidenden Bruch mit der Naturtextmetaphorik von Galilei dar, der „in der Beschäftigung mit dem großen Buche der Natur"[310] noch das eigentliche Thema der Philosophie gesehen hatte.

---

[310] Galilei, G., Dialog über die beiden hauptsächlichsten Weltsysteme, das ptolemäische und das kopernikanische, in: Ders., Schriften. Briefe. Dokumente, 2 Bde., Bd. 1, hg. v. A. Mudry, Berlin 1987, 179-328, 179.

Vicos *Neue Wissenschaft* ist freilich insofern als Grundsatzkritik an den neuzeitlichen Naturwissenschaften zu lesen, als sie deren anthropologische Inkompetenz klar herausstellt. Schon in Vicos Autobiographie wird der Vorwurf laut, dass die Naturwissenschaften in ihrer bisherigen Form nicht in der Lage seien, eine tragfähige „Philosophie des Menschen"[311] zu entwickeln. Den Naturwissenschaftlern es laut Vico eben an der Einsicht in die soziale Natur des Menschen sowie an Sensibilität für die konstitutiven Symboliken, auf denen das gesellschaftliche Leben gründet. In Vicos naturalistischer Anthropologie wird daher die Dimension der natürlichen Leistungen des Menschen um den Aspekt phantasiegeschaffener Begriffe oder Zeichen erweitert.

Der Gewährsmann für diese Erweiterung der körperlichen Vermögen des Menschen um den Aspekt der symbolschöpferischen Phantasie ist Spinoza, dessen *Ethik* Vico eingehend studiert hat.[312] Die Paradoxie dieser wirkungsgeschichtlichen Verbindung besteht freilich darin, dass Spinoza die Naturalisierung der Phantasie nur unter Preisgabe der inneren Systematik seines metaphysischen Systems hat erreichen können. Vico knüpft an Spinoza an, ohne unmittelbar Spinozist zu werden, d.h. ohne die Identitätsphilosophie Spinozas übernehmen zu müssen, deren Trennung zwischen abstrakter göttlicher Erzeugungssubstanz (*natura naturans*) und konkreter Natur (*natura naturata*) mit Vicos auf die raumzeitliche Verlaufslogik wirklicher Lebenszusammenhänge zugeschnittenen Geschichtsphilosophie unvereinbar ist.[313] Im Kern zielt die *Ethik* Spinozas auf den Nachweis der Parallelität von Sein und Bewusstsein, von Körper und Geist als kausal

---

[311] Vico, G., *Autobiographie*, hg. v. V. Rüfner, Zürich 1948, 36.

[312] Vgl. Renaud, O., '*Vico lector de Espinoza*', in: Cuadernos sobre Vico 7/8 (1997), 191-206.

[313] Vgl. Otto, S., ‚Vico versus Spinoza. Zwei Typen von Metaphysik vor dem Problem ›zeitlicher Kontingenz‹', in: Hildago-Serna, E. u.a. (Hg.), Pensar para el nuevo siglo. Giambattista Vico y la cultura europea, 3 Bde., Bd. 2, Napoli 2001, 497-512.

unverbundener Leistungsattribute der göttlichen Substanz ab.[314] Diese Metaphysik wirft jedoch nicht nur hinsichtlich der genetischen Erklärung der Faktizität der Einzeldinge erhebliche Probleme auf. Hinzu kommt noch die Schwierigkeit, die Tatsächlichkeit menschlicher Irrtümer zu erklären: In dem Maße, in dem Spinoza an der Annahme festhält, dass die göttliche Substanz die materielle Realität und deren adäquate mentale Repräsentationen im perfekten Gleichklang hält, muss diese Tatsächlichkeit zum Mysterium werden. Daher vermeidet Spinoza diese Annahme und unterstellt stattdessen insgeheim, dass menschliche Irrtümer auf die geistige Produktivität ihres Körpers zurückzuführen sind, der gleichsam ordnungswidrig in die Sphäre des Denkens übergreift. Zum ‚Organ' des körperlichen Denkens erklärt Spinoza die menschliche Phantasie oder Einbildungskraft: „Wir sehen also, dass alle Begriffe, durch welche der gemeine Haufe die Natur zu erklären pflegt, nur Modi der Einbildungskraft sind, und nicht die Natur irgendeines Dinges, sondern nur die Verfassung der Einbildungskraft anzeigen."[315] Dies sei darauf zurückzuführen, „dass die Menschen je nach der Beschaffenheit ihres Gehirns über die Dinge urtheilen und über die Dinge lieber phantasiren, als sie erkennen."[316] Und an anderer Stelle fügt Spinoza hinzu: „Denn unter [wahren] Vorstellungen verstehe ich nicht Bilder [der Phantasie], wie sie sich auf dem Grund des Auges oder, wenn man lieber will, inmitten des Gehirns bilden, sondern Begriffe des Denkens".[317]

An dieser Aussage erkennt man deutlich die Brüchigkeit der Metaphysik Spinozas – denn wie sollen die Bilder der Einbildungskraft inmitten des Gehirns entstehen können, da es doch

---

[314] Bartuschat zeigt, dass Spinoza seinen attributiven Parallelismus der einen Substanz in anthropologischer Hinsicht nicht mit letzter Konsequenz durchhalten kann. Vgl. Bartuschat, W., *Baruch de Spinoza*, München ²2006, 84ff.

[315] Spinoza, B. de, Die Ethik mit geometrischer Methode begründet (Ethica ordine geometrica demonstrata), in: Werke (Opera), 2 Bde., Bd. 2, hg. v. K. Blumenstock, Darmstadt ⁴1989, 157.

[316] Ebd.

[317] Ebd., 241.

zwischen Körper und Geist keinen Kausalnexus geben soll? Sicherlich ist Vico dieser Widerspruch nicht entgangen ist. Als erkenntnistheoretischer Realist bestreitet Vico zwar, dass die menschliche Phantasie, wie Spinoza behauptet, Bilder im Gehirn oder auf dem ‚Grund des Auges' erzeugt. Er selbst betrachtet die wahrgenommenen Gegenstände daher selbst als jenen Ort, an dem die Phantasie ihre poetischen Spuren hinterlässt. Dessen ungeachtet knüpft Vico jedoch produktiv an Spinozas These von der Körperlichkeit der Einbildungskraft an – ja er errichtet im Grunde seine gesamte Geschichtsphilosophie auf dieser anthropologischen Voraussetzung.

7. Eine ‚große Erzählung' voller Wahrheiten

7.1 Wahrheit und Geschichte

Der Vorschlag, Vicos *Neue Wissenschaft* als frühen Beitrag zur Wissenssoziologie zu interpretieren, geht auf W. Stark zurück.[318] Die vorangegangenen Kapitel haben diesen Vorschlag insofern unterstützt, als sie die gesellschaftliche und lebenspragmatische Dimension der Vico'schen Ideengeschichte hervorgehoben haben. Es genügt freilich nicht, Vicos Theorie des Werdens der Ideen einzig unter soziologischen Gesichtspunkten zu analysieren; denn Vico überschreitet die Reflexionsgrenzen soziologischer Wissenstheorien insofern, als er die geschichtlich entstehenden Wissensformen auch unter Wahrheitsgesichtspunkten untersucht. Das Ziel dieses Abschnitts besteht daher darin, Vicos Auffassung zum Verhältnis von Geschichtlichkeit und Wahrheit zu rekonstruieren. Es soll gezeigt werden, dass Vico am Leitfaden des *verum-factum*-Prinzips ein originelles Wahrheitsverständnis entwickelt, dessen Kern in der Verschmelzung des Wahrheitsaspekts humanen Wissens mit seinem sinnlich evidenten Funktionsaspekt besteht.

Das Festhalten am Problem der Wahrheit verhindert, dass sich Vicos Denkansatz in den Aporien des Relativismus, Kulturalismus oder Historizismus verfängt. Auch aus dieser Perspektive betrachtet, ist Vico, trotz seiner Absicht, die Geschichtlichkeit menschlichen Denkens zu demonstrieren, alles andere als ein Historist, Kulturalist oder Relativist. Um den Wahrheitsanspruch der *Neuen Wissenschaft* begründen zu können, ist er gezwungen, einen absoluten Maßstab rationaler Wahrheit vorauszusetzen und die These zu vertreten, dass sich im Verlauf der menschlichen Geistesgeschichte all jene kognitiven Bedingungen herausbilden, die rationale Geschichtserkenntnis ermöglichen. Zur Erhellung der

---

[318] Stark, W., '*Giambattista Vico's Sociology of Knowledge*', in: Tagliacozzo, G., White, H. V. (Hg.), *Vico. An International Symposium*, Baltimore 1969, 297-308.

249

Verbindung von Wahrheit und Geschichte in Vicos *Neuer Wissen-schaft* sind drei sachlich miteinander verknüpfte Fragen zu beantworten: Welchen Wahrheitswert spricht Vico den sozialen Mythen der archaischen Frühgeschichte zu? Wo verläuft bei Vico die Grenzlinie zwischen Mythos und Logos? Und anhand welches Kriteriums werden ganz generell Wahrheit und Unwahrheit voneinander abgegrenzt?

Die an erster Stelle aufgeworfene Frage nach Wahrheit oder Unwahrheit des Mythos lässt sich als Frage nach der Beziehung von *certum* und *verum*, von vorrationaler Gewissheit und philosophischer Wahrheit reformulieren, da das die Termini sind, die Vico selbst in diesem Kontext verwendet. Versucht man Vicos Bestimmung der Relation von *verum* und *certum* nachzuvollziehen, so ergeben sich erhebliche Schwierigkeiten, da sich seine Aussagen in diesem Punkt zu widersprechen scheinen. So existieren Textpassagen, die suggerieren, dass Vico die Relation zwischen *certum* und *verum* im Sinne einer begrifflichen Exklusionsbeziehung auffasst. Diese Sichtweise erscheint intuitiv plausibel; schließlich subsumiert Vico unter die ,Gewissheiten' jene phantasieerschaffenen Mythen der Menschen, deren fiktionaler Charakter hinlänglich nachgewiesen wird. So stellt Vico fest: „Die Menschen, die das Wahre über die Dinge nicht kennen, bemühen sich darum, sich an das Gewisse zu halten, damit, da sie schon den Verstand mit der Wissenschaft nicht befriedigen können, wenigstens der Wille sich auf das Bewusstsein stütze" (SN 137).

Diese Bemerkung scheint nicht nur das Vorliegen einer dualistischen Fassung der *certum-verum*-Relation zu belegen, sondern sie gibt zudem Aufschluss darüber, worin sich Mythos und Logos, Gewissheit und Wahrheit, in Vicos Augen voneinander unterscheiden. Die epistemische Differenz zwischen *verum* und *certum* wird in ein Entsprechungsverhältnis zum Gegensatz von Wille (*velle*) und Verstand (*nosse*) gesetzt. Vico bescheinigt den sozialen Mythen bzw. den ,phantastischen Allgemeinbegriffen' also einen wesentlich größeren Einfluss auf den menschlichen Willen als den „intelligible[n] Gattungsbegriffe[n]" (SN 209) ihres Verstandes. Einen weiteren Beleg für die Ausschließung des *certum* aus dem *verum* liefert die explizite Herabsetzung des Mythos zur „falsche[n] Meinung" (SN 197), die aus „starke[r] Unwissenheit" (SN 376) entsteht.

Auf der anderen Seite finden sich in Vicos *Neuer Wissenschaft* jedoch Passagen, die gegen den Dualismus der *verum-certum*-Relation sprechen. An erster Stelle ist hier Vicos Definition des Mythos als „›*vera narratio*‹" (SN 401, 408) anzuführen, welche die Vermutung nahelegt, dass Vico die *verum-certum*-Relation als Begriffsinklusion verstanden wissen wollte, die den Mythos Anteil an der Wahrheit haben lässt. Dafür spricht auch seine Behauptung, „daß die Mythen wahre und strenge Geschichten der Sitten der ältesten Stämme Griechenlands waren" (SN 7).

Dass sich diese Aussagen freilich nicht wirklich widersprechen, zeigt eine weitere Textstelle. Der semantische Kontext der nachfolgend zitierten Passage muss hier zunächst nicht zu interessieren. Worauf jedoch zu achten ist, ist die Binnendifferenzierung des Wahrheitsbegriffs, die Vico vornimmt. Diese lässt sich nämlich nicht nur zur Aufklärung der *verum-certum*-Relation nutzen, sondern sie bringt zudem Licht in Vicos Bestimmung des Verhältnisses von Wahrheit und Geschichte im Ganzen: „So ist, wenn man es richtig bedenkt, das poetisch Wahre ein metaphysisch Wahres, verglichen mit dem das physisch Wahre, das nicht damit übereinstimmt, für falsch erachtet werden muß" (SN 205). Der Ausdruck ‚das poetisch Wahre' soll an dieser Stelle als Beleg dafür gewertet werden, dass die *certum-verum*-Relation von ihm als begriffliche Inklusionsbeziehung begriffen wird. Vor allem bedeutet dies, dass Vico den Mythen und Fiktionen, trotz des ihnen bescheinigten Irrtumscharakters, Wahrheit zuschreibt. Gleichzeitig gibt diese Aussage Aufschluss darüber, dass die poetische Wahrheit des Mythos der metaphysischen Wahrheit bzw. der Wahrheit der Metaphysik nach Vicos Einschätzung überaus nahe steht; sehr viel näher jedenfalls als dem sogenannten ‚physisch Wahren', das Vico aufgrund seiner Distanz zur poetischen wie zur metaphysischen Wahrheit sogar kurzerhand für falsch erklärt. Natürlich kann dieses Urteil nicht wörtlich gemeint sein; denn der Widerspruch, der im Begriff einer ‚falschen Wahrheit' liegt, ist Vico gewiss nicht entgangen.

Es erscheint sinnvoll, die drei Glieder der Vico'schen Binnendifferenzierung des Wahrheitsbegriffs angemessen auf die kategorialen Pole des *verum* (Logos) und des *certum* (Mythos) zu verteilen. Auf die Seite des *certum* gehört ohne Zweifel das ‚poetisch Wahre'. Die Seite des *verum* indessen ist, so der Vorschlag, doppelt zu besetzen: Zu ihr gehören das ‚metaphysisch Wahre' und das ‚physisch Wahre'. Dies allein lässt schon erkennen, dass Vicos Verständnis von philosophischer Wahrheit ambivalent ist. Zudem ist der soeben zitierten Textpassage zu entnehmen, dass die maßgebliche epistemische Bruchlinie in der menschlichen Ideengeschichte laut Vico nicht zwischen Mythos und Logos verläuft, sondern zwischen zwei heterogenen Typen des Logos – dass sie also durch die Entwicklungsgeschichte der menschlichen Vernunft selbst hindurchgeht. Es werden zwei unvereinbare Formen rationalen Denkens unterschieden, deren erste einen mythenaffinen, deren zweite dagegen einen mythenkritischen Charakter besitzen soll. Weiterhin ist zu fragen, mit welchen geschichtlichen Epochen Vico diese drei Gestalten von Wahrheit in Verbindung bringt: Die ‚poetische Wahrheit', so der hier unterbreitete Zuordnungsvorschlag, korrespondiert mit dem ‚Zeitalter der Götter' und dem ‚Zeitalter der Heroen', das ‚metaphysisch Wahre' ist dem sogenannten ‚Zeitalter der Menschen' zuzuordnen (vgl. SN 173). Das ‚physisch Wahre' schließlich gehört der Phase der ‚Barbarei der Reflexion' (SN 1106) an, die als nachgeschichtliche Epoche bei Vico den Höhepunkt der Verstandesentwicklung bildet.

Aus der Differenzierung zwischen dem poetisch, metaphysisch und physisch Wahren kann nun eine scheinbar paradoxe Schlussfolgerung gezogen werden. Im Grunde deutet Vico die Geistesgeschichte als einen Prozess der Generierung von Wahrheiten, der von wirklichen Irrtümern weitgehend frei bleibt. In formaler Analogie zu seiner Interpretation der Geschichte als einem über den Gegensatz von Kultur und Natur hinausgreifenden Naturgeschehen fasst Vico die Geschichte als ein die Differenz von rationaler Wahrheit und mythischer Fiktion überbrückendes

Wahrheitsgeschehen auf. Dieser Standpunkt verleiht Vicos *Neuer Wissenschaft* den Charakter einer ‚großen Erzählung' voller Wahrheiten. Das lässt sich zweifellos als Versuch einer epistemischen Rehabilitierung archaischer Denkfiguren werten. Allerdings stellt sich dann mit aller Eindringlichkeit die Frage nach dem Maßstab, welcher Vicos Behauptung der Wahrheit der Mythen rechtfertigen kann.

7.2 POETISCHE UND METAPHYSISCHE WAHRHEITEN

In der epistemischen Rehabilitierung des Mythos als eigenständigem Typ von Wahrheit manifestiert sich Vicos Bestreben, Realgeschichte und philosophische Historie in Form des *verum-factum*-Grundsatzes auf ein und dasselbe Prinzip zu gründen und so die Einheit der menschlichen Geistesgeschichte zu verdeutlichen (vgl. 1.1). Dies impliziert den Nachweis, dass das mythische Erzeugungsprinzip *‚fingunt simul creduntque'* die geschichtliche Ursprungsgestalt des *verum-factum*-Prinzips bildet, welches Vico der wissenschaftlichen Geschichtserkenntnis zugrunde legt. Den historischen Zusammenhang beider Strukturprinzipien hat Vico ausdrücklich hervorgehoben und damit indirekt auch schon der These von der Wahrheit des Mythos Ausdruck verliehen (vgl. SN 376). Es bleibt jedoch zu klären, welches Kriterium Vico zur Stützung seiner Behauptung von der Wahrheit des Mythos anbietet.

Von vornherein steht fest, dass Vico sich diesbezüglich weder auf ein rationalistisches Evidenzkriterium der Wahrheit (im Sinne der cartesischen *clare et distincte perceptio*) noch auf das Adäquationsmodell der Wahrheit (im Sinne der aristotelisch-scholastischen *adaequatio rei et intellectus*) berufen kann. Als Alternative scheint sich hier sein Konzept des *senso commune* anzubieten; zumindest liegt die Vermutung nahe, dass Vico den völkerübergreifenden Konsens in Bezug auf bestimmte soziale Mythen als Kriterium der ‚poetischen Wahrheit' ansieht.[319] Ihre Bestätigung scheint diese Sichtweise in Vicos Diktum zu finden, „daß das, was von allen oder der Mehrzahl der Menschen als gerecht empfunden wird, die Regel des geselligen Lebens sein muß" (SN 360). Allerdings erweist sich eine konsenstheoretische Lesart des ‚poetisch Wahren' aus zwei Gründen als unzulänglich. Sie gestattet es erstens nicht, die spezifischen Merkmale dieses Typus von Wahrheit zu erfassen, da laut Vico in jeder Epoche der Geschichte irgendein Konsens hinsichtlich bestimmter Überzeugungen besteht. Und sie erlaubt es zweitens nicht, eine generelle Abgrenzung zwischen Wahrheit und Irrtum vorzunehmen. Eine Konsenstheorie der Wahrheit hätte Vicos wissenschaftlichem Projekt geradezu die Grundlage entzogen – schließlich hat sich Vico selbst stets als akademischer Solitär verstanden, der, gleichsam auf verlorenem Posten, in einem von der ‚Krankheit' des Cartesianismus befallenen wissenschaftlichen Umfeld ausharren muss. Aus beiden Problempunkten resultiert der Schluss, dass Konsensualität für Vico weder ein notwendiges noch ein hinreichendes Wahrheitskriterium für Überzeugungen darstellt. Wenn Vico in der Tat von der kulturübergreifenden Allgemeinheit bestimmter mythischer Anschauungen ausgeht, so beruht dies einzig auf der Annahme einer homologen Erzeugungslogik der Mythen und Sitten aller Völker (vgl. 4).

Als Alternative zum Konsenskriterium scheinen sich psychologische Kriterien, also etwa die subjektive Wahrhaftigkeit oder die besondere Intensität des Überzeugungsgefühls, anzubieten. In diesem Sinne grenzt Vico beispielsweise die Ausdrucksform des Mythos scharf von der sprachlichen Ironie ab, welche erst in „Zeiten der Reflexion" entstünde. Das ironische Spiel mit der Differenz zwischen Gemeintem und Gesagtem setzt Vico dabei sogar mit ‚Falschheit' und ‚Verstellung' gleich; und er betont in diesem Zusammenhang, dass die „ersten Mythen nichts Falsches" haben erdichten können, weil die Dichtergiganten der An-

---

[319] Für eine solche Lesart vgl. Erny, N., *Theorie und System der Neuen Wissenschaft von Giambattista Vico. Eine Untersuchung zu Konzeption und Begründung*, Würzburg 1994, 48ff.

fänge „von Natur wahrhaftig" (SN 408) gewesen seien. Freilich erweisen sich auch psychologische Kriterien als unzureichend, um Vicos Begriff der poetischen Wahrheit zu erhellen. Gegen diese sprechen ganz ähnliche Gründe wie gegen das Konsenskriterium der Wahrheit: Um hinreichende Kriterien handelt es sich bei Wahrhaftigkeit und Überzeugungsintensität insofern nicht, als sie es nicht gestatten, die Unterschiede zwischen den einzelnen Wahrheitsformen zu erfassen. Und um notwendige Kriterien handelt es sich deshalb nicht, weil Vicos Geschichtsphilosophie durchaus über Elemente der Ironie sowie der Denkfigur der ‚göttlichen Vorsehung' verfügt, deren Wahrhaftigkeit mit gutem Grund bezweifelt werden kann.

An dieser Stelle dürfte ein Exkurs über die Ironie in Vicos *Neuer Wissenschaft* sinnvoll sein, für die sich die bisherige Forschung kaum interessiert hat. Die Pointe in Vicos Gebrauch der Ironie besteht darin, dass sie als Ironie zweiter Ordnung auftritt, die aus der Wiederauflösung der Differenz von Gemeintem und Gesagtem resultiert. Mit dieser Form der Ironie wird Vico dem Anspruch gerecht, im Einklang mit den Völkergründern ‚nichts Falsches erdichten' zu müssen, um eine gewisse Komik zu erzeugen. Das Musterbeispiel für diese Art der Ironie liefert Vicos Motiv von der Höhle als erstem Kulturraum (vgl. 4.4). Natürlich ist der Topos der Höhle zuvor schon in Gestalt des Höhlengleichnisses geistreich besetzt worden. Vicos Ironie speist sich aber gerade daraus, dass er das platonische Gleichnis von seinem Gleichnischarakter befreit. Während Platon die Höhle zu einer Metapher für die Vorurteilsbefangenheit menschlichen Denkens macht, will Vico zeigen, dass die Vorurteile des philosophischen Denkens gerade aus der metaphorischen Aneignung faktischer Tatbestände der Urgeschichte resultieren. Kurzum: Die Menschen hätten ursprünglich in der Tat in Höhlen gelebt, und ein Mehr an ‚Sinn' kann mit dem Höhlenleben schwerlich verbunden werden. Dasselbe gilt auch für Vicos Rede von den „Bauernheroen" (SN 543) der geschichtlichen Anfänge. Auch deren Hintersinn liegt in ihrer vordergründigen Bedeutung. Worauf Vico mit dem Gebrauch

dieses Begriffs abzielt, ist eine geschichtsphilosophische Rehabilitierung jenes Milliardenheers von Bauern, das seit den Anfängen
der Geschichte den Kulturboden Aller bestellt, ohne dass diese
grundlegende Leistung jemals ernsthaft gewürdigt worden wäre.

Vico erweist sich in der *Neuen Wissenschaft* als ein Oberflä-
chenironiker. Er ist bestrebt, weltabseitige Begriffsfiguren und
Theoreme des reflexiven Denkens auf ihre trivialen, im Alltagsleben verankerten Wurzeln zurückzuführen. Er ist ein Theoretiker
der manifesten Außenseite der Weltgeschichte und nicht ihrer latenten psychischen Innenseiten: der Erdoberflächlichkeit des Da-
seins und nicht seiner vermeintlichen spirituellen Tiefendimen-
sion; des Lebens und der Praxis und nicht des um sich selbst krei-
senden Denkens. Man wird dieser Oberflächenironie Vicos freilich nur dann gewahr, wenn man die *Neue Wissenschaft* als einen
Text versteht, der weitgehend frei von Metaphern ist. Eine wesentliche Ausnahme dazu gibt es; nämlich die metaphorische Re-
defigur von ‚Gott‘ und seiner ‚Vorsehung‘. Mit ihr versucht Vico
tatsächlich Anschluss an die historische Tradition des metaphorischen Denkens zu halten, die nach seiner Auffassung vom ‚Jupiter-Mythos‘ bis hin zur rationalen Metaphysik reicht. Davon abgesehen ist es aber einen Versuch wert, die *Neue Wissenschaft* als
eine vollständig unmetaphorische Untersuchung zu lesen. Am
Leitfaden der Annahmen, dass jeder ‚poetische Charakter‘ eine
„Metapher“ ist und jede derartige Metapher ein „kleine[r] Mythos“ (SN 404), analysiert Vico zwar die Genese und die politische
Funktion von Metaphern. Aber mit Ausnahme des Bildes von der
‚göttlichen Vorsehung‘ erzeugt er selbst keine eigenen Metaphern.
Anders verhält es sich mit den (scharf vom Metaphorischen abzu-
grenzenden) Tropen der Synekdoche und Metonymie, auf die
Vico auch bei seiner Darstellung der Geschichte zurückgreift (vgl.
SN 406f.). Mit der Metapher haben Metonymie und Synekdoche
zwar gemein, dass die eigentliche Bedeutung in der Rede durch
eine uneigentliche ersetzt wird. Im Unterschied zur Metapher

gehören bei Metonymie und Synekdoche jedoch derselben sachlichen Ebene an (z.B. ‚Haupt' für den ganzen ‚Körper').[320]

Insbesondere die Synekdoche ist für Vico bedeutsam – stellt sie doch aufgrund der für sie kennzeichnenden Logik des *pars pro toto* ein Stilmittel dar, das sich zu der von ihm behaupteten Relation zwischen empirischer Einzel- und philosophischer Allgemeingeschichte (*storia ideale eterna*) strukturhomolog verhält. Um den Unterschied zwischen Metapher und Metonymie an einem Beispiel, das oben bereits zur Sprache kam, zu exemplifizieren: Wenn Vico davon spricht, dass Kinder fernab elterlicher Fürsorge Gefahr liefen, von den „Hunden gefressen" (SN 336) zu werden, so stellt diese Aussage keine Metapher (etwa für ‚Gewalt' gegen Kinder im Allgemeinen) dar. Denn als Metapher begriffen, könnte man darunter auch die bloß verbale ‚Gewaltanwendung' gegenüber Kindern verstehen, welche hier jedoch gewiss ausgeschlossen werden soll, da an ihr allein noch nie ein Kind zu Tode gekommen ist. Stattdessen ist die Phrase („von den Hunden gefressen werden") eine Metonymie, die für alle ähnlichen Fälle der physischen Vernichtung kindlichen Lebens aufgrund des Verlustes seines familiären Schutzmilieus steht. Während Synekdochen und Metonymien also Tropen eines lebensrealistischen Denkens sind, ist die Metapher tendenziell dessen rhetorischer Gegner; führt ihr Gebrauch doch in aller Regel zur Verschleierung des konkreten Sinns der Zeichen durch dessen Übertragung in eine intellektuelle Sphäre ‚geistiger' Bedeutungen und Relationen.

Vicos *Scienza Nuova* gleicht daher förmlich einem Vexierbild, dessen Ansicht umschlägt, je nachdem welche Aussagen ein Rezipient für allegorisch und welche er für buchstäblich bzw. für metonymisch ernst gemeint hält. Darin ist zugleich ein wesentlicher Grund für die Heterogenität der Interpretationen zu Vicos Hauptwerk zu sehen. Für Interpreten, die für eine idealistische oder eine theologische Lesart der *Neuen Wissenschaft* votieren, muss es in Vicos Text vor Metaphern nur so wimmeln. Wäre es nämlich anders, so verlören diese Ansätze ihre Plausibilität. Auf der anderen

---

[320] Vgl. Baumgarten, H., *Compendium Rhetoricum*, Göttingen 1998, 20f., 29f.

Seite wird in solchen Ansätzen insbesondere die Rede von der ‚göttlichen Vorsehung' für bare Münze genommen. Bei Interpreten hingegen, die eine naturalistische Lesart der *Neuen Wissenschaft* stark machen, verhält es sich umgekehrt. Sie erkennen keine Metaphern im Text mehr, bis auf die eine Metapher von der ‚göttlichen Vorsehung'. Der Vorteil der naturalistischen Lesart besteht darin, dass sie sich auf Vicos Ablehnung der Allegorese als Verfahren der Mythendeutung berufen kann (vgl. SN 128). Etwas weiter unten wird dieser Unterschied der Lesarten noch einmal eine wichtige Rolle spielen – und zwar bei der Deutung jener zentralen Textpassage der *Scienza Nuova*, in der Vico die Entdeckung des menschlichen Körpers als der alleinigen Quelle der Kulturgeschichte kunstvoll inszeniert hat.

Wenn das Konzept der ‚poetischen Wahrheit' des Mythos bei Vico weder konsenstheoretisch noch psychologisch fundiert ist, so fragt sich, an welchem Kriterium die Wahrheit des Mythos bemessen wird. Die Beantwortung dieser Frage bereitet keine besonderen Schwierigkeiten, sofern man erneut den Sinn bedenkt, den Vico mit dem Ausdruck ‚poetisch' verbindet. Wie sich im dritten Kapitel gezeigt hat, ist Vico kein romantischer Schwärmer, der den Angehörigen früherer Epochen geheimnisvolle dichterische oder gar lyrische Veranlagungen bescheinigt. ‚Poesie' bedeutet bei Vico nichts anderes als Schöpfung – und zwar Schöpfung einer politischen Welt durch Zeichen und Sprache. Vicos „Dichtergiganten" (SN 502) der ältesten Geschichte sind keine frühen Virtuosen der Sprachkunst, sie werden als strenge Sitten- und Tugendlehrer geschildert. Gegenstand ihrer Dichtung ist nicht allein die Sprache. Vielmehr sind es die kraft dieser Sprache konstituierten sozialen Umgangsformen und Herrschaftsgefüge. Als ‚wahr', so die These, bezeichnet Vico die Mythen der Völker deshalb, weil er annimmt, dass sie das erschaffen, wovon sie – verkehrt, d.h. mythisch – sprechen. Die Wahrheit der Mythen bemisst Vico an deren gesellschaftskonstitutiver Kraft; an ihrer Leistung, sich selbst als bloße Symbole zur materiellen Welt der gesellschaftlichen Praxis hin formgebend zu überschreiten. So erklärt sich auch, dass Vico in der oben zitierten Textpassage, in der die drei Wahrheitsformen genannt werden, vom ‚poetisch Wahren' spricht, also die *de-re*-Verwendung des Wahrheitsbegriffs seinem *de-dicto*-Gebrauch vorzieht.

Dass dies nun für alle drei Typen von Wahrheit geschieht, lässt Rückschlüsse auf Vicos Wahrheitsverständnis im Allgemeinen zu. Vico identifiziert ‚Wahrheit' generell nicht mit ‚Aussagewahrheit'. Er verschränkt vielmehr aufs Engste die Wahrheit mit der Lebensfunktion von Aussagen oder Überzeugungen. Der Vico'sche Wahrheitsbegriff greift über die Differenz von Denken und Sein hinweg und verklammert die Wahrheitsdimensionen des ‚Wahr-Sagens' und des ‚Wahr-Machens' systematisch miteinander. Die Auffassung, dass der Wahrheitswert von Aussagen bzw. Aussagezusammenhängen allein nach Maßgabe sprachimmanenter Kriterien (Konsistenz, Kohärenz) bestimmt werden kann, hält Vico dagegen für eine rationalistische Fiktion, welche den falschen Schein eines Eigenlebens der Symbole verstärkt. Es gibt nach Vico keine Zeichen an sich. Die ingeniöse Einbildungskraft soll Zeichen in Akten der schöpferischen Erkenntnis (*fingunt simul creduntque*) vielmehr erst hervorbringen, indem sie an bestimmten Dingen andere Dinge hören oder sehen lässt, die nicht eigentlich zu sehen oder zu hören sind (Verweisungssinn). Sollen Aussagen ‚wahr' sein, müssen sie nach Vico etwas zur sinnlichen Erscheinung bringen, was seinerseits keinen symbolischen Charakter aufweist. Ernesto Grassi hat gezeigt, dass Vicos Wahrheitsverständnis um die Idee eines symbolisch vermittelten ‚Erscheinen-Lassens' oder ‚Sehen-Lassens' (*phainesthai*) von Gegenständen oder Geschehnissen in der materiellen Welt kreist.[321] Zu Recht weist Grassi zudem auf die daraus resultierende Gegnerschaft der Vico'schen Philosophie zu jedweder Spielart des Formalismus und Logizismus in Wissenschaft und Philosophie hin.[322]

Das wahrheitsbegründende ‚Erscheinen-Lassen' von asymbolischer Wirklichkeit durch Symbole nimmt nach Vicos Dafür-

---

[321] Vgl. Grassi, E., ‚Vom Vorrang des Gemeinsinns und der Logik der Phantasie. Zur philosophischen Aktualität G. B. Vicos', in: Zeitschrift für philosophische Forschung 30 (1976), 491-509, 499.

[322] Vgl. ebd., 493ff.

halten in der menschlichen Geschichte höchst unterschiedliche Formen an. Mit seiner Differenzierung zwischen poetischer, metaphysischer und physischer Wahrheit versucht Vico diesem Formenwandel gerecht zu werden. Vicos Unterscheidung von poetischer, metaphysischer und physischer Wahrheit beschreibt dabei einen Weg, der von der Praxis zur Theorie führt – genauer: von der Einheit von Denken und Praxis zur Theorie ohne Praxis. Dem entspricht der Übergang von einem ‚Erscheinen-Lassen' im Sinne der politisch-praktischen Erschaffung einer neuen Wirklichkeit zu einem ‚Erscheinen-Lassen' der geschichtlichen Wirklichkeit im Sinne der sprachlich vermittelten, ästhetisch-reflexiven Wiedervergegenwärtigung alles zuvor schon zur Erscheinung Gebrachten (vgl. 1.1).

Vicos Konzept des ‚poetisch Wahren' lässt sich deshalb auch als politisches oder sozialpragmatisches Konzept verstehen. In den poetischen Zeitaltern der Götter und der Heroen gab es, so Vico, keinen Hiatus zwischen Sprechen und Handeln, zwischen sozialem Bewusstsein und gesellschaftlichem Sein. Die Grenzen der Sprache sind folglich mit jenen der gesellschaftlichen Praxis identisch und umgekehrt. Frei nach den Motti ‚Gesagt, getan' und ‚Getan, gesagt', hätten die politischen Dichter der Anfänge die gegenständliche Wahrheit ihrer Aussagen (Befehle) immer schon in deren handlungspraktischer Verkörperung vorgefunden, genau wie sie umgekehrt nur das zur Aussage gebracht hätten, was sich kraft ihrer eigenen Leibhaftigkeit in der Welt bereits vollzogen hatte. Darin liegt auch der eigentliche Grund, weshalb Vico abstreitet, dass die Mythendichter der Anfänge ein Bewusstsein für die Differenz von Dingen und Symbolen hätten entwickeln können. Laut Vico ist dieser Sachverhalt nicht auf irgendeine substantielle Primitivität der archaischen Geistesverfassung zurückzuführen, sondern auf die lückenlose Deckung von sozialem Sein und gesellschaftlichem Bewusstsein, die für die Bildung eines entsprechenden Differenzbewusstseins keinen Spielraum lasse. Ganz in diesem Sinne ist die Fortsetzung jener oben zitierten Textstelle zu verstehen, in welcher Vico die Differenzierung der verschiedenen Wahrheitsformen vornimmt. Vico behauptet, „daß der wahre

Heerführer [...] der Gottfried ist, den Torquato Tasso ersinnt; und alle Heerführer, die nicht in allem und durchaus mit Gottfried übereinstimmen, sind nicht wahre Heerführer" (SN 205). Zu präzisieren wäre lediglich, dass solche ‚unwahren Heerführer' noch nicht einmal mit ‚Gottfried' identifiziert worden sein können sollen.

Im Unterschied zu den poetischen Wahrheiten des Mythos fallen die metaphysischen Wahrheiten bei Vico nicht mehr unter die Kategorie ‚certum', sondern unter die des ‚verum'. Epochengeschichtlich entspricht dem metaphysisch Wahren das sogenannte ‚Zeitalter der Menschen', in dem laut Vico die Philosophie und die Wissenschaft entstehen. Eine der Kernaussagen der genetischen Ideengeschichte Vicos lautet dabei, dass sich Philosophie und Wissenschaften im metaphysischen Stadium noch nicht von den Einflüssen des mythischen Denkens hätten befreien können. Um mit Voegelin zu sprechen, stellt das ‚Zeitalter der Menschen' für Vico eine Epoche der „vollkommenen Balance zwischen Mythos und Vernunft"[323] dar. Vicos Behauptung einer substantiellen Verwandtschaft zwischen mythischer Fiktion und metaphysischer Vernunft als der Urgestalt des *Logos* basiert auf der Idee einer übergreifenden Kontinuität der Geistesgeschichte. Aus diesem Grund fasst Vico den geschichtlichen Übergang vom Mythos zum (metaphysischen) Logos als Prozess der Übersetzung oder Transformation konkreter mythischer Universalien in „intelligible Gattungsbegriffe" (SN 209). Die Weisheit der Alten, so heißt es, liege „in den Mythen [...], in denen nach unserer Entdeckung wie in Embryonen oder Gebärmüttern das ganze geheime Wissen im Entwurf zu finden ist; so daß man sagen kann, in jenen Mythen seien auf rohe Weise durch die menschlichen Sinne von den Völkern die Prinzipien dieser Welt der Wissenschaften beschrieben worden, die später durch Vernunftschlüsse und Maximen uns von der individuellen Reflexion der Gelehrten erhellt worden sind. Durch all dies ist das erreicht, was in diesem Buch bewiesen werden sollte: daß die theologischen Dichter der Sinn, die Philo-

---

[323] Voegelin, E., Giambattista Vico – La Scienza Nuova, München 2003, 71.

sophen der Verstand der menschlichen Weisheit waren" (SN 779).
Prägnanter noch als Vico selbst hat Kondylis die Beziehung zwischen Mythos und metaphysischer Vernunft zur Sprache gebracht: „In Wirklichkeit schafft der Intellekt in der Geschichte
nichts Lebenswichtiges; er übersetzt nur das vorher schon Geschaffene in seine abstrahierende Sprache."[324]

Einen Anspruch auf Originalität kann Vicos Theorie der kognitiven Entwicklung deshalb erheben, weil sie das inzwischen ka-
nonisch gewordene ideengeschichtliche Deutungsschema „Vom
Mythos zum Logos"[325] unterminiert. Diesem gemäß beginnt die
Überwindung des mythischen Denkens bei den Vorsokratikern
und setzt sich bei Sokrates, Platon und Aristoteles sukzessive fort.
Vico nun widerspricht dieser Auffassung – und zwar mit der Begründung, dass auch Platon und Aristoteles noch an substantiellen Tugendideen festgehalten hätten, deren einzige Quelle der soziale Mythos sein könne. Aus diesem Grund verlagert Vico die
Emanzipation des philosophischen Denkens vom Mythos in die
Periode des ‚Hellenismus' (J. G. Droysen), in der in Form von
Skeptizismus, Stoizismus und Epikureismus Denkrichtungen entstanden, welche eine radikale Zäsur mit der politischen Metaphysik der Klassiker herbeiführten.

Vico bricht auf diese Weise auch mit seinen alten philosophischen Ansichten. Noch im *Liber metaphysicus* hatte er versucht, das
älteste Wissen der Italer als eine Art konkret-anschauliche Vorwegnahme seiner eigenen Metaphysik zu interpretieren.[326] Das
entspricht der in der *Neuen Wissenschaft* so massiv kritisierten allegorischen Deutung ältester Gewissheiten, d.h. dem ‚Vorurteil
der Gelehrten', die annähmen, „daß das, was sie wissen, so alt sei

---

[324] Kondylis, P., Die Aufklärung im Rahmen des neuzeitlichen Rationalismus,
Darmstadt 2002, 440.

[325] Vgl. Nestle, W., Griechische Geistesgeschichte von Homer bis Lukian. In
ihrer Entfaltung vom mythischen zum rationalen Denken dargestellt, Stuttgart 1944.

[326] Vgl. LM, passim, sowie Flasch, K., ‚Geschichte und Metaphysik bei Vico', in:
Cotteri, R. (Hg.), *Studi Italo-Tedeschi/Deutsch-Italienische Studien, Bd. XVII:
Giambattista Vico*, Meran 1995, 94-125, 97ff.

wie die Welt" (SN 127). In Vicos Geschichtsphilosophie kehrt sich die Beziehung zwischen ältestem Wissen und philosophischer Metaphysik geradezu um: Nicht der Mythos ist Antizipation der Metaphysik, sondern diese dessen historische Folge. Die alten Italer gelten Vico nun nicht mehr als geheime Weisheitslehrer, die metaphysische Einsichten vorweggenommen haben, sondern die Theorien der Metaphysiker werden als Rationalisierungsformen mythischer Fiktionen entlarvt.

Um zu erklären, wie es zur organischen Übersetzung des Mythos in metaphysischen Logos kommen konnte, greift Vico auf das schon an früherer Stelle (vgl. 4.1) ausführlich erläuterte Begründungsmuster zurück. Es ist nicht das menschliche Denken selbst, welches in einer Eigenbewegung konkrete Termini urplötzlich in abstrakte Begriffe verwandelt. Der Aufstieg des Denkens zum Allgemeinbegriff wird vielmehr durch die Umwandlung aristokratischer Republiken in demokratische Gemeinwesen hervorgerufen, also durch die Verwandlung der Gesellschaftsstruktur. So soll etwa aus dem mythischen Begriff ‚Mercurius Trismegistus' im Zeitalter der Metaphysik der intelligible Gattungsbegriff des „›politischen Weisen‹" (SN 209) entstanden sein. Und in Analogie dazu seien auch andere abstrakte Tugendbegriffe wie Tapferkeit, Gerechtigkeit, Mäßigung oder Klugheit von den Philosophen aus den sagenhaften Urformen des Mythos herausgebildet worden. Die „Prinzipien der Metaphysik", so Vicos These, sind auf dem „Marktplatz Athens" entstanden. Nach seinem Dafürhalten stellen sie den theoretischen Reflex auf die neue Allgemeinverbindlichkeit der demokratischen Gesetze dar: „aus den Gesetzen ging die Philosophie hervor" (SN 1043).

Die „öffentlichen Versammlungen" als demokratisches Instrument zum „Erlassen von Gesetzen" (SN 1041) haben laut Vico bei Sokrates, Platon und Aristoteles die „leidenschaftslose Idee eines gemeinsamen Vorteils" (SN 1041) aller Gesellschaftsmitglieder reifen lassen, der sie in ihrem Denken gerecht werden wollten. Die Metaphysik ist für Vico ein Kind jener geistigen Not, die entsteht, wenn politisch getilgte Klassengegensätze auch begrifflich bzw. ideologisch ausgeräumt werden sollen. Stellten die poetischen Universalien der Dichtergiganten laut Vico noch klassenspezifische ‚Charaktere‘ dar, so seien die Metaphysiker in erster Linie bestrebt gewesen, gemäß der demokratischen Herrschaftsregel Gemeinsamkeiten zwischen den Tugendidealen und der Lebensweise der verschiedenen Klassen zu finden und begrifflich zu taxieren. Die Leitmaxime des Sokrates etwa: „›Nosce te ipsum‹ ›Erkenne dich selbst‹" (SN 1043) stellt so betrachtet eine Übersetzung des politischen Imperativs des Plebejers Solon dar, der sie zuerst als politische Kampfparole zur politischen Gleichstellung seines plebejischen Standes fingiert haben soll. Sokrates dagegen habe die konkrete politische Bedeutung dieser Maxime ausgeblendet und sie – im Sinne eines kreativen Missverständnisses – als allgemeine Aufforderung zur selbstreflexiven Wahrheitssuche umgedeutet.

Der Riss zwischen Sein und Bewusstsein, zwischen Leben und Erkennen, ereignet sich im Denken also erst dann, wenn er die gesellschaftliche Praxis bereits durchzieht. Vico jedenfalls hält es für unwahrscheinlich, dass sich demokratische Gemeinwesen auf Dauer stellen lassen. Die Begriffe gerinnen aus seiner Sicht zu abstrakten Formen, weil das Denken mit der Aufgabe überfordert ist, Gegensätze, die gesellschaftspraktisch nach wie vor anschaulich präsent sind, unter Wahrung seiner eigenen Anschaulichkeit zu tilgen. Unterschiedliche gesellschaftliche Klassen stehen bei Vico für unterschiedliche Vorlieben, Erfahrungen und Lebensweisen, woran auch eine demokratische Politik nichts ändern kann. Das philosophische Denken ist deshalb laut Vico gezwungen, grobe Verallgemeinerungen vorzunehmen, um die faktischen Gegensätze begrifflich zu versöhnen. Der Preis des daraus resultierenden abstrakten ethischen Universalismus der Metaphysiker besteht nach Vico im Verlust der mustergültigen Bestimmtheit der Tugendbegriffe und damit auch im Verlust ihrer verhaltensorientierenden Prägnanz. Damit korrespondiert Vicos Identifizierung des Gegensatzes von *certum* und *verum* mit jenem von Wille und Verstand (vgl. SN 137) sowie seine Skepsis gegenüber der Orientierungskraft jeder philosophischen Ethik, wie sie sich in der Kontrastierung zwischen der *theoria* der Philosophen und der *pru-*

dentia der Politiker klar manifestiert: „Die Philosophie betrachtet den Menschen, wie er sein soll, und kann so nur sehr wenigen nützen […]. Die Gesetzgebung [aber] betrachtet den Menschen, wie er ist, um von ihm guten Gebrauch in der menschlichen Gesellschaft zu machen" (SN 131, 132). Wenn Vico überhaupt eine der diversen metaphysischen Tugendlehren für realistisch erachtet, dann jene des Aristoteles; denn diese enthält in Form der Forderung nach Billigkeit bei der Anwendung allgemeiner Rechts- und Gerechtigkeitsgrundsätze einen auf die Vermittlung von Theorie und Praxis abzielenden Grundsatz, der dem allgemeinen Gerechtigkeitsempfinden im Zeitalter des Menschen entspricht (vgl. SN 951).

Gerade in Bezug auf das ‚metaphysisch Wahre' stellt sich jedoch die Frage, worin dessen Wahrheit in Anbetracht des Vico'schen Wahrheitskriteriums des ‚Erscheinen-Lassens' eigentlich besteht. Ein politischer Lenkungseffekt, wie Vico ihn den Mythen zuschreibt, kann jedenfalls nicht als Wahrheitskriterium fungieren. Ebenso unmöglich ist es, dass die metaphysischen Wahrheiten für wirkliche rationale Wahrheiten gehalten werden; denn dagegen spricht Vicos These vom Ursprung der Metaphysik aus den Mythen der Phantasie. Denkbar ist dagegen, dass Vico den Ansichten der Tugendmetaphysiker deshalb Wahrheit zubilligt, weil diese noch immer an den Tugendmythen der poetischen Gesellschaftsschöpfer teilhaben. Aber auch das reicht als Erklärungsgrund nicht aus, da weiterhin in Frage steht, welche spezifisch neue Wirklichkeitsdimension der metaphysische Logis im Gegensatz zum mythischen Logos zur Erscheinung bringt. Betrachtet man Vicos Text unter diesem Gesichtspunkt, so stößt man auf die Auskunft, dass die Metaphysik mit der Geburt des schlechten Gewissens als der wesentlichen Erscheinungsform menschlicher Subjektivität einhergegangen sei: „Die Philosophie", so heißt es, mache „die Tugenden in ihrer Idee einsehbar […], damit kraft dieser Reflexion die Menschen, wenn sie auch keine Tugenden hätten, sich doch wenigstens der Laster schämten, was allein die auf schlechtes Handeln eingestellten Völker in Schranken halten kann" (SN 1101). Die Metaphysik der Moral bewirkt, anders gesagt, keine sittliche Besserung des Menschen mehr, aber sie hemmt ihn kraft ihrer Gewissenswirkung bei der Ausübung des Schlechten und Unsittlichen. Worauf Vicos Aussage anspielt, sind die aus der Abstraktheit der philosophischen Moralbegriffe erwachsenden ständigen ‚Performanzzweifel', die jedem, der diesen Begriffen praktisch gerecht werden will, das notorisch schlechte Gefühl geben, viel zu wenig für ihre Umsetzung getan zu haben. Die lebensreale Kehrseite solcher ins Selbstgespräch gebannten Zweifel an der eigenen Tugendhaftigkeit ist nach Vico jener grüblerisch-reservierte Charakter, dessen gesellschaftspolitische Passivität den *mondo civile* vor dem Untergang bewahrt. Die politische Bissigkeit der Dichtergiganten verharmlost sich gleichsam zum perpetuierten Gewissensbiss, der die Menschen von der beherzten solidarischen Aktion ebenso abhält wie von lebensvernichtenden Übeltaten.

7.3 Die Wahrheit des Körpers

Die Mehrzahl der Interpreten hat sich von Vicos abschätziger Rhetorik gegenüber einem postmetaphysischen Denken, das den radikalen Bruch mit den Gewissheiten der Metaphysik herbeiführt, blenden lassen. Hösle zum Beispiel stellt zwar zu Recht fest: „Vicos Größe und Originalität besteht gerade darin, *eine rationale Theorie der irrationalen Gründe menschlicher Kultur* entworfen zu haben."[327] Er verknüpft diese Ansicht jedoch mit der These, dass es ein „System des objektiven Idealismus" sei, auf das Vico sich stütze, um „jener Entdeckung [der mythischen Anfänge der Kultur, T. K.] Wissenschaftlichkeit zu verleihen."[328] Genau wie Hösle haben zahlreiche weitere Interpreten versucht, Vicos fixen Wahrheitsstandpunkt, von dem aus der wissenschaftliche Anspruch der *Neuen Wissenschaft* begründet und die menschliche Geistesge-

---

[327] Hösle, V., Einleitung. Vico und die Idee der Kulturwissenschaft. Genese, Themen und Wirkungsgeschichte der ‚Scienza Nuova', in: Vico, G. B. (1990), Bd. 1, XXXI-CCXCIII, XXXIV.

[328] Ebd.

266

schichte als im Mythos fundierter Prozess dargestellt wird, im Umkreis der klassischen Metaphysik oder aber der christlichen Theologie zu verorten. Bereits Vicos These von der geschichtlichen Abhängigkeit metaphysischen Denkens von den vorrationalen Mythen der Phantasie zeigt jedoch, wie unangemessen derlei Deutungsversuche sind.

Vicos Unterscheidung des poetischen, des metaphysischen und des physischen Wahren lässt erkennen, dass die Entwicklungsgeschichte des Denkens mit der rationalen Metaphysik noch nicht vollendet sein kann. Das ‚Vico-Axiom' und die genetische wie funktionale Verankerung der menschlichen Geschichte in der Leiblichkeit des Menschen sprechen ebenfalls eine klare Sprache – handelt es sich dabei doch um Standpunkte, die mit Metaphysik und Theologie nicht zu vereinbaren sind. Am Ende der Ideen- und Kulturgeschichte muss für Vico die Einsicht stehen, dass der lebendige Körper der Menschen die einzige schöpferische Quelle der Kulturgeschichte bildet. Die *Neue Wissenschaft* lässt sich daher auch als ein Werk lesen, in dem die Genealogie dieser späten Selbsterkenntnis des Menschen beschrieben wird. Denn gerade weil Vico auf die Historisierung aller Lebensdimensionen abzielt, muss er demonstrieren, wie aus der mit einer gewaltigen Selbstverdeckung der Natur anhebenden Ideengeschichte (‚Jupiter-Mythos') allmählich jene kognitiven Potenzen erwachsen, die die Nebelgebilde mythischer Symboliken zerreißen und den klaren Blick auf den „wahren Hintergrund" (SN 150) der Geschichte, also auf die materielle Natur freigeben. Es entspricht der Logik der Geschichtsphilosophie Vicos, dass diese finale Selbsterkenntnis des Menschen als körperlichem Wesen zugleich als geistige Grundlage für die wissenschaftliche Aufklärung ihres geschichtlichen Entstehungszusammenhangs verstanden wird. In welche historische Phase seines Geschichtsbildes diese historische Selbsterkenntnis für Vico dabei gehört, lässt sich unschwer erraten. Es ist die posthistoriale Epoche der „Barbarei der Reflexion" (SN 1106), in der Vico die Realisierung des Projekts einer *Neuen Wissenschaft* von der Geschichte verortet.

Es zeugt von der durchkomponierten Architektur der *Neuen Wissenschaft*, dass Vico den historisch finalen Entdeckungsakt der geschichtlichen Wahrheit des Körpers an den Anfang seiner Schrift gestellt und nach allen Regeln der Kunst inszeniert hat. Die Durchsicht der einschlägigen Literatur lässt erkennen, dass diese perfekte Inszenierung von den Interpreten Vicos bislang übersehen worden ist.[329] Der Grund dafür wurde unlängst genannt: Die Interpreten lesen (wie selbstverständlich) Metaphern, wo keine zu lesen sind. Die Textpassage, von der hier die Rede ist, findet sich bezeichnenderweise im Abschnitt *Von den Prinzipien*. Sie folgt auf die Explikation des ‚Vico-Axioms' (vgl. SN 331). Auch diese Reihenfolge ist konsequent, denn worüber das ‚Vico-Axiom' selbst noch keine Auskunft gibt, ist die anthropologische Quelle der Geschichte sowie der Grund, weshalb diese so lange Zeit unentdeckt bleiben musste, so dass sich der Mensch bislang noch nicht als Schöpfer der Geschichte verstehen konnte. Vico hält fest: „Diese merkwürdige Erscheinung [die Vernachlässigung der Geschichte als Thema der Philosophie, T. K.] geht hervor aus dem […] Missgeschick des menschlichen Geistes, der, versenkt und begraben im Körper, natürlicherweise dazu neigt, die körperlichen Dinge wahrzunehmen und einer sehr großen Anstrengung und Mühe bedarf, um sich selbst zu begreifen – so wie auch das körperliche Auge, das alle Gegenstände außer sich sieht und doch den Spiegel braucht, um sich selbst zu erblicken" (SN 331).

Diese Feststellung Vicos expliziert nicht nur das aus seiner Sicht zentrale Problem der geschichtlichen Selbsterkenntnis des Menschen, sondern auch – und darin liegt die eigentliche Pointe dieser Aussage – dessen geschichtliche Lösung. Sie gibt also nicht nur die Gründe an, weshalb dem ‚Geist' die Selbsterkenntnis so schwer fällt (‚natürlicherweise dazu neigt, die körperlichen Dinge

---

[329] Eine Ausnahme ist Pompa, der die nachfolgend zitierte Textpassage einer eingehenden Analyse unterzieht. Freilich stellt Pompa lediglich deren erkenntnistheoretische Implikationen heraus, nicht jedoch deren ontologische bzw. geschichtsmetaphysische Bedeutung. Vgl. Pompa, L., ‘Vico and the Presuppositions of Historical Knowledge', in: Tagliacozzo, G., Verene, D. Ph. (Hg.), *Giambattista Vico's Science of Humanity*, Baltimore/London 1976, 125-140, 136ff.

wahrzunehmen'). Vico erklärt hier auch, was dieser ‚Geist' in Wirklichkeit ist (‚versunken und begraben im Körper') und wie dieser körperliche Geist schließlich doch noch zur Selbsterkenntnis gelangt (‚doch den Spiegel braucht, um sich selbst zu sehen'). Diese Passage kann kaum anders als auf die hier vorgeschlagene Weise verstanden werden: denn mit welcher Berechtigung hätte Vico in Anbetracht seiner Diagnose von der expressiven Selbstentfremdung des menschlichen Geistes die Passage ‚versenkt und begraben im Körper' eigentlich einschieben können, wenn dieser Einschub die wahre Selbsterkenntnis des Geistes nicht selbst enthielte, da sich der menschliche Geist ja gerade wegen seiner Außenorientierung normalerweise in Unkenntnis über sein eigenes Wesen befinden soll.

Von besonderer Bedeutung ist in diesem Zusammenhang der Verweis auf den Spiegel als Leitmedium der rationalen Selbsterkenntnis des Menschen. Vico schließt hier den Anfang und das Ende der Geistesgeschichte zusammen, da er mit den körperlichen Augen erneut jenes Körperorgan nennt, das schon den ersten ‚Jupiter-Mythos' erschaffen haben soll: „Dritter Hauptgesichtspunkt ist eine Geschichte der menschlichen Ideen, die, wie wir eben gesehen haben, von Ideen über die Gottheit ausgingen bei der Betrachtung des Himmels mit den Augen des Körpers" (SN 391). Während die ‚Dichtergiganten' der Anfänge noch nicht gewusst hatten, dass sie den Himmel kraft ihrer Augen in ‚Jupiter' verwandelt haben, soll der Blick in den Spiegel die aufgeklärten Menschen am Ende der Geschichte ihre Sinnesorgane als die schöpferischen Quellen der Kulturgeschichte entdecken lassen.

Diese Feststellung liefert eine plausible Erklärung dafür, weshalb in Vicos Frontispiz ein Auge abgebildet ist, das über allem thront und der ‚Metaphysik', also den einfältigen und für sich blinden Kulturschöpfern ins Herz und eben nicht in die Augen strahlt. Da es am Himmel platziert ist, handelt es sich bei diesem Auge nur scheinbar um dasjenige der ‚Vorsehung'. Zu berücksichtigen ist nämlich, aus welcher Perspektive Vicos Frontispiz betrachtet werden soll. Handelte es sich bei dem dargestellten Auge wirklich um das der göttlichen Providenz, so dürfte es nicht selbst auf dem Frontispiz zu sehen sein, weil aus seinem Blickwinkel die geschichtlichen Geschehnisse zu sehen wären, es aber selbst nicht gesehen werden könnte bzw. es sich nicht selber sähe. Richtig ist vielmehr, dass auf dem Bild zu sehen ist, wie die menschliche ‚Metaphysik' ihre Augen zum Himmel richtet und dort ein Auge sieht, das ihr in die Brust, also ins Gemüt, strahlt. Das Himmelsauge ist das an den Himmel projizierte ‚metaphysische Auge' des Menschen selbst und zugleich jenes Auge, das der Außenbetrachter des Bildes als die physische Quelle eben dieser Projektion erkennen soll: Menschen sind Beobachter, die sich ständig beobachtet sehen, ohne jedoch beobachten zu können, dass es ihr eigener Beobachtungsmodus ist, der sie überhaupt erst zu Beobachteten macht. Denn in Wahrheit lässt sich eben die Beobachtung durch Andere nicht sehen. Der Blick in die Welt zeigt fremde Augen, jedoch nicht, dass und was diese Augen sehen. Die Erkenntnis des eigenen Auges als der Quelle der Sichtung anderer Blicke ist daher eine Selbstentlastung von der Autorität der Anderen, deren Blicke man bis dahin schwer auf sich lasten sah. Das Wissen um die Unsichtbarkeit des Blickes der Anderen befreit denjenigen, der davon weiß, vom Ballast der Kulturverpflichtungen. Sich von der Sichtweise Anderer beeindrucken und in Anspruch nehmen zu lassen, zeigt sich ihm nämlich nunmehr als perzeptive Eigenleistung, die eines *fundamentum in re* entbehrt. Vicos Frontispiz stellt die geschichtliche Welt aus der Perspektive eines Außenstehenden dar, der dabei zusieht, wie der Himmelsblick der poetischen Figur der ‚Metaphysik' ins Gemüt zurückstrahlt, um so die „Welt der Völker" (SN 2) zu erschaffen. Dieser Außenstehende gehört selbst jedoch nicht mehr der vergangenen Kulturgeschichte an. Er ist ihr Erkenntnissubjekt, das zuvor zur Selbsterkenntnis gelangt sein muss.

Dass die menschlichen Augen nicht sehen können, was gesehene Augen sehen lassen, gilt mit einer wesentlichen Ausnahme. Und das sind die eigenen Augen, die, sofern sie sehtüchtig sind, sich kraft eines Blickes in den Spiegel selber beim Sehen zusehen können. Es ist besonders hervorzuheben, dass der Blick in den Spiegel nach Vicos Dafürhalten gerade kein Spiegel*bild im* Spiegel erkennt, sondern Augen, die sich sehen. Der Glaube an Spiegel*bilder* wird indirekt als ein Mythos entlarvt, worin sich Vicos radikale Absage an sämtliche Repräsentationstheorien der Erkenntnis manifestiert. Würde nämlich der Blick *in* den Spiegel ein Spiegel*bild* zeigen, so bliebe noch immer die Frage ungeklärt, wie sich die gesehenen zu den sehenden Augen verhalten – und vor allem, welche Augen eigentlich die Augen im Spiegelbild sehen: ganz körperliche, die zu den Dingen der Welt hinsehen, oder aber ‚transzendentale‘ bzw. ‚mentale‘, die auf ‚mentale Bilder‘ aus der ‚Außenwelt‘ blicken. Wenn Vico Recht hat, dann ist das Spiegelsehen nicht nur kein Repräsentationsereignis, bei dem sich eine Verdopplung sowohl von sehendem Subjekt als auch von gesehenem Objekt einstellt, sondern der Blick in den Spiegel soll auch enthüllen, dass der Glaube an ‚mentale Repräsentationen‘ generell ein Irrglaube ist, wie er bei der Projektion zuvor noch fiktiver Außenaugen (‚Gott‘, ‚Autoritäten‘) in die fiktive Sphäre der Innerlichkeit des Menschen entsteht.

Eine der erkenntnistheoretischen Hauptleistungen Vicos besteht darin, dass er alle erdachten Verdopplungen der Wirklichkeit in mentale Repräsentation und physische Realität, in ideales Urbild und reales Abbild, in physischen Konstrukteur und kognitive Repräsentation als Formen des Irrtums durchschaut. Der Blick in den Spiegel, so ist Vico zu verstehen, lässt jene körperlichen Augen sehen, die sich gerade sehen. Die Wirklichkeit kommt ohne doppelten Boden aus. Keinem Riss, keinem Hiatus, keiner Differenz zwischen Sein und Bewusstsein, zwischen Wesen und Erscheinung käme Realität zu. Wenn es aber keine Spiegelbilder geben kann, dann hat der Spiegel auch als Projektionsfläche fiktiver Selbstbilder des Menschen ausgedient. Der Mensch erblickt sich nun als Lebewesen, dessen Wesen sich in der Produktivität seines Körpers erschöpft. Alle Züge der Gotteskindschaft verschwinden beim nüchternen Blick in den Spiegel, der den Menschen so zeigt, wie er sein muss.

Möglicherweise hat Vico die kürzeste aller bisherigen Erkenntnistheorien formuliert. Genau genommen handelt es sich um eine ‚Drei-Wort-Erkenntnistheorie‘, welche auf die epistemologische Rätselfrage, wie Menschen Gegenstände erkennen können, die schlichte Antwort gibt: ‚kraft körperlicher Sinnesorgane'. Für Vico stellen die Sinnesorgane des Menschen jedoch keine ‚Fenster' zur Welt dar, durch die hindurch Informationen oder Eindrücke aus der ‚Außenwelt' in den Geist, ins Bewusstsein oder aber ins Gehirn gelangen. Ähnlich wie Leibniz begreift auch Vico die erkennenden Körper als Monaden, die „keine Fenster" haben, „durch welche etwas ein- oder austreten könnte."[330] Nichtsdestotrotz ist die metaphysische Erkenntnistheorie von Leibniz mit der realistischen Vicos gänzlich unvereinbar. Insbesondere ist es der radikalisierte Repräsentationalismus von Leibniz, nach dem jede Monade „ein beständiger lebender Spiegel des Universums ist"[331], welcher mit Vicos Anthropologie der Erkenntnis in Widerspruch steht. Das Privileg des Spiegelns behält Vico realen Spiegeln vor, in die der Mensch blickt. Seine Erkenntnistheorie gründet auf der Idee einer unvermittelten Fernreferenz des Wahrnehmenden aufs Wahrgenommene, wobei sich das Wahrgenommene, und zwar je nach Verfassung der menschlichen Sinnesorgane, ganz unterschiedlich zeigen kann. Das Wahrgenommene selbst bleibe jedoch fern vom Wahrnehmenden bei sich selbst; nichts von ihm könne zum Wahrnehmenden hinübergelangen (Informationen, Sinneseindrücke, Qualia), genau wie umgekehrt bei der Wahrnehmung nichts Reales vom Wahrnehmenden zu den wahrgenommenen Dingen transferiert werde.

In letzter Konsequenz schreibt Vico die gesamte Kulturgeschichte einer singulären Wahrnehmungsmutation des Menschen am Beginn zur Kulturgeschichte zu, die in der Folgezeit eine beachtliche Eigendynamik entwickelt. Das Prinzip dieser Eigendynamik besteht in der Ausschließung durch Gewalt, wie sie all jene trifft, die beim Anblick der Natur im Allgemeinen und des Himmels im Speziellen keine Gesetze oder Symbole erkennen können, „die ihnen von den Blitzen diktiert" (SN 516) werden. Gebrauch,

---

[330] Leibniz, G. W., *Monadologie*, in: Ders., *Kleinere philosophische Schriften*, übers. u. hg. v. R. Habs, Leipzig 1966, 116-137, 117.
[331] Ebd., 128.

Tradierung und Entwicklung der Sprache sind für Vico ein tendenziell grausames Selektionsgeschäft, dem jene Menschen zum Opfer fallen, die kein ausgeprägtes Sensorium fürs Symbolische und dessen politischen Orientierungswert besitzen. Dem ästhetischen Genre nach kann Vicos *Neue Wissenschaft* deshalb wie ein langer Kriminalfilm oder wie eine umfängliche Kriminalstory mit Schlusspointe verstanden werden. Die Aufklärung über Tathergang und Täter lässt Vico am Ende der Geschichte vor einem schlichten Spiegel (SN 331) stattfinden, vor dem das moderne Subjekt seines wahren Naturwesens ansichtig wird.

8. IM ZEICHEN DES FORTSCHRITTS: ‚BARBAREI DER REFLEXION‘

8.1 WERT UND UNWERT DER RATIONALITÄT

Vicos Interpretation der Geschichte als ein Prozess, der vom mythischen über das metaphysische hin zum rationalen Denken führt, weist Parallelen zum ‚Dreistadiengesetz‘ von Auguste Comte auf.[332] Da Comte zu den wenigen Geschichtsphilosophen gehört, die Vicos *Neue Wissenschaft* studiert haben, lässt sich mutmaßen, dass Vico zu den entscheidenden Ideengebern der Geschichtsphilosophie Comtes zählt.[333] Im „Dreistadiengesetz“[334] unterscheidet Comte zwischen theologischem bzw. fiktivem Frühstadium, metaphysischem oder abstraktem Zwischenstadium sowie positivem Endstadium der Geistesgeschichte, wobei für das letztere die „Unterordnung der Einbildungskraft unter die Beobachtung“[335] kennzeichnend ist. Diese Untergliederung entspricht weitgehend der Vico'schen Einteilung der Ideengeschichte. Im Einklang mit Vico unterstreicht Comte dabei den historischen Stellenwert des mythischen Denkens. Er bemerkt, „dass diese anfängliche Philosophie nicht weniger unentbehrlich für die vorläufige Entwicklung unserer Soziabilität (Geselligkeit) wie für die unserer Intelligenz gewesen ist.“[336]

Der zentrale Unterschied zwischen Vico und Comte betrifft die Vermittlung von Theorie und Praxis. Während Vico die Wechselwirkung zwischen Denkform und Gesellschaftsstruktur her-

---

[332] Vgl. Marcuse, A., ‚*Das Dreistadiengesetz bei Giambattista Vico*‘, in: Schmollers Jahrbuch für Gesetzgebung, Verwaltung und Volkswirtschaft im Deutschen Reiche 59, 1. Hbd. (1935), hg. v. A. Spiethoff, 69-79.

[333] Vgl. Hösle, V., Einleitung. Vico und die Idee der Kulturwissenschaft. Genese, Themen und Wirkungsgeschichte der ‚Scienza Nuova‘, in: Vico, G. B. (1990), Bd. 1, XXXI-CCXCIII, CCLXXII.

[334] Comte, A., *Rede über den Geist des Positivismus*, hg. v. I. Fetscher, Hamburg 1994, 5ff.

[335] Ebd., 15.

[336] Ebd., 11.

vorhebt, gelangt Comte nicht über eine analogische Betrachtungsweise hinaus. Der Zusammenhang zwischen kognitiver und gesellschaftlicher Entwicklung wird auf diese Weise bei Comte eher
verdunkelt als erhellt.[337] So gelingt es ihm beispielsweise nicht,
eine schlüssige Begründung dafür zu liefern, weshalb eine theolo-
gisch-mythische Denkweise Hand in Hand mit einer strengen
Priesterherrschaft und Theokratie gehen sollte. Dies hat zur Konsequenz, dass in Comtes Geschichtsphilosophie die Frage nach
den geistigen Voraussetzungen gesellschaftlicher Praxis unterbe-
lichtet bleibt. Dieses Reflexionsdefizit wiederum schlägt sich in
Comtes Idee eines positiven Zeitalters nieder, in welchem eine
große Koalition aus erfolgreichen Industriellen und akademischen Sozialingenieuren die Gesellschaft am Leitfaden wissenschaftlichen Tatsachenwissens reorganisieren soll. Comte bleibt
hierbei die Antwort schuldig, an welchen politischen oder normativen Werten sich die positivistische Reorganisation der Gesellschaft auszurichten hätte, und er lässt zudem offen, woher der tat-
sachenwissenschaftlich orientierte ‚positive Geist' solche politischen Maßstäbe überhaupt gewinnen soll, zu deren Generierung
er selbst ja *per definitionem* außerstande ist.

Bei Comte bleibt somit gerade jene Frage ausgeklammert, die
bei Vico zentral ist: Wie entstehen soziale Normen? Vicos Antwort
auf diese Frage besteht im Verweis auf die ingeniöse Macht der
menschlichen Phantasie. Und ähnlich wie Comte sieht Vico die
menschliche Geistesgeschichte zwar in ein positives Endstadium
einmünden, in welchem der tatsachenwissenschaftliche Verstand
die Oberhand über die Einbildungskraft gewinnt. Die Krise der
Einbildungskraft identifiziert Vico nun aber mit jener des Nor-
menhaushalts einer Kultur und der von ihm abhängigen sozialen
Ordnung. Wissenschaftlicher und sozialer Fortschritt lassen sich
laut Vico niemals gleichzeitig verwirklichen. Unter der Überschrift ‚Barbarei der Reflexion' beschreibt er ein nachgeschichtli-
ches Stadium der Universalgeschichte, in dem der Niedergang der

---

[337] Auch in Comtes soziologischem Hauptwerk findet man keine befriedi-
gende Aufklärung des Verhältnisses zwischen sozialer und geistiger Entwicklung. Vgl. Comte, A., *Soziologie*, hg. v. F. Blaschke, Stuttgart ²1974, 167-193.

gesellschaftlichen Praxis mit dem Fortschritt der wissenschaftlichen Theoriebildung einhergeht. Aus dieser Vorstellung eines negativen dialektischen Zusammenhangs zwischen Praxis und Theorie ergibt sich auch Vicos Selbstverständnis als Wissenschaftler. Rationale Geschichtserkenntnis ist für ihn nur um den Preis des Verlusts ihres Erkenntnisgegenstandes, der geschichtlich-gesellschaftlichen Wirklichkeit, möglich.

Die *Neue Wissenschaft* steht epistemologisch auf dem Boden der ‚Barbarei der Reflexion', weshalb Vicos Werk zu Unrecht im Ruf steht, ein theoretischer Gegenentwurf zu Rationalismus, Intellektualismus und Aufklärungsdenken zu sein.[338] Wer in Vico einen Fürsprecher des vorrationalen Denkens, des Anderen der Vernunft, der Logik der Phantasie, der politischen Theologie oder auch des traditionellen Gemeinschaftslebens erkennt, übersieht den fixen rationalistischen Wahrheitsstandpunkt, von dem ausgehend Vico die geschichtliche Fruchtbarkeit von Mythos, Phantasie und Autoritätsglaube darlegen will. Viele Interpreten der *Neuen Wissenschaft* verstehen die Theorie von der ‚Barbarei der Reflexion' fälschlich als eine normative Grundsatzkritik an den Modernisierungstendenzen in Wissenschaft und Gesellschaft. Dies jedoch wird Vicos Geschichtsdenken, welches auf die wertfreie Aufklärung des menschlichen Geschichtsverlaufs gerichtet ist, nicht gerecht. Die in der Topik von Cicero noch zusammengedachten Pole des Erfindens und Beurteilens von Denk- und Argumentationsfiguren, die „einer strittigen Sache Glaubwürdigkeit"[339] verschaffen, spaltet Vico in die geschichtliche Differenz von sinnlicher Topik (phantasiegeschaffenen Mythen) und rationaler Kritik am Mythos auf: „Die Vorsehung sorgte weislich für die menschlichen Angelegenheiten, indem sie im menschlichen

---

[338] Vgl. Lilla, M., G. B. Vico: The Making of an Anti-Modern, Cambridge 1994; Berlin, I., ‚Die Gegenaufklärung', in: Ders. (1994), 63-92; Berlin, I., Three Critics of the Enlightenment. Vico, Hamann, Herder, London 2000.

[339] Cicero, *Topica. Die Kunst, richtig zu argumentieren*, übers. u. hg. v. K. Bayer, München/Zürich 1993, 11; zur eher traditionellen Topik-Konzeption in Vicos Frühwerk – vgl. Jennes, H. F., *Ingenium und Topik im Werk des jungen Giambattista Vico*, Norderstedt 2003.

Geist die Topik früher als die Kritik entwickelte; denn zunächst muß man die Dinge erkennen, später erst sie beurteilen" (SN 498). Zusammengehalten werden das fiktionale und das rationale Stadium der geistigen Entwicklung aber vom ehernen Band geschichtlicher Notwendigkeiten, so dass Vico auch die Epoche der ‚Barbarei der Reflexion' als ein natürliches Stadium der menschlichen Ideen- und Sozialgeschichte begreift – eben als ein Stadium, in dem rationale Geschichtserkenntnis bei gleichzeitiger Krise des *mondo civile* möglich ist. Anders als Rousseau gilt Vico der reflektierende Mensch nicht als „entartetes Tier"[340], sondern als natürliches Resultat der Bildungsgeschichte der menschlichen Natur.

Obwohl die ‚Barbarei der Reflexion' als jenes Stadium der Geistesgeschichte verstanden wird, in welchem der Erkenntnisfortschritt seinen Höhepunkt erreicht, folgt daraus nicht, dass Vico jedwede Form aufgeklärten Denkens für wissenschaftlich tragfähig hält. Im Gegenteil: Er vertritt eine höchst selektive Auffassung hinsichtlich der Wahrheitspotenzen moderner wissenschaftlicher Rationalität. Neben solchen Theoriebeiträgen zu den neuzeitlichen Naturwissenschaften wie jenen von Bacon, Galilei, Newton und Leibniz, die Vico trotz der sich aus dem *verum-factum*-Prinzip speisenden Vorbehalte sehr geschätzt hat, ist es vor allem die von ihm selbst entworfene neue Naturwissenschaft der menschlichen Gattungsgeschichte, die die Erkenntnispotentiale aufgeklärter und aufklärender Rationalität zur Entfaltung bringen soll.

Bezüglich anderer Ausprägungen moderner Rationalität fällt Vicos Urteil dagegen weniger positiv aus. Die *Neue Wissenschaft* präsentiert die menschliche Ideengeschichte zwar in Form einer ‚großen Erzählung' voller Wahrheiten. Das aber führt nicht zur Nivellierung des Unterschieds zwischen Wahrheit und Irrtum, den Vico vielmehr in eine Binnendifferenzierung zwischen verschiedenen Spielarten rationalen Denkens übersetzt. Wenn die Hypothese zutrifft, dass Vico ‚Wahrheit' ganz generell mit dem

---

340 Rousseau, J.-J., Abhandlung über den Ursprung und die Grundlagen der Ungleichheit unter den Menschen, Stuttgart 1998, 41.

symbolisch vermittelten Erzeugen oder ‚Erscheinen-Lassen' von Welt identifiziert, so lässt sich relativ genau angeben, wo die bei Vico die Grenze zwischen wahrer und unwahrer Rationalität verläuft. Die moderne Rationalität tendiert laut Vico immer dort zu Irrtümern, wo sie über die Kritik am überlieferten Wissen hinausgeht und den Anspruch auf wissensschöpferische Eigenleistungen artikuliert. In diesen Fällen verirrt sich die wissenschaftliche Vernunft laut Vico notwendig in der Leere selbstgeschaffener Abstraktionen (vgl. SN 378). Sie verstrickt sich in symbolischen Konstruktionen, denen ein Bezug zu Leben, Sinnlichkeit und Geschichte fehlt und die deshalb unwahr sind.[341]

Diesen Systemfehler moderner Rationalität möchte Vico vermeiden – und zwar dadurch, dass er die Denkrichtung der ‚Barbarei der Reflexion' umkehrt und die Rationalität so von der Zukunft auf ihren eigenen Herkunftszusammenhang zurückwendet. Die *Neue Wissenschaft* stellt sich als wissenschaftliche Reflexion oder Reproduktion ihrer eigenen narrativen Entstehungsgeschichte dar. Die schöpferischen Kräfte der Reflexion werden so in den Dienst der Aufarbeitung ihres genetischen Entstehungsprozesses gestellt, wodurch die aufklärerische Kritik am überlieferten Wissen die neue Form einer Aufklärung des physisch „wahren Hintergrunds" (SN 150) seiner Erzeugung gewinnt. Historische Aufklärung bedeutet für Vico, die Metaerzählung zu den geschichtlichen Erzählungen der Völker zu liefern, die neben der homologen Textsubstanz der Kulturgeschichten auch deren bislang unbekannten Entstehungssubtext mit umfasst. Dem Inhalt nach löst sich diese Metaerzählung von den mythisch-politischen Erzählungen der Völker, indem sie, den Imperativen der naturalistischen Vernunft folgend, den notleidenden Körper als deren alleinige Quelle aufdeckt. Der Präsentationsform nach bleibt diese Metaerzählung mit den vorrationalen Erzählungen der Völker

---

[341] Auf diesen Punkt hat vor allem Grassi immer wieder hingewiesen. Vgl. exemplarisch Grassi, E., *Humanismus und Marxismus. Zur Kritik der Verselbständigung von Wissenschaft. Mit einem Anhang ‚Texte Italienischer Humanisten'*, Reinbek bei Hamburg 1973; Grassi, E., *Die Macht der Phantasie. Zur Geschichte abendländischen Denkens*, Frankfurt/M. 1984.

jedoch verbunden, indem sie, den Imperativen der mythischen Nachahmung folgend, den archaischen Vorsehungsglauben in die quasi-rationale Denkfigur einer „rationale[n] politische[n] Theologie der göttlichen Vorsehung" (SN 342) überführt.

Für diese streitbare Nachahmungsgeste gibt es gewiss verschiedene Gründe: Zum einen weiß sich Vico damit vor dem denkbaren Vorwurf einer offenen Parteinahme für die Totengräber des menschlichen Kulturlebens gefeit, als die er die Verfechter der ‚Barbarei der Reflexion' ansieht. Zum anderen spielen rezeptionspragmatische Überlegungen eine Rolle – denn gewiss wollte Vico die religiösen Gefühle seiner potentiellen Leser nicht verletzen. Am schwersten wiegt jedoch ein anderer Grund, der mit Vicos existentieller Begründung der geschichtlichen Notwendigkeit der Gottesidee zusammenhängt. Wie Vico unterstreicht, bildet die „Verzweiflung an jeglicher Hilfe der Natur" (SN 339) den leiblich-affektiven Nährboden jeder menschlichen Gottesidee. Das dürfte jene beklagenswerte Lage sein, in der auch Vico selber sich sah. Denn der ‚blinde Fleck' seiner Geschichtsphilosophie besteht darin, dass das *verum-factum*-Prinzip keine zureichende Grundlage bildet, um die Einheit und Ewigkeit der menschlichen Gattungsgeschichte zu begründen. Im Gegenteil: Das *verum-factum*-Prinzip impliziert die kognitive Unverfügbarkeit der Entstehungsgründe der Natur, so dass Vicos These von der ewigen Naturnotwendigkeit menschlichen Lebens, das jede Kulturkrise überdauere, auf tönernen Füßen steht. Vicos Rekurs auf die archaische Vorstellung einer göttlichen Vorsehung ist deshalb als Versuch zu betrachten, den Makel dieser Unwissenheit über das Lebensschicksal der Menschheit zum Zwecke seiner theoretischen Rettung durch den bewussten *ricorso* in den Mythos der göttlichen Vorsehung zu überwinden. Die Gottesvorstellung des späten Vico ist daher weder theistisch noch deistisch oder pantheistisch gefärbt. Sie entspringt vielmehr der Notwendigkeit, das geschichtliche ‚Und-so-Weiter' humanen Lebens mit nunmehr nicht-rationalen Mitteln begründen zu müssen. Man kann diese Spielart der Rechtfertigung des Glaubens als geschichtsphilosophisch, aber eben auch als *lebensrealistisch* bezeichnen. Beides macht insofern keinen Unterschied, als Vico den Gang der Geschichte ohnehin mit dem Lebens- und Leidensprozess der menschlichen Gattung identifiziert.

Aufgrund der Tatsache, dass Vico Individual- und Gattungsgeschichte als strukturhomolog begreift (vgl. 2.1), lässt sich der *Neuen Wissenschaft* auch ein autobiographischer Sinn abgewinnen. Vico hat zwar eine eigenständige Autobiographie verfasst. Aber diese bereits in relativ jungen Jahren entstandene Auftragsarbeit gibt Vicos intellektuellen Werdegang kaum vollständig wieder. Vielmehr scheint es, als komplettiere die *Scienza Nuova* von 1744 Vicos frühe Autobiographie: Denn die geistesgeschichtlichen Epochen, die Vico in seinem Spätwerk unterscheidet, lassen sich auch als Stationen seines eigenen intellektuellen Weges auffassen, in dessen Verlauf er (vom naiven Theologen und Metaphysiker über den wortgewandten Platonisten und Aristoteliker) zum klarsichtigen und lebensfrommen Naturalisten gereift ist. Von diesem letzten Stadium ist in Vicos früher Autobiographie noch keine Rede; und so erscheint es sinnvoll und legitim, die Namensliste jener vier Autoren, denen der jüngere Vico einen besonderen Stellenwert für die Ausbildung seines philosophischen Denkens bescheinigt, zu erweitern. In der *Autobiographie* werden in diesem Zusammenhang Bacon, Platon, Tacitus und Grotius genannt.[342] Zum Verständnis der Gattungsautobiographie, welche die *Neue Wissenschaft* präsentiert, können die Namen Platon und Grotius gestrichen werden, dafür sind die Namen Hobbes, Spinoza, Lukrez und Epikur zu ergänzen.

Besonders der Einfluss Epikurs schlägt sich in Vicos Geschichtsdenken nieder. Wenn nämlich die hier präsentierte Deutung zutrifft – also die Idee, dass Vico die menschliche Geschichte als Prozess konstruiert, welcher vom schlichten *An-sich* der physischen Wahrheit des Menschen im Naturzustand über eine auf Fiktionen basierende Kulturgeschichte schließlich in eine Phase der bewussten Reflexion dieser physischen Wahrheit (*An-und-für-sich*) mündet – so muss dies auch Konsequenzen für die subjektive

---

[342] Vgl. ebd., 54f., 81f.

Einstellung gegenüber Leben und Tod haben. Es stellt sich vor allem die Frage, worin das subjektive Korrelat zum Ewigkeitspostulat des Gattungslebens besteht, das Vico artikuliert. Im Hinblick auf die genuin historischen Zeitalter lässt sich diese Frage relativ leicht beantworten. Dort erweist sich der individuelle Glaube an die Unsterblichkeit der Seele als subjektives Pendant des durch diesen Glauben praktisch mit abgesicherten realen Lebenszusammenhangs der Gattung. Mit diesem Glauben, dessen fiktionale Ursprünge aufgezeigt werden, muss Vico indes brechen. An dessen Stelle scheint im Stadium der ‚Barbarei der Reflexion' nun der epikureische Beweis für die Ewigkeit des individuellen Lebens zu treten, der sich auf die immanente Unendlichkeit des sinnlich gewissen ‚Und-so-Weiter' des je eigenen Lebenszusammenhangs stützt.[343] Mit Epikur vermag der aufgeklärte Mensch im Stadium der ‚Barbarei der Reflexion' auf höherer Stufe jene ungetrübte Lebensfreude wiederzugewinnen, die für den Urmenschen im Stadium der ‚Barbarei der Sinnlichkeit' so kennzeichnend gewesen ist. Denn ihm wird nunmehr bewusst, dass die Idee des eigenen Todes insofern eine Fiktion ist, als der eigene Tod kein erfahrbares Lebensereignis ist. Es lässt sich mutmaßen, dass Vico die egoistische Einsicht, dass der Tod im Leben stets nur die Anderen trifft, als rettende Gewissheit des modernen Subjekts begreift, durch die es trotz der sozialen Kämpfe, in die es sich verstricken muss, sein Leben endlos genießen kann.

Der Übergang zur ‚Barbarei der Reflexion' bedeutet für Vico deshalb auch den Abschied von der Bereitschaft und der Fähigkeit, die Perspektive Anderer zur eigenen zu machen, das eigene Tun gleichsam mit fremden Augen zu sehen – eine Fähigkeit, die Vico bereits den archaischen Völkergründern zuschreibt, welche sich ständig von ‚Jupiter' beobachtet gesehen haben. In der Befähigung zum Perspektivenwechsel lässt sich unschwer die kogni-

---

[343] „Der Tod ist für uns ein Nichts; denn was der Auflösung anheimgefallen ist, besitzt keine Empfindung mehr, was aber keine Empfindung mehr hat, bedeutet für uns nichts mehr" (Epikur, *Philosophie der Freude. Briefe, Hauptlehrsätze, Spruchsammlung, Fragmente*, übers. v. P. M. Laskowsky, Frankfurt/M. 1988, 63).

tive Voraussetzung menschlicher Todesfurcht erkennen, deren Grundlage die Illusion bildet, das eigene Ableben gleichsam aus der Perspektive ‚Jupiters' beobachten zu können. Die späte Erkenntnis, dass allein der Körper die Geschichte macht, befreit den Menschen daher auch von der mit Abstand düstersten Vorstellung, die er sich bilden kann: der fiktiven Ansicht nämlich, der eigenen Dauerermordung durch fremde Mächte als Augenzeuge beiwohnen zu können und damit von jenem furchtbaren Schicksal ereilt zu werden, das der mythologische Kanon für ‚Prometheus' (vgl. SN 503), die augustinische Geschichtstheologie dagegen für die große Masse der verdammten Menschen vorsieht.[344]

Das Problem, mit dem Vico in der Geschichtsphilosophie zu kämpfen hat, besteht in der Asymmetrie beider von ihm anvisierten Unsterblichkeits- oder Ewigkeitsbeweise für das humane Leben. Die immanente Unsterblichkeit des Individuums lässt sich rational rechtfertigen, das ewige Überleben der Gattung aber nur erhoffen. Die Autorität des göttlichen Blickes, die zur Rettung der Lebensfreude aus dem Horizont des modernen Subjekts hinausgedrängt wird, wird zur Rettung der Idee der Gattungsewigkeit des Lebens erneut in Anspruch genommen. Nur so wird Vico mit dem *horror vacui* fertig, die ihm die Vorstellung einer Erde ohne menschliches Leben bereitet haben mag. Der Glaube an die Existenz einer göttlichen Autorität soll symbolisch bewahrt werden, weil nur dieser Glaube das Menschengeschlecht vor der völligen Selbstzerstörung retten könne. Die Religion sei rational im Unrecht, lebenspragmatisch dagegen insofern im Recht, als sie die Dauerexistenz des materiellen Lebens absichere, dessen irdisches Alleinvertretungsrecht sie zugleich (erfolglos) verneint.

In Vicos Auseinandersetzung mit der wissenschaftlichen Rationalität sind Geltungskritik und Herkunftsaufklärung eng miteinander verwoben: Es geht darum, die Genese moderner Anschauungen aufzuklären und zugleich deren Unwahrheit zu de-

---

[344] Vgl. Augustinus, *Vom Gottesstaat (De civitate dei)*, 2 Bde., Bd. 2, übers. v. W. Thimme, München ⁴1997, 21. Buch (‚Die Ewigkeit der Höllenstrafen'), 674-745.

monstrieren.[345] Wie der genetische mit dem geltungskritischen Aspekt der Kritik an Fehlformen der ‚Barbarei der Reflexion' verzahnt ist, lässt sich sehr gut am Umgang mit Pierre Bayle aufzeigen, auf dessen Position Vico bereits im methodischen Teil seiner Schrift zu sprechen kommt. Als Vorläufer ideologiekritischer Atheisten wie d'Holbach vertritt Bayle im *Traktat über die Kometen* die Ansicht, dass sich politische Gerechtigkeit auch ohne Religion und Gottesglaube verwirklichen lässt.[346] Dem widerspricht Vico vehement; denn dieser Gedanke steht seiner These von der politischen Notwendigkeit der Religion diametral entgegen. Unter die Kategorie ‚Herkunftsaufklärung' fällt Vicos Vorwurf an Bayle, seine Ansicht beruhe lediglich auf der „Erfindung von Reisenden", die „ihren Büchern Absatz verschaffen wollen" (SN 334). Geltungskritik am Standpunkt Bayles dagegen übt Vicos Geschichtskonstruktion als solche, da sie auf den Nachweis abzielt, dass kein Kulturvolk der Erde der „furchteinflößende[n] Gedanken an irgendeine Gottheit" hat entbehren können, um die „verwilderte Freiheit zur Pflicht zurückzuführen" (SN 338). Ähnlich verfährt Vico mit dem Spinoza des *Theologisch-politischen Traktats*, in dem ein liberaler Standpunkt in Fragen der Religion und der Politik bezogen wird. Als Genealoge der Modernität wirft Vico Spinoza vor, vom Staat „wie von einer Gesellschaft, die aus lauter Kaufleuten" (SN 335) besteht, zu sprechen. Zur Geltungskritik an der politischen Philosophie Spinozas entwickelt Vico ein Geschichtsbild, das dem Handelsgeist der Kaufleute jedwede sozialkonstitutive Bedeutung abspricht. In Vicos Augen sind die politischen Überzeugungen der Aufklärer generell weder zukunftsfähig noch taugen sie zur Erhellung des politischen Lebens früherer Epochen.

Noch radikaler fällt Vicos Zurückweisung von Descartes aus, der zu Recht gemeinhin als entscheidender akademischer An-

---

[345] Vgl. Miner, R. C., *Vico. Genealogist of Modernity*, Notre Dame 2002.

[346] Vgl. Bayle, P., *Verschiedene Gedanken über einen Kometen*, übers. v. J. Chr. Faber, Leipzig 1975, 345.

tipode Vicos angesehen wird.[347] Umstritten ist aber, welche sachlichen Gründe für diese Gegnerschaft ausschlaggebend sind. Ein
Rückgang auf Vicos Frühschriften genügt zur Klärung dieser
Frage nicht, da sich Vicos Denken im Laufe der Zeit weiterentwickelt hat. Leider gibt auch die *Neue Wissenschaft* selbst diesbezüglich keine unmittelbare Auskunft, da Vico hier einer direkten Konfrontation mit Descartes aus dem Weg geht.[348] Gemäß der hier
vorgeschlagenen Lesart der *Neuen Wissenschaft* setzt Vicos Kritik
an der Basis an, nämlich am cartesischen Dualismus von *res cogitans* und *res extensa*. Zwar mag Descartes' Degradierung der überlieferten Moral zum Provisorium sowie zum lästigen Appendix
wissenschaftlicher Forschung aus Vicos Sicht wie ein szientisti-
scher Reflex auf die Auflösung substantieller Sittlichkeit im modernen Lebensalltag erschienen sein. Das Bestreben Descartes',
die überlieferte Normenvielfalt zu einer „vorläufige[n] Moral, die
nur in drei oder vier Maximen besteht"[349], rational zu entschla-
cken, ist aber kein Ziel, gegen das Vico begründet Einspruch ein-
legen könnte – schließlich entwirft auch er selbst weder eine neue

---

[347] Vgl. exemplarisch Collingwood, der Vicos Geschichtsdenken unter der
Überschrift „Antikartesianismus" behandelt (Collingwood, R. G., *Philosophie
der Geschichte*, Stuttgart 1955, 72ff). Ernst Bloch spricht sogar davon, dass Vico
einen „Krieg gegen Descartes" führt (Bloch, E., *Zwischenwelten in der Philosophiegeschichte,* in: *Gesamtausgabe,* Bd. 12, Frankfurt/M. 1977, 301).

[348] In der *Neuen Wissenschaft* wird Descartes nur einmal erwähnt. Es ist aufschlussreich, dass sich Vico dabei nicht auf die *Meditationen* oder eines seiner
sonstigen philosophischen Werke bezieht, sondern auf die *Dioptrik*. In der entsprechenden Passage beruft sich Vico, nicht ohne Ironie, auf Descartes als Gewährsmann für den eigenen wahrnehmungstheoretischen Realismus: „[Die
Heroen] nannten ›*cernere oculis*‹ ›mit den Augen erblicken‹ das Deutlich-Se-
hen (von daher kam vielleicht bei den Italienern ›*scernere*‹ ›unterscheiden‹),
weil die Augen ein Sieb seien und die Pupillen zwei Löcher – denn wie aus
jenem Staubstäbe herabgehen, die die Erde berühren, so sollten aus den Augen durch die Pupillen Lichtstäbe hervorgehen, die die Dinge berühren, die
man deutlich sieht (das ist der Sehstab, den später die Stoiker erörtern und
den in unserer Zeit Descartes mit Erfolg bewiesen hat)" (SN 706).

[349] Descartes, R., *Abhandlung über die Methode (Discours de la méthode),* in: Ders.,
Philosophische Werke in zwei Bänden, Bd. 1, übers. u. hg. v. A. Buchenau, Leipzig
1911/19, 19.

Moral noch macht er sich zum Fürsprecher irgendeiner alten. Ähnlich verhält es sich mit der Methodologie Descartes', derzufolge die Analyse der Synthese vorauszugehen hat. Auch diese Auffassung lässt sich von Vicos Warte aus als wissenschaftliches Analogon zu den Auflösungserscheinungen des *mondo civile* unter den Vorzeichen des Eintritts in die Moderne werten. Und im Gegensatz zu Descartes hat Vico wohl nur deshalb ein synthetisches Erkenntnisverfahren favorisiert, weil er die Zergliederung des philologischen Überlieferungszusammenhangs, d.h. die Auflösung der narrativen Einheit der Mythen, bereits für eine realgeschichtliche Tatsache hielt (vgl. SN 43ff.).

Im Kern richtet sich Vicos Kritik an Descartes gegen dessen Aufspaltung der Wirklichkeit in ein Reich der geist- und leblosen Materie (*res extensa*) und in ein Gegenreich des körperlosen, aber lebendigen Geistes (*res cogitans*).[350] Bis heute hat die Philosophie mit den ontologischen und epistemologischen Problemen zu kämpfen, die sich aus dem cartesischen Dualismus ergeben. Vico gehört wohl zu jenen wenigen Autoren der neuzeitlichen Philosophie, welche die philosophischen Probleme, die Descartes hinterlässt, durch deren Auflösung in Chimären bewältigen. Dass er damit die neuzeitliche Bewusstseinsphilosophie aushebelt, kann nur derjenige als Rückfall bewerten, der die cartesische Argumentation zur Begründung der Bewusstseinsimmanenz intentionaler Objekte plausibel findet. Bekanntlich basiert Descartes' Argumentation auf dem methodischen Zweifel, der auch jenen an der Existenz des eigenen Körpers mit einschließt.[351] Eben diese Argumentation dürfte bei Vico großes Befremden ausgelöst haben. Im Sinne eines indirekten Gegenarguments entwickelt er deshalb ein Geschichtsbild, welches zeigen soll, dass die Menschen aller Zeitalter und Kulturen an einer Tatsache noch niemals realiter gezweifelt

---

[350] Vgl. Rockmore, T., '*Vico, Marx, and Anti-Cartesian Theory of Knowledge*', in: Tagliacozzo, G. (Hg.), *Vico and Marx. Affinities and Contrasts*, Atlantic Highlands 1983, 178-191.

[351] Vgl. Descartes, R., Meditationen über die Grundlagen der Philosophie (Meditationes de prima philosophia), übers. v. A. Buchenau, hg. v. L. Gäbe, Hamburg 1993, 16f.

haben: nämlich daran, dass sie körperliche Lebewesen sind. Dies ist die erste Gewissheit jenes *sensus communis*, auf dem nach Vico das menschliche Zusammenleben in der Kultur überhaupt erst aufbauen kann. Zu Recht betont daher Kondylis, Vico mache gegen Descartes die Annahme, dass „das Vernünftig-Zweckmäßige sich im Mythisch-Sinnlichen ebenso [wiederfindet] wie die res cogitans in der res extensa."[352] In der Tat hat Vico die cartesische Aufspaltung des Menschen in lebendige Innerlichkeit und tote Äußerlichkeit für den Paradefall eines sich „im Falschen, das heißt im Nichts" (SN 378) bewegenden Verstandesdenkens erachtet. Wo Menschen damit beginnen, sich gedanklich in eine tote Gliedermaschine und einen ortlosen Punkt mentaler Aktivität zu teilen, verliert ihr Erkennen laut Vico vollends den Bodenkontakt zu den geschichtlichen Lebenstatsachen. Die Symbole entwickeln tatsächlich eine Art Eigenleben, fernab aller Alltagsevidenzen.

Gegen die Sichtweise, für die in diesem Buch argumentiert wird, widerspricht auf den ersten Blick die Tatsache, dass Vico die Verschiedenheit von Geist und Körper in der *Neuen Wissenschaft* mehrfach betont (vgl. SN 364; 1098; 1408ff.). Geht man diesen Textstellen jedoch genauer nach, so stellt man fest, dass Vico an keiner Stelle von einer metaphysischen Differenz zwischen Körper und Geist spricht. Entweder identifiziert er den Unterschied von Körper und Geist mit jenem von tugendhaften Herrschern und tugendlosen Beherrschten (vgl. SN 1408ff.) oder er setzt ihn mit dem Gegensatz zwischen symbolischer Außensteuerung und triebbedingter Innensteuerung menschlichen Verhaltens gleich. Noch größer ist allerdings die Zahl jener Textstellen, in denen die geläufigen Vorstellungen vom Geist entweder ganz direkt auf bestimmte körperliche Selbsterfahrungen der archaischen Menschen zurückgeführt werden (vgl. SN 692ff.) oder aber in denen der menschliche Körper explizit zum Organ des Geistes erklärt wird: „Da nun der menschliche Geist in den Zeiten, die wir erörtern, noch durch keine Kunst des Schreibens verfeinert, noch

---

[352] Kondylis, P., Die Aufklärung im Rahmen des neuzeitlichen Rationalismus, Darmstadt 2002, 441.

durch keine Praxis in Rechnung und Buchhaltung spiritualisiert, noch nicht durch so viele abstrakte Wörter, von denen die Sprachen jetzt voll sind, abstrahierend geworden war […], so übte er seine ganze Kraft in diesen drei sehr schönen Vermögen [Erkennen, Gedächtnis, Phantasie; T. K.], die ihm vom Körper kommen; und alle drei gehören zu der ersten Tätigkeit des Geistes, deren regelnde Kunst die Topik ist, so wie die regelnde Kunst der zweiten die Kritik ist" (SN 699).

8.2 DIE THEORIE DES *RICORSO*

In gesellschaftlicher Hinsicht deutet Vico die posthistoriale Epoche der ‚Barbarei der Reflexion' als Verfallsphase, die in einen *ricorso* einmünden kann. Dieser wiederum ist mit der Preisgabe des *mondo civile* verbunden und wirft die Menschen wieder auf das Entwicklungsniveau der primitiven Anfänge zurück. In deutlichem Kontrast zur ausführlichen Schilderung der kulturellen Entwicklung konzentriert Vico die Darstellung der Theorie des *ricorso* auf einen einzigen Absatz (SN 1106), wodurch er ohne Zweifel den unschöpferischen Charakter des spätkulturellen Soziallebens unterstreichen möchte. Der Nachteil dieser Form der Verdichtung besteht freilich darin, dass Vicos Theorie des Kulturverfalls nicht dasjenige Maß an analytischer Tiefe gewinnt, welches zur gezielten Aufhellung der kulturellen Pathologien der Moderne nötig ist.

Die terminologische Annäherung von Spätkultur (‚Barbarei der Reflexion') und Naturzustand (‚Barbarei der Sinne') zeigt an, dass Vico die Krise der politischen Welt auf den Verlust starker Bindungen und solidarischer Verkehrsformen zurückführt. Der asoziale Zustand der Spätkultur schneidet hierbei noch schlechter ab als der vorsoziale Naturzustand. Denn erst im Zustand der ‚Barbarei der Reflexion' wird laut Vico die faktische Entsolidarisierung vom falschen symbolischen Schein der Gemeinschaftlichkeit begleitet. Im „Verlaufe langer Jahrhunderte der Barbarei" sind die Menschen zu „schrecklicheren Tieren" mutiert als sie es im Naturzustand je waren. „Mit einer feigen Wildheit", so Vico, stellt der Mensch der Spätkultur „inmitten von Schmeicheleien und Umarmungen [...] dem Leben und dem Vermögen der eigenen Vertrauten und Freunde nach" (SN 1106). So harmlos dieses Beispiel auch erscheinen mag: Vico setzt unter dem Signum der ‚Barbarei der Reflexion' einen mörderischen Prozess der umfassenden Aushöhlung und Korruption sozialer Institutionen in Szene, der erst dann endgültig zum Stillstand gelangt, wenn die „wenigen am Ende übriggebliebenen Menschen" wieder derart primitiv, d.h. „abgestumpft und verblödet" sind, dass ihnen bloß noch das Gefühl für „die notwendigen Bedürfnisse des Lebens" bleibt (SN 1106).

Die Interpreten der *Neuen Wissenschaft* sind sich weitgehend darüber einig, dass hier eine tiefe Modernisierungsskepsis zum Ausdruck gelangt.[353] In diesem Zusammenhang stellt Vico die hellenistische Spätphase des klassischen Altertums mit der eigenen Gegenwartskultur auf eine Stufe und betrachtet beide Epochen sozial dekadent. Der Untergang des Weströmischen Reiches, der das Ende der klassischen Antike besiegelte, stellt dabei für Vico das Musterbeispiel für den Verfall einer Kultur dar. Ähnlich wie Montesquieu führt Vico den Untergang Roms implizit auf Faktoren wie etwa eine nachlassende republikanische Gesinnung zurück.[354] Dies führt umgekehrt zu einer merklichen Aufwertung des christlichen ‚Mittelalters', das nun als Phase der Revitalisierung verlorener Glaubensbestände und der Wiedergeburt institutioneller Konstanten angesehen wird. In den „katholischen Könige[n]" (SN 1048) erblickt Vico daher Wiederverkörperungen jener frühen politischen Dichter, die schon den Menschen des Heidentums sittliches Leben lehrten. Die „jüngste barbarische Geschichte" [SN

---

[353] Vgl. Holmes, S. T., '*The Barbarism of Reflection*', in: Tagliacozzo, G. (Hg.), *Vico: Past and Present*, Atlantic Highlands 1981, 213-222.

[354] Vgl. Montesquieu, Ch. de, Betrachtungen über die Größe Roms und die Gründe seines Niedergangs (hg. v. L. Heinemann), in: Staaten, Männer und Mächte. Eine Sammlung weltgeschichtlich bedeutender Abhandlungen, Berlin (Weltgeist) o. J.

1046ff.] gilt ihm als Abbild der ältesten, die unter dem strengen Regime politischer Mythen stand.

Vicos Geschichtsphilosophie unterscheidet sich in Form der Interpretation des historischen Übergangs in die bürgerliche Moderne als sozialem Verfall signifikant von den Fortschrittstheorien der Aufklärung. Es ist nicht übertrieben, Vico die Auffassung zuzuschreiben, dass die moderne bürgerliche Kultur ein geschichtliches Auslaufmodell ohne schöpferische Eigenqualitäten darstellt. Die allmähliche Durchsetzung von Rationalismus und Aufklärungsdenken in Philosophie und Einzelwissenschaften, die sukzessive Auflösung der feudalen Ständeordnung und die damit verbundene Forderung nach einer Trennung von Religion und Politik, die gewaltsame Vereinigung kleiner Stadtrepubliken und ländlicher Feudalwesen zu bürokratisch verwalteten Territorialstaaten, die sich durchsetzende Entmachtung der Personen durch anonyme Funktionen, die Ablösung der Tausch- durch die Geldwirtschaft – all dies betrachtet Vico als sich wechselseitig verstärkende Faktoren einer gesellschaftlichen Modernisierung, die langfristig in einer Kulturkatastrophe enden werde, die ihrerseits nur durch die Wiederkehr der sinnlichen Primitivität überwunden werden könne.

Gewiss ließe sich darüber streiten, ob die geschichtliche Zyklenbewegung, von der Vico ausgeht, im Sinne einer reinen Kreislauftheorie zu verstehen ist oder aber im Sinne eines spiralförmigen Aufstiegs, bei dem jede Einheit aus *corso* und *ricorso* neuartig ist.[355] Dies ist jedoch weniger bedeutsam als die grundsätzliche Frage, ob Vicos Theorie des *ricorso* überhaupt im Widerspruch zur modernen Fortschrittsidee steht.[356] Auf den ersten Blick könnte es scheinen, als beantworte das Theorem des *ricorso* diese Frage zu Ungunsten der Fortschrittsidee gleichsam von selbst. Und in der Tat ist nicht zu bestreiten, dass Vicos Zyklentheorie ein Gegen-

---

[355] Für die Lesart des spiralförmigen Aufstiegs votiert insbesondere Collingwood, R. G., *Philosophie der Geschichte*, Stuttgart 1955, 76.

[356] "There is no idea of progress to be met with throughout the whole Vico", behauptet etwa Nisbet, R., '*Vico and the Idea of Progress*', in: Social Research 43 (1976), 625-637, 625).

konzept zum linearen Fortschrittsdenken in der ‚bürgerlichen' Geschichtsphilosophie (Turgot, Condorcet, Kant, Hegel) darstellt, für das die Idee vom stetigen Kultur- und Gesellschaftsfortschritt charakteristisch ist. Der radikalste Anhänger dieser Fortschrittsidee ist ohne Zweifel Condorcet, der von der Schrankenlosigkeit des kulturellen Progresses überzeugt ist: „[D]ie Möglichkeit der Vervollkommnung des Menschen [ist] unbegrenzt."[357]

Aus der Opposition Vicos zu dieser Normalform des Fortschrittsdenkens in der modernen Geschichtsphilosophie darf jedoch nicht der falsche Schluss gezogen werden, dass er das Fortschrittsdenken als solches ablehnt. Denn die Frage nach dem geschichtlichen Progress lässt sich nur anhand von Fortschrittskriterien beantworten, die wiederum erst die von einem Autor jeweils vertretene Teleologie liefert. Und wie sich gezeigt hat, vertritt Vico in Gestalt der ‚Selbsterhaltung des Menschengeschlechts' eine höchst spezifische Teleologie, die sich von allen nachfolgenden signifikant unterscheidet. Es legt daher Zeugnis von einem falschen Formalismus bei der Beurteilung philosophischer Geschichtstheorien ab, Differenzen im Fortschrittsbegriff schlechthin zu nivellieren. Im Grunde lässt sich über die Frage, ob es einen Fortschritt in der Geschichte gibt, als solche gar nicht diskutieren, weil unter ‚Fortschritt' alles Mögliche verstanden werden kann. Nimmt man nun aber Vicos Teleologie als Maßstab, um die Theorie des *ricorso* zu bewerten, so zeigt sich, dass diese eindeutig als Fortschrittstheorie zu qualifizieren ist. Vico ist also definitiv kein Gegner der modernen Fortschrittsidee. Im Gegenteil: Auf Basis seiner naturalistischen Teleologie versucht er, antikes Kreislaufdenken und säkulares Fortschrittsdenken miteinander zu versöhnen. Als Fortschrittstheorie ist die Theorie des *ricorso* deshalb zu beurteilen, weil Vico die Auffassung vertritt, dass die Zerstörung des *mondo civile* den einzigen Weg darstellt, um die völlige Selbstvernichtung der menschlichen Gattung zu verhindern. Die Zerstörung der Kultur wird also als das im Verhältnis zur Preisgabe

---

[357] Condorcet, M.-J.-A.-N. C. de, *Entwurf einer historischen Darstellung der Fortschritte des menschlichen Geistes*, übers. v. W. Alff u. H. Schweppenhäuser, Frankfurt/M. 1976, 219.

des Gattungslebens kleinere Übel betrachtet; es ist die lebensrettende Zersetzung der Kultur, die die Chance eines historischen Neuanfangs bietet. Von Vicos progressiver Sichtweise auf die Kulturkatastrophe des *ricorso* legt nichts deutlicher Zeugnis ab, als deren Stilisierung zum „äußersten Heilmittel" der ‚Vorsehung' gegen den reflektierten Unmenschen als ihrem „äußerste[n] Übel" (SN 1106). Vico erweist sich somit als Vertreter der vielleicht subtilsten Spielart einer Theorie des geschichtlichen Fortschritts: nämlich einer Kreislauftheorie des Fortschritts, bei der der Fortschrittsbegriff den Gegensatz von Progress und Regress umgreift.

Moralisierende Lesarten der Theorien der ‚Barbarei der Reflexion' und des *ricorso*, die unterstellen, Vico lege ein normative Veto gegen die spätgeschichtliche Modernisierungsdynamik ein, können Vicos Erklärung der Zerstörung der Gesellschaft sachlich kaum rekonstruieren. Vico betrachtet die Ausbreitung von Atheismus, Naturalismus, Skeptizismus und Individualismus nicht als Hauptfaktor gesellschaftlichen Verfalls; und er führt die Durchsetzung dieser Denkformen auch nicht auf die intrinsische Dynamik der kognitiven Entwicklung zurück. Einer bildungsidealistischen Deutung seiner Kulturkrisentheorie ist daher klar zu widersprechen. Richtig ist vielmehr, dass sich auch seine Interpretation der Kulturkrise auf das schon an früherer Stelle explizierte genetisch-kausale Erklärungsmuster stützt (vgl. Kapitel 4). Dies bedeutet vor allem, dass die kulturelle Durchsetzung des egoistischen Geistes der ‚Barbarei der Reflexion' nicht als Ursache, sondern als Folge oder Reflex gesellschaftlicher Veränderungen verstanden wird. Es bedeutet darüber hinaus, dass der soziale Wandel nach dem bewährten Schema der Aktionen aus Notwendigkeit, d.h. als praktische Antwort der Menschen auf objektive, soziale Krisenzustände gefasst wird. Aufklärerisches Denken bildet sich nach Vico zwangsläufig dann heraus, wenn die überlieferten Normen und Werte einer Kultur ihre ‚Geschäftsgrundlage' verlieren, da sie im sozialen Lebensalltag keine sinnvolle und erfolgversprechende Verhaltensorientierung mehr ermöglichen. In diesem Zusammenhang ist daran zu erinnern, dass Vico „die menschlichen Bedürfnisse und Vorteile" (SN 141) für Quellen des natürlichen Rechts erklärt. Somit ist es die Massenerfahrung von Misserfolgen als Resultat der Befolgung der überlieferten Moral und des überlieferten Rechts, welche den Zweifel an deren Geltung und der Glaubwürdigkeit der sie vertretenden Autoritäten nährt. Vico liefert hier eine nüchterne Erklärung für den Wandel moralischer Einstellungen, die darauf abzielt, dass Werte und Normen ihre Geltung genau dann verlieren, wenn ihre Befolgung für die Menschen mit erheblichen Nachteilen verbunden ist, während der Bruch mit ihnen erhebliche Vorteile bringt.

Die Allgegenwärtigkeit des ethischen Egoismus in der Spätkultur hält Vico also nicht für einen ‚Betriebsunfall' des rationalen Denkens, das plötzlich der Fiktionalität der überlieferten Sitten- und Rechtsvorstellungen gewahr wird. Es ist vielmehr die Erfahrung, dass es anders besser geht, weil es anders gehen muss, welche zur inneren Zersetzung der sozialen Institutionen und der sie erhaltenden mythisch-metaphysischen Überzeugungen führt. Laut Vico kann der ethische Nihilismus der ‚Barbarei der Reflexion' zwar keinen kompatiblen Ausweg aus der allgemeinen Kulturkrise weisen; er wird jedoch zugleich als finale Gestalt der *forma mentis* gewertet, die jedem Einzelnen die besten Überlebenschancen eröffnet. In der *Neuen Wissenschaft* verschafft sich ein realistisches Systemdenken Geltung, dessen Pointe darin besteht, dass die menschliche Kultur schließlich an ihrem eigenen Entwicklungserfolg zugrunde gehen muss. Dabei sind es gerade die substantiellen geschichtlichen Kultivierungserfolge der Phantasie, welche jene finale Kulturkrise auslösen, deren Reflex der Geist der ‚Barbarei der Reflexion' und deren mögliches Endergebnis der *ricorso* bildet. Zu diesen Erfolgen rechnet Vico insbesondere die allmähliche Vermehrung der Bevölkerung (SN 539), die Ausdifferenzierung gesellschaftlicher Institutionen sowie die Vervielfältigung individueller Bedürfnisse. Dies sind jene harten Faktoren, auf deren Zusammenspiel Vico die Subsistenzkrise der Gesellschaft im nachgeschichtlichen Zeitalter zurückführt und die den „wahren Hintergrund" (SN 150) für das Erblühen des Geistes der „anekelnden Reflexion" (SN 516) darstellen (vgl. SN 1105f.).

Von besonderem Gewicht ist der Faktor der Überbevölkerung, auf dessen Stellenwert als erster Fellmann aufmerksam gemacht hat.[358] Angesichts dieser Schwerpunktsetzung der Theorie des *ricorso* lässt sich Vicos Verfallstheorie durchaus als Vorwegnahme des Bevölkerungsgesetzes von Malthus ansehen, demzufolge das (lineare) Wachstum der Nahrungsmittelproduktion von einem bestimmten Zeitpunkt an vom (geometrischen) Wachstum der Bevölkerungszahl überflügelt wird – und zwar mit der Folge, dass Mangelernährung, Schwächung und Krankheit das natürliche Gleichgewicht zwischen Nahrungsmittelmenge und Bevölkerungszahl wieder herstellen.[359] Vielleicht mehr als alle anderen Aspekte der *Neuen Wissenschaft* ist Vicos Zurückführung der Kulturkrise auf eine zu hohe Bevölkerungszahl zeit- und kulturbedingt. Ihr liegt das historische Wissen um jene schweren Subsistenzkrisen zugrunde, von denen Italien und das Königreich Neapel im Zeitalter des Barock getroffen wurden.[360] Solche Ernährungskrisen verschlimmerten zudem die Auswirkungen der Pestepidemien, die im 17. Jahrhundert viele italienische Städte heimsuchten. In Neapel soll einer solchen Epidemie im Jahre 1656 rund die Hälfte der Einwohner zum Opfer gefallen sein.[361] Im frühen 18. Jahrhundert wuchs die Bevölkerungszahl Neapels hingegen wieder sprunghaft an, was zu erheblichen Problemen bei der Trinkwasserversorgung führte, so dass der damalige Reformminister sogar mit dem Gedanken einer Verlegung der gesamten Stadt ins Landesinnere spielte.[362] Erfahrungen wie diese tragen dazu bei, Vicos Bevölkerungspessimismus sowie den realistischen Kern der Theorie des *ricorso* zu verstehen. Nichtsdestotrotz sind Vicos Ansichten von einigem Lokalkolorit durchzogen. Denn Vico nimmt ausgerechnet die rückständige italienische Landwirtschaft

---

[358] Vgl. Fellmann, F., *Das Vico-Axiom: Der Mensch macht die Geschichte*, Freiburg/München 1976, 118-121.

[359] Vgl. Malthus, Th. R., An Essay on the Principle of Population, Oxford 1993.

[360] Vgl. Hersche, P., *Italien im Barock-Zeitalter (1600-1750)*, Wien u.a. 1999, 61-73.

[361] Vgl. ebd., 69.

[362] Vgl. ebd., 64.

seiner Zeit zum Vorbild, um die natürlichen Grenzen menschlicher Kultivierung im Ganzen zu demonstrieren. Die Geschichte zeigt jedoch, dass diese Verallgemeinerung ein Trugschluss ist; denn die sozialen Krisen der bürgerlichen Gesellschaften in den nachfolgenden Jahrhunderten gründeten nicht primär im Erreichen der Naturschranken der Nahrungsmittelproduktion. Ein Problem seiner lebensrealistischer Geschichtstheorie liegt also darin, dass Vico der historischen Entwicklung der Produktivkräfte, aber auch der Arbeitsteilung, welche sich schon zu seiner Zeit (wenngleich vorwiegend außerhalb Italiens) vollzieht, keine größere Beachtung schenkt.

Auch die Grundlinien von Vicos Kritik am Hobbes'schen Kontraktualismus werden vor der Folie der Theorie der ‚Barbarei der Reflexion' verständlich. Zwar hat sich schon gezeigt, dass Vicos Geschichtsdenken durch Hobbes' Philosophie in mehrfacher Hinsicht befruchtet wurde. Dennoch bildet die von Hobbes entwickelte Lehre vom Gesellschaftsvertrag einen zentralen Angriffspunkt Vicos: und zwar insbesondere das Ideal politischer Autonomie, gegen welches Vico vehement opponiert. Hobbes hat im *Leviathan* den Vertragsgedanken Epikurs[363] revitalisiert und ihm in Gestalt der Idee eines staatskonstitutiven Unterwerfungs- und Autorisierungsvertrages einen modernen Zuschnitt verliehen.[364] Genau wie im Fall von Descartes scheut Vico auch mit Hobbes und dessen Kontraktualismus eine direkte Konfrontation, so dass die Eckpunkte seiner Kritik aus seinem Geschichtsbild nur indirekt erschlossen werden können. Im Abschnitt zur ‚Barbarei der Reflexion' erwähnt Vico Hobbes nicht namentlich, Es fällt jedoch auf, dass seine Theorie des Zerfalls der gesellschaftlichen Ordnung jener Beschreibung, die Hobbes vom vorstaatlichen

---

[363] „Die Gerechtigkeit ist eine Übereinkunft, die einen Nutzen im Auge hat, nämlich einander nicht zu schädigen und voneinander nicht Schaden zu leiden" (Epikur, *Philosophie der Freude. Briefe, Hauptlehrsätze, Spruchsammlung, Fragmente*, übers. v. P. M. Laskowsky, Frankfurt/M. 1988, 71).

[364] Vgl. Kersting, W., *Thomas Hobbes zur Einführung*, Hamburg ²2002, 153ff.

bellum omnium contra omnes gibt, nahezu entspricht.[365] Dies lässt sich zunächst als stille Geste der Anerkennung theoretischer Leistungen deuten – nimmt Vico Hobbes in diesem Punkt doch ernster als dieser sich selbst. Schließlich versucht Vico, den Hobbes'schen Naturzustand aus dem Reich des bloß Vorstellbaren, wo dieser ihn ansiedelt, auf den harten Boden der geschichtlichen Tatsachen zurückzuholen.[366] Am Leitfaden seines Projektes der Verknüpfung von Genealogie und Geltungskritik moderner Denkweisen betrachtet Vico Hobbes mithin als Gegenwartspropheten wider Willen, der der realen gewaltsamen Zwietracht im posttraditionalen Lebensalltag theoretischen Ausdruck verliehen hat. Vor allem die Hobbes'sche Anthropologie des *homo oeconomicus* stellt für Vico mehr als nur ein am Reißbrett konstruiertes Menschenbild dar. Der *homo oeconomicus* gilt ihm geradezu als der ‚poetische Charakter‘ der modernen Verfallszeit, dessen ungeplantes, im Ergebnis aber progressives Werk eben die Zerstörung des *mondo civile* und – damit verbunden – die Aufhebung seiner eigenen geschichtlichen Realität ist.

Vicos Kritik an der Geltung von Hobbes' Sozialphilosophie setzt nun genau dort an, wo Hobbes einen sozialkreativen Ausweg aus der fatalen Zwietracht des Naturzustandes zu wissen behauptet. Nicht umsonst hebt Vico explizit hervor, dass die Menschen erst nach Vollendung des *ricorso* wieder „verträglich werden" (SN 1106) könnten, was im Umkehrschluss bedeutet, dass er Zweifel an der kontraktualen Friedensfähigkeit der Hobbes'schen Selbsterhaltungsstrategen des Naturzustandes hegt. Im Grunde

---

[365] Hobbes fasst die menschliche Lage im Naturzustand wie folgt zusammen: „[E]s herrscht ständige Furcht und die Gefahr eines gewaltsamen Todes; und das Leben des Menschen ist einsam, armselig, widerwärtig, vertiert und kurz" (Hobbes, Th., *Leviathan*, übers. v. J. Schlösser, hg. v. H. Klenner, Darmstadt 1996, 105). Dem entspricht Vicos Rede von „einer tiefsten Einsamkeit des Fühlens und Wollens" der Menschen, die mit „erbittertsten Parteikämpfen und verzweifelten Bürgerkriegen" (SN 1106) einhergeht.

[366] Zu den Parallelen zwischen Vicos Endzustands- und Hobbes' Naturzustandstheorie vgl. Haddock, B., 'Vico's Critique of the Theory of Social Contract', in: Hildago-Serna, E. u.a. (Hg.), *Pensar para el nuevo siglo. Giambattista Vico y la cultura europea*, 3 Bde., Bd. 2, Napoli 2001, 813-823, 816f., 820.

geht es Vico darum, den *Leviathan* als Theoriemythos zu entlarven, dessen Verwirklichungsunvermögen gerade auf die Art und Weise seiner erdachten Konstitution zurückzuführen ist. Gegen den ‚Leviathan' wird ‚Jupiter' aufgeboten, den Vico insofern für eine weitaus solidere politische Autorität hält, als es sich bei ihm um eine ‚hinter dem Rücken der Menschen' geschaffene Phantasiegestalt handelt. Anders der ‚Leviathan', dem Hobbes lediglich den Status eines „sterblichen Gottes"[367] zuspricht: Dieser soll zwar den Frieden herbeiführen, dabei aber seinen Erzeugern stets als selbstgeschaffenes politisches Artefakt im Bewusstsein bleiben. Laut Vico dürfte ein derart transparentes Schöpfungsbewusstsein sowohl die politischen Untertanen als auch den vertraglich fixierten Herrscher hoffnungslos überfordern.

Es gehört zu den irritierenden Aspekten der politischen Ideengeschichte, dass sich Vicos Kritik am Kontraktualismus von Hobbes einerseits an genau demselben Punkt entzündet wie die seiner liberalen Kritiker (Locke, Rousseau), dass diese Kritik jedoch andererseits unter entgegengesetzten Vorzeichen steht. Wird im Umkreis des politischen Liberalismus nach Hobbes vor allem der autoritäre Charakter des von ihm konzipierten Staatsmodells gerügt, so stellt Vico in scharfem Kontrast dazu eher einen massiven Autoritätsmangel des *Leviathan* fest. Pointiert formuliert, nehmen die liberalen Hobbes-Kritiker dessen Rhetorik der Autorität beim Wort, während Vico dies gerade nicht tut. Die Frage, die sich ihm hartnäckig stellt, lautet, ob die rationalen Menschen, die laut Hobbes den politischen Führer qua Vertrag aus ihrer Mitte bestimmen, ihren eigenen Worten überhaupt vertrauen können. Vico ist hier eher skeptisch. Denn warum eigentlich sollten von „boshaften Spitzfindigkeiten" (SN 1106) verdorbene Geister sich einem aus ihrem Kreis bedingungslos unterwerfen? Und wo sollte, umgekehrt, der vertraglich festgelegte Souverän jene politischen Kompetenzen und guten Absichten hernehmen, die ihn zur politischen Friedensstiftung allererst fähig machten? In

---

[367] Hobbes, Th., *Leviathan*, übers. v. J. Schlösser, hg. v. H. Klenner, Darmstadt 1996, 145.

einer Welt, in der jedes Individuum weiß, dass jedes andere bereits für minimale Interessenvorteile prinzipiell zu morden bereit ist, schließen sich Herrschafts- und Beherrschungsfähigkeit gegenseitig aus.

Von Kant stammt das an Hobbes angelehnte Bild, dass das Problem der Staatsbegründung selbst für ein „Volk von Teufeln"[368] lösbar sei. Vico widerspricht dieser Auffassung mit Hinweis darauf, dass Teufel unter Teufeln weder regierungsfähig noch unterwerfungswillig sind. Auch die basisdemokratische Vertragstheorie von Rousseau, in welcher die Identität von politischen Herrschern und politisch Beherrschten gefordert wird[369], könnte Vico nicht als Problemlösung anerkennen. Denn diese setzt ebenfalls jenen sich in sinnvollen Gesetzen niederschlagenden *sensus communis* voraus, den er für das Zeitalter der modernen ‚Barbarei der Reflexion' als faktisch verloren ansah. So ist es nur konsequent, wenn Vico als einzige historische Alternative zum *ricorso* die Unterwerfung der in die Subsistenzkrise geratenen Gesellschaften durch „bessere Völker" (SN 1106) begreift.

8.3 ZUR AKTUALITÄT DER GESCHICHTSPHILOSOPHIE VICOS

In nun folgenden letzten Arbeitsschritt gilt es, die *Neue Wissenschaft* ideengeschichtlich einzuordnen und, davon ausgehend, die Aktualität von Vicos Geschichtsphilosophie zu bestimmen. Zu diesem Zweck ist es sinnvoll, die wichtigsten Ergebnisse dieser Arbeit zu rekapitulieren. In scharfem Kontrast zu theologischen und idealistischen Interpretationsansätzen ist in dieser Arbeit eine naturalistische Lesart der *Neuen Wissenschaft* entfaltet worden. Diese basiert auf der Prämisse, dass Vico den menschlichen Körper in Anlehnung an Ideen von Epikur, Lukrez, Hobbes und

---

[368] Kant, I., *Zum ewigen Frieden. Ein philosophischer Entwurf*, in: *Werke*, Bd. 11, Frankfurt/M. [10]1993, 194-251.

[369] Vgl. Rousseau, J.-J., Vom Gesellschaftsvertrag – oder Prinzipien des Staatsrechts, übers. v. V. von Wroblewsky, in: Ders., Kulturkritische und Politische Schriften in zwei Bänden, Bd. 1, Berlin 1989, 381-508.

Spinoza zur einzigen Quelle menschlicher Geschichte erklärt. Hier liegt der Kern des Vico'schen Lebensrealismus, dem das *factum brutum* menschlichen Lebens als Ausgangspunkt dient. Aus der Prozessdialektik der schöpferischen Kräfte des Menschen gewinnt Vico ein anthropozentrisches Verlaufsmodell der Geschichte, dessen Rhythmik von *corso* und *ricorso* die natürliche Lebensrhythmik auf dem reflexiven Niveau der Gattungsgeschichte imitiert. Seine zentrale These von der geschichtswirksamen ‚List der Phantasie', die auf die sozialkonstitutiven Funktionen kollektiver Rechtsmythen verweist, leitet Vico aus dem *verum-factum*-Prinzip ab. Der Mensch gilt ihm mithin nicht als Subjekt, sondern lediglich als Schöpfer der geschichtlich-gesellschaftlichen Wirklichkeit, die ihrerseits auf den symbolischen Fiktionen seiner körperlich-sinnlichen Phantasie basiert.

Die Geschichte benötigt laut Vico kein steuerndes Subjekt, um fortlaufend Sinn zu generieren. Die geschichtliche Wirklichkeit und deren humaner Überlebenssinn stellen sich aus seiner Sicht vielmehr von selbst, also gleichsam naturwüchsig ein. Die mit einer Sozialphilosophie der Autorität verknüpfte Theorie des sozialen Mythos schließt an eine überlebenswissenschaftliche Sichtweise an, derzufolge der Sinn der Geschichte im unendlichen Und-so-weiter des Lebenszusammenhangs der menschlichen Gattung besteht: ‚Das Leben geht weiter': So lautet die Hauptbotschaft der *Neuen Wissenschaft*; und diese wird die mit der (durchaus streitbaren) Effizienzthese verknüpft, dass jede Generation – sei es durch den symbolvermittelten Aufbau politischer Ordnungen, sei es durch deren reflexive Zerstörung – ohne Wille und Bewusstsein je schon das Beste für die Reproduktion humanen Lebens unternimmt.

Die gedankliche Virtuosität, die Vico als Theoretiker auszeichnet, besteht in seiner Einsicht, dass die symbolischen Erzeugnisse der Menschen zugleich die Reproduktionsgrundlage ihres materiellen Lebens darstellen. Das soziale Bewusstsein der Menschen sorgt für die mythische Verdeckung ihres materiellen Seins und sichert somit dessen Fortexistenz im Rahmen sozialer Institutionen. In genetisch-konstruktiver Hinsicht wird in Vicos *Neuer*

Wissenschaft ein Bild von Geschichte als selbstregulierendem Prozess entworfen, dessen Verlaufslogik als vom ewigen Wechselspiel von Lebenskrise, praktischer Krisenlösung und theoretischer Konservierung dieser Lösung kraft phantasiegeschaffener Symboliken bestimmt gesehen wird. Idealer Fluchtpunkt der neuzeitlichen Autonomiethese ist bei Vico die nachträgliche Symbolarbeit des philosophischen Historikers an den Erzeugungszeichen der geschichtlichen Wirklichkeit. Dem Historiker obliegt es, den politischen Text der Geschichte zum Abschluss eines geschichtlichen *corso* in einem freien Erkenntnisakt zu reproduzieren; wobei das kontinuierliche Schreiben der Geschichte mit Notwendigkeit auf eben diesen Akt hin zuläuft. Die *Neue Wissenschaft* präsentiert sich also als Metaerzählung, die aus dem Nacherzählen vergangener ,großer Erzählungen' die Bedingungen ihrer eigenen Verwirklichung ableitet. Unter dem Gesichtspunkt der prägenden Kraft von Lebensnotwendigkeiten werden Religion, Gesellschaft, Fortschritt und Wahrheit hierbei als zusammengehörige Konstanten der menschlichen Naturgeschichte betrachtet. Nach Maßgabe des Selbsterhaltungskriteriums ist Vico bestrebt, die intellektuellen Errungenschaften der neuzeitlichen Rationalität (Naturalismus, geometrische Methode) historiographisch derart fruchtbar zu machen, dass die geistige Tradition Europas (Mythos, Theologie, Platonismus, Aristotelismus, Humanismus) geschichtsphilosophisch legitimiert bzw. rehabilitiert wird.

Zugleich markiert Vicos Leitidee einer die Gegensätze menschlichen Denkens, Fühlens und Handelns sinnvoll integrierenden Verlaufsordnung der Geschichte jenen Gesichtspunkt, von dem sich ein ideengeschichtlicher Einordnungsversuch der *Neuen Wissenschaft* leiten lassen kann. Auch die Theorie der ,Barbarei der Reflexion' nämlich steht ganz im Zeichen eines geschichtlichen Fortschritts, dem nach Vico keinerlei historische Schranken gesetzt sind. Hieraus wiederum lässt sich schließen, dass Vico über das Denken seiner Epoche insofern hinausgreift, als seine Philosophie ihren eigenen geistesgeschichtlichen Entstehungskontext überschreitet. Diesen Kontext prägen die Diskussionen zwischen den Befürwortern, den Gegnern sowie den Kritikern der Aufklärung bzw. der gesellschaftlichen und intellektuellen Modernisierung. Zwar mag bei oberflächlicher Lektüre der *Neuen Wissenschaft* der Eindruck entstehen, diese sei das Werk eines dezidierten Gegenaufklärers, der in einem Atemzug mit de Bonald, de Maistre oder Hamann zu nennen wäre. Diese Auffassung erweist sich bei genauerer Untersuchung jedoch als falsch, da Vicos Ansatz seinerseits auf aufklärerischen Prämissen basiert, und da es ihm lediglich um die Kritik an der Herkunftsblindheit sowie am sozialen Fortschrittsoptimismus der Aufklärer zu tun war. Mit den Gegenaufklärern teilt Vico zwar die politisch konservative These von der Untrennbarkeit von Religion (Kirche) und Politik. Er neutralisiert jedoch die normativen Implikationen dieser These, indem er die Trennung beider Sphären als schicksalhaftes Geschehen versteht, welches einerseits zwar den kulturellen Verfall vorantreibt, andererseits aber gerade deswegen dem geschichtlichen Fortschritt zuarbeitet – denn das Leben kann sich so vom Ballast barocker Kulturlandschaften befreien, unter deren Last es zu ersticken droht.

Von der immanenten Aufklärungskritik prinzipieller Aufklärungsbefürworter wie Rousseau unterscheidet sich Vicos Denkansatz wiederum dadurch, dass die Idee möglicher politischer Kurskorrekturen am Projekt der Modernisierung fallengelassen und stattdessen der stoische Rückzug in die kontemplativen Gefilde der narrativen Bewältigung geschichtlicher Erblasten angetreten wird. Nichts belegt dies klarer als Vicos Verzicht auf die Aufnahme des Praxis-Kapitels in die *Neue Wissenschaft*, das 1731, also in der Zeit zwischen der Publikation der zweiten (1730) und der dritten Auflage (1744) der *Scienza Nuova* entstanden ist.[370] Ursprünglich hatte Vico mit der *Practica* einen Brückenschlag zwischen geschichtsphilosophischer Theorie und politischer Praxis anvisiert, wie er für die neuzeitliche Geschichtsphilosophie keineswegs untypisch ist. Das Wissen um die Verlaufsgesetzmäßigkeiten der Geschichte sollte hier noch zur politischen Heilung der „Verderbtheit des Geistes dieser Zeit" (SN 1406) beitragen. Aus

---

[370] Vgl. Fisch, M. H., 'Vico's ›Practica‹', in: Tagliacozzo, G., Verene, D. Ph. (Hg.), *Giambattista Vico's Science of Humanity*, Baltimore/London 1976, 423-430, 423.

der Betrachtung des Laufs der Völker, so argumentiert Vico, sollten die „Weisen der Staaten und deren Fürsten" politische Lehren ziehen, wie das Gemeinwesen mit Hilfe „guter Institutionen und Gesetze und Beispiele" vor dem nahenden Verfall gerettet werden könne. Wahrscheinlich sind Vico später nicht nur Zweifel an der Praktikabilität politischer Rettungsmaßnahmen gekommen. Ihm wird vielmehr auch bewusst geworden sein, dass das Vertrauen auf eine theoriegeleitete Stabilisierung der Gesellschaft gerade jenen politischen Voluntarismus auf die Spitze treiben würde, gegen den seine Schrift sich gerade wendet. Als Frage formuliert: Mit welcher Berechtigung sollte den Philosophen die Kompetenz, Geschichte bewusst zu gestalten, zugesprochen werden, wenn man dieselbe sogar den politischen Führern der Vergangenheit abspricht?

Zur angemessenen ideengeschichtlichen Situierung der *Neuen Wissenschaft* wird man auf einen anderen geistesgeschichtlichen Kontext als denjenigen der Aufklärung Bezug nehmen müssen. Dieser andere Kontext ist jener der neuzeitlichen Geschichtsphilosophie, die bei Vico und seinen Nachfolgern aus dem Aufklärungsdiskurs hervorgegangen ist. Wesentliche Gemeinsamkeiten und Unterschiede zwischen Vicos Geschichtsphilosophie und jenen der Folgezeit sind in dieser Arbeit zur Sprache gekommen. Als zentrales Charakteristikum geschichtsphilosophischen Denkens im Allgemeinen stellte sich dabei der Versuch heraus, die menschliche Geschichte als zielgerichteten, bisher jedoch unverfügbaren Progress zu verstehen; und zwar als einen solchen, dem zahlreiche sozialanthropologische Automatismen derart innewohnen, dass sich geschichtlicher Fortschritt ohne Bezugnahme auf ein göttliches Lenkungssubjekt begründen lässt. ‚Es kommt stets besser als man denkt': Dieser Satz erwies sich als jene hintergründige Deutungsrichtlinie, welche die Geschichtsphilosophen dieses Typs an den Geschichtsverlauf herantragen. Ihren sachlichen Kern bildet die Behauptung einer fortschrittsverbürgenden Diskrepanz zwischen den subjektiven Verhaltensmotiven und den objektiven Resultaten in der Geschichte. In formaler bzw. rekonstruktionslogischer Hinsicht gründet sich Vicos Sonderstellung innerhalb der neuzeitlichen Geschichtsphilosophie auf die Ablehnung eines rationalistischen Menschenbildes und einer darauf basierenden handlungstheoretischen Analyse des menschlichen Geschichtsverlaufs. Vico stellt dem seine Auffassung von Geschichte als einem aus vorrationalen Anfängen schöpfenden Naturgeschehen entgegen, bei dem die Produktion symbolischer und sozialer Zusammenhänge nach Maßgabe der natürlichen Imperative menschlicher Lebensinteressen erfolgt.

Zur adäquaten ideengeschichtlichen Positionierung der *Neuen Wissenschaft* im Spektrum geschichtsphilosophischer Entwürfe sollte jedoch neben solchen formellen Unterschieden auch den unterschiedlichen geistespolitischen Implikationen der geschichtsphilosophischen Positionen Beachtung geschenkt werden. Schließlich ist die neuzeitliche Geschichtsphilosophie kein politisch neutrales Erkenntnisunternehmen, sondern ein dezidiert ideenpolitisches Projekt, bei dem es wesentlich um begründete Stellungnahmen für oder wider die Modernisierung westeuropäischer Gesellschaft seit der Neuzeit geht. Angesichts dieser Stoßrichtung der modernen Geschichtsphilosophie lässt sich Vicos Geschichtsphilosophie als konservativer Kontrapunkt zum historischen Materialismus von Marx deuten. Beide Denker bilden äußerste Gegenpole zur bürgerlichen Hauptströmung in der modernen Geschichtsphilosophie (Iselin, Ferguson, Smith, Kant, Hegel, Condorcet, Comte), deren Vertreter eine geschichtsphilosophische Legitimierung der bürgerlichen Gesellschaftsform anstreben. Im Gegensatz dazu entwickeln Marx und Vico eine Gegenerzählung, die den Glauben an die Finalität des Historischen zerstören soll.

Als modernitätsskeptische Verfallstheorie bildet Vicos *Scienza Nuova* das konservative (‚rechte‘) Pedant zum historischen Materialismus von Marx und den Marxisten, welche insofern geschichtsphilosophisch ‚links‘ der bürgerlichen Mitte stehen, als sie den historischen Progress über die moderne bürgerliche Gesellschaftsordnung hinausführen. Den Positionen von Vico und Marx liegt zudem ein ähnliches Menschenbild zugrunde, welches der idealistischen Anthropologie der bürgerlichen Mitte gegenübersteht. Beide, Vico und Marx, bestreiten die Gotteskindschaft des Menschen ebenso vehement wie die Existenz einer ‚transzendentalen Subjektivität'; sie interpretieren die Geschichte stattdessen im Ausgang von den Notwendigkeiten des materiellen menschlichen Lebensprozesses. Dennoch trennen sich ihre geistigen Wege an dem Punkt, wo es um die Frage nach den geschichtsschöpferischen Naturkräften des Menschen geht. Nach Marx macht der Mensch die Geschichte, indem er technische Produktionsmittel hervorbringt, welche hinter seinem Rücken zu Potenzen gegen die soziale Form ihrer Produktion auswachsen. Vico zufolge macht der Mensch Geschichte, indem er symbolische Reproduktionsmittel schafft, die hinterrücks zu Stabilisierungsfaktoren des jeweils schon erreichten gesellschaftlichen Zustands werden. Marxens Geschichtsphilosophie ist zukunftsorientiert, sein Menschenbild ist tendenziell rationalistisch. Vicos Geschichtsphilosophie dagegen ist primär rückwärtsgewandt, sein Menschenbild ist mythisch. So gesehen konkurrieren Marxens *homo faber* und Vicos *homo pictor* um den Status der maßgeblichen anthropologischen Gestaltungsinstanz der Geschichte. Vico deutet die bürgerliche Moderne als eine Epoche des Verfalls politischer Überzeugungen. Marx dagegen interpretiert sie als Phase des Widerspruchs eines potenzierten Fortschritts der Produktionsmittelproduktion mit seiner gesellschaftlichen Form, der zuletzt in der sozialistischen Gesellschaft ‚aufgehoben' wird. Aus Vicos Sicht muss die marxistische Vision einer nachbürgerlichen sozialistischen Gesellschaft als haltloses Ideal erscheinen. Von marxistischer Warte aus dagegen muss Vicos Vision eines postmodernen *ricorso* den Anschein eines zutiefst reaktionären Mythos erwecken. „Sozialismus oder Barbarei"[371] lautet die Zukunftsalternative beim Emanzipationstheoretiker Marx; „Mythos oder Gattungstod" lautet die entsprechende Alternative beim Autoritätstheoretiker Vico. Ein aktivistischer Gestus des Aufrufs zur Revolution kontrastiert jedenfalls aufs Schärfste mit dem eher kontemplativen Gestus des Abwartens und Durchstehens bürgerlicher Gesellschaftskrisen. Obwohl

---

[371] Vgl. Castoriadis, C., *Sozialismus oder Barbarei*, übers. v. J. Hoch, Berlin 1980.

beide, Vico und Marx, im weitesten Sinne Lebenstheoretiker der geschichtlich-menschlichen Wirklichkeit sind, akzentuieren sie die kulturproduktive Kerndimension menschlichen Lebens doch vollkommen anders; und sie gelangen deshalb denn auch zu ganz unterschiedlichen Visionen hinsichtlich der geschichtlichen Überwindung der bürgerlichen Moderne.

Das abschließende Urteil über die Aktualität von Vicos Geschichtsphilosophie kann zunächst an der Krise der gegenwärtigen materialen Geschichtsphilosophie ansetzen. Diese hat ihre Vorrangstellung innerhalb des philosophischen Disziplinenspektrums, welche sie vor allem im 19. Jahrhundert innehatte, inzwischen eindeutig eingebüßt. In der heutigen Philosophie nimmt sie allenfalls noch eine Randlage ein. Diese Entwicklung hat verschiedene Gründe, wobei die systematisch-rationalen strikt von solchen Gründen zu unterschieden sind, die ihrerseits geschichtsphilosophischer Natur sind. Zur ersten Kategorie gehören Argumente gegen besondere Theoreme klassischer geschichtsphilosophischer Positionen (Teleologie, Linearität, Kontinuität, Fortschrittsidee, Zukunftsprognostik); Argumente also, die vor allem von wissenschaftsphilosophisch orientierten Geschichtstheoretikern vorgebracht werden.[372]

Zur zweiten Kategorie zählen dagegen Argumente von Autoren, die sich auf bestimmte realgeschichtliche Entwicklungen berufen, um die klassischen Ansätze der Geschichtsphilosophie zu entkräften. Hierzu gehören Fortschrittsskeptiker wie Adorno und Horkheimer ebenso wie Theoretiker aus dem Umfeld der Postmoderne. Letztere bezeichnen die klassische Geschichtsphilosophie in kritischer Absicht als „große Erzählung"[373] oder „Meta-

---

[372] Vgl. etwa Popper, K., *Das Elend des Historizismus*, Tübingen ⁶1987, 47ff.; Danto, A. C., *Analytische Philosophie der Geschichte*, Frankfurt/M. 1980, 11-35. Rekonstruktion und Kritik der analytischen Geschichtsphilosophie verknüpft sehr überzeugend K. Acham, *Analytische Geschichtsphilosophie. Eine kritische Einführung*, Freiburg/München 1974.

[373] Lyotard, J.-F., *Das postmoderne Wissen. Ein Bericht*, Wien ⁴1999, 13; 112f.

erzählung"[374], um mit der These vom realgeschichtlichen Abschied von der Moderne unmittelbar auch die These vom Abschied von der Geschichtsphilosophie selbst (als eben wesentlich moderner Theorieform) zu verknüpfen. Eine besonders subtile Variante der geschichtsphilosophischen Verabschiedung der klassischen Geschichtsphilosophie stellt Fukuyamas These vom „Ende der Geschichte"[375] dar. Denn sie beruft sich nicht auf das Misslingen des geschichtsphilosophischen Projekts, sondern geradezu auf dessen prophetischen Erfolg, durch welchen es zum Auslaufmodell wird. Laut Fukuyama hat Hegel in seiner Philosophie der Geschichte die Zukunft der Menschheit zwar korrekt antizipiert, indem er die Einheit von kapitalistischer Gesellschaft und bürgerlichem Verfassungsstaat zum globalen sozialen Zukunftsmodell erklärt. Für veraltet hält Fukuyama die Geschichtsphilosophie (Hegels) aber insofern, als sie keine Vorschläge zum Umgang mit typisch modernen gesellschaftlichen Pathologien anbietet.

Im Ergebnis beider Ausprägungsformen der Kritik ist heute zu Recht von „Schwundstufen"[376] in der Geschichtsphilosophie die Rede, womit vorrangig das Schwinden an historische Fortschritts- und Erkenntniszuversicht gemeint ist. Dessen Kehrseite stellt die inzwischen geläufige Auffassung dar, dass eine Beschäftigung mit der klassischen Geschichtsphilosophie heute nur noch im Sinne einer Kritik an ihren Annahmen und Argumentationsformen sinnvoll sei. Unklar bleibt dabei allerdings, worin der Nut-

---

[374] Vgl. ebd., 14. „Die Sehnsucht nach der verlorenen Erzählung ist für den Großteil der Menschen selbst verloren" (ebd., 122).

[375] Vgl. Fukuyama, F., *Das Ende der Geschichte. Wo stehen wir?*, München 1992; Zur ideengeschichtlichen Wirkungslinie, die von Hegel über Kojève zu Fukuyama führt, vgl. Pöggeler, O., *Ein Ende der Geschichte? Von Hegel zu Fukuyama*, Opladen 1995. Zu Recht wird dort auf die Vermittlerrolle Kojèves hingewiesen, welcher der Hegel'schen Geschichtsphilosophie die Integration eines posthistorialen Standpunkts bescheinigt. Vgl. Kojève, A., *Hegel. Eine Vergegenwärtigung seines Denkens*, Frankfurt/M. ⁴1996, 271-298.

[376] Nagl-Docekal, H., *,Ist Geschichtsphilosophie heute noch möglich?'*, in: Dies. (Hg.), Der Sinn des Historischen. Geschichtsphilosophische Debatten, Frankfurt/M. 1996, 7-66, 7.

zen einer solchen Kritik eigentlich bestehen soll, wenn die klassische Geschichtsphilosophie, wie so oft angenommen wird, ohnehin historisch überholt ist.[377] Vermutlich geht es darum, durch beständiges Repetieren des Abgesangs ein Warnzeichen für diejenigen zu setzen, welche der Geschichtsphilosophie nach wie vor Aktualität zubilligen.[378]

Es ist allerdings fraglich, ob die realgeschichtliche Entwicklung den Kritikern der Geschichtsphilosophie noch immer in die Hände spielt. Wenn nämlich die hier im Anschluss an Lyotard vertretene Ansicht richtig ist, dass der politische Sinn der klassischen Geschichtsphilosophien in der Legitimierung (oder Delegitimierung) des bürgerlichen Zeitalters besteht, dann hängt das Schicksal der Geschichtsphilosophie tatsächlich vom aktuellen Zustand der bürgerlichen Gesellschaften ab, nicht so sehr dagegen von der akademischen Kritik an einzelnen dort zu findenden Ideen und Theoremen. Das eigentliche Problem einer rationalen Kritik der Geschichtsphilosophie besteht zumeist darin, dass sie entweder auf überzogenen Vernunftansprüchen fußt, die *de facto* weder in den Sozialwissenschaften noch in anderen philosophischen Disziplinen eingehalten werden, oder dass sie auf anderen weltanschaulichen Prämissen basiert, die *per se* weder rationaler noch irrationaler sind als jene, auf welche sich das klassische geschichtsphilosophische Denken stützt. So ist beispielsweise fraglich, ob die Theoriebeiträge von Geschichtswissenschaftlern wirklich frei sein können von Kontinuitätsunterstellungen, teleologischen Annahmen oder auch ethischen Positionierungen, wie sie für die materiale Geschichtsphilosophie typisch sind. Für die weltanschauliche Kritik an bestimmten Momenten der materialen

---

[377] Zur Strategie des Abgesangs vgl. Lübbe, H., Geschichtsphilosophie. Verbliebene Funktionen, Erlangen/Jena 1993; Baumgartner, H.-M., ‚Philosophie der Geschichte nach dem Ende der Geschichtsphilosophie. Bemerkungen zum gegenwärtigen Stand des geschichtsphilosophischen Denkens', in: Nagl-Docekal, H. (Hg.), Der Sinn des Historischen. Geschichtsphilosophische Debatten, Frankfurt/M. 1996, 151-172.

[378] Bolz, N., ‚*Das Ende der Geschichtsphilosophie'*, in: Niess, F. (Hg.), *Interesse an der Geschichte*, Frankfurt/M./New York 1989, 24-32.

Geschichtsphilosophie, insbesondere an der Fortschrittsidee, gilt sogar umso mehr, dass sie gegenüber den klassischen Konzepten keinerlei Rationalitätsvorteil geltend machen kann. Das trifft vor allem auf Ansätze zu, deren vermeintliche Originalität sich im Wesentlichen in der bloßen Umkehrung klassischer Bestimmungen (wie Linearität, Progressivität, Kontinuität oder Zielgerichtetheit der Geschichte) erschöpft.[379]

Nach der hier vertretenen Ansicht hängt die Aktualität der Geschichtsphilosophie primär von der jeweiligen Verfassung der bürgerlichen Kultur ab. Geht man zudem davon aus, dass deren geschichtsphilosophischer Legitimationsbedarf zustandsabhängig steigt und sinkt, so wird in Zukunft wohl eher mit einem Wiedererstarken der Geschichtsphilosophie zu rechnen sein. Zum vernachlässigten ‚Problemkind‘ der Moderne ist die Geschichtsphilosophie nämlich unter anderem deshalb geworden, weil es ihren Eltern, also den akademischen Eliten in den westlichen Nachkriegsgesellschaften, einfach zu gut erging, als dass sie seiner zur historischen Selbstlegitimierung bedurft hätten. Angesichts der zahlreichen Krisenfelder in der globalisierten bürgerlichen Kultur könnte der Luxus dieses Verzichts jedoch schon sehr bald prekäre Folgen zeitigen. Eine Wiederbelebung der Geschichtsphilosophie zeichnet sich bereits dort ab, wo selbst frühere postmoderne Kritiker, namentlich etwa Peter Sloterdijk, nun doch wieder auf das Stilmittel der ‚großen Erzählung‘ zurückgreifen[380]. Wie zu erwarten, vollzieht sich Sloterdijks Wiederannäherung an die Geschichtsphilosophie nicht ohne Seitenhiebe gegen die Klassiker der Disziplin, denen er „unerträgliche Simplifikationen“[381] vor-

---

[379] Eine solche Strategie der Umkehrung möglichst vieler Formbestimmungen materialen Geschichtsdenkens zeichnet sich nicht zuletzt bei Foucault ab. Dieser beruft sich auf Nietzsche, bei dem sich diese Strategie vorgebildet findet. Vgl. Foucault, M., *Nietzsche, die Genealogie, die Historie*, in: Ders., *Von der Subversion des Wissens*, hg. v. W. Seitter, Frankfurt/M. 1996, 69-90.

[380] Vgl. Sloterdijk, P., *‚Nach der Geschichte‘*, in: Welsch, W., Wege aus der Moderne. Schlüsseltexte der Postmoderne-Diskussion, Weinheim 1988, 262-273.

[381] Sloterdijk, P., Im Weltinnenraum des Kapitals. Für eine philosophische Theorie der Globalisierung, Frankfurt/M. 2005, 13.

wirft. Zweifelhaft ist jedoch, ob Sloterdijks Leitunterscheidung zwischen den zum „Verwöhnraum"[382] stilisierten westlichen Wohlstandsburgen und dem „Weltmeer der Armut"[383], aus dem jene Burgen herausragen, hochgradig differenzierter ist.

Die bleibende Aktualität der neuzeitlichen Geschichtsphilosophie sollte im offenen oder impliziten Votum für eine Theorie der bürgerlichen Moderne im umfassenden geschichtlichen Kontext betrachtet werden.[384] Das ist auch der systematische Hintergrund, vor dem über die Aktualität der *Neuen Wissenschaft* Vicos zu urteilen ist. Freilich ist zunächst einzuräumen, dass Vicos Geschichtsphilosophie heute sicher nicht mehr *in toto* aktualisierbar ist. Die Kritik an der Geschichtsphilosophie erscheint gerade dort als berechtigt, wo die menschliche Geschichte, wie bei Vico, am Leitfaden eines rationalen Verlaufsmodells *a priori* konzipiert wird. Einzelne Theorieelemente der *Neuen Wissenschaft*, wie zum Beispiel das Modell der poetischen Begriffsbildung, die Theorie des sozialen Mythos, die Philosophie der Autorität und das lebensrealistische Konzept der geschichtlichen Notwendigkeit enthalten zwar originelle Einsichten, welche sich noch heute geschichtstheoretisch, ethnologisch oder sozialwissenschaftlich fruchtbar machen lassen. Deren Verfügung jedoch zu einem geschlossenen philosophischen System der Geschichte scheint unter heutigen Bedingungen jedoch nicht mehr möglich zu sein. Ähnliches gilt für Vicos realistische Wahrnehmungstheorie, seine auf das *verum-factum*-Prinzip gegründete Symboltheorie des Geistes sowie seinen anthropologischen Lebensrealismus: Diese Elemente können zwar gewiss Anspruch auf Originalität erheben, sie sind aber nur dann aktualisierbar, wenn man sie aus dem statischen System der Geschichte herauslöst, in welches sie bei Vico einge-

---

[382] Ebd., 331.

[383] Ebd., 306.

[384] Zu den wenigen Autoren, die das Aktualitätsmoment der klassischen Geschichtsphilosophie betont und sich um eine kritische Weiterentwicklung der Geschichtsphilosophie bemüht haben, zählen Fellmann, Kittsteiner und Rohbeck. Deren einschlägige Beiträge sind im Verlauf der Arbeit verschiedentlich gewürdigt worden, die Titel selbst sind im Literaturverzeichnis aufgelistet.

bettet sind. Das bedeutet aber wiederum nicht, dass in der Geschichtsschreibung auf theoretische Verlaufsmodelle verzichtet werden könnte oder sollte. Nur lässt sich deren Verhältnis zur realgeschichtlichen Entwicklung heute nicht mehr als schlichte Identitätsbeziehung plausibilisieren. Eher schon ist dieses Verhältnis im Sinne der Differenz zur Einheit zu verstehen: Denn in ihrer spezifischen Eigenart kommt die Geschichte dort zum Vorschein, wo Ereigniszusammenhänge von theoriebedingten Erwartungen hinsichtlich eines Normalverlaufs kultureller Entwicklungen abweichen – dort also, wo es für die Menschen in der Tat anders kommt als gedacht, und wo selbst die Prognosen von versierten Sozial- oder Geschichtswissenschaftler scheitern.

Diese Bemerkung wirft zugleich ein kritisches Licht auf die Denkfigur der ‚List der Phantasie', auf die sich Vicos Rekonstruktion der Geschichtsverlaufs stützt. Die grundsätzliche Berechtigung dieser Figur gründet in ihrem Verweis auf die Nicht-Planbarkeit des Geschichtsverlaufs als ganzem. Speziell in Vicos Fall kommt die berechtigte Kritik an einer rein handlungstheoretischen Aneignung der Geschichte hinzu; denn diese verkennt, dass sich die geschichtlichen Akteure in ihrem konkreten Verhalten oftmals an überlieferten Überzeugungen und Normen orientieren, deren Urheber sie nicht selbst sind. Dagegen erweist sich die teleologische Effizienzthese, die Vico mit der Idee der ‚List der Phantasie' verknüpft, als problematisch. Dass die Menschen jeweils zur rechten Zeit die optimalen sozialpraktischen und symbolischen Lösungen für kollektive Krisen gefunden hätten (und auch künftig finden werden) – dies ist kaum anders denn als ein frommer Wunsch zu verstehen, der mit dem aktuellen Wissensstand in der Kultur- und Sozialgeschichte schlichtweg unvereinbar ist. Ähnliches gilt für Vicos überlebenswissenschaftliche Rechtfertigung der Religionen bzw. der Idee Gottes, die heute nur noch von ideengeschichtlichem Interesse sein dürfte. Im Ganzen gesehen bleibt somit auch Vicos Rekonstruktionsform der Geschichte defizitär, was ebenso auf ihre inhaltliche Ausgestaltung wie auf ihren Totalitätsanspruch zurückzuführen ist. Letzterer macht Vico blind nicht nur für realgeschichtliche Abweichungen von der unterstellten Entwicklungsharmonie, sondern auch für anders gelagerte sozialanthropologische Mechanismen, aufgrund derer die historischen Produkte gegenüber ihren menschlichen Produzenten ein unberechenbares Eigenleben entfalten können.

Und doch: Die Geschichtsphilosophie Vicos ist aktualisierungsfähig genau dann, wenn man die in ihr enthaltene Überlebensteleologie nicht als historisches Faktum, sondern als einen kritischen Maßstab der Geschichtsbetrachtung begreift, mit dessen Hilfe auf spezifische, lebensgefährdende Pathologien der modernen Kultur aufmerksam gemacht werden kann. Vicos *Neue Wissenschaft* ist also, so lautet die These, als Krisentheorie der Moderne nach wie vor aktuell; zumal sich unter diesem Blickwinkel deutliche Verbindungen zwischen der Geschichtstheorie von Vico und Marx aufzeigen lassen. Als Lebensrealist mit Weitblick fordert Vico dazu auf, an geschichtlich entstandene Lebens- und Gesellschaftsformen die existenzielle Frage nach der Möglichkeit ihres ‚Und-so-weiter‘ zu richten. Eine solche Fragestellung lässt sich als Übersetzung des Kategorischen Imperativs in die Sprache des historischen Lebensrealismus auffassen, die zugleich mit dessen Befreiung aus der kühlen Sphäre der reinen Vernunft einhergeht. Kants ethische Leitfrage nach der Verallgemeinerbarkeit menschlicher Handlungsmaximen nach Maßgabe des Kriteriums ihrer rationalen Widerspruchsfreiheit macht bei Vico der Frage nach der langfristigen Fortsetzungsfähigkeit gelebter Überzeugungen und sozialer Praktiken nach Maßgabe des Kriteriums ihrer allgemeinen Lebenszuträglichkeit Platz. Die Frage spitzt sich also so zu: Hat menschliches Leben noch Zukunft, wenn alles so weitergeht wie bisher?

Sieht man einmal von dem geschichtlich unhaltbarem Theorem der Überbevölkerung ab, so berührt Vicos Theorie der ‚Barbarei der Reflexion‘ einen in der Tat pathogenen Punkt der bürgerlichen Modernisierung; Zweifel an deren Zukunftsfähigkeit sind allmählich wirklich angebracht! An der Grenze zum Sozialpathologischen steht heutzutage der Abbau solidarischer Formen zwischenmenschlichen Umgangs, und – komplementär dazu – die wachsende Verrechtlichung und Formalisierung menschlicher

Beziehungen einerseits, die zunehmende Individualisierung und Psychologisierung moralischer Leitideen andererseits. Den schleichenden Zersetzungsprozess gesellschaftlicher Institutionen führt Vico auf eine spezifisch moderne Bewusstseinsverfassung zurück, die unter die Überschrift ‚Dialektik des Autonomiebewusstseins' gestellt werden kann. In der *Neuen Wissenschaft* weist Vico implizit auf einen fatalen Widerspruch im Prozess der Bildung menschlichen Autonomiebewusstseins hin. Er besteht darin, dass die Bildung des politischen Autonomieanspruchs mit der Zerstörung jener gemeinsamen normativen Leitziele verbunden ist, die seiner Realisierung überhaupt erst eine sinnvolle und einheitliche soziale Richtung verleihen könnten. Die Krise des *senso commune*, dessen Verbindlichkeiten nach und nach verfallen, stellt für Vico somit den historischen Preis für die Durchsetzung des Autonomieideals dar. Im äußersten Fall strebt jedes Individuum oder jeder Staat danach, ‚seine' Geschichte nach eigenem Gutdünken zu gestalten. Hierbei werden aber eben jene gemeinsamen Überzeugungen untergraben, welche als soziale Verwirklichungsbedingungen des Strebens nach Autonomie fungieren. Nach Vico entkräftet sich der politische Autonomieanspruch des Menschen auf diese Weise von selbst, da er mit der Zeit die vorrationalen Glaubensbedingungen seiner allgemeinen Lebbarkeit negiert.

Vereint man Vicos Theorem der ‚Dialektik des Autonomiebewusstseins' mit der kritischen Kapitalismustheorie von Marx, die auf die fatale Eigenlogik allseitiger kapitalistischer Konkurrenz verweist, so ergibt sich für die heutige Weltgesellschaft eine eher dunkle Zukunftsprognose. Unfähig, sich auf sinnvolle, gemeinsame Lebensziele und institutionelle Spielregeln zu verständigen, ordnen sich die Menschen der eigensinnigen Akkumulationslogik des Kapitals unter; diese Logik ihrerseits sorgt dafür, dass die Menschen in rasantem Tempo die natürlichen Lebensgrundlagen (Rohstoffe, Klima, Boden, Trinkwasser) ihrer Nachfahren zerstören, dass sich die Lebensbedingungen der Mehrheit der Weltbevölkerung zunehmend verschlechtert und dass verheerende Kriege nach wie vor zur Signatur der bürgerlichen Moderne gehören. Vicos These von der Dialektik des Autonomiebewusst-

seins liefert eine plausible Erklärung dafür, warum die lebensschädigenden Effekte moderner Bürgerlichkeit zwar einem Großteil der Weltbevölkerung bewusst sind, warum jedoch zugleich
keine durchgreifenden politischen Maßnahmen gegen sie einge-
leitet werden. Der Umgang der Menschen mit lebenswichtigen
Ressourcen liefert dafür ein gutes Beispiel. Denn trotz des allgemeinen Wissens um die Begrenztheit der natürlichen Ressourcen
ist deren Verbrauch in den letzten Jahren geradezu explodiert.

Dies ist natürlich kein Anlass, Untergangsprophetien zu be-
schwören; gefragt ist eher ein nüchterner Lebensrealismus im Stile
Vicos. Dieser Standpunkt ist geeignet, um zu erkennen, dass –
nimmt man alle immanenten Steigerungsbewegungen der modernen Gesellschaftsentwicklung einmal zusammen – ein lineares re-
algeschichtliches ,Und-so-weiter' mehr als unwahrscheinlich ist.
Heute steht zu befürchten, dass die ungebremste Fortsetzung der
marktwirtschaftlichen Dynamik, der ökologischen Zerstörung sowie der gesellschaftlichen Bindungsverluste für den Großteil der
Weltbevölkerung schon in absehbarer Zeit katastrophale Folgen
haben wird.[385] Zwar impliziert Vicos Geschichtsphilosophie kein
politisches Programm zur Überwindung moderner Reprodukti-
onskrisen. Aus ihr spricht jedoch die Zuversicht, dass die Menschen in größter Not die politische Weisheit wiederentdecken und
erkennen werden, dass die Geschichte nur gemeinsam gestaltet
werden kann – und eben für und nicht gegen die materiellen Lebensinteressen der Mehrheit. Dies kann heute freilich nicht mehr
heißen, mit Vico auf die Wiederkehr des politischen Mythos zu
vertrauen. Vielmehr bedeutet es, auf die Weckung einer politischen Vernunft zu hoffen, die sich auf den basalen Konsens stützt,
dass es kein höheres humanes Interesse als den institutionalisierten Schutz menschlichen Lebens geben kann. Heute gilt es mehr
denn je, im Einklang mit Vico die Würde und den Wert des irdi-

---

[385] Vor allem Altvater und Diamond haben in ihren aktuellen Publikationen
auf die Unmöglichkeit einer längerfristigen Fortführung des Projekts der Moderne hingewiesen. Vgl. Altvater, E., *Das Ende des Kapitalismus, wie wir ihn kennen. Eine radikale Kapitalismuskritik*, Münster ²2006; Diamond, J., *Kollaps. Warum Gesellschaften überleben oder untergehen*, Frankfurt/M. ⁶2005.

schen Lebens gegen die lebensschädigenden Tendenzen der bürgerlichen Modernisierung zu bewahren. Dem gegenwärtig noch immer weit verbreiteten Glauben an die geschichtliche Finalität der modernen Lebensform kann somit noch einmal die Spruchweisheit vom Anfang dieser Studie entgegengehalten werden: *Es kommt stets anders als man denkt!*

SN   Vico, Giovanni Battista, *Prinzipien einer neuen Wissenschaft über die gemeinsame Natur der Völker*, übers. u. hg. v. V. Hösle u. Chr. Jermann, 2 Bde., Hamburg 1990

LM   Vico, Giovanni Battista, Liber metaphysicus (De antiquissima Italorum sapienta liber primus), übers. u. hg. v. S. Otto und H. Viechtbauer, München 1979.

DNT   Vico, Giovanni Battista, Vom Wesen und Weg der geistigen Bildung (De Nostri Temporis Studiorum Ratione), übers. u. hg. v. W. F. Otto, [2]1974

LITERATUR

1. Primärliteratur, Übersetzungen

Vico, Giambattista, *Opere complete* (Morano), a cura di F. S. Pomodoro, 8 voll. in 4 (Napoli 1858-1869), Leipzig: Zentralantiquariat 1970 (Nachdruck)

- *Opere*, a cura di F. Nicolini (e B. Croce), 8 Bde., Bari 1914-1941
- *Opere*, hg. v. Centro di Studi Vichiani, Neapel 1982ff. (unvollständig)
- *Opere*, a cura di A. Battistini, 2 Bde., Milano 1990 (Auswahl)

1709	*Vom Wesen und Weg der geistigen Bildung* (*De nostri temporis studiorum ratione*), übers. u. hg. v. W. F. Otto, Godesberg ²1974
1710, 1711/12	*Liber metaphysicus (De antiquissima Italorum sapientia liber primus), Risposte*, übers. v. S. Otto u. H. Viechtbauer, hg. v. S. Otto, München 1979
1720	*Von dem einen Ursprung und Ziel allen Rechts* (Auszug aus: *Diritto universale*), übers. u. hg. v. M. Glaner, Wien 1950
1725	*Vico: The First New Science*, ed. a. transl. by L. Pompa, Cambridge 2002
725/31	*Autobiographie*, hg. v. V. Rüfner, Zürich 1948
1744	*Grundzüge einer neuen Wissenschaft über die gemeinschaftliche Natur der Völker. Autobiographie*, übers. u. hg. v. E. Weber, Leipzig 1822
1744	*Die Neue Wissenschaft über die gemeinschaftliche Natur der Völker*, übers. u. hg. v. E. Auerbach, München 1924
1744	*Die neue Wissenschaft von der gemeinschaftlichen Natur der Nationen*, übers. u. hg. v. F. Fellmann, Frankfurt/M. 1981

1744	*Prinzipien einer neuen Wissenschaft über die gemein-*
	same Natur der Völker, übers. u. hg. v. V. Hösle u.
	Chr. Jermann, 2 Bde., Hamburg 1990
1744	*The New Science of Giambattista Vico,* transl. a. ed. by
	Th. G. Bergin a. M. H. Fisch, Ithaca/London 1984

2. SEKUNDÄRLITERATUR

Acham, Karl, *Analytische Geschichtsphilosophie. Eine kritische Einführung,* Freiburg/München 1974

Adler, Max, *,Die Bedeutung Vicos für die Entwicklung des soziologischen Denkens',* in: Archiv für die Geschichte des Sozialismus und der Arbeiterbewegung 14 (1929), hg. v. C. Grünberg, 280-304

Agnoli, Johannes, *Giambattista Vicos Philosophie des Rechts,* Tübingen 1956

Altvater, Elmar, *Das Ende des Kapitalismus, wie wir ihn kennen. Eine radikale Kapitalismuskritik,* Münster [2]2006

Angehrn, Emil, *Geschichtsphilosophie,* Stuttgart u. a. 1991

Apel, Karl-Otto, *Die Idee der Sprache: in der Tradition des Humanismus von Dante bis Vico,* Bonn [3]1980

Aristoteles, *Nikomachische Ethik,* übers. v. E. Rolfes, in: *Philosophische Schriften in sechs Bänden,* Bd. 3, Hamburg 1995

Aristoteles, *Politik,* übers. v. E. Rolfes, in: *Philosophische Schriften in sechs Bänden,* Bd. 4, Hamburg 1995

Arndt, Andreas, *,Naturgesetze der menschlichen Bildung',* in: Deutsche Zeitschrift für Philosophie 48 (2000), 97-105

Auerbach, Erich, *Gesammelte Aufsätze zur romanischen Philologie,* Bern 1967

Auerbach, Erich, *,Giambattista Vico und die Idee der Philologie',* in: Ders. (1967), 233-241

Augustinus, *Bekenntnisse (Confessiones),* übers. v. H. Hefele, Berlin 1961

Augustinus, *Logik des Schreckens. Die Gnadenlehre von 397,* übers. v. W. Schäfer, hg. u. erklärt v. K. Flasch, Mainz [2]1995

Augustinus, *Vom Gottesstaat (De civitate dei)*, 2 Bde., übers. v. W. Thimme, München ⁴1997

Bacon, Francis (1609/19), *Weisheit der Alten*, übers. v. M. Münkler, hg. v. Ph. Rippel, Frankfurt/M. 1991

Bacon, Francis (1620), *Das Neue Organon*, übers. v. R. Hoffmann, hg. v. M. Buhr, Berlin 1962

Badaloni, Nicola, '*Ideality and Factuality in Vico's Thought*', in: Tagliacozzo, G., White, H. V. (Hg.), *Vico. An International Symposium*, Baltimore 1969, 391-400

Badaloni, Nicola, *Introduzione a Vico*, Roma/Bari ²1988

Bartuschat, Wolfgang, *Baruch de Spinoza*, München ²2006

Battistini, Andrea, '*Contemporary Trends in Vichian Studies*', in: Tagliacozzo, G. (Hg.), *Vico: Past and Present*, Atlantic Highlands 1981, 1-42

Baumgarten, Hans, *Compendium Rhetoricum*, Göttingen 1998

Baumgartner, Hans-Michael, „*Philosophie der Geschichte nach dem Ende der Geschichtsphilosophie. Bemerkungen zum gegenwärtigen Stand des geschichtsphilosophischen Denkens*', in: Nagl-Docekal, H. (Hg.), *Der Sinn des Historischen. Geschichtsphilosophische Debatten*, Frankfurt/M. 1996, 151-172

Bayle, Pierre (1682), *Verschiedene Gedanken über einen Kometen*, übers. v. J. Chr. Faber, Leipzig 1975

Bedani, Gino, *Vico Revisited. Orthodoxy, Naturalism and Science*, Oxford u. a. 1989

Berlin, Isaiah, *Wider das Geläufige. Aufsätze zur Ideengeschichte*, Frankfurt/M. 1994

Berlin, Isaiah, „*Die Gegenaufklärung*', in: Ders. (1994), 63-92

Berlin, Isaiah, „*Vico und das Ideal der Aufklärung*', in: Ders. (1994), 207-218

Berlin, Isaiah, *Three Critics of the Enlightenment. Vico, Hamann, Herder*, London 2000

Bloch, Ernst, *Zwischenwelten in der Philosophiegeschichte. Aus Leipziger Vorlesungen*, in: *Gesamtausgabe*, Bd. 12, Frankfurt/M. 1977, 299ff.

Blumenberg, Hans, *Die Legitimität der Neuzeit*, Frankfurt/M. ²1999

Blumenberg, Hans, *Arbeit am Mythos*, Frankfurt/M. 1979

Bollettino del Centro di Studi Vichiani, Napoli 1971ff.

Bolz, Norbert, ,*Das Ende der Geschichtsphilosophie*', in: Niess, Frank (Hg.), *Interesse an der Geschichte*, Frankfurt/M./New York 1989, 24-32

Bossuet, Jacques-Bénigne (1681), *Universal-Geschichte vom Anfange der Welt bis auf das Kaiserreich Karl's des Großen (Discours sur l'histoire universelle)*, Würzburg ²1832

Breysig, Kurt, *Die Meister der entwickelnden Geschichtsforschung*, Berlin 1936, II/1

Brunner, Otto, Conze, Werner, Koselleck, Reinhart (Hg.), *Geschichtliche Grundbegriffe. Historisches Lexikon zur politisch-sozialen Sprache in Deutschland*, 8 Bde., Stuttgart 2004

Burke, Peter, *Vico. Philosoph, Historiker, Denker einer neuen Wissenschaft*, Berlin 2001

Cacciatore, Giuseppe, '*Simbolo e storia tra Vico e Cassirer*', in: Trabant, J. (Hg.), *Vico und die Zeichen*, Tübingen 1995

Cacciatore, Giuseppe, ,*Die Hermeneutik Vicos zwischen Philosophie und Philologie*', in: Beetz, M., Cacciatore, G. (Hg.), *Hermeneutik im Zeitalter der Aufklärung* (Collegium Hermeneuticum Band 3), Köln u. a. 2000, 311-330

Cacciatore, Giuseppe, *Metaphysik, Poesie und Geschichte. Über die Philosophie von Giambattista Vico*, Berlin 2002

Caponigri, A. Robert (1953), *Time & Idea. The Theory of History in Giambattista Vico*, New Brunswick/London ²2004

Carr, E. H., *Was ist Geschichte?*, Stuttgart u. a. 1963

Cassirer, Ernst (1910), *Substanzbegriff und Funktionsbegriff. Untersuchungen über die Grundfragen der Erkenntniskritik*, Darmstadt ⁷1994

Cassirer, Ernst (1923-29), *Philosophie der symbolischen Formen*, 3 Bde., Darmstadt ⁶1973ff.

Cassirer, Ernst (1944), *Versuch über den Menschen. Einführung in eine Philosophie der Kultur*, übers. v. R. Kaiser, Hamburg 1996

Cassirer, Ernst, *Wesen und Wirkung des Symbolbegriffs*, Darmstadt ⁶1977

Castoriadis, Cornelius, *Sozialismus oder Barbarei*, übers. v. J. Hoch, Berlin 1980

Cicero, *Über das Schicksal (De fato)*, übers. u. hg. v. K. Bayer, Düsseldorf/Zürich ⁴2000

Cicero, *Topica. Die Kunst, richtig zu argumentieren*, übers. u. hg. v. K. Bayer, München/Zürich 1993

Collingwood, Robin George, *Philosophie der Geschichte*, Stuttgart 1955

Comte, Auguste (1830-1842), *Soziologie*, hg. v. F. Blaschke, Stuttgart ²1974

Comte, Auguste (1844), *Rede über den Geist des Positivismus*, übers. u. hg. v. I. Fetscher, Hamburg 1994

Condorcet, Marie-Jean-Antoine-Nicolas Caritat de (1795), *Entwurf einer historischen Darstellung der Fortschritte des menschlichen Geistes*, übers. v. W. Alff u. H. Schweppenhäuser, Frankfurt/M. 1976

Coseriu, Eugenio, *Geschichte der Sprachphilosophie. Von den Anfängen bis Rousseau*, Tübingen/Basel 2003, 273-316

Coseriu, Eugenio, ,*Von den universali fantastici*', in: Trabant, J. (Hg.), *Vico und die Zeichen*, Tübingen 1995, 73-80

Cotteri, Roberto (Hg.), *Studi Italo-Tedeschi/Deutsch-Italienische Studien, Bd. XVII: Giambattista Vico*, Meran 1995

Croce, Benedetto (1893/95), *Die Geschichte auf den allgemeinen Begriff der Kunst gebracht*, übers. u. hg. v. F. Fellmann, Hamburg 1984

Croce, Benedetto, *Die Philosophie Giambattista Vicos*, übers. v. E. Auerbach und Th. Lücke, Tübingen 1927

Croce, Benedetto, *Die Geschichte als Gedanke und als Tat*, Bern 1944

D' Alembert, Jean Le Rond (1759/63), *Einleitung zur Enzyklopädie*, hg. v. G. Mensching, Hamburg 1997

Danesi, Marcel (Hg.), *Giambattista Vico and Anglo-American Science. Philosophy and Writing*, Berlin/New York 1994

Danto, Arthur C., *Analytische Philosophie der Geschichte*, Frankfurt/M. 1980

De Sanctis, Francesco (1870/71), *Geschichte der italienischen Literatur*, 2 Bde., Bd. 2, Stuttgart 1943, Kap. XIX

Descartes, René (1637), *Abhandlung über die Methode* (*Discours de la méthode*), in: *Philosophische Werke in zwei Bänden*, Bd. 1, übers. u. hg. v. A. Buchenau, Leipzig 1911/19

Descartes, René (1641), *Meditationen über die Grundlagen der Philosophie* (*Meditationes de prima philosophia*), übers. v. A. Buchenau, hg. v. L. Gäbe, Hamburg 1993

Di Cesare, Donatella, *'Dal tropo retorico all'universale fantastico'*, in: Trabant, J. (Hg.), *Vico und die Zeichen*, Tübingen 1995

Diamond, Jared, *Kollaps. Warum Gesellschaften überleben oder untergehen*, Frankfurt/M. [6]2005

Diendorfer, Johann E., *Giambattista Vico und seine Ideen. Eine biographisch-rechtshistorische Studie mit Rücksicht auf Montesquieu und Herder*, Passau 1877

Dietzsch, Steffen, *Rezension zu F. Fellmann (1976)*, in: Deutsche Zeitschrift für Philosophie 10 (1978), 1324-1326

Dilthey, Wilhelm, *Der Aufbau der geschichtlichen Welt in den Geisteswissenschaften*, Frankfurt/M. 1981

Droysen, Johann Gustav, *Historik*, Stuttgart/Bad Cannstatt 1977

Eliade, Mircea, *Das Heilige und das Profane. Vom Wesen des Religiösen*, Frankfurt/M./Leipzig 1998

Epikur, *Philosophie der Freude. Briefe, Hauptlehrsätze, Spruchsammlung, Fragmente*, übers. v. P. M. Laskowsky, Frankfurt/M. 1988

Erny, Nicola, *Theorie und System der Neuen Wissenschaft von Giambattista Vico. Eine Untersuchung zu Konzeption und Begründung*, Würzburg 1994

Euklid, *Die Elemente. Buch I-XIII*, übers. u. hg. v. C. Thaer, Darmstadt [7]1973

Evans, Richard J., *Fakten und Fiktionen. Über die Grundlagen historischer Erkenntnis*, Frankfurt/M./New York 1999

Fellmann, Ferdinand, *'Grenzen der Sprachanalyse'*, in: Koselleck, R., Stempel, W. (Hg.), *Geschichte – Ereignis und Erzählung (Poetik und Hermeneutik V)*, München 1973, 528-530

Fellmann, Ferdinand, *Das Vico-Axiom: Der Mensch macht die Geschichte*, Freiburg/München 1976

Fellmann, Ferdinand, ,*Vicos Theorem der Gleichursprünglichkeit von Theorie und Praxis und die dogmatische Denkform*', in: Philosophisches Jahrbuch 85, 2. Hb. (1978), 259-273

Fellmann, Ferdinand, ,*Ist Vicos Neue Wissenschaft Transzendentalphilosophie?*', in: Archiv für Geschichte der Philosophie 61 (1979), 68-76

Fellmann, Ferdinand, ,*Vico und die Macht der Anfänge*', Einleitung zu: Vico, G. (1981), 1-25

Fellmann, Ferdinand, ,*Der Ursprung der Geschichtsphilosophie aus der Metaphysik in Vicos ›Neuer Wissenschaft‹*', in: Zeitschrift für philosophische Forschung 41 (1987), 43-60

Fellmann, Ferdinand, ,*Mythos in Institutionen: Vico und Sorel*', in: Rothfuß, J., Hoffmeister, E., Koch, H.-E. (Hg.), *Konstanten für Wirtschaft und Gesellschaft. Festschrift für Walter Witzenmann*, Konstanz 1988, 209-227

Fellmann, Ferdinand, ,*Geschichte als Text. Plädoyer für die Geschichtsphilosophie*', in: Information Philosophie 3 (1991), 5-14

Fellmann, Ferdinand, ,*Alles ist voller Götter. Philosophische Mythos-Theorien und ethnologische Erfahrung*', in: Kämpf, H., Schott, R. (Hg.), *Der Mensch als homo pictor? Die Kunst traditioneller Kulturen aus der Sicht von Philosophie und Ethnologie*, Bonn 1995, 1-19

Fellmann, Ferdinand, *Das Paar. Eine erotische Rechtfertigung des Menschen*, Berlin 2005

Ferguson, Adam (1767), *Versuch über die Geschichte der bürgerlichen Gesellschaft*, übers. v. H. Medick, hg. v. Z. Batscha u. H. Medick, Frankfurt/M. 1988

Fertl, Herbert, L., *Marxismus und Vico. Das philosophische Denken Giambattista Vicos und die Theorie des dialektisch-historischen Materialismus*, München 1974

Fetscher, Iring, *Art.* ,*Geschichtsphilosophie*', in: Diemer, A., Frenzel, I. (Hg.), *Das Fischer Lexikon Philosophie*, Frankfurt/M. 1958, 107-126

Feuerbach, Ludwig, *Das Wesen des Christentums*, hg. v. W. Schuffenhauer, Berlin 1973

Fisch, Max H., '*Vico's ›Practica‹*', in: Tagliacozzo, G., Verene, D. Ph. (Hg.), *Giambattista Vico's Science of Humanity*, Baltimore/London 1976, 423-430

Flasch, Kurt, *'Geschichte und Metaphysik bei Vico'*, in: Cotteri, R. (Hg.), *Studi Italo-Tedeschi / Deutsch-Italienische Studien, Bd. XVII: Giambattista Vico*, Meran 1995, 94-125

Fontenelle, Bernard de (1724), *Über den Ursprung der Mythen (De l'origine des fables)*, in: *Philosophische Neuigkeiten für Leute von Welt und für Gelehrte. Ausgewählte Schriften*, übers. v. U. Kunzmann, hg. v. H. Bergmann, Leipzig 1989, 228-242

Foucault, Michel, *Archäologie des Wissens*, Frankfurt/M. 1981

Foucault, Michel, *,Nietzsche, die Genealogie, die Historie'*, in: Ders., *Von der Subversion des Wissens*, übers. v. W. Seitter, Frankfurt/M. 1996, 69-90

Fritzsch, Walter, *Vicos Begründung objektiven Sinnverstehens geistiger Operationen und ihr aktualer Bezug als Strukturanalyse der Entwicklung von Weltbildern, Handlungsentwürfen und des Selbst. Anwendung seiner Common Sense- und Entwicklungsphilosophie anhand von exemplarischen Fallanalysen*, Bern 1985

Fukuyama, Francis, *Das Ende der Geschichte. Wo stehen wir?*, übers. v. H. Dierlamm, U. Mihr u. K. Dürr, München 1992

Gadamer, Hans-Georg (1960), *Wahrheit und Methode*, in: *Gesammelte Werke*, Bd. 1, Tübingen ⁶1999

Galilei, Galileo (1632), *Dialog über die beiden hauptsächlichsten Weltsysteme, das ptolemäische und das kopernikanische*, in: Ders., *Schriften. Briefe. Dokumente*, 2 Bde., Bd. 1, hg. v. A. Mudry, Berlin 1987, 179-328

Galilei, Galileo (1638), *Unterredungen und mathematische Demonstrationen über zwei neue Wissenszweige, die Mechanik und die Fallgesetze betreffend*, in: Ders., *Schriften. Briefe. Dokumente*, 2 Bde., Bd. 1, hg. v. A. Mudry, Berlin 1987, 329-406

Gardiner, Patrick (Hg.), *Theories of history*, Glencoe 1959

Gehlen, Arnold (1931), *Wirklicher und unwirklicher Geist*, in: *Gesamtausgabe*, Bd. 1, hg. v. L. Samson, Frankfurt/M. 1978, 113-382

Gehlen, Arnold (1940), *Der Mensch. Seine Natur und seine Stellung in der Welt*, Wiebelsheim ¹⁴2004

Gehlen, Arnold (1956), *Urmensch und Spätkultur. Philosophische Ergebnisse und Aussagen*, Frankfurt/M. ⁶2004

Gehlen, Arnold (1961), *Über kulturelle Kristallisation*, in: *Gesamtausgabe*, Bd. 6, hg. v. K.-S. Rehberg, Frankfurt/M. 2004, 298-314

Gehlen, Arnold (1964), *Post-Histoire*, in: *Gesamtausgabe*, Bd. 6, hg. v. K.-S. Rehberg, Frankfurt/M. 2004, 352-364

Gentile, Giovanni, *Studi Vichiani*, Firenze ²1927

Gentile, Giovanni, ,*Giambattista Vicos Stellung in der Geschichte der europäischen Philosophie'*, in: Internationale Monatsschrift für Wissenschaft, Kunst und Technik, 8. Jahrgang (1914), 430-463

Glasersfeld, Ernst von, ,*Konstruktion der Wirklichkeit und des Begriffs der Objektivität'*, in: *Einführung in den Konstruktivismus*, München ⁷2003, 9-40

Goertz, Hans-Jürgen, *Unsichere Geschichte. Zur Theorie historischer Referentialität*, Stuttgart 2001

Goethe, Johann Wolfgang von, *Italienische Reise*, in: *Werke in zehn Bänden*, Bd. 4, hg. v. R. Buchwald, Weimar 1958, 33-188

Goretti, Maria, '*The Heterogenesis of Ends in Vico's Thought: Premises for a Comparison of Ideas'*, in: Tagliacozzo, G., Verene, D. Ph. (Hg.), *Giambattista Vico's Science of Humanity*, Baltimore/London 1976, 213-219

Grassi, Ernesto, *Humanismus und Marxismus. Zur Kritik der Verselbständigung von Wissenschaft. Mit einem Anhang ,Texte Italienischer Humanisten'*, Reinbek bei Hamburg 1973

Grassi, Ernesto, ,*Vom Vorrang des Gemeinsinns und der Logik der Phantasie. Zur philosophischen Aktualität G. B. Vicos'*, in: Zeitschrift für philosophische Forschung 30 (1976), 491-509

Grassi, Ernesto, *Die Macht der Phantasie. Zur Geschichte abendländischen Denkens*, Frankfurt/M. 1984

Grassi, Ernesto, *Vico and Humanism. Essays on Vico, Heidegger, and Rhetoric*, New York u. a. 1990

Gross, Mirjana, *Von der Antike bis zur Postmoderne. Die zeitgenössische Geschichtsschreibung und ihre Wurzeln*, Köln u. a. 1998

Grotius, Hugo (1625), *Drei Bücher vom Recht des Krieges und des Friedens (De iure belli ac pacis. Libri tres)*, übers. u. eingel. v. W. Schätzel, Tübingen 1950

Haddock, Bruce, '*Vico: The Problem of Interpretation*', in: Tagliacozzo, G., Mooney, M., Verene, D. Ph. (Hg.), *Vico and Contemporary Thought*, Atlantic Highlands 1979, 145-162

Haddock, Bruce, '*Vico's Critique of the Theory of Social Contract*', in: Hildago-Serna, E. u. a. (Hg.), *Pensar para el nuevo siglo. Giambattista Vico y la cultura europea*, 3 Bde., Napoli 2001, Bd. 2, 813-823

Haeffner, Friedrich, *Vico und Bloch: Mythos, Geschichte, Utopie*, Pfaffenweiler 1996

Hartmann, Nicolai (1932), *Das Problem des geistigen Seins*, Berlin ³1962

Hawkes, Terence, *Structuralism and Semiotics*, Berkeley/Los Angeles 1977

Hegel, Georg Wilhelm Friedrich (1821), *Grundlinien der Philosophie des Rechts*, hg. v. J. Hoffmeister, Hamburg ⁵1995

Hegel, Georg Wilhelm Friedrich (1837), *Vorlesungen über die Philosophie der Weltgeschichte. Bd. I: Die Vernunft in der Geschichte*, hg. v. J. Hoffmeister, Berlin 1970

Helvétius, Claude-Adrien (1773), *Vom Menschen – von seinen geistigen Fähigkeiten und von seiner Erziehung*, übers. v. H.-M. Militz, Berlin/Weimar 1976

Herbst, Ludolf, *Komplexität und Chaos. Grundzüge einer Theorie der Geschichte*, München 2004

Herder, Johann Gottfried (1774), *Auch eine Philosophie der Geschichte zur Bildung der Menschheit*, Stuttgart 1990

Herder, Johann Gottfried (1784), *Ideen zur Philosophie der Geschichte der Menschheit*, 2 Bde., in: *Werke*, Bd. 3, hg. v. W. Pross, München/Wien 2002

Hersche, Peter, *Italien im Barock-Zeitalter (1600-1750)*, Wien u. a. 1999

Hildago-Serna, E. u.a. (Hg.), *Pensar para el nuevo siglo Giambattista Vico y la cultura europea*, 3 Bde., Napoli 2001

Hobbes, Thomas (1651), *Leviathan*, übers. v. J. Schlösser, hg. v. H. Klenner, Darmstadt 1996

Hobbes, Thomas (1655), *Elemente der Philosophie. Erste Abteilung: Der Körper*, übers. u. eingel. v. K. Schuhmann, Hamburg 1997

Hobbes, Thomas (1642/58), *Elemente der Philosophie II, III. Vom Menschen, Vom Bürger*, übers. v. M. Frischeisen-Köhler, hg. v. G. Gawlick, Hamburg ³1994

Hoffmann, Sybille, *Die Dialektik von Philosophie und Geschichte in Giambattista Vicos Scienza Nuova von 1744*, Marburg 1978

Holbach, Paul Thiry d' (1770), *System der Natur oder von den Gesetzen der physischen und der moralischen Welt*, übers. v. F.-G. Voigt, Berlin 1960

Holbach, Paul Thiry d', *Religionskritische Schriften*, hg. v. M. Naumann, Schwerte/Ruhr o. J.

Holmes, Stephen Taylor, 'The Barbarism of Reflection', in: Tagliacozzo, G. (Hg.), *Vico: Past and Present*, Atlantic Highlands 1981, 213-222

Holz, Hans Heinz, *Weltentwurf und Reflexion. Versuch einer Grundlegung der Dialektik*, Stuttgart/Weimar 2005

Honneth, Axel (Hg.), *Kommunitarismus. Eine Debatte über die moralischen Grundlagen moderner Gesellschaften*, Frankfurt/M./New York ³1995

Horkheimer, Max, *Anfänge der bürgerlichen Geschichtsphilosophie*, Stuttgart 1930

Hösle, Vittorio, ‚Einleitung. Vico und die Idee der Kulturwissenschaft. Genese, Themen und Wirkungsgeschichte der Scienza Nuova', in: Vico, G. B. (1990), Bd. 1, XXXI-CCXCIII

Huntington, Samuel P., *Kampf der Kulturen. Die Neugestaltung der Weltpolitik im 21. Jahrhundert*, München/Wien ⁶1997

Iggers, Georg G., *Deutsche Geschichtswissenschaft. Eine Kritik der traditionellen*

Geschichtsauffassung von Herder bis zur Gegenwart, Wien u. a. ²1997

Iselin, Isaak (1786), *Über die Geschichte der Menschheit*, 2 Bde. in einem Band, Hildesheim/New York 1976

James, William, ‚Der Wille zum Glauben', in: Martens, E. (Hg.), *Pragmatismus*, Stuttgart 1975, 128-160

Jamme, Christoph, *Einführung in die Philosophie des Mythos, Bd. 2: Neuzeit und Gegenwart*, Darmstadt 1991

Jennes, Heinrich F., *Ingenium und Topik im Werk des jungen Giambattista Vico*, Norderstedt 2003

Jordan, Stefan (Hg.), *Lexikon Geschichtswissenschaft*, Stuttgart 2002

Jung, Matthias, *Hermeneutik zur Einführung*, Hamburg 2001

Kant, Immanuel, *Werke*, 12 Bde., hg. v. W. Weischedel, Frankfurt/M. 1968ff.

Kant, Immanuel, (1784), *Ideen zu einer allgemeinen Geschichte in weltbürgerlicher Absicht*, in: *Werke*, Bd. 11, Frankfurt/M. [10]1993, 31-50

Kant, Immanuel, (1795), *Zum ewigen Frieden. Ein philosophischer Entwurf*, in: *Werke*, Bd. 11, Frankfurt/M. [10]1993, 194-251

Kant, Immanuel, (1803), *Über Pädagogik*, in: *Werke*, Bd. 12, Frankfurt/M. [9]1995, 695-778

Kersting, Wolfgang, *Niccolò Machiavelli*, München [2]1998

Kersting, Wolfgang, *Thomas Hobbes zur Einführung*, Hamburg [2]2002

Kittler, Friedrich, *Eine Kulturgeschichte der Kulturwissenschaft*, München [2]2001

Kittsteiner, Heinz Dieter, *Naturabsicht und unsichtbare Hand. Zur Kritik des geschichtsphilosophischen Denkens*, Frankfurt/M. u. a. 1980

Kittsteiner, Heinz Dieter, *Listen der Vernunft. Motive geschichtsphilosophischen Denkens*, Frankfurt/M. 1998

Kittsteiner, Heinz Dieter, ,*Geschichtsphilosophie nach der Geschichtsphilosophie. Plädoyer für eine geschichtsphilosophisch angeleitete Kulturgeschichte'*, in: Deutsche Zeitschrift für Philosophie 48 (2000) 1, 67-77

Kittsteiner, Heinz Dieter, ,*Die Stufen der Moderne'*, in: Rohbeck, J., Nagl-Docekal, H. (Hg.), *Geschichtsphilosophie und Kulturkritik. Historische und systematische Studien*, Darmstadt 2003, 91-117

Kittsteiner, Heinz Dieter, *Out of Control. Über die Unverfügbarkeit des historischen Prozesses*, Berlin/Wien 2004

Kittsteiner, Heinz Dieter, *Mit Marx für Heidegger – mit Heidegger für Marx*, München 2004

Klemm, Otto, *G. B. Vico als Geschichtsphilosoph und Völkerpsycholog*, Leipzig 1906

Kojève, Alexandre, *Hegel. Eine Vergegenwärtigung seines Denkens*, Frankfurt/M. [4]1996

König, Peter, *Giambattista Vico*, München 2005

Kondylis, Panajotis, *Die Aufklärung im Rahmen des neuzeitlichen Rationalismus*, Darmstadt 2002

Koselleck, Reinhart, Stempel, Wolf-Dieter (Hg.), *Geschichte – Ereignis und Erzählung (Poetik und Hermeneutik V)*, München 1973

Koselleck, Reinhart, *Vergangene Zukunft. Zur Semantik geschichtlicher Zeiten*, Frankfurt/M. [4]2000

Koselleck, Reinhart, *Art. ‚Geschichte'*, in: Brunner, O., Conze, W., Koselleck, R. (Hg.), *Geschichtliche Grundbegriffe. Historisches Lexikon zur politisch-sozialen Sprache in Deutschland*, 8 Bde., Bd. 2, Stuttgart 2004, 593-717

Kracauer, Siegfried, *Geschichte – Vor den letzten Dingen*, in: *Schriften*, Bd. 4, Frankfurt/M. 1971

Leibniz, Gottfried Wilhelm (1720), *Monadologie*, in: *Kleinere philosophische Schriften*, übers. u. hg. v. R. Habs, Leipzig 1966, 116-137

Lembeck, Karl-Heinz (Hg.), *Geschichtsphilosophie*, Freiburg/München 2000

Lenk, Kurt (Hg.), *Ideologie. Ideologiekritik und Wissenssoziologie*, Frankfurt/M./New York [9]1984

Lenk, Kurt, *Problemgeschichtliche Einleitung*, in: Ders. (1984), 13-49

Lexikonredaktion des Verlags F. A. Brockhaus (Hg.), *Der Brockhaus Philosophie. Ideen, Denker und Begriffe*, Leipzig/Mannheim 2004

Lifshitz, M., '*Giambattista Vico (1668-1744)*', in: Philosophical and Phenomenological Research (1948), 391-414

Lilla, Mark, *G. B. Vico: The Making of an Anti-Modern*, Cambridge 1994

Locke, John (1690), *Versuch über den menschlichen Verstand*, 2 Bde., Hamburg [5]2000

Löhde, Hermann, *Giambattista Vico und das Problem der Bildung*, Erlangen 1932

Löwith, Karl (1949), *Weltgeschichte und Heilsgeschehen. Die theologischen Voraussetzungen der Geschichtsphilosophie*, Stuttgart u. a. [8]1990

Löwith, Karl, *Aufsätze und Vorträge 1930 – 1970*, Stuttgart u. a. 1971

Löwith, Karl, *Vicos Grundsatz: verum et factum convertuntur'*, in: Ders., *Aufsätze und Vorträge 1930 – 1970*, Stuttgart u. a. 1971, 157-188

Lübbe, Hermann, ,*Geschichtsphilosophie und politische Praxis'*, in: Koselleck, R., Stempel, W.-D. (Hg.), *Geschichte – Ereignis und Erzählung*, München 1973, 223-240

Lübbe, Hermann, *Geschichtsphilosophie. Verbliebene Funktionen*, Erlangen/Jena 1993

Lübbe, Hermann, *Modernisierung und Folgelasten. Trends kultureller und politischer Evolution*, Berlin u. a. 1997

Luginbühl, Johannes, *Die Axiomatik bei Giambattista Vico*, Bern 1946

Lukrez, *Vom Wesen des Weltalls*, übers. u. hg. v. D. Ebener, Berlin/Weimar 1994

Lutz, B. (Hg.), *Metzler Philosophen Lexikon. Von den Vorsokratikern bis zu den Neuen Philosophen*, Stuttgart/Weimar ³2003

Lyotard, Jean-Francois, *Das postmoderne Wissen: ein Bericht*, übers. v. O. Pfersmann, Wien ⁴1999

Machiavelli, Niccolò (1531), *Discorsi. Gedanken über Politik und Staatsführung*, übers. u. hg. v. R. Zorn, Stuttgart ²1977

Machiavelli, Niccolò (1532), *Der Fürst*, übers. v. F. von Oppeln-Bronikowski, Frankfurt/M. 1990

MacIntyre, Alasdair, *Der Verlust der Tugend. Zur moralischen Krise der Gegenwart*, Frankfurt/M ²1997

Malebranche, Nicolas, *Abhandlung von der Natur und der Gnade*, übers. u. hg. v. S. Ehrenberg, Hamburg 1993

Mali, Joseph, *The Rehabilitation of Myth. Vico's New Science*, Cambridge 2002

Malinowski, Bronislaw (1944), *Eine wissenschaftliche Theorie der Kultur*, übers. v. F. Levi, Frankfurt/M. ²2005

Mall, Ram Adhar, *Mensch und Geschichte. Wider die Anthropozentrik*, Darmstadt 2000

Malthus, Thomas R. (1798), *An Essay on the Principle of Population*, Oxford 1993

Mandeville, Bernard de (1714), *Die Bienenfabel – oder Private Laster als gesellschaftliche Vorteile*, übers. v. H. Findeisen u. C. Schuenke, Leipzig/Weimar 1988

Marcuse, Alexander, ‚*Das Dreistadiengesetz bei Giambattista Vico*', in: Schmollers Jahrbuch für Gesetzgebung, Verwaltung und Volkswirtschaft im Deutschen Reiche 59, 1. Hbd. (1935), hg. v. A. Spiethoff, 69-79

Marienberg, Sabine, *Zeichenhandeln. Sprachdenken bei Giambattista Vico und Johann Georg Hamann*, Tübingen 2006

Marquard, Odo, *Schwierigkeiten mit der Geschichtsphilosophie*, Frankfurt/M. 1982

Marx, Karl, Engels, Friedrich, *Werke* (MEW) (39 Bde., 2 Ergänzungsbände), hg. v. Institut für Marxismus-Leninismus beim ZK der SED, Berlin 1958ff.

Marx, Karl, Engels, Friedrich (1846), *Die deutsche Ideologie*, MEW Bd. 3, Berlin 1958

Marx, Karl, Engels, Friedrich (1848), *Manifest der Kommunistischen Partei*, MEW Bd. 4, Berlin 1959

Marx, Karl, *Ökonomisch-philosophische Manuskripte*, MEW Ergänzungsband 1, Berlin ³1974

Marx, Karl (1843/44), *Zur Kritik der Hegelschen Rechtsphilosophie*, MEW Bd. 1, Berlin ⁴1956

Marx, Karl (1859), *Zur Kritik der politischen Ökonomie*, MEW Bd. 13, Berlin 1961

Marx, Karl (1867), *Das Kapital. Kritik der politischen Ökonomie, Bd. 1*, MEW Bd. 23, Berlin ¹⁵1984

Marx, Karl (1895), *Das Kapital. Kritik der politischen Ökonomie, Bd. 3*, MEW Bd. 25, Berlin ³1969

Maydell, A. v., Wiehl R., *Art. ‚Gemeinsinn'*, in: Ritter, J. u. a. (Hg.), *Historisches Wörterbuch der Philosophie*, Bd. 3, Basel/Stuttgart 1971ff., 234-247

Mendlewitsch, Doris, *Die Menschen machen die Geschichte. Das Verständnis des Politischen in der Scienza Nuova von G. B. Vico*, Köln 1983

Miner, Robert C., *Vico. Genealogist of Modernity*, Notre Dame 2002

Mirandola, G. Pico della (1496), *Über die Würde des Menschen (De hominis dignitate)*, übers. v. N. Baumgarten, hg. v. A. Buck, Hamburg 1990

Momigliani, Arnaldo, ,Römische Hünen und Helden in Vicos Scienza Nuova', in: Ders., *Ausgewählte Schriften zur Geschichte und Geschichtsschreibung*, Bd. 2: *Spätantike bis Spätaufklärung*, hg. v. G. W. Most, Stuttgart/Weimar 1999, 195-219

Montesquieu, Charles de (1721), *Perserbriefe*, übers. v. J. v. Stackelberg, Frankfurt/M. 1988

Montesquieu, Charles de (1734), *Betrachtungen über die Größe Roms und die Gründe seines Niedergangs* (hg. v. L. Heinemann), in: *Staaten, Männer und Mächte. Eine Sammlung weltgeschichtlich bedeutender Abhandlungen*, Berlin (Weltgeist) o. J.

Montesquieu, Charles de (1748), *Vom Geist der Gesetze*, übers. u. hg. v. K. Weigand, Stuttgart ²1994

Na, Jong-Seok, *Praktische Vernunft und Geschichte bei Vico und Hegel*, Würzburg 2002

Nagl-Docekal, Herta (Hg.), *Der Sinn des Historischen. Geschichtsphilosophische Debatten*, Frankfurt/M. 1996

Nagl-Docekal, Herta, ,Ist Geschichtsphilosophie heute noch möglich?', in: Dies. (1996), 7-66

Nestle, Wilhelm, *Griechische Geistesgeschichte von Homer bis Lukian. In ihrer Entfaltung vom mythischen zum rationalen Denken dargestellt*, Stuttgart 1944

Newton, Isaac (1687), *Mathematische Grundlagen der Naturphilosophie (Philosophiae naturalis principia mathematica)*, hg. v. E. Dellian, Hamburg 1988

Nicolini, Fausto, *Commento storico alla seconda Scienza Nuova*, 2 Bde., Roma 1949/50

Nisbet, Robert, '*Vico and the Idea of Progress*', in: Social Research 43 (1976), 625-637

Nohl, Herman, *Das historische Bewusstsein*, Göttingen 1979

Nolte, Paul, ,Gleichzeitigkeit des Ungleichzeitigen', in: Jordan, S. (Hg.), *Lexikon Geschichtswissenschaft. Hundert Grundbegriffe*, Stuttgart 2002, 134-137

O' Neill, John, 'Naturalism in Vico and Marx: A Theory of the Body Politic', in: Tagliacozzo, G. (Hg.), Vico and Marx. Affinities and Contrasts, Atlantic Highlands 1983, 277-289

Oelmüller, Willi, Dölle-Oelmüller, Ruth, Piepmeier, Rainer, Diskurs Geschichte, Philosophische Arbeitsbücher Bd. 4, Paderborn ³1995

Otto, Rudolf, Das Heilige. Über das Irrationale in der Idee des Göttlichen und sein Verhältnis zum Rationalen, München 2004

Otto, Stephan, 'Die transzendentalphilosophische Relevanz des Axioms „verum et factum convertuntur"', in: Philosophisches Jahrbuch 84, 1. Hbd. (1977), 33-54

Otto, Stephan, 'Die Geschichtsphilosophie G. Vicos', in: Philosophische Rundschau 25 (1978)

Otto, Stephan, Einleitung, in: Vico, G. (1979), 7-20

Otto, Stephan, 'Vico als Transzendentalphilosoph', in: Archiv für Geschichte der Philosophie 62 (1980), 67-79

Otto, Stephan, Giambattista Vico. Grundzüge seiner Philosophie, Stuttgart u. a. 1989

Otto, Stephan, 'Sprachzeichen, geometrische Zeichen, Metaphysik. Vicos neue Wissenschaft des Anfänglichen', in: Trabant, J. (Hg.), Vico und die Zeichen, Tübingen 1995, 3-15

Otto, Stephan, 'Vico versus Spinoza. Zwei Typen von Metaphysik vor dem Problem ›zeitlicher Kontingenz‹', in: Hildago-Serna, E. u. a. (Hg.), Pensar para el nuevo siglo. Giambattista Vico y la cultura europea, 3 Bde., Napoli 2001, Bd. 2, 497-512

Otto, Stephan, Viechtbauer, Helmut (Hg.), Sachkommentar zu Giambattista Vico „Liber metaphysicus", München 1985

Pandimakil, Peter George, Das Ordnungsdenken bei Giambattista Vico als philosophische Anthropologie, Kulturentstehungstheorie, soziale Ordnung und politische Ethik, Frankfurt/M. 1995

Pascal, Blaise, Über die Methode und über die Psychologie des Gelehrten, in: Ders., Vermächtnis eines grossen Herzens. Die kleineren Schriften, Leipzig 1938, 1-54

Peirce, Charles Sanders, 'Die Festlegung einer Überzeugung', in: Martens, E. (Hg.), Pragmatismus, Stuttgart 1975, 61-98

Peters, Richard, *Der Aufbau der Weltgeschichte bei Giambattista Vico*, Stuttgart/Berlin 1929

Piovani, Pietro, '*Vico without Hegel*', in: Tagliacozzo, G., White, H. V. (Hg.), *Vico. An International Symposium*, Baltimore 1969, 103-124

Piovani, Pietro, '*Vico e la filosofia senza natura*', in: Tessitore, F. (Hg.), *La filosofia nuova di Vico*, Napoli 1990

Platon, *Der Staat*, übers. v. O. Apelt, in: *Sämtliche Dialoge*, Bd. 5, Hamburg 1998

Plessner, Helmuth (1928), *Die Stufen des Organischen und der Mensch. Einleitung in die philosophische Anthropologie*, Berlin/New York [3]1975

Pöggeler, Otto, *Ein Ende der Geschichte? Von Hegel zu Fukuyama*, Opladen 1995

Pompa, Leon, *Vico's Theory of the Causes of Historical Change*, o. O. 1971

Pompa, Leon, *A Study of the 'New Science'*, London 1975

Pompa, Leon, '*Vico and the Presuppositions of historical knowledge*', in: Tagliacozzo, G., Verene, D. Ph. (Hg.), *Giambattista Vico's Science of Humanity*, Baltimore/London 1976, 125-140

Popper, Karl R. (1934), *Logik der Forschung*, Tübingen [10]2002

Popper, Karl R. (1960), *Das Elend des Historizismus*, Tübingen [6]1987

Pufendorf, Samuel von (1673), *Über die Pflicht des Menschen und des Bürgers nach dem Gesetz der Natur*, übers. v. K. Luig, Frankfurt/M./Leipzig 1994

Quesnay, Francois (1759), *Tableau économique*, hg. v. M. Kuczynski, Berlin 1965

Rauhut, Franz, „*Die Geschichtsphilosophie Vicos, Spenglers und Toynbees in ihrer Zusammengehörigkeit*', in: Hamburger Romanist. Studien, Reihe B (1955), 23-32

Ratto, Franco (Hg.), *Il mondo di Vico/Vico nel mondo*, Napoli 1993

Reinhardt, Volker (Hg.), *Hauptwerke der Geschichtsschreibung*, Stuttgart 1997

Renaud, Olivier, '*Vico lector de Espinoza*', in: Cuadernos sobre Vico 7/8 (1997), 191-206

Rickert, Heinrich (1898), *Kulturwissenschaft und Naturwissenschaft*, Tübingen [6]1926

Ricœur, Paul, *Zeit und Erzählung*, 3 Bde., München 1991

Ricœur, Paul, *Geschichtsschreibung und Repräsentation der Vergangenheit*, Münster u. a. 2002

Rockmore, Tom, 'Vico, Marx, and Anti-Cartesian Theory of Knowledge', in: Tagliacozzo, G. (Hg.), *Vico and Marx. Affinities and Contrasts*, Atlantic Highlands 1983, 178-191

Rockmore, Tom, 'Vico and Constructivism', in: Ratto, F. (Hg.), *Il mondo di Vico/Vico nel Mondo*, Napoli 1993, 361-368

Rohbeck, Johannes, *Die Fortschrittstheorie der Aufklärung. Französische und englische Geschichtsphilosophie in der zweiten Hälfte des 18. Jahrhunderts*, Frankfurt/M./New York 1987

Rohbeck, Johannes, *Technik – Kultur – Geschichte. Eine Rehabilitierung der Geschichtsphilosophie*, Frankfurt/M. 2000

Rohbeck, Johannes, ‚Rehabilitierung der Geschichtsphilosophie', in: Deutsche Zeitschrift für Philosophie 48 (2000) 1, 79-95

Rohbeck, Johannes, ‚Geschichtsphilosophie – Historismus – Posthistoire. Versuch einer Synthese', in: Rohbeck, J., Nagl-Docekal, H. (Hg.), *Geschichtsphilosophie und Kulturkritik. Historische und systematische Studien*, Darmstadt 2003, 306-328

Rohbeck, Johannes, *Geschichtsphilosophie zur Einführung*, Hamburg 2004

Rohbeck, Johannes, Nagl-Docekal, Herta (Hg.), *Geschichtsphilosophie und Kulturkritik. Historische und systematische Studien*, Darmstadt 2003

Rolf, Thomas, *Normalität. Ein philosophischer Grundbegriff des 20. Jahrhunderts*, München 1999

Rolf, Thomas, *Erlebnis und Repräsentation. Eine anthropologische Untersuchung*, Berlin 2006

Rothermund, Dietmar, *Geschichte als Prozeß und Aussage. Eine Einführung in Theorien des historischen Wandels und der Geschichtsschreibung*, München 1995

Rousseau, Jean-Jacques (1755), *Abhandlung über den Ursprung und die Grundlagen der Ungleichheit unter den Menschen*, Stuttgart 1998

Rousseau, Jean-Jacques (1762), *Vom Gesellschaftsvertrag – oder Prinzipien des Staatsrechts*, übers. v. V. von Wroblewsky, in: Ders., *Kulturkritische und Politische Schriften in zwei Bänden*, Bd. 1, Berlin 1989, 381-508

Rossi, Paolo, *The Dark Abyss of Time. The History of the Earth and the History of Nations from Hooke to Vico*, Chicago 1984

Riedel, Armin, *Die philosophische Bedeutung des Gemeinsinns*, München 1975

Ringguth, Rudolf, *Philologie als Philosophie und die philosophische Bedeutung der Jurisprudenz bei G. B. Vico*, München 1953

Rüfner, Vinzenz, *Die Geschichtsphilosophie Giambattista Vicos*, Bonn 1943

Schaeffler, Richard, *Einführung in die Geschichtsphilosophie*, Darmstadt 1973

Scheler, Max (1928), *Die Stellung des Menschen im Kosmos*, Bern/München [9]1978

Schmidt, Richard Wilhelm, *Die Geschichtsphilosophie G. B. Vicos. Mit einem Anhang zu Hegel*, Würzburg 1982

Scholtz, G., *Artikel ‚Geschichte‘*, in: Ritter, J. u. a. (Hg.), *Historisches Wörterbuch der Philosophie*, Bd. 3, Basel/Stuttgart 1971ff., 344-398

Seifert, Josef, *‚Versteht der Mensch das von ihm selbst Gemachte besser als das nicht von ihm Geschaffene? Kritische Reflexionen über Giambattista Vicos Verum-Factum-Prinzip‘*, in: Cotteri, R. (Hg.) (1995), 53-93

Seneca, L. Annaeus, *Über die Vorsehung (De providentia)*, in: *Philosophische Schriften*, Bd. 1, übers. v. M. Rosenbach, Darmstadt [5]1999

Simon, Lawrence H, '*Vico and Marx: Perspectives on Historical Development*', in: Journal of the History of Ideas (1981), 317-331

Simmel, Georg (1905/07), *Die Probleme der Geschichtsphilosophie*, in: *Gesamtausgabe*, Bd. 9, Frankfurt/M. 1997

Simmel, Georg (1923), *Der Begriff und die Tragödie der Kultur*, in: Ders., *Philosophische Kultur. Über das Abenteuer, die Geschlechter und die Krise der Moderne*, Berlin 1998, 195-218

Sloterdijk, Peter, *‚Nach der Geschichte‘*, in: Welsch, W. (Hg.), *Wege aus der Moderne. Schlüsseltexte der Postmoderne-Diskussion*, Weinheim 1988, 262-273

Sloterdijk, Peter, *Im Weltinnenraum des Kapitals. Für eine philosophische Theorie der Globalisierung*, Frankfurt/M. 2005

Smith, Adam (1759), *Theorie der ethischen Gefühle*, übers. u. hg. v. W. Eckstein, Hamburg 1994

Smith, Adam (1776), *Untersuchung über Wesen und Ursachen des Reichtums der Völker*, 2 Bde., übers. v. M. Streissler, Düsseldorf 1999

Smith, Adam, *Vorlesungen über Rechts- und Staatswissenschaften*, hg. v. D. Brühlmeier, Sankt Augustin 1996

Sorel, Georges, ‚*Was man von Vico lernt*‘, in: Sozialistische Monatshefte. Internationale Revue des Sozialismus 2 (1898), 270-272

Sorel, Georges (1908), *The Illusions of Progress*, transl. by J. and Ch. Stanley, Berkeley/Los Angeles 1969

Sorel, Georges, *Über die Gewalt*, übers. v. L. Oppenheimer, Frankfurt/M. 1981

Spengler, Oswald, *Der Untergang des Abendlandes. Umrisse einer Morphologie der Weltgeschichte*, 2 Bde., München 1920/22

Spinoza, Benedictus de (1670), *Tractatus theologico-politicus*, in: *Werke (Opera)*, 2 Bde., Bd. 1, hg. v. G. Gawlick u. F. Niewöhner, Darmstadt [2]1989

Spinoza, Benedictus de (1677), *Die Ethik mit geometrischer Methode begründet (Ethica ordine geometrico demonstrata)*, in: *Werke (Opera)*, 2 Bde., Bd. 2, hg. v. K. Blumenstock, Darmstadt [4]1989

Spranger, Eduard (1926), *Die Kulturzyklentheorie und das Problem des Kulturverfalls*, in: Ders., *Kulturfragen der Gegenwart*, Heidelberg [3]1961, 11-41

Stadelmann, Rudolf, ‚*Gian Battista Vico*‘, in: Ders. (Hg.), *Große Geschichtsdenker*, Tübingen/Stuttgart 1949, 131-148

Stark, Werner, ‘*Giambattista Vico's Sociology of Knowledge*’, in: Tagliacozzo, G., White, H. V. (Hg.), *Vico. An International Symposium*, Baltimore 1969, 297-308

Strassberg, Daniel, *Das poietische Subjekt. Giambattista Vicos Wissenschaft vom Singulären*, München 2007

Tacitus, Cornelius, *Sämtliche erhaltene Werke*, 1 Bd., übers. v. W. Bötticher u. überarb. v. A. Schaefer, Essen o. J.

Tagliacozzo, Giorgio, '*Economic Vichianism: Vico, Galiani, Croce-Economics, Economic Liberalism*', in: Tagliacozzo, G., White, H. V. (Hg.), *Vico. An International Symposium*, Baltimore 1969, 349-379

Tagliacozzo, Giorgio, '*The Study of Vico Worldwide and the Future of Vico Studies*', in: Danesi, M. (Hg.), *Giambattista Vico and Anglo-American Science. Philosophy and Writing*, Berlin/New York 1994, 171-188

Tagliacozzo, Giorgio (Hg.), *Vico: Past and Present*, Atlantic Highlands 1981

Tagliacozzo, Giorgio (Hg.), *Vico and Marx. Affinities and Contrasts*, Atlantic Highlands 1983

Tagliacozzo, Giorgio, White, Hayden V. (Hg.), *Vico. An International Symposium*, Baltimore 1969

Tagliacozzo, Giorgio, Verene, Donald Ph. (Hg.), *Giambattista Vico's Science of Humanity*, Baltimore/London 1976

Tagliacozzo, Giorgio, Mooney, Michael, Verene, Donald Ph. (Hg.), *Vico and Contemporary Thought*, Atlantic Highlands 1979

Tanner, Jakob, *Historische Anthropologie zur Einführung*, Hamburg 2004

Tessitore, Fulvio, *Kritischer Historismus. Gesammelte Aufsätze*, Köln u. a. 2005

Trabant, Jürgen (Hg.), *Vico und die Zeichen*, Tübingen 1995

Trabant, Jürgen, *Neue Wissenschaft von alten Zeichen. Vicos Sematologie*, Frankfurt/M. 1994

Trabant, Jürgen, *Über das Dizionario Mentale Commune*', in: Ders. (Hg.), *Vico und die Zeichen*, Tübingen 1995, 63-69

Trabant, Jürgen, *Vico in Germanien 1750-1850*', in: Hausmann, F.-R., Knoche, M., Stammerjohann, H. (Hg.), *„Italien in Germanien". Deutsche Italien-Rezeption von 1750-1850*, Tübingen 1996, 232-251

Turgot, Anne Robert Jacques (1748-52), *Über die Fortschritte des menschlichen Geistes*, hg. v. J. Rohbeck u. L. Steinbrügge, Frankfurt/M. 1990

Turgot, Anne Robert Jacques (1770), *Betrachtungen über die Bildung und Verteilung der Reichtümer*, hg. v. M. Kuczynski, Berlin 1981

Vaughan, Frederick, *The Political Philosophy of Giambattista Vico*, The Hague 1972

Verene, Donald Phillip, *'Vico's Science of Imaginative Universals and the Philosophy of Symbolic Forms'*, in: Tagliacozzo, G., Verene, D. Ph. (Hg.), *Giambattista Vico's Science of Humanity*, Baltimore/London 1976, 295-317

Verene, Donald Phillip, *Vicos Wissenschaft der Imagination*, München 1987

Verene, Donald Phillip, *'The Bodily Logic of Vico's Universali fantastici'*, in: Trabant, J. (Hg.), *Vico und die Zeichen*, Tübingen 1995, 93-100

Viechtbauer, Helmut, *Transzendentale Einsicht und Theorie der Geschichte*, München 1977

Viehweg, Theodor (1954), *Topik und Jurisprudenz*, München [5]1974

Visser, Richard, *Leibniz und Vico. Das Verhältnis beider Denker und die Bedeutung der Philosophie des Rechts für die Geschichte des Geistes*, Mainz 1954

Vaihinger, Hans (1911), *Die Philosophie des Als Ob*, Leipzig [4]1920

Voegelin, Eric, *Giambattista Vico – La Scienza Nuova*, München 2003

Voltaire (1756), *Über den Geist und die Sitten der Nationen (Essay sur l'histoire générale et sur les mœurs et l'esprit des nations)*, übers. v. K. F. Wachsmuth u. hg. v. O. Wiegand, 3 Bde., Leipzig 1867

Voltaire (1764), *Philosophisches Wörterbuch*, übers. v. E. Salewski, Leipzig 1963

Vranicki, Pedrag, *Mensch und Geschichte*, übers. v. P. Urban, Frankfurt/M. 1969

Welsch, Wolfgang (Hg.), *Wege aus der Moderne. Schlüsseltexte der Postmoderne-Diskussion*, Weinheim 1988

Werner, Karl (1879), *Giambattista Vico als Philosoph und gelehrter Forscher*, New York (reprint) o. J.

Wilson, Edmund, *Auf dem Weg zum Finnischen Bahnhof. Über Geschichte und Geschichtsschreibung*, Frankfurt/M. 1974

Windelband, Wilhelm (1894), *Geschichte und Naturwissenschaft*, in: Ders., *Präludien*, 2 Bde., Bd. 2, Tübingen 1911, 136-160

Witters, Reinald, *Die Geschichtsdeutung von Vico und De Sanctis. Eine vergleichende Analyse*, Gießen 1966

Witzenmann, Walter, *Politischer Aktivismus und sozialer Mythos. Giambattista Vico und die Lehre des Faschismus*, Berlin 1935

White, Hayden, *Die Bedeutung der Form. Erzählstrukturen in der Geschichtsschreibung*, übers. v. M. Smuda, Frankfurt/M. 1990

Wolf, Friedrich August (1795), *Prolegomena zu Homer*, Leipzig (Reclam) o. J.

Zeoli, Antonietta Patrizia, *Vicos Geschichtsbegriff im hermeneutischen Kontext*, Aachen 2003